著名税法专家、税务律师倾力打造

经 典 纳 税 实 用 技 巧 丛 书

营业税改增值税后

税 收 优 惠 政 策
与疑难问题解答

翟继光 张晓冬 编著

U0753741

立信会计 出版社

LIXIN ACCOUNTING PUBLISHING HOUSE

图书在版编目（CIP）数据

营业税改增值税后税收优惠政策与疑难问题解答 /
翟继光 , 张晓冬编著 . —上海：立信会计出版社，2018.1
ISBN 978-7-5429-5635-4

Ⅰ . ①营… Ⅱ . ①翟… ②张… Ⅲ . ①增值税—税收
政策—中国—问题解答 Ⅳ . ① F812.422-44

中国版本图书馆 CIP 数据核字（2017）第 291252 号

责任编辑　　陈　昕

营业税改增值税后税收优惠政策与疑难问题解答

出版发行	立信会计出版社			
地　　址	上海市中山西路 2230 号	邮政编码	200235
电　　话	（021）64411389	传　　真	（021）64411325
网　　址	www.lixinaph.com	电子邮箱	lxaph@sh163.net
网上书店	www.shlx.net	电　　话	（021）64411071
经　　销	各地新华书店			

印　　刷	北京鑫海金澳胶印有限公司
开　　本	710 毫米 ×1000 毫米　1/16
印　　张	28.5
字　　数	512 千字
版　　次	2018 年 1 月第 1 版
印　　次	2018 年 1 月第 1 次
书　　号	ISBN 978-7-5429-5635-4/F
定　　价	72.00 元

如有印订差错，请与本社联系调换

前　言
PREFACE

　　"人的一生有两件事是不可避免的，一是死亡，二是纳税。"这是在西方家喻户晓的一句名言。在现代国家，税收是和企业以及普通老百姓形影不离的东西。我们每个人既离不开税收，也逃避不了税收。之所以离不开税收，是因为我们所享受的一切公共物品都来自税收，没有税收，我们就很难看到警察和公路，也很难得到秩序和安全。之所以逃避不了税收，是因为我们取得的大部分所得、拥有的大部分财产都需要纳税，一个人只要吃饭穿衣、一家企业只要生产经营就逃避不了纳税的命运。正因为国家的税收来自普通老百姓和广大企业，正因为税收和普通老百姓以及广大企业关系密切，普通老百姓与企业才非常关注税收，关注国家在税收问题上的一举一动。当然，上述一切都是建立在现代民主宪政以及法治国家和税收国家基础之上的。

　　税收是文明的对价，税收的本质是政府所提供的公共物品的对价。税收奠定了人类进步的阶梯，税收帮助人类创造了辉煌的成就。在现代社会，国家的财政收入以税收为主，因此现代国家又被称为税收国家。2016 年，我国完成税收收入 130 354 亿元，占全国财政收入的 81.7%，人均纳税 9 300 元，我国已经成为典型的税收国家。

　　从事生产经营的纳税人离不开纳税就不用说了，单就我们普通老百姓而言，我们的吃（增值税、消费税）、穿（增值税、消费税）、住（土地增值税、房产税、契税、印花税）、用（增值税、消费税）、行（车辆购置税、车船税）处处都有税收的影子，可以说，税收已经深入到我们日常生活的各个角落，税收也逐渐成为中国人一生所不可避免的"两件事"之一。

　　为了帮助广大纳税人和税务从业者掌握基本的税收政策、学会基本的纳税方法和节税筹划方法，我们组织编写了"轻松学会纳税实用技巧丛书"。本套丛书以不具备税收知识或者仅具备初步税收知识的普通读者为对象，突出"轻松"和"实用"两大特色，让广大读者在轻松愉快的阅读中获得最实用的纳税知识和技巧。

　　本套丛书包括六本:《营业税改增值税后企业所得税政策解读与案例分析》

《营业税改增值税后税收优惠政策与疑难问题解答》《营业税改增值税后中小企业最新税收政策与纳税实用技巧》《高净值人士最新税收政策与纳税实用技巧》《企业纳税筹划实用技巧与典型案例分析》《税务律师办案实用技巧与典型案例分析》，纳税人在日常生活中可能遇到的各类纳税和节税问题都可以在上述论著中找到答案。

本书是该套丛书中的第二本，阐述了最新的各项税收优惠政策，包括个人所得税、企业所得税、增值税、营业税改增值税、消费税与城市维护建设税、关税、土地税与资源税、车船税、房产税、契税、印花税与环境保护税等主要税种的最新税收优惠政策。本书对纳税人办理各项税收优惠的程序和所提供的资料也做了介绍，以方便纳税人办理各项申请业务。本书中针对纳税人在日常纳税活动中遇到的一些税收优惠政策与疑难问题编写了疑难问题解答，以方便纳税人理解和应用各项税收优惠政策。

自 2016 年 5 月 1 日起，我国全面推行营业税改征增值税政策，本书中部分法律、法规、政策文件，因是之前颁布的，仍有一些内容涉及营业税，虽然其中的营业税政策不适用了，但其他税收政策是适用的，为保持政策前后变化的连贯性，便于读者掌握，本书保留了这部分内容，待相关内容更新后，我们将及时更新。

虽然作者进行了大量的调研，搜集了大量的资料，研读了大量的法律文件和相关论著，但书中仍难免有错误和疏漏之处，恳请广大读者和学界专家批评指正，以便再版时予以修正。作者联系方式：北京市昌平区府学路 27 号，中国政法大学民商经济法学院（邮编：102249），E-mail：jiguangq@cupl.edu.cn。

翟继光
2017 年 11 月

目 录
CONTENTS

第一部分　个人所得税优惠政策

您知道个人所得税有哪些优惠政策吗？您知道哪些所得属于法定免税所得和暂时免税所得吗？您知道哪些所得可以减免个人所得税吗？您知道公益捐赠如何扣除吗？您知道针对外籍人员、短期居民和短期非居民有哪些优惠政策吗？您知道针对特殊所得和特殊群体有哪些优惠政策吗？本部分将为您回答上述问题。

第二部分　企业所得税优惠政策

您知道从2008年开始我国的企业可以享受哪些最新的税收优惠政策吗？您知道企业所取得的哪些收入可以不用纳税吗？您知道哪些企业可以适用比较低的税率吗？您知道我

国对于企业从事国家鼓励的项目、招收国家鼓励的人员可以享受哪些税收优惠待遇吗？您知道西部大开发、软件产业、集成电路产业、重点群体创业就业享受哪些税收优惠吗？您知道节能服务产业、公益性捐赠、企业兼并重组与对外投资享受哪些税收优惠吗？本部分将为您回答上述问题。

第三部分　增值税优惠政策

您知道增值税有哪些优惠政策吗？您知道哪些项目可以享受低税率优惠吗？您知道哪些项目可以免征增值税吗？您知道增值税的起征点是多少吗？您知道增值税有哪些政策性减免税优惠吗？您知道针对残疾人、高科技产业、农业生产、资源保护等方面有哪些优惠政策吗？本部分将为您回答上述问题。

第四部分　营改增税收优惠政策

您知道营改增有哪些优惠政策吗？您知道营改增起征点与小微企业免税优惠吗？您知道营改增免征增值税项目有哪些吗？您知道金融业、交通运输业、服务业享受哪些税收优惠政策吗？您知道个人销售住房享受哪些税收优惠政策吗？您知道退役士兵和重点群体创业就业享受哪些税收优惠政策吗？本部分将为您回答上述问题。

第五部分　消费税与城市维护建设税优惠政策

您知道消费税有哪些优惠政策吗？您知道哪些消费品可以免征消费税吗？您知道哪些消费品可以减征消费税吗？您知道消费税在征税范围方面有哪些优惠政策吗？您知道城市维护建设税有哪些税收优惠吗？本部分将为您回答上述问题。

第六部分　关税优惠政策

您知道关税有哪些优惠政策吗？您知道哪些商品属于临时免税商品吗？您知道哪些商品属于不征关税商品吗？您知道哪些商品可以享受免征关税的优惠政策吗？本部分将为您回答上述问题。

第七部分　车船税优惠政策

您知道车船税有哪些优惠政策吗？您知道车辆购置税有哪些法定减免税项目吗？您知道车辆购置税有哪些政策性免税项目吗？您知道车船税有哪些法定减免税项目吗？您知道车辆购置税的最低计税价格吗？您知道船舶吨税有哪些税收优惠吗？本部分将为您回答上述问题。

第八部分　土地税与资源税优惠政策

您知道土地增值税有哪些优惠政策吗？您知道耕地占用税有哪些优惠政策吗？您知道城镇土地使用税有哪些优惠政策吗？您知道资源税有哪些优惠政策吗？本部分将为您回答上述问题。

第九部分　房产税优惠政策

您知道房产税有哪些优惠政策吗？您知道房产税有哪些法定减免税项目吗？您知道房产税有哪些政策性减免税项目吗？您知道房产税在征税范围方面有哪些优惠政策吗？本部分将为您回答上述问题。

第十部分　契税优惠政策

您知道契税有哪些优惠政策吗？您知道契税有哪些法定减免税项目吗？您知道契税有哪些政策性减免税项目吗？您知道契税在征税范围方面有哪些优惠政策吗？您知道有哪些退还契税的优惠政策吗？本部分将为您回答上述问题。

第十一部分　印花税与环境保护税优惠政策

您知道印花税有哪些法定减免税项目吗？您知道印花税有哪些政策性减免税项目吗？您知道环境保护税有哪些优惠政策吗？本部分将为您回答上述问题。

第十二部分　企业税收优惠管理制度

您知道税收减免的管理制度有哪些吗？您知道企业所得税优惠事项的办理制度吗？您知道压缩纳税人办理财税优惠政策时间改革的内容吗？您知道在大众创业、万众创新中有哪些税收优惠政策吗？本部分将为您回答上述问题。

第一部分 个人所得税优惠政策

您知道个人所得税有哪些优惠政策吗？您知道哪些所得属于法定免税所得和暂时免税所得吗？您知道哪些所得可以减免个人所得税吗？您知道公益捐赠如何扣除吗？您知道针对外籍人员、短期居民和短期非居民有哪些优惠政策吗？您知道针对特殊所得和特殊群体有哪些优惠政策吗？本部分将为您回答上述问题。

一、法定免税所得

 哪些所得不需要缴纳个人所得税？

下列各项个人所得，免纳个人所得税：

（1）省级人民政府、国务院部委和中国人民解放军军以上单位，以及外国组织、国际组织颁发的科学、教育、技术、文化、卫生、体育、环境保护等方面的奖金。

（2）国债和国家发行的金融债券利息；国债利息，是指个人持有中华人民共和国财政部发行的债券而取得的利息所得；国家发行的金融债券利息，是指个人持有经国务院批准发行的金融债券而取得的利息所得。

（3）按照国家统一规定发给的补贴、津贴，是指按照国务院规定发给的政府特殊津贴、院士津贴、资深院士津贴，以及国务院规定免纳个人所得税的其他补贴、津贴。

（4）福利费、抚恤金、救济金；福利费，是指根据国家有关规定，从企业、事业单位、国家机关、社会团体提留的福利费或者工会经费中支付给个人的生活补助费；救济金，是指国家民政部门支付给个人的生活困难补助费；从福利费或者工会经费中支付给个人的生活补助费，是指由于某些特定事件或原因而给纳税人或其家庭的正常生活造成一定困难，其任职单位按国家规定从提留的福利费或者工会经费中向其支付的临时性生活困难补助。

友情提示

下列收入不属于免税的福利费范围，应当并入纳税人的工资、薪金收入计征个人所得税：①从超出国家规定的比例或基数计提的福利费、工会经费中支付给个人的各种补贴、补助；②从福利费和工会经费中支付给单位职工的人人有份的补贴、补助；③单位为个人购买汽车、住房、电子计算机等不属于临时性生活困难补助性质的支出。

（5）保险赔款。

（6）军人的转业费、复员费。

（7）按照国家统一规定发给干部、职工的安家费、退职费、退休工资、离休工资、离休生活补助费；对按《国务院关于高级专家离休退休若干问题的暂行规定》（国务院 1983 年 9 月 12 日发布，国发〔1983〕141 号）和《国务院办公厅关于杰出高级专家暂缓离退休审批问题的通知》（国办发〔1991〕40 号）精神，达到离休、退休年龄，但确因工作需要，适当延长离休退休年龄的高级专家（指享受国家发放的政府特殊津贴的专家、学者），其在延长离休、退休期间的工资、薪金所得，视同退休工资、离休工资免征个人所得税。

（8）依照我国有关法律规定应予免税的各国驻华使馆、领事馆的外交代表、领事官员和其他人员的所得，是指依照《外交特权与豁免条例》和《领事特权与豁免条例》规定免税的所得。

（9）中国政府参加的国际公约、签订的协议中规定免税的所得。

（10）华侨从海外汇入我国境内赡养其家属的侨汇；继承国外遗产从海外调入的外汇；取回解冻在美资金汇入的外汇。

（11）科研机构、高等学校转化职务科技成果以股份或出资比例等股权形式给予科技人员个人奖励，暂不征收个人所得税。为了便于主管税务机关审核，奖励单位或获奖人应向主管税务机关提供有关部门根据国家科委和国家工商行政管理局联合制定的《关于以高新技术成果出资入股若干问题的规定》（国科发政字〔1997〕326 号）和科学技术部和国家工商行政管理局联合制定的《〈关于以高新技术成果出资入股若干问题的规定〉实施办法》（国科发政字〔1998〕171 号）出具的《出资入股高新技术成果认定书》、工商行政管理部门办理的企业登记手续及经工商行政管理机关登记注册的评估机构的技术成果价值评估报告和确认书。不提供上述资料的，不得享受暂不征收个人所得税优惠政策。上述科研机构是指按中央机构编制委员会和国家科学技术委员会《关于科研事业单位机构设置审批事项的通知》（中编办发〔1997〕14 号）的规定设置审批的自然科学研究事业单位机构。上述高等学校是指全日制普通高等学校（包括大学、专门学院和高等专科学校）。享受上述优惠政策的科技人员必须是科研机构和高等学校的在编正式职工。根据《国家税务总局关于3项个人所得税事项取消审批实施后续管理的公告》（国家税务总局公告2016年第5号）的规定，按照《国家税务总局关于促进科技成果转化有关个人所得税问题的通知》（国税发〔1999〕125号）和《国家税务总局关于取消促进科技成果转化暂不征收个人所得税审核权有关问题的通知》（国税函〔2007〕833号）规定，将职务科技成果转化为股份、投资比例的科研机构、高等学校或者获奖人员，应在授（获）奖的次月15日内向主管税务机关备案，报送《科技成果转化暂不征收个人所得税备案表》。技术成果价值评估报告、股权奖励文件及其他证明材料由奖励单位留存备查。

（12）经国务院财政部门批准免税的所得。

 生活中的案例

张先生2017年度获得5年前购买国债的利息5 000元，同时，获得某公司支付的借款利息1 000元。请问张先生是否需要就上述所得缴纳个人所得税？

解答：购买国债利息属于免税收入，不缴纳个人所得税。公司支付的借款利息所得属于应税收入，应当缴纳个人所得税。

 免税奖金有哪些？

目前，免税奖金包括以下项目：

（1）对个人获得曾宪梓教育基金会教师奖的奖金，可视为国务院部委颁发的教育方面的奖金，免予征收个人所得税。

（2）对个人获得香港柏宁顿（中国）教育基金会首届"孺子牛金球奖"的奖金，可视为国务院部委颁发的教育方面的奖金，免予征收个人所得税。

（3）对个人取得的"国际青少年消除贫困奖"，视同从国际组织取得的教育、文化方面的奖金，免予征收个人所得税。

（4）对教育部颁发的"特聘教授奖金"免予征收个人所得税。

（5）对学生个人参与"长江小小科学家"活动并获得的奖金，免予征收个人所得税。

（6）对学生个人参与"明天小小科学家"活动获得的奖金，免予征收个人所得税。

（7）为了支持和促进西部地区教育事业的发展，对14所支援高校派往西部地区高校教学的任课教师取得的奖金，免予征收个人所得税。

（8）个人取得的"母亲河（波司登）奖"奖金收入，免予征收个人所得税。

（9）对教育部组织评选颁发的第一届高等学校教学名师奖奖金免予征收个人所得税。

（10）对第二届"中华环境奖"获奖者和提名奖获得者所得奖金，免予征收个人所得税。

（11）对第三届"中华环境奖"和"中华环境奖-——绿色东方奖"获奖者个人所获奖金，免予征收个人所得税。

（12）对陈嘉庚科学奖获奖者个人取得的奖金收入，免予征收个人所得税。

（13）对第二届高等学校教学名师奖奖金，免予征收个人所得税。

 免税津贴有哪些？

下列项目属于免税津贴：

（1）对中国科学院院士（以前称中国科学院学部委员）的院士津贴（以前称学部委员津贴），按每人每月 200 元发给，并免征个人所得税。

（2）发给中国科学院资深院士和中国工程院资深院士每人每年 10 000 元的资深院士津贴免予征收个人所得税。

二、暂时免税所得

 暂时免税的所得有哪些？

下列所得暂时免征个人所得税：

（1）个人举报、协查各种违法、犯罪行为而获得的奖金。

（2）个人办理代扣代缴税款手续，按规定取得的扣缴手续费。

（3）个人转让自用达 5 年以上、并且是唯一的家庭生活用房取得的所得。

（4）对按国发〔1983〕141 号《国务院关于高级专家离休退休若干问题的暂行规定》和国办发〔1991〕40 号《国务院办公厅关于杰出高级专家暂缓离退休审批问题的通知》精神，达到离休、退休年龄，但确因工作需要，适当延长离休、退休年龄的高级专家（指享受国家发放的政府特殊津贴的专家、学者），其在延长离休退休期间的工资、薪金所得，视同退休工资、离休工资免征个人所得税。

（5）对个人购买社会福利有奖募捐奖券一次中奖收入不超过 10 000 元的暂免征收个人所得税，对一次中奖收入超过 10 000 元的，应按税法规定全额征税。

（6）对乡、镇（含乡、镇）以上人民政府或经县（含县）以上人民政府主管部门批准成立的有机构、有章程的见义勇为基金会或者类似组织，奖励见义勇为者的奖金或奖品，经主管税务机关核准，免予征收个人所得税。

（7）对个人转让上市公司股票取得的所得暂免征收个人所得税。

（8）个人购买体育彩票中奖收入，凡一次中奖收入不超过 10 000 元的，暂免征收个人所得税；超过 10 000 元的，应按税法规定全额征收个人所得税。

（9）对个人投资者买卖基金单位获得的差价收入，在对个人买卖股票的差价收入未恢复征收个人所得税以前，暂不征收个人所得税。

（10）对投资者从基金分配中获得的国债利息以及买卖股票价差收入，在国债利息收入以及个人买卖股票差价收入未恢复征收所得税以前，暂不征收所得税。

（11）科研机构、高等学校转化职务科技成果以股份或出资比例等股权形式给予个人奖励，获奖人在取得股份、出资比例时，暂不缴纳个人所得税；取得按股份、出资比例分红或转让股权、出资比例所得时，应依法缴纳个人所得税。

（12）对于个人自己缴纳有关商业保险费（保费全部返还个人的保险除外）而取得的无赔款优待收入，不作为个人的应纳税收入，不征收个人所得税。

（13）对个人取得的教育储蓄存款利息所得以及国务院财政部门确定的其他专项储蓄存款或者储蓄性专项基金存款的利息所得，免征个人所得税。教育储蓄是指个人按照国家有关规定在指定银行开户、存入规定数额资金、用于教育目的的专项储蓄。

 友情提示

个人为其子女（或被监护人）接受非义务教育（指九年义务教育之外的全日制高中、大中专、大学本科、硕士和博士研究生）在储蓄机构开立教育储蓄专户，并享受利率优惠的存款，其所取得的利息免征个人所得税（以下简称利息税）。开立教育储蓄的对象（即储户）为在校小学 4 年级（含 4 年级）以上学生；享受免征利息税优惠政策的对象必须是正在接受非义务教育的在校学生，其在就读全日制高中（中专）、大专和大学本科、硕士和博士研究生时，每个学习阶段可分别享受一次 2 万元教育储蓄的免税优惠。教育储蓄采用实名制，办理开户时，须凭储户本人户口簿（户籍证明）或居民身份证到储蓄机构以储户本人的姓名开立存款账户。教育储蓄为 1 年、3 年和 6 年期零存整取定期储蓄存款，每份本金合计不得超过 2 万元；每份本金合计超过 2 万元或一次性趸存本金的，一律不得享受教育储蓄免税的优惠政策，其取得的利息，应征收利息税。不按规定计付利息的教育储蓄，不得享受免税优惠，应按支付的利息全额征收利息税。教育储蓄到期前，储户必须持存折、户口簿（户籍证明）或身份证到所在学校开具正在接受非义务教育的学生身份证明（以下简称证明）。"证明"样式由国家税务总局制定，各省、自治区、直辖市和计划单列市国家税务局印制，由学校到所在地主管税务机关领取；证明一式三联，第一联学校留存；第二、三联由储户在支取本息时提供给储蓄机构；储蓄机构应将第二联留存备查，第三联在每月办理扣缴税申报时一并报送主管税务机关。储户到所在学校开具证明时，应在证明中填列本人居民身份证号码；无居民身份证号码的，应持本人户口簿（户籍证明）复印件三份，分别附在三联证明之后。教育储蓄到期时，储户必须持存折、身份证或户口簿（户籍证明）和证明支取本息。储蓄机构应认真审核储户所持存折、身份证或户口簿（户籍证明）和证明，对符合条件的，给予免税优惠，并在证明（第二、第三联）上加盖"已享受教育储蓄优惠"印章；不能提供证明的，均应按有关规定扣缴利息税。

（14）按照国家或省级地方政府规定的比例缴付的下列专项基金或资金存入银行个人账户所取得的利息收入免征个人所得税：住房公积金、医疗保险金、基本养老保险金、失业保险基金。

（15）对职工个人以股份形式取得的仅作为分红依据，不拥有所有权的企业量化资产，不征收个人所得税。

（16）企业依照国家有关法律规定宣告破产，企业职工从该破产企业取得的一次性安置费收入，免征个人所得税。

（17）国有企业职工与企业解除劳动合同取得的一次性补偿收入，在当地上年企业职工年平均工资的 3 倍数额内，可免征个人所得税。具体免征标准由各省、自治区、直辖市和计划单列市地方税务局规定。

（18）储蓄机构内从事代扣代缴工作的办税人员取得的扣缴利息税手续费所得免征个人所得税。

（19）个人因与用人单位解除劳动关系而取得的一次性补偿收入（包括用人单位发放的经济补偿金、生活补助费和其他补助费用），其收入在当地上年职工平均工资 3 倍数额以内的部分，免征个人所得税。

（20）对个人投资者申购和赎回基金单位取得的差价收入，在对个人买卖股票的差价收入未恢复征收个人所得税以前，暂不征收个人所得税。

（21）对投资者（包括个人和机构投资者）从基金分配中取得的收入，暂不征收个人所得税。

（22）对出售自有住房并拟在现住房出售后1年内按市场价重新购房的纳税人，其出售现住房所应缴纳的个人所得税，视其重新购房的价值可全部或部分予以免除。具体办法为：①个人出售现住房所应缴纳的个人所得税税款，应在办理产权过户手续前，以纳税保证金形式向当地主管税务机关缴纳。税务机关在收取纳税保证金时，应向纳税人正式开具"中华人民共和国纳税保证金收据"，并纳入专户存储。②个人出售现住房后1年内重新购房的，按照购房金额大小相应退还纳税保证金。购房金额大于或等于原住房销售额（原住房为已购公有住房的，原住房销售额应扣除已按规定向财政或原产权单位缴纳的所得收益，下同）的，全部退还纳税保证金；购房金额小于原住房销售额的，按照购房金额占原住房销售额的比例退还纳税保证金，余额作为个人所得税缴入国库。③个人出售现住房后1年内未重新购房的，所缴纳的纳税保证金全部作为个人所得税缴入国库。④个人在申请退还纳税保证金时，应向主管税务机关提供合法、有效的售房、购房合同和主管税务机关要求提供的其他有关证明材料，经主管税务机关审核确认后方可办理纳税保证金退还手续。⑤跨行政区域售、购住房又符合退还纳税保证金条件的个人，应向纳税保证金缴纳地主管税务机关申请退还纳税保证金。

（23）个人现自有住房房产证登记的产权人为1人，在出售后1年内又以产权人配偶名义或产权人夫妻双方名义按市场价重新购房的，产权人出售住房所得应缴纳的个人所得税，可以按照规定，全部或部分予以免税。

（24）对被拆迁人按照国家有关城镇房屋拆迁管理办法规定的标准取得的拆迁补偿款，免征个人所得税。

（25）股权分置改革中非流通股股东通过对价方式向流通股股东支付的股份、现金等收入，暂免征收流通股股东应缴纳的个人所得税。

（26）个人取得单张有奖发票奖金所得不超过800元（含800元）的，暂免征收个人所得税；个人取得单张有奖发票奖金所得超过800元的，应全额按照个人所得税法规定的"偶然所得"目征收个人所得税。

（27）对个人按《廉租住房保障办法》（建设部等9部委令第162号）规定取得的廉租住房货币补贴，免征个人所得税；对于所在单位以廉租住房名义发放的不符合规定的补贴，应征收个人所得税。

 暂时免税的所得有哪些？

根据《国家税务总局关于个人转让住房享受税收优惠政策判定购房时间

问题的公告》（国家税务总局公告 2017 年第 8 号）的规定，近接部分地区反映，个人因产权纠纷等原因未能及时获取房屋所有权证书，向法院、仲裁机构申请裁定后，取得人民法院、仲裁委员会的房屋所有权证裁定书的时间，可否确认为个人取得房屋所有权证书时间。针对上述反映，现对个人转让住房享受税收优惠政策判定购房时间公告如下：

个人转让住房，因产权纠纷等原因未能及时取得房屋所有权证书（包括不动产权证书，下同），对于人民法院、仲裁委员会出具的法律文书确认个人购买住房的，法律文书的生效日期视同房屋所有权证书的注明时间，据以确定纳税人是否享受税收优惠政策。

本公告自 2017 年 4 月 1 日起施行。此前尚未进行税收处理的，按本公告规定执行。

 无偿赠与或受赠不动产需要提交哪些证明？

根据《国家税务总局关于进一步简化和规范个人无偿赠与或受赠不动产免征营业税、个人所得税所需证明资料的公告》（国家税务总局公告 2015 年第 75 号）的规定，为落实国务院关于简政放权、方便群众办事的有关要求，进一步减轻纳税人负担，现就简化和规范个人无偿赠与或受赠不动产免征营业税、个人所得税所需的证明资料公告如下：

第一，纳税人在办理个人无偿赠与或受赠不动产免征营业税、个人所得税手续时，应报送《个人无偿赠与不动产登记表》、双方当事人的身份证明原件及复印件（继承或接受遗赠的，只需提供继承人或接受遗赠人的身份证明原件及复印件）、房屋所有权证原件及复印件。属于以下四类情形之一的，还应分别提交相应证明资料：

（1）离婚分割财产的，应当提交：①离婚协议或者人民法院判决书或者人民法院调解书的原件及复印件；②离婚证原件及复印件。

（2）亲属之间无偿赠与的，应当提交：①无偿赠与配偶的，提交结婚证原件及复印件；②无偿赠与父母、子女、祖父母、外祖父母、孙子女、外孙子女、兄弟姐妹的，提交户口簿或者出生证明或者人民法院判决书或者人民法院调解书或者其他部门（有资质的机构）出具的能够证明双方亲属关系的证明资料原件及复印件。

（3）无偿赠与非亲属抚养或赡养关系人的，应当提交：人民法院判决书或者人民法院调解书或者乡镇政府或街道办事处出具的抚养（赡养）关系证明或者其他部门（有资质的机构）出具的能够证明双方抚养（赡养）关系的证明资料原件及复印件。

（4）继承或接受遗赠的，应当提交：①房屋产权所有人死亡证明原件及复印件；②经公证的能够证明有权继承或接受遗赠的证明资料原件及复印件。

第二，税务机关应当认真核对上述资料，资料齐全并且填写正确的，在《个人无偿赠与不动产登记表》上签字盖章，留存《个人无偿赠与不动产登记表》复印件和有关证明资料复印件，原件退还纳税人，同时办理免税手续。

第三，各地税务机关要不折不扣地落实税收优惠政策，维护纳税人的合法权益。要通过办税服务厅、税务网站、12366纳税服务热线、纳税人学堂等多种渠道，积极宣传税收优惠政策规定和办理程序，及时回应、准确答复纳税人咨询，做好培训辅导工作，避免纳税人多头找、多头跑，切实方便纳税人办理涉税事宜。有条件的地区可探索通过政府部门间信息交换共享，查询证明信息，减少纳税人报送资料。

第四，本公告自公布之日起施行。《国家税务总局关于加强房地产交易个人无偿赠与不动产税收管理有关问题的通知》（国税发〔2006〕144号）第一条第一款"关于加强个人无偿赠与不动产营业税税收管理问题"的规定同时废止。

内地与中国香港基金互认的优惠政策有哪些？

根据《财政部　国家税务总局　证监会关于内地与香港基金互认有关税收政策的通知》（财税〔2015〕125号）的规定，经国务院批准，现就内地与中国香港基金互认涉及的有关税收政策问题明确如下：

第一，关于内地投资者通过基金互认买卖中国香港基金份额的所得税问题。

（1）对内地个人投资者通过基金互认买卖中国香港基金份额取得的转让差价所得，自2015年12月18日起至2018年12月17日止，3年内暂免征收个人所得税。

（2）对内地企业投资者通过基金互认买卖中国香港基金份额取得的转让差价所得，计入其收入总额，依法征收企业所得税。

（3）内地个人投资者通过基金互认从中国香港基金分配取得的收益，由该中国香港基金在内地的代理人按照20%的税率代扣代缴个人所得税。所称代理人是指依法取得中国证监会核准的公募基金管理资格或托管资格，根据中国香港基金管理人的委托，代为办理该中国香港基金内地事务的机构。

（4）对内地企业投资者通过基金互认从中国香港基金分配取得的收益，计入其收入总额，依法征收企业所得税。

第二，关于中国香港市场投资者通过基金互认买卖内地基金份额的所得税问题。

（1）对中国香港市场投资者（包括企业和个人）通过基金互认买卖内地基金份额取得的转让差价所得，暂免征收所得税。

（2）对中国香港市场投资者（包括企业和个人）通过基金互认从内地基金分配取得的收益，由内地上市公司向该内地基金分配股息红利时，对中国香港市场投资者按照 10% 的税率代扣所得税；或发行债券的企业向该内地基金分配利息时，对中国香港市场投资者按照 7% 的税率代扣所得税，并由内地上市公司或发行债券的企业向其主管税务机关办理扣缴申报。该内地基金向投资者分配收益时，不再扣缴所得税。

（3）内地基金管理人应当向相关证券登记结算机构提供内地基金的中国香港市场投资者的相关信息。

第三，关于内地投资者通过基金互认买卖中国香港基金份额和中国香港市场投资者通过基金互认买卖内地基金份额的印花税问题。

（1）对中国香港市场投资者通过基金互认买卖、继承、赠与内地基金份额，按照内地现行税制规定，暂不征收印花税。

（2）对内地投资者通过基金互认买卖、继承、赠与中国香港基金份额，按照中国香港特别行政区现行印花税税法规定执行。

第四，财政、税务、证监等部门要加强协调，通力合作，切实做好政策实施的各项工作。基金管理人、基金代理机构、相关证券登记结算机构以及上市公司和发行债券的企业，应依照法律、法规积极配合税务机关做好基金互认税收的扣缴申报、征管及纳税服务工作。

第五，本通知所称基金互认，是指内地基金或中国香港基金经中国香港证监会认可或中国证监会注册，在双方司法管辖区内向公众销售。所称内地基金，是指中国证监会根据《证券投资基金法》注册的公开募集证券投资基金。所称中国香港基金，是指中国香港证监会根据中国香港法律认可公开销售的单位信托、互惠基金或者其他形式的集体投资计划。所称买卖基金份额，包括申购与赎回、交易。

第六，本通知自 2015 年 12 月 18 日起执行。

 深港股票市场交易互联互通机制试点的优惠政策有哪些？

根据《财政部 国家税务总局 证监会关于沪港股票市场交易互联互通机制试点有关税收政策的通知》（财税〔2014〕81 号）的规定，经国务院批准，现就沪港股票市场交易互联互通机制试点涉及的有关税收政策问题明确如下：

第一，关于内地投资者通过沪港通投资中国香港联合交易所有限公司（以下简称香港联交所）上市股票的所得税问题。

（1）内地个人投资者通过沪港通投资中国香港联交所上市股票的转让差价所得税。对内地个人投资者通过沪港通投资香港联交所上市股票取得的转让差价所得，自 2014 年 11 月 17 日起至 2017 年 11 月 16 日止，暂免征收个人所得税。

（2）内地企业投资者通过沪港通投资香港联交所上市股票的转让差价所得税。对内地企业投资者通过沪港通投资香港联交所上市股票取得的转让差价所得，计入其收入总额，依法征收企业所得税。

（3）内地个人投资者通过沪港通投资香港联交所上市股票的股息红利所得税。对内地个人投资者通过沪港通投资香港联交所上市 H 股取得的股息红利，H 股公司应向中国证券登记结算有限责任公司（以下简称中国结算）提出申请，由中国结算向 H 股公司提供内地个人投资者名册，H 股公司按照 20% 的税率代扣个人所得税。内地个人投资者通过沪港通投资香港联交所上市的非 H 股取得的股息红利，由中国结算按照 20% 的税率代扣个人所得税。个人投资者在国外已缴纳的预提税，可持有效扣税凭证到中国结算的主管税务机关申请税收抵免。对内地证券投资基金通过沪港通投资香港联交所上市股票取得的股息红利所得，按照上述规定计征个人所得税。

（4）内地企业投资者通过沪港通投资香港联交所上市股票的股息红利所得税。①对内地企业投资者通过沪港通投资香港联交所上市股票取得的股息红利所得，计入其收入总额，依法计征企业所得税。其中，内地居民企业连续持有 H 股满 12 个月取得的股息红利所得，依法免征企业所得税。②香港联交所上市 H 股公司应向中国结算提出申请，由中国结算向 H 股公司提供内地企业投资者名册，H 股公司对内地企业投资者不代扣股息红利所得税款，应纳税款由企业自行申报缴纳。③内地企业投资者自行申报缴纳企业所得税时，对香港联交所非 H 股上市公司已代扣代缴的股息红利所得税，可依法申请税收抵免。

第二，关于中国香港市场投资者通过沪港通投资上海证券交易所（以下简称上交所）上市 A 股的所得税问题

（1）对中国香港市场投资者（包括企业和个人）投资上交所上市 A 股取得的转让差价所得，暂免征收所得税。

（2）对中国香港市场投资者（包括企业和个人）投资上交所上市 A 股取得的股息红利所得，在香港中央结算有限公司（以下简称香港结算）不具备向中国结算提供投资者的身份及持股时间等明细数据的条件之前，暂不执行按持股时间实行差别化征税政策，由上市公司按照 10% 的税率代扣所得税，并向其主管税务机关办理扣缴申报。对于中国香港投资者中属于其他国家税

收居民且其所在国与中国签订的税收协定规定股息红利所得税率低于10%的，企业或个人可以自行或委托代扣代缴义务人，向上市公司主管税务机关提出享受税收协定待遇的申请，主管税务机关审核后，应按已征税款和根据税收协定税率计算的应纳税款的差额予以退税。

第三，关于内地和中国香港市场投资者通过沪港通买卖股票的营业税问题。

（1）对中国香港市场投资者（包括单位和个人）通过沪港通买卖上交所上市A股取得的差价收入，暂免征收营业税。

（2）对内地个人投资者通过沪港通买卖香港联交所上市股票取得的差价收入，按现行政策规定暂免征收营业税。

（3）对内地单位投资者通过沪港通买卖香港联交所上市股票取得的差价收入，按现行政策规定征免营业税。

第四，关于内地和中国香港市场投资者通过沪港通转让股票的证券（股票）交易印花税问题。

（1）中国香港市场投资者通过沪港通买卖、继承、赠与上交所上市A股，按照内地现行税制规定缴纳证券（股票）交易印花税。内地投资者通过沪港通买卖、继承、赠与联交所上市股票，按照中国香港特别行政区现行税法规定缴纳印花税。

（2）中国结算和中国香港结算可互相代收上述税款。

第五，本通知自2014年11月17日起执行。

 深港股票市场交易互联互通机制试点的优惠政策有哪些？

根据《财政部 国家税务总局 证监会关于深港股票市场交易互联互通机制试点有关税收政策的通知》（财税〔2016〕127号）的规定，经国务院批准，现就深港股票市场交易互联互通机制试点（以下简称深港通）涉及的有关税收政策问题明确如下：

第一，关于内地投资者通过深港通投资中国香港联合交易所有限公司（以下简称香港联交所）上市股票的所得税问题。

（1）内地个人投资者通过深港通投资香港联交所上市股票的转让差价所得税。对内地个人投资者通过深港通投资香港联交所上市股票取得的转让差价所得，自2016年12月5日起至2019年12月4日止，暂免征收个人所得税。

（2）内地企业投资者通过深港通投资香港联交所上市股票的转让差价所得税。对内地企业投资者通过深港通投资香港联交所上市股票取得的转让差价所得，计入其收入总额，依法征收企业所得税。

（3）内地个人投资者通过深港通投资香港联交所上市股票的股息红利所得税。对内地个人投资者通过深港通投资香港联交所上市 H 股取得的股息红利，H 股公司应向中国证券登记结算有限责任公司（以下简称中国结算）提出申请，由中国结算向 H 股公司提供内地个人投资者名册，H 股公司按照 20% 的税率代扣个人所得税。内地个人投资者通过深港通投资香港联交所上市的非 H 股取得的股息红利，由中国结算按照 20% 的税率代扣个人所得税。个人投资者在国外已缴纳的预提税，可持有效扣税凭证到中国结算的主管税务机关申请税收抵免。对内地证券投资基金通过深港通投资香港联交所上市股票取得的股息红利所得，按照上述规定计征个人所得税。

（4）内地企业投资者通过深港通投资香港联交所上市股票的股息红利所得税。①对内地企业投资者通过深港通投资香港联交所上市股票取得的股息红利所得，计入其收入总额，依法计征企业所得税。其中，内地居民企业连续持有 H 股满 12 个月取得的股息红利所得，依法免征企业所得税。②香港联交所上市 H 股公司应向中国结算提出申请，由中国结算向 H 股公司提供内地企业投资者名册，H 股公司对内地企业投资者不代扣股息红利所得税款，应纳税款由企业自行申报缴纳。③内地企业投资者自行申报缴纳企业所得税时，对香港联交所非 H 股上市公司已代扣代缴的股息红利所得税，可依法申请税收抵免。

第二，关于中国香港市场投资者通过深港通投资深圳证券交易所（以下简称深交所）上市 A 股的所得税问题

（1）对中国香港市场投资者（包括企业和个人）投资深交所上市 A 股取得的转让差价所得，暂免征收所得税。

（2）对中国香港市场投资者（包括企业和个人）投资深交所上市 A 股取得的股息红利所得，在中国香港中央结算有限公司（以下简称香港结算）不具备向中国结算提供投资者的身份及持股时间等明细数据的条件之前，暂不执行按持股时间实行差别化征税政策，由上市公司按照 10% 的税率代扣所得税，并向其主管税务机关办理扣缴申报。对于中国香港投资者中属于其他国家税收居民且其所在国与中国签订的税收协定规定股息红利所得税率低于 10% 的，企业或个人可以自行或委托代扣代缴义务人，向上市公司主管税务机关提出享受税收协定待遇退还多缴税款的申请，主管税务机关查实后，对符合退税条件的，应按已征税款和根据税收协定税率计算的应纳税款的差额予以退税。

第三，关于内地和中国香港市场投资者通过深港通买卖股票的增值税问题。

（1）对中国香港市场投资者（包括单位和个人）通过深港通买卖深交所上市A股取得的差价收入，在营改增试点期间免征增值税。

（2）对内地个人投资者通过深港通买卖香港联交所上市股票取得的差价收入，在营改增试点期间免征增值税。

（3）对内地单位投资者通过深港通买卖香港联交所上市股票取得的差价收入，在营改增试点期间按现行政策规定征免增值税。

第四，关于内地和中国香港市场投资者通过深港通转让股票的证券（股票）交易印花税问题

（1）中国香港市场投资者通过深港通买卖、继承、赠与深交所上市A股，按照内地现行税制规定缴纳证券（股票）交易印花税。内地投资者通过深港通买卖、继承、赠与香港联交所上市股票，按照中国香港特别行政区现行税法规定缴纳印花税。

（2）中国结算和中国香港结算可互相代收上述税款。

第五，关于中国香港市场投资者通过沪股通和深股通参与股票担保卖空的证券（股票）交易印花税问题

对中国香港市场投资者通过沪股通和深股通参与股票担保卖空涉及的股票借入、归还，暂免征收证券（股票）交易印花税。

第六，本通知自2016年12月5日起执行。

 计算举例

李先生2017年度每月工资为3 500元，2017年3月发表文章获得稿酬700元，李先生购买彩票获得奖金8 000元，请问李先生是否需要就上述所得缴纳个人所得税？

解答： 工资薪金所得属于应税所得，但每月不超过3 500元的不纳税。稿酬所得属于应税所得，但每次不超过800元的不纳税。彩票中奖所得属于应税所得，但每次所得不超过10 000元的不纳税。因此，李先生的上述所得均不需要缴纳个人所得税。

 生活中的案例

海南某公民举报全国通缉犯马加爵获得奖金200 000元，地方政府又给予50 000元的奖励，对此所得是否应当征税？

解答： 根据《财政部 国家税务总局关于个人所得税若干政策问题的通知》（财税字〔1994〕20号）的规定，个人举报、协查各种违法、犯罪行为而获得的奖金属于免税所得，因此，对此所得不应当征税。

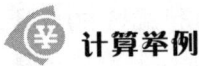 **计算举例**

2017 年 8 月，王先生和赵先生一同去购买福利彩票，王先生获得奖金 10 000 元，赵先生获得奖金 11 000 元。请问，两人是否应当纳税？应当如何纳税？

解答： 根据《国家税务总局关于社会福利有奖募捐发行收入税收问题的通知》（国税发〔1994〕127 号）的规定，个人购买社会福利有奖募捐奖券一次中奖收入不超过 10 000 元的暂免征收个人所得税，对一次中奖收入超过 10 000 元的，应按税法规定全额征税。因此，王先生获得的 10 000 元奖金免税，而赵先生获得的 11 000 元奖金应当纳税。奖金所得应当按照"偶然所得"纳税，没有扣除，直接适用 20% 的税率。11 000 × 20%=2 200（元）。赵先生税后所得为：11 000–2 200=8 800（元）。由此可见，虽然赵先生中奖数额超过王先生，但其实际所获得的却少于王先生，这就是全额累进税率的缺陷所在。但是从征税效率的角度来看，计算比较方便，有利于提高效率。

三、减税所得

 哪些情况下可以减征个人所得税？

有下列情形之一的，经批准可以减征个人所得税：

（1）残疾、孤老人员和烈属的所得。

（2）因严重自然灾害造成重大损失的。

（3）其他经国务院财政部门批准减税的。

减征个人所得税，其减征的幅度和期限由省、自治区、直辖市人民政府规定。

经省级人民政府批准可减征个人所得税的残疾、孤老人员和烈属的所得仅限于劳动所得，具体所得项目为：工资、薪金所得；个体工商户的生产经营所得；对企事业单位的承包经营、承租经营所得；劳务报酬所得；稿酬所得；特许权使用费所得。其他各项所得，不属减征照顾的范围。

 国务院财政部门批准减税的所得有哪些？

目前，国务院财政部门批准减税的项目包括：

（1）对个人出租房屋取得的所得暂减按 10% 的税率征收个人所得税。

（2）对个人投资者从上市公司取得的股息红利所得，暂减按 50% 计入个人应纳税所得额，依照现行税法规定计征个人所得税。所称上市公司是指在上海证券交易所、深圳证券交易所挂牌交易的上市公司。

（3）对证券投资基金从上市公司分配取得的股息红利所得，扣缴义务人在代扣代缴个人所得税时，减按 50% 计算应纳税所得额。所称上市公司是指在上海证券交易所、深圳证券交易所挂牌交易的上市公司。

上市公司股息差别化个人所得税政策的具体内容是什么？

根据《财政部 国家税务总局 证监会关于上市公司股息红利差别化个人所得税政策有关问题的通知》（财税〔2015〕101 号）的规定，经国务院批准，现就上市公司股息红利差别化个人所得税政策等有关问题通知如下：

（1）个人从公开发行和转让市场取得的上市公司股票，持股期限超过 1 年的，股息红利所得暂免征收个人所得税。

（2）个人从公开发行和转让市场取得的上市公司股票，持股期限在 1 个月以内（含 1 个月）的，其股息红利所得全额计入应纳税所得额；持股期限在 1 个月以上至 1 年（含 1 年）的，暂减按 50% 计入应纳税所得额；上述所得统一适用 20% 的税率计征个人所得税。

（3）上市公司派发股息红利时，对个人持股 1 年以内（含 1 年）的，上市公司暂不扣缴个人所得税；待个人转让股票时，证券登记结算公司根据其持股期限计算应纳税额，由证券公司等股份托管机构从个人资金账户中扣收并划付证券登记结算公司，证券登记结算公司应于次月 5 个工作日内划付上市公司，上市公司在收到税款当月的法定申报期内向主管税务机关申报缴纳。

（4）上市公司股息红利差别化个人所得税政策其他有关操作事项，按照《财政部 国家税务总局 证监会关于实施上市公司股息红利差别化个人所得税政策有关问题的通知》（财税〔2012〕85 号）的相关规定执行。

（5）全国中小企业股份转让系统挂牌公司股息红利差别化个人所得税政策，按照本通知规定执行。其他有关操作事项，按照《财政部 国家税务总局 证监会关于实施全国中小企业股份转让系统挂牌公司股息红利差别化个人所得税政策有关问题的通知》（财税〔2014〕48 号）的相关规定执行。

（6）本通知自 2015 年 9 月 8 日起施行。

（7）上市公司派发股息红利，股权登记日在 2015 年 9 月 8 日之后的，股息红利所得按照本通知的规定执行。本通知实施之日个人投资者证券账户已持有的上市公司股票，其持股时间自取得之日起计算。

四、公益捐赠扣除

如果纳税人进行了符合税法规定标准的公益性捐赠，该捐赠的数额可以从其应纳税所得额中予以扣除，这被称为捐赠扣除。

 公益性捐赠扣除方法

个人将其所得对教育事业和其他公益事业捐赠的部分，按照国务院有关规定从应纳税所得中扣除。

个人将其所得对教育事业和其他公益事业的捐赠，是指个人将其所得通过中国境内的社会团体、国家机关向教育和其他社会公益事业以及遭受严重自然灾害地区、贫困地区的捐赠。捐赠额未超过纳税义务人申报的应纳税所得额30%的部分，可以从其应纳税所得额中扣除。

 友情提示

个人捐赠住房作为廉租住房的，捐赠额未超过其申报的应纳税所得额30%的部分，准予从其应纳税所得额中扣除。

依据国务院发布的《社会团体登记管理条例》（国务院令第250号）和《基金会管理条例》（国务院令第400号）的规定，经民政部门批准成立的非营利的公益性社会团体和基金会，凡符合有关规定条件，并经财政税务部门确认后，纳税人通过其用于公益救济性的捐赠，可按现行税收法律、法规及相关政策规定，准予在计算缴纳企业和个人所得税时在所得税税前扣除。经国务院民政部门批准成立的非营利的公益性社会团体和基金会，其捐赠税前扣除资格由财政部和国家税务总局进行确认；经省级人民政府民政部门批准成立的非营利的公益性社会团体和基金会，其捐赠税前扣除资格由省级财税部门进行确认，并报财政部和国家税务总局备案。接受公益救济性捐赠的国家机关是指县及县以上人民政府及其组成部门。

申请捐赠税前扣除资格的非营利的公益性社会团体和基金会，必须具备以下条件：

（1）致力于服务全社会大众，并不以营利为目的。

（2）具有公益法人资格，其财产的管理和使用符合各法律、行政法规的规定。

（3）全部资产及其增值为公益法人所有。

（4）收益和营运节余主要用于所创设目的的事业活动。

（5）终止或解散时，剩余财产不能归属任何个人或营利组织。

（6）不得经营与其设立公益目的的无关的业务。

（7）有健全的财务会计制度。

（8）具有不为私人谋利的组织机构。

（9）捐赠者不得以任何形式参与非营利公益性组织的分配，也没有对该组织财产的所有权。

申请捐赠税前扣除资格的非营利的公益性社会团体和基金会，需报送以下材料：

（1）要求捐赠税前扣除的申请报告。

（2）国务院民政部门或省级人民政府民政部门出具的批准登记（注册）文件。

（3）组织章程和近年来资金来源、使用情况。

具有捐赠税前扣除资格的非营利的公益性社会团体、基金会和县及县以上人民政府及其组成部门，必须将所接受的公益救济性捐赠用于税收法律、法规规定的范围，即教育、民政等公益事业和遭受自然灾害地区、贫困地区。具有捐赠税前扣除资格的非营利的公益性社会团体、基金会和县及县以上人民政府及其组成部门在接受捐赠或办理转赠时，应按照财务隶属关系分别使用由中央或省级财政部门统一印（监）制的公益救济性捐赠票据，并加盖接受捐赠或转赠单位的财务专用印章；对个人索取捐赠票据，应予以开据。

纳税人在进行公益救济性捐赠税前扣除申报时，须附送以下资料：

（1）接受捐赠或办理转赠的非营利的公益性社会团体、基金会的捐赠税前扣除资格证明材料。

（2）由具有捐赠税前扣除资格的非营利的公益性社会团体、基金会和县及县以上人民政府及其组成部门出具的公益救济性捐赠票据。

（3）主管税务机关要求提供的其他资料。

根据《财政部 国家税务总局关于公共租赁住房税收优惠政策的通知》（财税〔2015〕139号）的规定，个人捐赠住房作为公共租赁住房，符合税收法律、法规规定的，对其公益性捐赠支出未超过其申报的应纳税所得额30%的部分，准予从其应纳税所得额中扣除。享受上述税收优惠政策的公共租赁住房是指纳入省、自治区、直辖市、计划单列市人民政府及新疆生产建设兵团批准的公共租赁住房发展规划和年度计划，并按照《关于加快发展公共租赁住房的指导意见》（建保〔2010〕87号）和市、县人民政府制定的具体管理办法进行管理的公共租赁住房。本通知执行期限为2016年1月1日至2018年12月31日。

计算举例

戴先生2017年3月工资收入4 700元，没有其他收入。戴先生于2017年3月15日通过国家机关向灾区捐款400元。请问，戴先生该月应当缴纳多少个人所得税？

计算过程： 首先计算戴先生该月的应纳税所得额为4 700-3 500=1 200（元）；其次计算捐赠扣除限额：1 200×30%=360（元）。由于戴先生捐款的数额超过了捐赠扣除限额，因此，只能扣除360元。戴先生该月工资所得应纳税额为（1 200-360）×5%=42（元）。

友情提示

个人所进行的下列捐赠可以全额扣除，没有扣除限额：

（1）个人通过非营利性的社会团体和国家机关对公益性青少年活动场所（其中包括新建）的捐赠，在缴纳个人所得税前准予全额扣除。公益性青少年活动场所，是指专门为青少年学生提供科技、文化、德育、爱国主义教育、体育活动的青少年宫、青少年活动中心等校外活动的公益性场所。

（2）个人通过非营利性的社会团体和政府部门向福利性、非营利性的老年服务机构的捐赠，在缴纳个人所得税前准予全额扣除。老年服务机构，是指专门为老年人提供生活照料、文化、护理、健身等多方面服务的福利性、非营利性的机构，主要包括：老年社会福利院、敬老院（养老院）、老年服务中心、老年公寓（含老年护理院、康复中心、托老所）等。

（3）个人向慈善机构、基金会等非营利机构的公益、救济性捐赠，准予在缴纳个人所得税前全额扣除。慈善机构、基金会等非营利机构，是指依照国务院《社会团体登记管理条例》及《民办非企业单位登记管理暂行条例》规定设立的公益性、非营利性组织。以上政策适用于在辽宁全省以及其他省、自治区、直辖市按《财政部 国家税务总局关于完善城镇社会保障体系试点中有关所得税政策问题的通知》规定确定的试点地区缴纳个人所得税的纳税人，自各地区实施之日起执行。

县级以上（含县级）红十字会的管理体制及办事机构、编制经同级编制部门核定，由同级政府领导联系者为完全具有受赠者、转赠者资格的红十字会。捐赠给这些红十字会及其"红十字事业"，捐赠者准予享受在计算缴纳个人所得税时全额扣除的优惠政策。由政府某部门代管或挂靠在政府某一部门的县级以上（含县级）红十字会为部分具有受赠者、转赠者资格的红十字会。这些红十字会及其"红十字事业"，只有在中国红十字会总会号召开展重大活动（以总会文件为准）时接受的捐赠和转赠，捐赠者方可享受在计算缴纳个人所得税时全额扣除的优惠政策。除此之外，接受定向捐赠或转赠，必须经中国红十字会总会认可，捐赠者方可享受在计算缴纳个人所得税时全额扣除的优惠政策。

纳税人通过中国境内非营利的社会团体、国家机关向教育事业的捐赠，准予在个人所得税前全额扣除。

自 2004 年 1 月 1 日起，个人通过宋庆龄基金会、中国福利会、中国残疾人福利基金会、中国扶贫基金会、中国煤矿尘肺病治疗基金会、中华环境保护基金会用于公益救济性的捐赠，准予在缴纳个人所得税前全额扣除。

自 2006 年 1 月 1 日起，个人通过中国老龄事业发展基金会、中国华文教育基金会、中国绿化基金会、中国妇女发展基金会、中国关心下一代健康体育基金会、中国生物多样性保护基金会、中国儿童少年基金会和中国光彩事业基金会用于公益救济性捐赠，准予在缴纳个人所得税前全额扣除。

自 2006 年 1 月 1 日起，个人通过中国医药卫生事业发展基金会用于公益救济性捐赠，准予在缴纳个人所得税前全额扣除。

自 2006 年 1 月 1 日起，个人通过中国教育发展基金会用于公益救济性捐赠，准予在缴纳个人所得税前全额扣除。

 计算举例

夏先生 2017 年 3 月工资收入 10 300 元，没有其他收入。夏先生于 2017 年 3 月 15 日通过中国教育发展基金会向教育事业捐款 6 000 元。请问，夏先生该月应当缴纳多少个人所得税？

计算过程： 夏先生该月应纳税所得额：10 300−3 500=6 800（元）。由于戴先生是通过中国教育发展基金会向教育事业捐款，该项公益性捐赠没有扣除限额，可以全额扣除捐献数额。因此，夏先生该月工资所得应纳税额为：（6 800−6 000）×5%=40（元）。

五、外籍人员特殊优惠政策

 外籍人员有哪些特殊减免税政策？

外籍人员的减免税政策有一些特殊规定，下列是外籍人员所享受的减免税政策：

（1）援助国派往我国专为该国无偿援助我国的建设项目服务的工作人员，取得的工资、生活津贴，不论是我方支付或外国支付，均可免征个人所得税。

（2）外国来华文教专家，在我国服务期间，由我方发工资、薪金，并对其住房、使用汽车、医疗实行免费"三包"，可只就工资、薪金所得按照税法规定征收个人所得税；对我方免费提供的住房、使用汽车、医疗，可免予计算纳税。

（3）外国来华工作人员，在我国服务而取得的工资、薪金，不论是我方支付、外国支付、我方和外国共同支付，均属于来源于中国的所得，除税法规定给予免税优惠外，其他均应按规定征收个人所得税。但对在中国境内连续居住不超过90天的，可只就我方支付的工资、薪金部分计算纳税，对外国支付的工资、薪金部分免予征税。

（4）外国来华留学生，领取的生活津贴费、奖学金，不属于工资、薪金范畴，不征个人所得税。

（5）外国来华工作人员，由外国派出单位发给包干款项，其中包括个人工资、公用经费（邮电费、办公费、广告费、业务上往来必要的交际费）、生活津贴费（住房费、差旅费），凡对上述所得能够划分清楚的，可只就工资薪金所得部分按照规定征收个人所得税。

（6）外国公司以雇员个人名义从合同区联合账簿中列支的下列款项，可选择作为外国公司在华经营费用列支，并计入其雇员个人的工资、薪金所得，计算缴纳个人所得税；或不作为外国公司在华经营费用列支，也不计入雇员个人的工资、薪金所得缴纳：①外国公司根据其本国有关法律的规定，按照雇员工资的一定比例提取，并向其本国政府缴纳的失业保险金；②外国公司按雇员工资的一定比例为雇员个人提取支付的储蓄金（亦称理财计划或储蓄计划）；③外国公司以雇员个人或雇员家属名义提取的集体人寿保险金。

（7）外国公司为其来华工作雇员实际支付的医疗保险费（包括牙医保险费），经主管税务机关审核，属外国公司福利制度统一规定的，且数额合理，可暂免征收个人所得税。

（8）外籍个人以非现金形式或实报实销形式取得的住房补贴、伙食补贴、搬迁费、洗衣费；外籍个人按合理标准取得的境内、外出差补贴；外籍个人取得的探亲费、语言训练费、子女教育费等，经当地税务机关审核批准为合理的部分。

（9）外籍个人从外商投资企业取得的股息、红利所得。

友情提示

①对外籍个人以非现金形式或实报实销形式取得的合理的住房补贴、伙食补贴和洗衣费免征个人所得税，应由纳税人在初次取得上述补贴或上述补贴数额、支付方式发生变化的月份的次月进行工资薪金所得纳税申报时，向主管税务机关提供上述补贴的有效凭证，由主管税务机关核准确认免税；②对外籍个人因到中国任职或离职，以实报实销形式取得的搬迁收入免征个人所得税，应由纳税人提供有效凭证，由主管税务机关审核认定，就其合理的部分免税。外商投资企业和外国企业在中国境内的机构、场所，以搬迁费名义每月或定期向其外籍雇员支付的费用，应计入工资薪金所得征收个人所得税；③对外籍个人按合理标准取得的境内、外出差补贴免征个人所得税，应由纳税人提供出差的交通费、住宿费凭证（复印件）或企业安排出差的有关计划，由主管税务机关确认免税；④对外籍个人取得的探亲费免征个人所得税，应由纳税人提供探亲的交通支出凭证（复印件），由主管税务机关审核，对其实际用于本人探亲，且每年探亲的次数和支付的标准合理的部分给予免税；⑤对外籍个人取得的语言培训费和子女教育费补贴免征个人所得税，应由纳税人提供在中国境内接受上述教育的支出凭证和期限证明材料，由主管税务机关审核，对其在中国境内接受语言培训以及子女在中国境内接受教育取得的语言培训费和子女教育费补贴，且在合理数额内的部分免予纳税。

（10）凡符合下列条件之一的外籍专家取得的工资、薪金所得可免征个人所得税：①根据世界银行专项贷款协议由世界银行直接派往我国工作的外国专家；②联合国组织直接派往我国工作的专家；③为联合国援助项目来华工作的专家；④援助国派往我国专为该国无偿援助项目工作的专家；⑤根据两国政府签订文化交流项目来华工作2年以内的文教专家，其工资、薪金所得由该国负担的；⑥根据我国大专院校国际交流项目来华工作2年以内的文教专家，其工资、薪金所得由该国负担的；⑦通过民间科研协定来华工作的专家，其工资、薪金所得由该国政府机构负担的。

世界银行或联合国"直接派往"是指世界银行或联合国组织直接与该专家签订提供技术服务的协议或与该专家的雇主签订技术服务协议，并指定该专家为有关项目提供技术服务，由世界银行或联合国支付该外国专家的工资、薪金报酬。该外国专家办理上述免税时，应提供其与世界银行签订的有关合同和其工资薪金所得由世界银行或联合国组织支付、负担的证明。联合国组织是指联合国的有关组织，包括联合国开发计划署、联合国人口活动基金、联合国儿童基金会、联合国技术合作部、联合国工业发展组织、联合国粮农组织、世界粮食计划署、世界卫生组织、世界气象组织、联合国科教文组织等。除上述由世界银行或联合国组织直接派往中国工作的外国专家以外，其他外国专家从事与世界银行贷款项目有关的技术服务所取得的工资薪金所得或劳务报酬所得，均应依法征收个人所得税。

（11）对持有 B 股或海外股（包括 H 股）的外籍个人，从发行该 B 股或海外股的中国境内企业所取得的股息（红利）所得，暂免征收个人所得税。

 华侨可以享受哪些税收优惠政策？

华侨可以享受下列税收优惠政策：
（1）华侨从海外汇入我国境内赡养其家属的侨汇，免征个人所得税。
（2）继承国外遗产从海外调入的外汇，免征个人所得税。
（3）取回解冻在美资金汇入的外汇，免征个人所得税。

六、短期居民税收优惠

 短期居民纳税人可以享受什么税收优惠政策？

在中国境内无住所，但是居住 1 年以上 5 年以下的个人，其来源于中国境外的所得，经主管税务机关批准，可以只就由中国境内公司、企业以及其他经济组织或者个人支付的部分缴纳个人所得税；居住超过 5 年的个人，从第 6 年起，应当就其来源于中国境外的全部所得缴纳个人所得税。个人在中国境内居住满 5 年，是指个人在中国境内连续居住满 5 年，即在连续 5 年中的每一纳税年度内均居住满 1 年。个人在中国境内居住满 5 年后，从第 6 年起的以后各年度中，凡在境内居住满 1 年的，应当就其来源于境内、境外的所得申报纳税；凡在境内居住不满 1 年的，则仅就该年内来源于境内的所得申报纳税。如该个人在第 6 年起以后的某一纳税年度内在境内居住不足 90 天，可以按《个人所得税法实施条例》第七条的规定（即：在中国境内无住所，但是在一个纳税年度中在中国境内连续或者累计居住不超过 90 日的个人，其来源于中国境内的所得，由境外雇主支付并且不由该雇主在中国境内的机构、场所负担的部分，免予缴纳个人所得税）确定纳税义务，并从再次居住满 1 年的年度起重新计算 5 年期限。

七、短期非居民税收优惠

 短期非居民纳税人可以享受什么税收优惠政策？

在中国境内无住所，但是在一个纳税年度中在中国境内连续或者累计居住不超过 90 日的个人，其来源于中国境内的所得，由境外雇主支付并且不由该雇主在中国境内的机构、场所负担的部分，免予缴纳个人所得税。

八、年终奖金优惠政策

 年终奖金应当如何计算应当缴纳的个人所得税？

全年一次性奖金是指行政机关、企事业单位等扣缴义务人根据其全年经济效益和对雇员全年工作业绩的综合考核情况，向雇员发放的一次性奖金。上述一次性奖金也包括年终加薪、实行年薪制和绩效工资办法的单位根据考核情况兑现的年薪和绩效工资。

纳税人取得全年一次性奖金，单独作为一个月工资、薪金所得计算纳税，并按以下计税办法，由扣缴义务人发放时代扣代缴：

第一，先将雇员当月内取得的全年一次性奖金，除以 12 个月，按其商数确定适用税率和速算扣除数。

如果在发放年终一次性奖金的当月，雇员当月工资薪金所得低于税法规定的费用扣除额，应将全年一次性奖金减除"雇员当月工资薪金所得与费用扣除额的差额"后的余额，按上述办法确定全年一次性奖金的适用税率和速算扣除数。

第二，将雇员个人当月内取得的全年一次性奖金，按第一项确定的适用税率和速算扣除数计算征税，计算公式如下：

1. 如果雇员当月工资薪金所得高于（或等于）税法规定的费用扣除额的，适用公式为：

应纳税额＝雇员当月取得全年一次性奖金 × 适用税率 − 速算扣除数

2. 如果雇员当月工资薪金所得低于税法规定的费用扣除额的，适用公式为：

$$应纳税额 = \left(\begin{array}{c} 雇员当月取得 \\ 全年一次性奖金 \end{array} - \begin{array}{c} 雇员当月工资薪金所得 \\ 与费用扣除额的差额 \end{array} \right) \times \begin{array}{c} 适用 \\ 税率 \end{array} - \begin{array}{c} 速算 \\ 扣除数 \end{array}$$

雇员取得除全年一次性奖金以外的其他各种名目奖金，如半年奖、季度奖、加班奖、先进奖、考勤奖等，一律与当月工资、薪金收入合并，按税法规定缴纳个人所得税。

 友情提示

> 在一个纳税年度内，对每一个纳税人，该计税办法只允许采用一次。实行年薪制和绩效工资的单位，个人取得年终兑现的年薪和绩效工资按上述规定执行（见图1）。

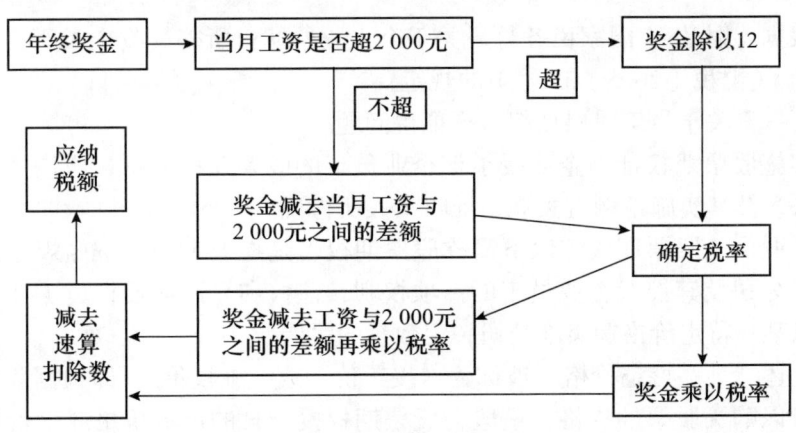

图1　年终奖的计税方法

 生活中的案例

李先生每月工资为4 800元，2017年12月31日领取年终奖金30 000元，请计算该30 000元奖金应当缴纳多少个人所得税？

解答： 先确定该奖金所适用的税率。由于当月工资超过3 500元，因此，直接用奖金除以12即可判断适用的税率。30 000÷12=2 500（元）。应当适用10%的税率。根据前面所规定的公式，应纳税额为：30 000×10%-105=2 895（元）。

 计算举例

孙先生每月工资为3 000元，2017年12月31日领取年终奖金30 000元，请计算该30 000元奖金应当缴纳多少个人所得税？

解答：先确定该奖金所适用的税率。由于当月工资低于 3 500 元，因此，应将全年一次性奖金减除"雇员当月工资薪金所得与费用扣除额的差额"，即：30 000-（3 500-3 000）=29 500（元）。然后再除以 12 即可判断适用的税率。29 500÷12=2 458（元）。应当适用 10% 的税率。根据前面所规定的公式，应纳税额为：29 500×10%-105=2 845（元）。

九、股权激励与技术入股优惠政策

 企业员工参与企业股票期权计划而取得的所得如何计算缴纳个人所得税？

根据《财政部 国家税务总局关于个人股票期权所得征收个人所得税问题的通知》（财税〔2005〕35 号）的规定：

第一，关于员工股票期权所得征税问题。

实施股票期权计划企业授予该企业员工的股票期权所得，应按《个人所得税法》及其实施条例有关规定征收个人所得税。

企业员工股票期权（以下简称股票期权）是指上市公司按照规定的程序授予本公司及其控股企业员工的一项权利，该权利允许被授权员工在未来时间内以某一特定价格购买本公司一定数量的股票。

上述"某一特定价格"被称为"授予价"或"施权价"，即根据股票期权计划可以购买股票的价格，一般为股票期权授予日的市场价格或该价格的折扣价格，也可以是按照事先设定的计算方法约定的价格；"授予日"也称"授权日"，是指公司授予员工上述权利的日期；"行权"也称"执行"，是指员工根据股票期权计划选择购买股票的过程；员工行使上述权利的当日为"行权日"，也称"购买日"。

第二，关于股票期权所得性质的确认及其具体征税规定。

（1）员工接受实施股票期权计划企业授予的股票期权时，除另有规定外，一般不作为应税所得征税。

（2）员工行权时，其从企业取得股票的实际购买价（施权价）低于购买日公平市场价（指该股票当日的收盘价，下同）的差额，是因员工在企业的表现和业绩情况而取得的与任职、受雇有关的所得，应按"工资、薪金所得"适用的规定计算缴纳个人所得税。

对因特殊情况，员工在行权日之前将股票期权转让的，以股票期权的转让净收入，作为工资薪金所得征收个人所得税。"股票期权的转让净收入"，一般是指股票期权转让收入。如果员工以折价购入方式取得股票期权的，可以股票期权转让收入扣除折价购入股票期权时实际支付的价款后的余额，作为股票期权的转让净收入。

员工行权日所在期间的工资薪金所得，应按下列公式计算工资薪金应纳税所得额：

$$\begin{matrix}\text{股票期权形式的工资}\\\text{薪金应纳税所得额}\end{matrix} = \left(\begin{matrix}\text{行权股票的}\\\text{每股市场价}\end{matrix} - \begin{matrix}\text{员工取得该股票期权}\\\text{支付的每股施权价}\end{matrix}\right) \times \begin{matrix}\text{股票}\\\text{数量}\end{matrix}$$

"员工取得该股票期权支付的每股施权价"，一般是指员工行使股票期权购买股票实际支付的每股价格。如果员工以折价购入方式取得股票期权的，上述施权价可包括员工折价购入股票期权时实际支付的价格。

（3）员工将行权后的股票再转让时获得的高于购买日公平市场价的差额，是因个人在证券二级市场上转让股票等有价证券而获得的所得，应按照"财产转让所得"适用的征免规定计算缴纳个人所得税。目前不需要缴纳个人所得税。

（4）员工因拥有股权而参与企业税后利润分配取得的所得，应按照"利息、股息、红利所得"适用的规定计算缴纳个人所得税。

第三，关于工资薪金所得境内外来源划分。

按照《国家税务总局关于在中国境内无住所个人以有价证券形式取得工资薪金所得确定纳税义务有关问题的通知》（国税函〔2000〕190号）有关规定，需对员工因参加企业股票期权计划而取得的工资薪金所得确定境内或境外来源的，应按照该员工据以取得上述工资薪金所得的境内、外工作期间月份数比例计算划分。（国税函〔2000〕190号文件相关规定如下：根据《个人所得税法》及其实施条例、政府间税收协定和有关税收规定，在中国境内无住所的个人在华工作期间或离华后以折扣认购股票等有价证券形式取得工资薪金所得，仍应依照劳务发生地原则判定其来源地及纳税义务。上述个人来华后以折扣认购股票等形式收到的工资薪金性质所得，凡能够提供雇佣单位有关工资制度及折扣认购有价证券办法，证明上述所得含有属于该个人来华之前工作所得的，可仅就其中属于在华工作期间的所得征收个人所得税。与此相应，上述个人停止在华履约或执行职务离境后收到的属于在华工作期间的所得，也应确定为来源于我国的所得，但该项工资薪金性质所得未在中国境内的企业或机构、场所负担的，可免予扣缴个人所得税。）

第四，关于应纳税款的计算。

（1）认购股票所得（行权所得）的税款计算。员工因参加股票期权计划而从中国境内取得的所得，按上述规定应按工资薪金所得计算纳税的，对该股票期权形式的工资薪金所得可区别于所在月份的其他工资薪金所得，单独按下列公式计算当月应纳税款：

$$应纳税额 = \left(\frac{股票期权形式的工资薪金应纳税所得额}{规定月份数} \times 适用税率 - 速算扣除数 \right) \times 规定月份数$$

上述公式中的规定月份数，是指员工取得来源于中国境内的股票期权形式工资薪金所得的境内工作期间月份数，长于12个月的，按12个月计算；上款公式中的适用税率和速算扣除数，以股票期权形式的工资薪金应纳税所得额除以规定月份数后的商数，对照工资薪金所得税率表确定。

（2）转让股票（销售）取得所得的税款计算。对于员工转让股票等有价证券取得的所得，应按现行税法和政策规定征免个人所得税。即：个人将行权后的境内上市公司股票再行转让而取得的所得，暂不征收个人所得税；个人转让境外上市公司的股票而取得的所得，应按税法的规定计算应纳税所得额和应纳税额，依法缴纳税款。

（3）参与税后利润分配取得所得的税款计算。员工因拥有股权参与税后利润分配而取得的股息、红利所得，除依照有关规定可以免税或减税的外，应全额按规定税率计算纳税。

（4）凡取得股票期权的员工在行权日不实际买卖股票，而按行权日股票期权所指定股票的市场价与施权价之间的差额，直接从授权企业取得价差收益的，该项价差收益应作为员工取得的股票期权形式的工资薪金所得，按照上述有关规定计算缴纳个人所得税。

第五，关于征收管理。

（1）扣缴义务人。实施股票期权计划的境内企业为个人所得税的扣缴义务人，应按税法规定履行代扣代缴个人所得税的义务。

（2）自行申报纳税。员工从两处或两处以上取得股票期权形式的工资薪金所得和没有扣缴义务人的，该个人应在个人所得税法规定的纳税申报期限内自行申报缴纳税款。

（3）报送有关资料。实施股票期权计划的境内企业，应在股票期权计划实施之前，将企业的股票期权计划或实施方案、股票期权协议书、授权通知书等资料报送主管税务机关；应在员工行权之前，将股票期权行权通知书和行权调整通知书等资料报送主管税务机关。

（4）处罚。实施股票期权计划的企业和因股票期权计划而取得应税所得的自行申报员工，未按规定报送上述有关报表和资料，未履行申报纳税义务或者扣缴税款义务的，按《税收征收管理法》及其实施细则的有关规定进行处理。

 **友情提示**

扣缴义务人和自行申报纳税的个人在申报纳税或代扣代缴税款时，应在税法规定的纳税申报期限内，将个人接受或转让的股票期权以及认购的股票情况（包括种类、数量、施权价格、行权价格、市场价格、转让价格等）报送主管税务机关。

第六，部分股票期权在授权时即约定可以转让，且在境内或境外存在公开市场及挂牌价格（以下称可公开交易的股票期权）。员工接受该可公开交易的股票期权时，按以下规定进行税务处理：

（1）员工取得可公开交易的股票期权，属于员工已实际取得有确定价值的财产，应按授权日股票期权的市场价格，作为员工授权日所在月份的工资薪金所得，并按上述第四条第（一）项规定计算缴纳个人所得税。如果员工以折价购入方式取得股票期权的，可以授权日股票期权的市场价格扣除折价购入股票期权时实际支付的价款后的余额，作为授权日所在月份的工资薪金所得。

（2）员工取得上述可公开交易的股票期权后，转让该股票期权所取得的所得，属于财产转让所得，按上述第四条第（二）项规定进行税务处理。

（3）员工取得本条上述可公开交易的股票期权后，实际行使该股票期权购买股票时，不再计算缴纳个人所得税。

第七，员工以在一个公历月份中取得的股票期权形式工资薪金所得为一次。员工在一个纳税年度中多次取得股票期权形式工资薪金所得的，其在该纳税年度内首次取得股票期权形式的工资薪金所得应按上述第四条第（一）项规定的公式计算应纳税款；本年度内以后每次取得股票期权形式的工资薪金所得，应按以下公式计算应纳税款：

应纳税款=（本纳税年度内取得的股票期权形式工资薪金所得累计应纳税所得额÷规定月份数×适用税率−速算扣除数）×规定月份数−本纳税年度内股票期权形式的工资薪金所得累计已纳税款

上款公式中的本纳税年度内取得的股票期权形式工资薪金所得累计应纳税所得额，包括本次及本次以前各次取得的股票期权形式工资薪金所得应纳税所得额；上款公式中的规定月份数，是指员工取得来源于中国境内的股票期权形式工资薪金所得的境内工作期间月份数，长于12个月的，按12个月计算；上款公式中的适用税率和速算扣除数，以本纳税年度内取得的股票期权形式工资薪金所得累计应纳税所得额除以规定月份数后的商数，对照《国家税务总局关于印发〈征收个人所得税若干问题的规定〉的通知》（国税发〔1994〕089号）所附税率表确定；上款公式中的本纳税年度内股票期权形式的工资薪金所得累计已纳税款，不含本次股票期权形式的工资薪金所得应纳税款。

第八，员工多次取得或者一次取得多项来源于中国境内的股票期权形式工资薪金所得，而且各次或各项股票期权形式工资薪金所得的境内工作期间月份数不相同的，以境内工作期间月份数的加权平均数为上述第四条第（一）项规定公式和第七条规定公式中的规定月份数，但最长不超过12个月，计算公式如下：

规定月份数＝∑各次或各项股票期权形式工资薪金应纳税所得额与该次或该项所得境内工作期间月份数的乘积÷∑各次或各项股票期权形式工资薪金应纳税所得额

股票期权应纳税额的计算见图2。

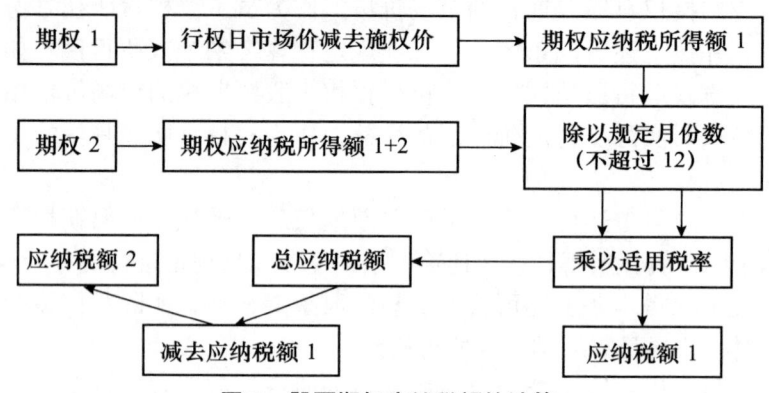

图2　股票期权应纳税额的计算

根据《国家税务总局关于个人股票期权所得缴纳个人所得税有关问题的补充通知》（国税函〔2006〕902号）的规定：

（1）员工接受雇主（含上市公司和非上市公司）授予的股票期权，凡该股票期权指定的股票为上市公司（含境内、外上市公司）股票的，均应按照财税〔2005〕35号文件进行税务处理。

（2）财税〔2005〕35号文件第二条第（二）项所述"股票期权的转让净收入"，一般是指股票期权转让收入。如果员工以折价购入方式取得股票期权的，可以股票期权转让收入扣除折价购入股票期权时实际支付的价款后的余额，作为股票期权的转让净收入。

（3）财税〔2005〕35号文件第二条第（二）项公式中所述"员工取得该股票期权支付的每股施权价"，一般是指员工行使股票期权购买股票实际支付的每股价格。如果员工以折价购入方式取得股票期权的，上述施权价可包括员工折价购入股票期权时实际支付的价格。

（4）凡取得股票期权的员工在行权日不实际买卖股票，而按行权日股票期权所指定股票的市场价与施权价之间的差额，直接从授权企业取得价差收益的，该项价差收益应作为员工取得的股票期权形式的工资薪金所得，按照财税〔2005〕35号文件的有关规定计算缴纳个人所得税。

（5）在确定员工取得股票期权所得的来源地时，按照财税〔2005〕35号文件第三条规定需划分境、内外工作期间月份数。该境、内外工作期间月份总数是指员工按企业股票期权计划规定，在可行权以前须履行工作义务的月份总数。

（6）部分股票期权在授权时即约定可以转让，且在境内或境外存在公开市场及挂牌价格（以下称可公开交易的股票期权）。员工接受该可公开交易的股票期权时，应作为财税〔2005〕35号文件第二条第（一）项所述的另有规定情形，按以下规定进行税务处理：①员工取得可公开交易的股票期权，属于员工已实际取得有确定价值的财产，应按授权日股票期权的市场价格，作为员工授权日所在月份的工资薪金所得，并按财税〔2005〕35号文件第四条第（一）项规定计算缴纳个人所得税。如果员工以折价购入方式取得股票期权的，可以授权日股票期权的市场价格扣除折价购入股票期权时实际支付的价款后的余额，作为授权日所在月份的工资薪金所得。②员工取得上述可公开交易的股票期权后，转让该股票期权所取得的所得，属于财产转让所得，按财税〔2005〕35号文件第四条第（二）项规定进行税务处理。③员工取得本条第（一）项所述可公开交易的股票期权后，实际行使该股票期权购买股票时，不再计算缴纳个人所得税。

（7）员工以在一个公历月份中取得的股票期权形式工资薪金所得为一次。员工在一个纳税年度中多次取得股票期权形式工资薪金所得的，其在该纳税年度内首次取得股票期权形式的工资薪金所得应按财税〔2005〕35号文件第四条第（一）项规定的公式计算应纳税款；本年度内以后每次取得股票期权形式的工资薪金所得，应按以下公式计算应纳税款：

应纳税款＝（本纳税年度内取得的股票期权形式工资薪金所得累计应纳税所得额÷规定月份数×适用税率－速算扣除数）×规定月份数－本纳税年度内股票期权形式的工资薪金所得累计已纳税款

上款公式中的本纳税年度内取得的股票期权形式工资薪金所得累计应纳税所得额，包括本次及本次以前各次取得的股票期权形式工资薪金所得应纳税所得额；上款公式中的规定月份数，是指员工取得来源于中国境内的股票期权形式工资薪金所得的境内工作期间月份数,长于12个月的,按12个月计算；上款公式中的适用税率和速算扣除数，以本纳税年度内取得的股票期权形式工资薪金所得累计应纳税所得额除以规定月份数后的商数，对照《国家税务总局关于印发〈征收个人所得税若干问题的规定〉的通知》（国税发〔1994〕089号）所附税率表确定；上款公式中的本纳税年度内股票期权形式的工资薪金所得累计已纳税款，不含本次股票期权形式的工资薪金所得应纳税款。

（8）员工多次取得或者一次取得多项来源于中国境内的股票期权形式工资薪金所得，而且各次或各项股票期权形式工资薪金所得的境内工作期间月份数不相同的，以境内工作期间月份数的加权平均数为财税〔2005〕35号文件第四条第（一）项规定公式和本通知第七条规定公式中的规定月份数，但最长不超过12个月，计算公式如下：

规定月份数=∑各次或各项股票期权形式工资薪金应纳税所得额与该次或该项所得境内工作期间月份数的乘积÷∑各次或各项股票期权形式工资薪金应纳税所得额

上市公司高管股权期权所得个人所得税有哪些管理制度？

根据《财政部 国家税务总局关于上市公司高管人员股票期权所得缴纳个人所得税有关问题的通知》（财税〔2009〕40号）的规定，据一些地方税务部门反映，由于《公司法》和《证券法》对上市公司董事、监事、高级管理人员等（以下简称上市公司高管人员）转让本公司股票在期限和数量比例上存在一定限制，导致其股票期权行权时无足额资金及时纳税问题，经研究，现就上市公司高管人员取得股票期权所得有关缴纳个人所得税问题通知如下：

（1）上市公司高管人员取得股票期权所得，应按照《财政部国家税务总局关于个人股票期权所得征收个人所得税问题的通知》（财税〔2005〕35号）和《国家税务总局关于个人股票期权所得缴纳个人所得税有关问题的补充通知》（国税函〔2006〕902号）的有关规定，计算个人所得税应纳税额。

（2）对上市公司高管人员取得股票期权在行权时，纳税确有困难的，经主管税务机关审核，可自其股票期权行权之日起，在不超过6个月的期限内分期缴纳个人所得税。

（3）其他股权激励方式参照本通知规定执行。

根据《国家税务总局关于3项个人所得税事项取消审批实施后续管理的公告》（国家税务总局公告2016年第5号）的规定，按照《财政部 国家税务总局关于上市公司高管人员股票期权所得缴纳个人所得税有关问题的通知》（财税〔2009〕40号）规定，纳税人若选择分期缴纳个人所得税，其扣缴义务人应在股票期权行权的次月15日内，向主管税务机关办理分期缴纳个人所得税备案手续，报送《个人取得股票期权或认购股票等取得折扣或补贴收入分期缴纳个人所得税备案表》。其他相关证明材料由扣缴义务人留存备查。

 上市公司高管股权期权所得个人所得税有哪些管理制度？

根据《国家税务总局关于个人认购股票等有价证券而从雇主取得折扣或补贴收入有关征收个人所得税问题的通知》（国税发〔1998〕9号）的规定，一些中国境内的公司、企业作为吸收、稳定人才的手段，按照有关法律规定及本公司规定，向其雇员发放（内部职工）认股权证，并承诺雇员在公司达到一定工作年限或满足其他条件，可凭该认股权证按事先约定价格（一般低于当期股票发行价格或市场价格）认购公司股票；或者向达到一定工作年限或满足其他条件的雇员，按当期市场价格的一定折价转让本企业持有的其他公司（包括外国公司）的股票等有价证券；或者按一定比例为该雇员负担其进行股票等有价证券的投资。现将雇员以上述不同方式认购股票等有价证券而从雇主取得各类折扣或补贴有关征收个人所得税的问题通知如下：

1. 关于所得性质认定问题

在中国负有纳税义务的个人（包括在中国境内有住所和无住所的个人）认购股票等有价证券，因其受雇期间的表现或业绩，其雇主以不同形式取得的折扣或补贴（指雇员实际支付的股票等有价证券的认购价格低于当期发行价格或市场价格的数额），属于该个人因受雇而取得的工资、薪金所得，应在雇员实际认购股票等有价证券时，按照《个人所得税法》（以下称税法）及其实施条例和其他有关规定计算缴纳个人所得税。

上述个人在认购股票等有价证券后再行转让所取得的所得，属于税法及其实施条例规定的股票等有价证券转让所得，适用有关对股票等有价证券转让所得征收个人所得税的规定。

2. 关于计税方法问题

上述个人认购股票等有价证券而从雇主取得的折扣或补贴，在计算缴纳个人所得税时，因一次收入较多，全部计入当月工资、薪金所得计算缴纳个人所得税有困难的，可在报经当地主管税务机关批准后，自其实际认购股票等有价证券的当月起，在不超过6个月的期限内平均分月计入工资、薪金所得计算缴纳个人所得税。

3. 关于申报材料问题

纳税人或扣缴义务人就上述工资、薪金所得申报缴纳或代扣代缴个人所得税时，应将纳税人认购的股票等有价证券的种类、数量、认购价格、市场价格（包括国际市场价格）等情况及有关的证明材料和计税过程一并报当地主管税务机关。

根据《国家税务总局关于 3 项个人所得税事项取消审批实施后续管理的公告》（国家税务总局公告 2016 年第 5 号）的规定，按照《国家税务总局关于个人认购股票等有价证券而从雇主取得折扣或补贴收入有关征收个人所得税问题的通知》（国税发〔1998〕9 号）规定，纳税人若选择分期缴纳个人所得税，其扣缴义务人应在实际认购股票等有价证券的次月 15 日内，向主管税务机关办理分期缴纳个人所得税备案手续，报送《个人取得股票期权或认购股票等取得折扣或补贴收入分期缴纳个人所得税备案表》。其他相关证明材料由扣缴义务人留存备查。

 国家自主创新示范区有哪些税收政策推广至全国？

《财政部 国家税务总局关于将国家自主创新示范区有关税收试点政策推广到全国范围实施的通知》（财税〔2015〕116 号）规定，根据国务院常务会议决定精神，将国家自主创新示范区试点的四项所得税政策推广至全国范围实施。现就有关税收政策问题明确如下：

第一，关于有限合伙制创业投资企业法人合伙人企业所得税政策。

（1）自 2015 年 10 月 1 日起，全国范围内的有限合伙制创业投资企业采取股权投资方式投资于未上市的中小高新技术企业满 2 年（24 个月）的，该有限合伙制创业投资企业的法人合伙人可按照其对未上市中小高新技术企业投资额的 70% 抵扣该法人合伙人从该有限合伙制创业投资企业分得的应纳税所得额，当年不足抵扣的，可以在以后纳税年度结转抵扣。

（1）有限合伙制创业投资企业的法人合伙人对未上市中小高新技术企业的投资额，按照有限合伙制创业投资企业对中小高新技术企业的投资额和合伙协议约定的法人合伙人占有限合伙制创业投资企业的出资比例计算确定。

第二，关于技术转让所得企业所得税政策。

（1）自 2015 年 10 月 1 日起，全国范围内的居民企业转让 5 年以上非独占许可使用权取得的技术转让所得，纳入享受企业所得税优惠的技术转让所得范围。居民企业的年度技术转让所得不超过 500 万元的部分，免征企业所得税；超过 500 万元的部分，减半征收企业所得税。

（2）本通知所称技术，包括专利（含国防专利）、计算机软件著作权、集成电路布图设计专有权、植物新品种权、生物医药新品种，以及财政部和国家税务总局确定的其他技术。其中，专利是指法律授予独占权的发明、实用新型以及非简单改变产品图案和形状的外观设计。

第三，关于企业转增股本个人所得税政策。

（1）自 2016 年 1 月 1 日起，全国范围内的中小高新技术企业以未分配利润、盈余公积、资本公积向个人股东转增股本时，个人股东一次缴纳个人所得税确有困难的，可根据实际情况自行制定分期缴税计划，在不超过 5 个公历年度内（含）分期缴纳，并将有关资料报主管税务机关备案。

（2）个人股东获得转增的股本，应按照"利息、股息、红利所得"项目，适用 20% 税率征收个人所得税。

（3）股东转让股权并取得现金收入的，该现金收入应优先用于缴纳尚未缴清的税款。

（4）在股东转让该部分股权之前，企业依法宣告破产，股东进行相关权益处置后没有取得收益或收益小于初始投资额的，主管税务机关对其尚未缴纳的个人所得税可不予追征。

（5）本通知所称中小高新技术企业，是指注册在中国境内实行查账征收的、经认定取得高新技术企业资格，且年销售额和资产总额均不超过 2 亿元、从业人数不超过 500 人的企业。

（6）上市中小高新技术企业或在全国中小企业股份转让系统挂牌的中小高新技术企业向个人股东转增股本，股东应纳的个人所得税，继续按照现行有关股息红利差别化个人所得税政策执行，不适用本通知规定的分期纳税政策。

第四，关于股权奖励个人所得税政策。

（1）自 2016 年 1 月 1 日起，全国范围内的高新技术企业转化科技成果，给予本企业相关技术人员的股权奖励，个人一次缴纳税款有困难的，可根据实际情况自行制定分期缴税计划，在不超过 5 个公历年度内（含）分期缴纳，并将有关资料报主管税务机关备案。

（2）个人获得股权奖励时，按照"工资薪金所得"项目，参照《财政部 国家税务总局关于个人股票期权所得征收个人所得税问题的通知》（财税〔2005〕35 号）有关规定计算确定应纳税额。股权奖励的计税价格参照获得股权时的公平市场价格确定。

（3）技术人员转让奖励的股权（含奖励股权孳生的送、转股）并取得现金收入的，该现金收入应优先用于缴纳尚未缴清的税款。

（4）技术人员在转让奖励的股权之前企业依法宣告破产，技术人员进行相关权益处置后没有取得收益或资产，或取得的收益和资产不足以缴纳其取得股权尚未缴纳的应纳税款的部分，税务机关可不予追征。

（5）本通知所称相关技术人员，是指经公司董事会和股东大会决议批准获得股权奖励的以下两类人员：①对企业科技成果研发和产业化作出突出贡献的技术人员，包括企业内关键职务科技成果的主要完成人、重大开发项目的负责人、对主导产品或者核心技术、工艺流程作出重大创新或者改进的主要技术人员；②对企业发展作出突出贡献的经营管理人员，包括主持企业全面生产经营工作的高级管理人员，负责企业主要产品（服务）生产经营合计占主营业务收入（或者主营业务利润）50%以上的中、高级经营管理人员；③企业面向全体员工实施的股权奖励，不得按本通知规定的税收政策执行。

（6）本通知所称股权奖励，是指企业无偿授予相关技术人员一定份额的股权或一定数量的股份。

（7）本通知所称高新技术企业，是指实行查账征收、经省级高新技术企业认定管理机构认定的高新技术企业。

 股权奖励和转增股本个人所得税有哪些具体征管制度？

根据《国家税务总局关于股权奖励和转增股本个人所得税征管问题的公告》（国家税务总局公告 2015 年第 80 号）的规定，为贯彻落实《财政部 国家税务总局关于将国家自主创新示范区有关税收试点政策推广到全国范围实施的通知》（财税〔2015〕116 号）规定，现就股权奖励和转增股本个人所得税征管有关问题公告如下：

第一，关于股权奖励。

（1）股权奖励的计税价格参照获得股权时的公平市场价格确定，具体按以下方法确定：①上市公司股票的公平市场价格，按照取得股票当日的收盘价确定。取得股票当日为非交易时间的，按照上一个交易日收盘价确定；②非上市公司股权的公平市场价格，依次按照净资产法、类比法和其他合理方法确定。

（2）计算股权奖励应纳税额时，规定月份数按员工在企业的实际工作月份数确定。员工在企业工作月份数超过 12 个月的，按 12 个月计算。

第二，关于转增股本。

（1）非上市及未在全国中小企业股份转让系统挂牌的中小高新技术企业以未分配利润、盈余公积、资本公积向个人股东转增股本，并符合财税〔2015〕116 号文件有关规定的，纳税人可分期缴纳个人所得税；非上市及未在全国中小企业股份转让系统挂牌的其他企业转增股本，应及时代扣代缴个人所得税。

（2）上市公司或在全国中小企业股份转让系统挂牌的企业转增股本（不含以股票发行溢价形成的资本公积转增股本），按现行有关股息红利差别化政策执行。

第三，关于备案办理。

（1）获得股权奖励的企业技术人员、企业转增股本涉及的股东需要分期缴纳个人所得税的，应自行制定分期缴税计划，由企业于发生股权奖励、转增股本的次月 15 日内，向主管税务机关办理分期缴税备案手续。

（2）办理股权奖励分期缴税，企业应向主管税务机关报送高新技术企业认定证书、股东大会或董事会决议《个人所得税分期缴纳备案表（股权奖励）》、相关技术人员参与技术活动的说明材料、企业股权奖励计划、能够证明股权或股票价格的有关材料、企业转化科技成果的说明、最近一期企业财务报表等。

（3）办理转增股本分期缴税，企业应向主管税务机关报送高新技术企业认定证书、股东大会或董事会决议《个人所得税分期缴纳备案表（转增股本）》、上年度及转增股本当月企业财务报表、转增股本有关情况说明等。

（4）高新技术企业认定证书、股东大会或董事会决议的原件，主管税务机关进行形式审核后退还企业，复印件及其他有关资料税务机关留存。

（5）纳税人分期缴税期间需要变更原分期缴税计划的，应重新制定分期缴税计划，由企业向主管税务机关重新报送《个人所得税分期缴纳备案表》。

第四，关于代扣代缴。

（1）企业在填写《扣缴个人所得税报告表》时，应将纳税人取得股权奖励或转增股本情况单独填列，并在"备注"栏中注明"股权奖励"或"转增股本"字样。

（2）纳税人在分期缴税期间取得分红或转让股权的，企业应及时代扣股权奖励或转增股本尚未缴清的个人所得税，并于次月 15 日内向主管税务机关申报纳税。

第五，本公告自 2016 年 1 月 1 日起施行。

 股权激励和技术入股的最新优惠政策有哪些？

根据《财政部　国家税务总局关于完善股权激励和技术入股有关所得税政策的通知》（财税〔2016〕101 号）的规定，为支持国家大众创业、万众创新战略的实施，促进我国经济结构转型升级，经国务院批准，现就完善股权激励和技术入股有关所得税政策通知如下：

第一，对符合条件的非上市公司股票期权、股权期权、限制性股票和股权奖励实行递延纳税政策。

（1）非上市公司授予本公司员工的股票期权、股权期权、限制性股票和股权奖励，符合规定条件的，经向主管税务机关备案，可实行递延纳税政策，即员工在取得股权激励时可暂不纳税，递延至转让该股权时纳税；股权转让时，按照股权转让收入减除股权取得成本以及合理税费后的差额，适用"财产转让所得"项目，按照20%的税率计算缴纳个人所得税。

股权转让时，股票（权）期权取得成本按行权价确定，限制性股票取得成本按实际出资额确定，股权奖励取得成本为零。

（2）享受递延纳税政策的非上市公司股权激励（包括股票期权、股权期权、限制性股票和股权奖励，下同）须同时满足以下条件：①属于境内居民企业的股权激励计划。②股权激励计划经公司董事会、股东（大）会审议通过。未设股东（大）会的国有单位，经上级主管部门审核批准。股权激励计划应列明激励目的、对象、标的、有效期、各类价格的确定方法、激励对象获取权益的条件、程序等。③激励标的应为境内居民企业的本公司股权。股权奖励的标的可以是技术成果投资入股到其他境内居民企业所取得的股权。激励标的的股票（权）包括通过增发、大股东直接让渡以及法律、法规允许的其他合理方式授予激励对象的股票（权）。④激励对象应为公司董事会或股东（大）会决定的技术骨干和高级管理人员，激励对象人数累计不得超过本公司最近6个月在职职工平均人数的30%。⑤股票（权）期权自授予日起应持有满3年，且自行权日起持有满1年；限制性股票自授予日起应持有满3年，且解禁后持有满1年；股权奖励自获得奖励之日起应持有满3年。上述时间条件须在股权激励计划中列明。⑥股票（权）期权自授予日至行权日的时间不得超过10年。⑦实施股权奖励的公司及其奖励股权标的的公司所属行业均不属于《股权奖励税收优惠政策限制性行业目录》范围。公司所属行业按公司上一纳税年度主营业务收入占比最高的行业确定。

（3）本通知所称股票（权）期权是指公司给予激励对象在一定期限内以事先约定的价格购买本公司股票（权）的权利；所称限制性股票是指公司按照预先确定的条件授予激励对象一定数量的本公司股权，激励对象只有工作年限或业绩目标符合股权激励计划规定条件的才可以处置该股权；所称股权奖励是指企业无偿授予激励对象一定份额的股权或一定数量的股份。

（4）股权激励计划所列内容不同时满足第一条第（二）款规定的全部条件，或递延纳税期间公司情况发生变化，不再符合第一条第（二）款第四至第六项条件的，不得享受递延纳税优惠，应按规定计算缴纳个人所得税。

第二，对上市公司股票期权、限制性股票和股权奖励适当延长纳税期限。

（1）上市公司授予个人的股票期权、限制性股票和股权奖励，经向主管税务机关备案，个人可自股票期权行权、限制性股票解禁或取得股权奖励之日起，在不超过12个月的期限内缴纳个人所得税。《财政部 国家税务总局关于上市公司高管人员股票期权所得缴纳个人所得税有关问题的通知》（财税〔2009〕40号）自本通知施行之日起废止。

（2）上市公司股票期权、限制性股票应纳税款的计算，继续按照《财政部 国家税务总局关于个人股票期权所得征收个人所得税问题的通知》（财税〔2005〕35号）、《财政部 国家税务总局关于股票增值权所得和限制性股票所得征收个人所得税有关问题的通知》（财税〔2009〕5号）、《国家税务总局关于股权激励有关个人所得税问题的通知》（国税函〔2009〕461号）等相关规定执行。股权奖励应纳税款的计算比照上述规定执行。

第三，相关政策。

（1）个人从任职受雇企业以低于公平市场价格取得股票（权）的，凡不符合递延纳税条件，应在获得股票（权）时，对实际出资额低于公平市场价格的差额，按照"工资、薪金所得"项目，参照《财政部 国家税务总局关于个人股票期权所得征收个人所得税问题的通知》（财税〔2005〕35号）有关规定计算缴纳个人所得税。

（2）个人因股权激励、技术成果投资入股取得股权后，非上市公司在境内上市的，处置递延纳税的股权时，按照现行限售股有关征税规定执行。

（3）个人转让股权时，视同享受递延纳税优惠政策的股权优先转让。递延纳税的股权成本按照加权平均法计算，不与其他方式取得的股权成本合并计算。

（4）持有递延纳税的股权期间，因该股权产生的转增股本收入，以及以该递延纳税的股权再进行非货币性资产投资的，应在当期缴纳税款。

（5）全国中小企业股份转让系统挂牌公司按照本通知第一条规定执行。

适用本通知第二条规定的上市公司是指其股票在上海证券交易所、深圳证券交易所上市交易的股份有限公司。

第四，配套管理措施。

（1）对股权激励或技术成果投资入股选择适用递延纳税政策的，企业应在规定期限内到主管税务机关办理备案手续。未办理备案手续的，不得享受本通知规定的递延纳税优惠政策。

（2）企业实施股权激励或个人以技术成果投资入股，以实施股权激励或取得技术成果的企业为个人所得税扣缴义务人。递延纳税期间，扣缴义务人应在每个纳税年度终了后向主管税务机关报告递延纳税有关情况。

（3）工商部门应将企业股权变更信息及时与税务部门共享，暂不具备联网实时共享信息条件的，工商部门应在股权变更登记3个工作日内将信息与税务部门共享。

第五，本通知自2016年9月1日起施行。中关村国家自主创新示范区2016年1月1日至8月31日之间发生的尚未纳税的股权奖励事项，符合本通知规定的相关条件的，可按本通知有关政策执行。

股权激励和技术入股的最新征管制度有哪些？

根据《国家税务总局关于股权激励和技术入股所得税征管问题的公告》（国家税务总局公告 2016 年第 62 号）的规定，为贯彻落实《财政部 国家税务总局关于完善股权激励和技术入股有关所得税政策的通知》（财税〔2016〕101 号，以下简称《通知》），现就股权激励和技术入股有关所得税征管问题公告如下：

（1）非上市公司实施符合条件的股权激励，本公司最近 6 个月在职职工平均人数，按照股票（权）期权行权、限制性股票解禁、股权奖励获得之上月起前 6 个月"工资薪金所得"项目全员全额扣缴明细申报的平均人数确定。

（2）递延纳税期间，非上市公司情况发生变化，不再同时符合《通知》第一条第（二）款第 4 至第 6 项条件的，应于情况发生变化之次月 15 日内，按《通知》第四条第（一）款规定计算缴纳个人所得税。

（3）员工以在一个公历月份中取得的股票（权）形式工资薪金所得为一次。员工取得符合条件、实行递延纳税政策的股权激励，与不符合递延纳税条件的股权激励分别计算。员工在一个纳税年度中多次取得不符合递延纳税条件的股票（权）形式工资薪金所得的，参照《国家税务总局关于个人股票期权所得缴纳个人所得税有关问题的补充通知》（国税函〔2006〕902 号）第七条规定执行。

（4）《通知》所称公平市场价格按以下方法确定：①上市公司股票的公平市场价格，按照取得股票当日的收盘价确定。取得股票当日为非交易日的，按照上一个交易日收盘价确定。②非上市公司股票（权）的公平市场价格，依次按照净资产法、类比法和其他合理方法确定。净资产法按照取得股票（权）的上年末净资产确定。

（5）企业备案具体按以下规定执行：

①非上市公司实施符合条件的股权激励，个人选择递延纳税的，非上市公司应于股票（权）期权行权、限制性股票解禁、股权奖励获得之次月 15 日内，向主管税务机关报送《非上市公司股权激励个人所得税递延纳税备案表》、股权激励计划、董事会或股东大会决议、激励对象任职或从事技术工作情况说明等。实施股权奖励的企业同时报送本企业及其奖励股权标的企业上一纳税年度主营业务收入构成情况说明。②上市公司实施股权激励，个人选择在不超过 12 个月期限内缴税的，上市公司应自股票期权行权、限制性股票解禁、股权奖励获得之次月 15 日内，向主管税务机关报送《上市公司股权激励个人所得税延期纳税备案表》。上市公司初次办理股权激励备案时，还应一并向主管税务机关报送股权激励计划、董事会或股东大会决议。③个人以技术成果

投资入股境内公司并选择递延纳税的，被投资公司应于取得技术成果并支付股权之次月 15 日内，向主管税务机关报送《技术成果投资入股个人所得税递延纳税备案表》、技术成果相关证书或证明材料、技术成果投资入股协议、技术成果评估报告等资料。

（6）个人因非上市公司实施股权激励或以技术成果投资入股取得的股票（权），实行递延纳税期间，扣缴义务人应于每个纳税年度终了后 30 日内，向主管税务机关报送《个人所得税递延纳税情况年度报告表》。

（7）递延纳税股票（权）转让、办理纳税申报时，扣缴义务人、个人应向主管税务机关一并报送能够证明股票（权）转让价格、递延纳税股票（权）原值、合理税费的有关资料，具体包括转让协议、评估报告和相关票据等。资料不全或无法充分证明有关情况，造成计税依据偏低，又无正当理由的，主管税务机关可依据税收征管法有关规定进行核定。

（8）本公告自 2016 年 9 月 1 日起实施。中关村国家自主创新示范区 2016 年 1 月 1 日至 8 月 31 日之间发生的尚未纳税的股权奖励事项，按《通知》有关政策执行的，可按本公告有关规定办理相关税收事宜。《国家税务总局关于 3 项个人所得税事项取消审批实施后续管理的公告》（国家税务总局公告 2016 年第 5 号）第二条第（一）项同时废止。

 计算举例

2016 年 1 月 31 日某上市公司实行企业员工股票期权计划，张先生获得 1 万股股票期权，授权日股票价格 10 元 / 每股，张先生可以 10 元的价格在 1 年后购买 1 万股该公司的股票。2017 年 1 月 31 日，该股票的市场价格为 20 元，2017 年 5 月 31 日，该股票的市场价格为 30 元，当天，张先生以 10 元的价格购买了该公司 1 万股股票。张先生应纳多少个人所得税？

解答： 张先生 2017 年 5 月 31 日行权日所得的数额为：（30−10）×10 000=200 000（元）。由于张先生持有期权的期间为 15 个月，"规定月份数"应当为 12。200 000÷12=16 667（元），适用 25% 的税率，应纳税额为：（200 000÷12×25%−1 005）×12=37 940（元）。

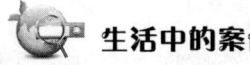 **生活中的案例**

2016 年 1 月 31 日北京某公司实行企业员工股票期权计划，李先生在该计划中获得了 1 000 股股票的期权，授权日股票价格为每股 10 元，李先生可以 10 元的价格在 1 年以后（即 2017 年 1 月 31 日）购买 1 000 股该公司的股票。2016 年 3 月 20 日，李先生又获得了 1 000 股股票的期权，1 年以后，李

先生可以 10 元的价格购买该公司 1 000 股股票。2017 年 1 月 31 日，该股票的市场价格为 30 元，李先生以 10 元的价格购买了该公司 1 000 股股票。2017 年 3 月 20 日，该公司股票价格为 32 元，李先生以 10 元的价格购买了该公司 1 000 股股票。请计算李先生应当缴纳多少个人所得税？

解答：首先，计算李先生第一次获得股票期权所得应当缴纳的个人所得税。李先生应当在 2017 年 1 月 31 日行权日按照工资薪金所得缴纳个人所得税。所得的数额等于行权日股票的市场价格与李先生施权价之间的差额，该差额为：（30–10）× 1 000=20 000（元）。由于截至行权日，李先生已经持有该期权 12 个月，"规定月份数"应当为 12。因此，应当将该工资薪金数额除以 12 来判断应当适用的税率。20 000÷12=1 666.67（元）。应当适用 10% 的税率。应纳税额为：（20 000÷12×10%–105）× 12=740（元）。李先生应当缴纳 740 元的个人所得税，该税款由李先生所在公司在行权日（2017 年 1 月 31 日）代扣代缴。

其次，再计算第二次取得期权所得的应纳税额。2017 年 3 月 20 日，李先生取得期权所得为：（32–10）× 1 000=22 000（元）。根据上述公式：应纳税款 =（本纳税年度内取得的股票期权形式工资薪金所得累计应纳税所得额 ÷ 规定月份数 × 适用税率 – 速算扣除数）× 规定月份数 – 本纳税年度内股票期权形式的工资薪金所得累计已纳税款。本纳税年度内取得的股票期权形式工资薪金所得累计应纳税所得额为：20 000+22 000=42 000（元）。规定月份为 12 个月。42 000÷12=3 500（元）。应当适用 10% 的税率。因此，李先生应纳税款为：（42 000÷12×10%–105）× 12–740=2 200（元）。李先生应当缴纳 2 200 元的个人所得税，该税款由李先生所在公司在行权日（2017 年 3 月 20 日）代扣代缴。

十、经济补偿金与保险待遇优惠政策

 解除劳动合同获得的一次性经济补偿金如何征税？

企业在改组、改制或减员增效过程中解除职工的劳动合同而支付给被解聘职工的一次性经济补偿金征收个人所得税政策如下：

个人因与用人单位解除劳动关系而取得的一次性补偿收入（包括用人单位发放的经济补偿金、生活补助费和其他补助费用），其收入在当地上年职工平均工资 3 倍数额以内的部分，免征个人所得税，超过的部分按照下列规定，计算征收个人所得税：

（1）对于个人因解除劳动合同而取得一次性经济补偿收入，应按"工资、薪金所得"项目计征个人所得税。

（2）考虑到个人取得的一次性经济补偿收入数额较大，而且被解聘的人员可能在一段时间内没有固定收入，因此，对于个人取得的一次性经济补偿收入，可视为一次取得数月的工资、薪金收入，允许在一定期限内进行平均。具体平均办法为：以个人取得的一次性经济补偿收入，除以个人在本企业的工作年限数，以其商数作为个人的月工资、薪金收入，按照税法规定计算缴纳个人所得税。个人在本企业的工作年限数按实际工作年限数计算，超过 12 年的按 12 计算。

（3）按照上述方法计算的个人一次性经济补偿收入应纳的个人所得税税款，由支付单位在支付时一次性代扣，并于次月 7 日内缴入国库。

（4）个人按国家和地方政府规定比例实际缴纳的住房公积金、医疗保险金、基本养老保险金、失业保险基金在计税时应予以扣除。

（5）个人在解除劳动合同后又再次任职、受雇的，对个人已缴纳个人所得税的一次性经济补偿收入，不再与再次任职、受雇的工资、薪金所得合并计算补缴个人所得税。

（6）个人领取一次性补偿收入时按照国家和地方政府规定的比例实际缴纳的住房公积金、医疗保险费、基本养老保险费、失业保险费，可以在计征其一次性补偿收入的个人所得税时予以扣除。

 解除劳动合同获得的一次性经济补偿金如何征税？

根据《财政部 国家税务总局关于工伤职工取得的工伤保险待遇有关个人所得税政策的通知》（财税〔2012〕40 号）的规定，为贯彻落实《工伤保险条例》（国务院令第 586 号），根据《个人所得税法》第四条中"经国务院财政部门批准免税的所得"的规定，现就工伤职工取得的工伤保险待遇有关个人所得税政策通知如下：

（1）对工伤职工及其近亲属按照《工伤保险条例》（国务院令第 586 号）规定取得的工伤保险待遇，免征个人所得税。

（2）本通知第一条所称的工伤保险待遇，包括工伤职工按照《工伤保险条例》（国务院令第 586 号）规定取得的一次性伤残补助金、伤残津贴、一次性工伤医疗补助金、一次性伤残就业补助金、工伤医疗待遇、住院伙食补助费、外地就医交通食宿费用、工伤康复费用、辅助器具费用、生活护理费等，以及职工因工死亡，其近亲属按照《工伤保险条例》（国务院令第 586 号）规定取得的丧葬补助金、供养亲属抚恤金和一次性工亡补助金等。

（3）本通知自 2011 年 1 月 1 日起执行。对 2011 年 1 月 1 日之后已征税款，由纳税人向主管税务机关提出申请，主管税务机关按相关规定予以退还。

十一、费用扣除的优惠政策

 工资薪金所得特殊减免项目

按照国家规定，单位为个人缴付和个人缴付的基本养老保险费、基本医疗保险费、失业保险费、住房公积金，从纳税义务人的应纳税所得额中扣除。

下列不属于工资、薪金性质的补贴、津贴或者不属于纳税人本人工资、薪金所得项目的收入，不征税：

（1）独生子女补贴。

（2）执行公务员工资制度未纳入基本工资总额的补贴、津贴差额和家属成员的副食品补贴。

（3）托儿补助费。

（4）差旅费津贴、误餐补助。

个人因公务用车和通讯制度改革而取得的公务用车、通讯补贴收入，扣除一定标准的公务费用后，按照"工资、薪金"所得项目计征个人所得税。按月发放的，并入当月"工资、薪金"所得计征个人所得税；不按月发放的，分解到所属月份并与该月份"工资、薪金"所得合并后计征个人所得税。公务费用的扣除标准，由省级地方税务局根据纳税人公务交通、通讯费用的实际发生情况调查测算，报经省级人民政府批准后确定，并报国家税务总局备案。

 工资薪金所得附加减除费用

对在中国境内无住所而在中国境内取得工资、薪金所得的纳税义务人和在中国境内有住所而在中国境外取得工资、薪金所得的纳税义务人，可以根据其平均收入水平、生活水平以及汇率变化情况确定附加减除费用，附加减除费用适用的范围和标准由国务院规定。

附加减除费用，是指每月在减除 2 000 元费用的基础上，再减除《个人所得税法实施条例》第二十九条规定数额的费用。目前，附加减除费用标准为 2 800 元。

附加减除费用适用的范围，是指：

（1）在中国境内的外商投资企业和外国企业中工作的外籍人员。

（2）应聘在中国境内的企业、事业单位、社会团体、国家机关中工作的外籍专家。

（3）在中国境内有住所而在中国境外任职或者受雇取得工资、薪金所得的个人。

（4）财政部确定的其他人员。

华侨和香港、澳门、台湾地区同胞，参照上述规定执行。

 获得劳务报酬中的额外费用扣除

对个人从事技术转让、提供劳务等过程中所支付的中介费，如能提供有效、合法凭证的，允许从其所得中扣除。

保险业营销员每月取得佣金收入扣除实际缴纳的营业税金及附加后，可按其余额扣除不超过 25% 的营销费用，再按照《个人所得税法》规定的费用扣除标准和适用税率计算缴纳个人所得税。各省、自治区、直辖市和计划单列市地方税务局可根据本地的实际情况，在上述范围内确定具体扣除比例。

根据保监会《关于明确保险营销员佣金构成的通知》（保监发〔2006〕48号）的规定，保险营销员的佣金由展业成本和劳务报酬构成。按照税法规定，对佣金中的展业成本，不征收个人所得税；对劳务报酬部分，扣除实际缴纳的营业税金及附加后，依照税法有关规定计算征收个人所得税。根据目前保险营销员展业的实际情况，佣金中展业成本的比例暂定为 40%。

 财产租赁所得的额外费用扣除

对个人出租中国境内房屋取得的房屋租金收入，不论其是否在中国境内居住，均允许扣除下列税费后，就其余额征收个人所得税：

（1）纳税义务人在出租财产过程中缴纳的税金和国家能源交通重点建设基金、国家预算调节基金、教育费附加，可持完税（缴款）凭证，从其财产租赁收入中扣除。

（2）纳税义务人出租财产取得财产租赁收入，在计算征税时，除可依法减除规定费用和有关税、费外，还准予扣除能够提供有效、准确凭证，证明由纳税义务人负担的该出租财产实际开支的修缮费用。允许扣除的修缮费用，以每次 800 元为限，一次扣除不完的，准予在下一次继续扣除，直至扣完为止。

个人出租财产取得的财产租赁收入，在计算缴纳个人所得税时，应依次扣除以下费用：

（1）财产租赁过程中缴纳的税费。

（2）由纳税人负担的该出租财产实际开支的修缮费用。

（3）税法规定的费用扣除标准。

 企业年金和职业年金有哪些税收优惠政策？

根据《财政部 人力资源社会保障部 国家税务总局关于企业年金 职业年金

个人所得税有关问题的通知》（财税〔2013〕103号）的规定，为促进我国多层次养老保险体系的发展，根据《个人所得税法》相关规定，现就企业年金和职业年金个人所得税有关问题通知如下：

第一，企业年金和职业年金缴费的个人所得税处理。

（1）企业和事业单位（以下统称单位）根据国家有关政策规定的办法和标准，为在本单位任职或者受雇的全体职工缴付的企业年金或职业年金（以下统称年金）单位缴费部分，在计入个人账户时，个人暂不缴纳个人所得税。

（2）个人根据国家有关政策规定缴付的年金个人缴费部分，在不超过本人缴费工资计税基数的4%标准内的部分，暂从个人当期的应纳税所得额中扣除。

（3）超过本通知第一条第一项和第二项规定的标准缴付的年金单位缴费和个人缴费部分，应并入个人当期的工资、薪金所得，依法计征个人所得税。税款由建立年金的单位代扣代缴，并向主管税务机关申报解缴。

（4）企业年金个人缴费工资计税基数为本人上一年度月平均工资。月平均工资按国家统计局规定列入工资总额统计的项目计算。月平均工资超过职工工作地所在设区城市上一年度职工月平均工资300%以上的部分，不计入个人缴费工资计税基数。职业年金个人缴费工资计税基数为职工岗位工资和薪级工资之和。职工岗位工资和薪级工资之和超过职工工作地所在设区城市上一年度职工月平均工资300%以上的部分，不计入个人缴费工资计税基数。

第二，年金基金投资运营收益的个人所得税处理。

年金基金投资运营收益分配计入个人账户时，个人暂不缴纳个人所得税。

第三，领取年金的个人所得税处理。

（1）个人达到国家规定的退休年龄，在本通知实施之后按月领取的年金，全额按照"工资、薪金所得"项目适用的税率，计征个人所得税；在本通知实施之后按年或按季领取的年金，平均分摊计入各月，每月领取额全额按照"工资、薪金所得"项目适用的税率，计征个人所得税。

（2）对单位和个人在本通知实施之前开始缴付年金缴费，个人在本通知实施之后领取年金的，允许其从领取的年金中减除在本通知实施之前缴付的年金单位缴费和个人缴费且已经缴纳个人所得税的部分，就其余额按照本通知第三条第1项的规定征税。在个人分期领取年金的情况下，可按本通知实施之前缴付的年金缴费金额占全部缴费金额的百分比减计当期的应纳税所得额，减计后的余额，按照本通知第三条第一项的规定，计算缴纳个人所得税。

（3）对个人因出境定居而一次性领取的年金个人账户资金，或个人死亡后，其指定的受益人或法定继承人一次性领取的年金个人账户余额，允许领取人将一次性领取的年金个人账户资金或余额按12个月分摊到各月，就其每月分摊额，按照本通知第三条第 1 项和第 2 项的规定计算缴纳个人所得税。对个人除上述特殊原因外一次性领取年金个人账户资金或余额的，则不允许采取分摊的方法，而是就其一次性领取的总额，单独作为一个月的工资薪金所得，按照本通知第三条第一项和第二项的规定，计算缴纳个人所得税。

（4）个人领取年金时，其应纳税款由受托人代表委托人委托托管人代扣代缴。年金账户管理人应及时向托管人提供个人年金缴费及对应的个人所得税纳税明细。托管人根据受托人指令及账户管理人提供的资料，按照规定计算扣缴个人当期领取年金待遇的应纳税款，并向托管人所在地主管税务机关申报解缴。

（5）建立年金计划的单位、年金托管人，应按照《个人所得税法》和《税收征收管理法》的有关规定，实行全员全额扣缴明细申报。受托人有责任协调相关管理人依法向税务机关办理扣缴申报、提供相关资料。

第四，建立年金计划的单位应于建立年金计划的次月 15 日内，向其所在地主管税务机关报送年金方案、人力资源社会保障部门出具的方案备案函、计划确认函以及主管税务机关要求报送的其他相关资料。年金方案、受托人、托管人发生变化的，应于发生变化的次月 15 日内重新向其主管税务机关报送上述资料。

第五，财政、税务、人力资源社会保障等相关部门以及年金机构之间要加强协调，通力合作，共同做好政策实施各项工作。

第六，本通知所称企业年金，是指根据《企业年金试行办法》（原劳动和社会保障部令第 20 号）的规定，企业及其职工在依法参加基本养老保险的基础上，自愿建立的补充养老保险制度。所称职业年金是指根据《事业单位职业年金试行办法》（国办发〔2011〕37 号）的规定，事业单位及其工作人员在依法参加基本养老保险的基础上，建立的补充养老保险制度。

第七，本通知自 2014 年 1 月 1 日起执行。《国家税务总局关于企业年金个人所得税征收管理有关问题的通知》（国税函〔2009〕694 号）、《国家税务总局关于企业年金个人所得税有关问题补充规定的公告》（国家税务总局公告 2011 年第 9 号）同时废止。

 商业健康保险税前扣除有哪些具体管理制度？

根据《财政部 国家税务总局 保监会关于开展商业健康保险个人所得税政策试点工作的通知》（财税〔2015〕56 号）的规定，为贯彻落实《国务院关于促进健康服务业发展的若干意见》（国发〔2013〕40 号）精神，经国务院批准，现就开展商业健康保险有关个人所得税政策试点工作有关问题通知如下：

（1）对试点地区个人购买符合规定的商业健康保险产品的支出，允许在当年（月）计算应纳税所得额时予以税前扣除，扣除限额为 2 400 元 / 年（200 元 / 月）。试点地区企事业单位统一组织并为员工购买符合规定的商业健康保险产品的支出，应分别计入员工个人工资薪金，视同个人购买，按上述限额予以扣除。2 400 元 / 年（200 元 / 月）的限额扣除为个人所得税法规定减除费用标准之外的扣除。

（2）适用商业健康保险税收优惠政策的纳税人，是指试点地区取得工资薪金所得、连续性劳务报酬所得的个人，以及取得个体工商户生产经营所得、对企事业单位的承包承租经营所得的个体工商户业主、个人独资企业投资者、合伙企业合伙人和承包承租经营者。

（3）符合规定的商业健康保险产品，是指由保监会研发并会同财政部、税务总局联合发布的适合大众的综合性健康保险产品。待产品发布后，纳税人可按统一政策规定享受税收优惠政策，税务部门按规定执行。

（4）为确保商业健康保险个人所得税政策试点平稳实施，拟在各地选择一个中心城市开展试点工作。其中，北京、上海、天津、重庆 4 个直辖市全市试点，各省、自治区分别选择一个人口规模较大且具有较高综合管理能力的试点城市。各省级财政、税务和保监部门应及时研究制定试点工作实施方案，上报省级人民政府确定，并于 2015 年 6 月 30 日前联合上报财政部、税务总局和保监会审核备案。

 ### 商业健康保险税前扣除具体优惠政策有哪些？

根据《财政部 国家税务总局 保监会关于实施商业健康保险个人所得税政策试点的通知》（财税〔2015〕126 号）的规定，按照《财政部 国家税务总局 保监会关于开展商业健康保险个人所得税政策试点工作的通知》（财税〔2015〕56 号）有关要求，现将实施商业健康保险个人所得税政策试点工作的有关事项通知如下：

第一，关于试点地区问题。

实施商业健康保险个人所得税政策的试点地区为：

（1）北京市、上海市、天津市、重庆市。

（2）河北省石家庄市、山西省太原市、内蒙古自治区呼和浩特市、辽宁省沈阳市、吉林省长春市、黑龙江省哈尔滨市、江苏省苏州市、浙江省宁波市、安徽省芜湖市、福建省福州市、江西省南昌市、山东省青岛市、河南省郑州市（含巩义市）、湖北省武汉市、湖南省株洲市、广东省广州市、广西壮族自治区南宁市、海南省海口市、四川省成都市、贵州省贵阳市、云南省曲靖市、西藏自治区拉萨市、陕西省宝鸡市、甘肃省兰州市、青海省西宁市、宁夏回族自治区银川市（不含所辖县）、新疆维吾尔自治区库尔勒市。

第二，关于商业健康保险产品规范及若干管理问题。

财税〔2015〕56号文件所称符合规定的商业健康保险，是指保险公司参照个人税收优惠型健康保险产品指引框架及示范条款开发的、符合下列条件的健康保险产品：

（1）健康保险产品采取具有保障功能并设立有最低保证收益账户的万能险方式，包含医疗保险和个人账户积累两项责任。被保险人个人账户由其所投保的保险公司负责管理维护。

（2）被保险人为16周岁以上、未满法定退休年龄的纳税人群。保险公司不得因被保险人既往病史拒保，并保证续保。

（3）医疗保险保障责任范围包括被保险人医保所在地基本医疗保险基金支付范围内的自付费用及部分基本医疗保险基金支付范围外的费用，费用的报销范围、比例和额度由各保险公司根据具体产品特点自行确定。

（4）同一款健康保险产品，可依据被保险人的不同情况，设置不同的保险金额，具体保险金额下限由保监会规定。

（5）健康保险产品坚持"保本微利"原则，对医疗保险部分的简单赔付率低于规定比例的，保险公司要将实际赔付率与规定比例之间的差额部分返还到被保险人的个人账户。

根据目标人群已有保障项目和保障需求的不同，符合规定的健康保险产品共有三类，分别适用于：①对公费医疗或基本医疗保险报销后个人负担的医疗费用有报销意愿的人群；②对公费医疗或基本医疗保险报销后个人负担的特定大额医疗费用有报销意愿的人群；③未参加公费医疗或基本医疗保险，对个人负担的医疗费用有报销意愿的人群。

符合上述条件的个人税收优惠型健康保险产品，保险公司应按《保险法》规定程序上报保监会审批。

第三，关于个人所得税税前扣除征管问题。

对试点地区个人购买符合规定的健康保险产品的支出，按照2 400元/年的限额标准在个人所得税前予以扣除，具体规定如下：

（1）取得工资薪金所得或连续性劳务报酬所得的个人，自行购买符合规定的健康保险产品的，应当及时向代扣代缴单位提供保单凭证。扣缴单位自个人提交保单凭证的次月起，在不超过200元/月的标准内按月扣除。1年内保费金额超过2 400元的部分，不得税前扣除。次年或以后年度续保时，按上述规定执行。

（2）单位统一组织为员工购买或者单位和个人共同负担购买符合规定的健康保险产品，单位负担部分应当实名计入个人工资薪金明细清单，视同个人购买，并自购买产品次月起，在不超过 200 元 / 月的标准内按月扣除。1 年内保费金额超过 2 400 元的部分，不得税前扣除。次年或以后年度续保时，按上述规定执行。

（3）个体工商户业主、企事业单位承包承租经营者、个人独资和合伙企业投资者自行购买符合条件的健康保险产品的，在不超过 2 400 元 / 年的标准内据实扣除。1 年内保费金额超过 2 400 元的部分，不得税前扣除。次年或以后年度续保时，按上述规定执行。

第四，关于个人所得税政策征管协作问题。

商业健康保险个人所得税税前扣除政策涉及环节和部门多，试点地区各相关部门应各司其职、密切配合，切实落实好商业健康保险个人所得税政策。

（1）财政、税务部门要做好健康保险个人所得税优惠政策宣传解释，优化纳税服务。

（2）保险公司在销售商业健康保险产品时，要为购买健康保险的个人开具发票和保单凭证，载明产品名称及缴费金额等信息，作为个人税前扣除的凭据。保险公司要与商业健康保险信息平台保持实时对接，保证信息真实准确。

（3）扣缴单位应按照本通知及税务机关有关要求，在代扣代缴个人所得税时认真落实商业健康保险税前扣除政策。

（4）保险公司或商业健康保险信息平台应向税务机关提供个人购买健康保险的相关信息，配合税务机关对纳税人税前扣除的真实性进行比对分析，防止部分纳税人滥用税收优惠政策，造成税款流失。

第五，本通知自 2016 年 1 月 1 日执行。凡购买符合条件健康保险产品的纳税人，应按本通知规定程序享受税前扣除政策。

 商业健康保险税前扣除有哪些具体管理制度？

根据《国家税务总局关于实施商业健康保险个人所得税政策试点有关征管问题的公告》（国家税务总局公告 2015 年第 93 号）的规定，为贯彻落实《财政部 国家税务总局 保监会关于实施商业健康保险个人所得税政策试点的通知》（财税〔2015〕126 号），现就商业健康保险个人所得税政策试点有关征管问题公告如下：

（1）试点地区个人购买符合规定的商业健康保险产品支出，可以按照财税〔2015〕126 号文件规定的标准在个人所得税前据实扣除。试点地区个人购买其他商业健康保险产品的支出不得税前扣除。

（2）有扣缴义务人的个人自行购买、单位统一组织为员工购买或者单位和个人共同负担购买符合规定的商业健康保险产品，扣缴义务人在填报《扣缴个人所得税报告表》或《特定行业个人所得税年度申报表》时，应将当期扣除的个人购买商业健康保险支出金额填至税前扣除项目"其他"列中，并同时填报《商业健康保险税前扣除情况明细表》。其中，个人自行购买符合规定的商业健康保险产品的，应当及时向扣缴义务人提供保单凭证。

（3）个体工商户业主、企事业单位承包承租经营者、个人独资和合伙企业投资者自行购买符合规定的商业健康保险产品支出，预缴申报填报《个人所得税生产经营所得纳税申报表（A表）》、年度申报填报《个人所得税生产经营所得纳税申报表（B表）》时，应将税前扣除的支出金额填至"投资者减除费用"行，并同时填报《商业健康保险税前扣除情况明细表》。

（4）保险公司销售商业健康保险产品时，应在符合税收优惠条件的保单上注明税优识别码。个人购买商业健康保险未获得税优识别码的，其支出金额不得税前扣除。

（5）非试点地区个人购买商业健康保险产品不适用财税〔2015〕126号文件相关个人所得税政策。

（6）本公告所称税优识别码，是指为确保税收优惠商业健康保险保单的唯一性、真实性和有效性，由商业健康保险信息平台按照"一人一单一码"的原则对投保人进行校验后，下发给保险公司，并在保单上打印的数字识别码。

（7）本公告自2016年1月1日起施行。

商业健康保险税前扣除政策？

根据《财政部 税务总局 保监会关于将商业健康保险个人所得税试点政策推广到全国范围实施的通知》（财税〔2017〕39号）的规定，自2017年7月1日起，将商业健康保险个人所得税试点政策推广到全国范围实施。现将有关问题通知如下：

第一，关于政策内容。

对个人购买符合规定的商业健康保险产品的支出，允许在当年（月）计算应纳税所得额时予以税前扣除，扣除限额为2 400元/年（200元/月）。单位统一为员工购买符合规定的商业健康保险产品的支出，应分别计入员工个人工资薪金，视同个人购买，按上述限额予以扣除。

2 400元/年（200元/月）的限额扣除为个人所得税法规定减除费用标准之外的扣除。

第二，关于适用对象。

适用商业健康保险税收优惠政策的纳税人，是指取得工资薪金所得、连续性劳务报酬所得的个人，以及取得个体工商户生产经营所得、对企事业单位的承包承租经营所得的个体工商户业主、个人独资企业投资者、合伙企业合伙人和承包承租经营者。

第三，关于商业健康保险产品的规范和条件。

符合规定的商业健康保险产品，是指保险公司参照个人税收优惠型健康保险产品指引框架及示范条款开发的、符合下列条件的健康保险产品：

（1）健康保险产品采取具有保障功能并设立有最低保证收益账户的万能险方式，包含医疗保险和个人账户积累两项责任。被保险人个人账户由其所投保的保险公司负责管理维护。

（2）被保险人为16周岁以上、未满法定退休年龄的纳税人群。保险公司不得因被保险人既往病史拒保，并保证续保。

（3）医疗保险保障责任范围包括被保险人医保所在地基本医疗保险基金支付范围内的自付费用及部分基本医疗保险基金支付范围外的费用，费用的报销范围、比例和额度由各保险公司根据具体产品特点自行确定。

（4）同一款健康保险产品，可依据被保险人的不同情况，设置不同的保险金额，具体保险金额下限由保监会规定。

（5）健康保险产品坚持"保本微利"原则，对医疗保险部分的简单赔付率低于规定比例的，保险公司要将实际赔付率与规定比例之间的差额部分返还到被保险人的个人账户。

根据目标人群已有保障项目和保障需求的不同，符合规定的健康保险产品共有三类，分别适用于：①对公费医疗或基本医疗保险报销后个人负担的医疗费用有报销意愿的人群；②对公费医疗或基本医疗保险报销后个人负担的特定大额医疗费用有报销意愿的人群；③未参加公费医疗或基本医疗保险，对个人负担的医疗费用有报销意愿的人群。

符合上述条件的个人税收优惠型健康保险产品，保险公司应按《保险法》规定程序上报保监会审批。

第四，关于税收征管。

（1）单位统一组织为员工购买或者单位和个人共同负担购买符合规定的商业健康保险产品，单位负担部分应当实名计入个人工资薪金明细清单，视同个人购买，并自购买产品次月起，在不超过200元/月的标准内按月扣除。1年内保费金额超过2400元的部分，不得税前扣除。以后年度续保时，按上述规定执行。个人自行退保时，应及时告知扣缴单位。个人相关退保信息保险公司应及时传递给税务机关。

（2）取得工资薪金所得或连续性劳务报酬所得的个人，自行购买符合规定的商业健康保险产品的，应当及时向代扣代缴单位提供保单凭证。扣缴单位自个人提交保单凭证的次月起，在不超过200元/月的标准内按月扣除。1年内保费金额超过2400元的部分，不得税前扣除。以后年度续保时，按上述规定执行。个人自行退保时，应及时告知扣缴义务人。

（3）个体工商户业主、企事业单位承包承租经营者、个人独资和合伙企业投资者自行购买符合条件的商业健康保险产品的，在不超过 2 400 元／年的标准内据实扣除。1 年内保费金额超过 2 400 元的部分，不得税前扣除。以后年度续保时，按上述规定执行。

第五，关于部门协作。

商业健康保险个人所得税税前扣除政策涉及环节和部门多，各相关部门应密切配合，切实落实好商业健康保险个人所得税政策。

（1）财政、税务、保监部门要做好商业健康保险个人所得税优惠政策宣传解释，优化服务。税务、保监部门应建立信息共享机制，及时共享商业健康保险涉税信息。

（2）保险公司在销售商业健康保险产品时，要为购买健康保险的个人开具发票和保单凭证，载明产品名称及缴费金额等信息，作为个人税前扣除的凭据。保险公司要与商业健康保险信息平台保持实时对接，保证信息真实准确。

（3）扣缴单位应按照本通知及税务机关有关要求，认真落实商业健康保险个人所得税前扣除政策。

（4）保险公司或商业健康保险信息平台应向税务机关提供个人购买商业健康保险的相关信息，并配合税务机关做好相关税收征管工作。

第六，关于实施时间。

本通知自 2017 年 7 月 1 日起执行。自 2016 年 1 月 1 日起开展商业健康保险个人所得税政策试点的地区，自 2017 年 7 月 1 日起继续按本通知规定的政策执行。《财政部 国家税务总局 保监会关于开展商业健康保险个人所得税政策试点工作的通知》（财税〔2015〕56 号）、《财政部 国家税务总局 保监会关于实施商业健康保险个人所得税政策试点的通知》（财税〔2015〕126 号）同时废止。

 营改增后个人所得税计税依据有哪些最新政策？

根据《财政部 国家税务总局关于营改增后契税 房产税 土地增值税 个人所得税计税依据问题的通知》（财税〔2016〕43 号）的规定：

（1）个人转让房屋的个人所得税应税收入不含增值税，其取得房屋时所支付价款中包含的增值税计入财产原值，计算转让所得时可扣除的税费不包括本次转让缴纳的增值税。

（2）个人出租房屋的个人所得税应税收入不含增值税，计算房屋出租所得可扣除的税费不包括本次出租缴纳的增值税。个人转租房屋的，其向房屋出租方支付的租金及增值税额，在计算转租所得时予以扣除。

（3）在计征上述税种时，税务机关核定的计税价格或收入不含增值税。

（4）本通知自 2016 年 5 月 1 日起执行。

十二、特殊群体税收优惠

 证券经纪人佣金收入的个人所得税政策有哪些？

根据《国家税务总局关于证券经纪人佣金收入征收个人所得税问题的公告》（国家税务总局公告 2012 年第 45 号）的规定，现将证券经纪人佣金收入征收个人所得税的问题公告如下：

（1）根据《个人所得税法》及其实施条例规定，证券经纪人从证券公司取得的佣金收入，应按照"劳务报酬所得"项目缴纳个人所得税。

（2）证券经纪人佣金收入由展业成本和劳务报酬构成，对展业成本部分不征收个人所得税。根据目前实际情况，证券经纪人展业成本的比例暂定为每次收入额的 40%。

（3）证券经纪人以 1 个月内取得的佣金收入为一次收入，其每次收入先减去实际缴纳的营业税及附加，再减去本公告第二条规定的展业成本，余额按个人所得税法规定计算缴纳个人所得税。

（4）证券公司是证券经纪人个人所得税的扣缴义务人，应按照《国家税务总局关于印发〈个人所得税全员全额扣缴申报管理暂行办法〉的通知》（国税发〔2005〕205 号）规定，认真做好个人所得税全员全额扣缴报告工作。

（5）本公告自 2012 年 10 月 1 日起执行。

 律师事务所从业人员的个人所得税政策有哪些？

根据《国家税务总局关于律师事务所从业人员有关个人所得税问题的公告》（国家税务总局公告 2012 年第 53 号）的规定，现对律师事务所从业人员有关个人所得税问题公告如下：

（1）《国家税务总局关于律师事务所从业人员取得收入征收个人所得税有关业务问题的通知》（国税发〔2000〕149 号）第五条第二款规定的作为律师事务所雇员的律师从其分成收入中扣除办理案件支出费用的标准，由现行在律师当月分成收入的 30% 比例内确定，调整为 35% 比例内确定。

实行上述收入分成办法的律师办案费用不得在律师事务所重复列支。前款规定自 2013 年 1 月 1 日至 2015 年 12 月 31 日执行。

（2）废止国税发〔2000〕149号第八条的规定，律师从接受法律事务服务的当事人处取得法律顾问费或其他酬金等收入，应并入其从律师事务所取得的其他收入，按照规定计算缴纳个人所得税。

（3）合伙人律师在计算应纳税所得额时，应凭合法有效凭据按照个人所得税法和有关规定扣除费用；对确实不能提供合法有效凭据而实际发生与业务有关的费用，经当事人签名确认后，可再按下列标准扣除费用：个人年营业收入不超过50万元的部分，按8%扣除；个人年营业收入超过50万元至100万元的部分，按6%扣除；个人年营业收入超过100万元的部分，按5%扣除。不执行查账征收的，不适用前款规定。前款规定自2013年1月1日至2015年12月31日执行。

（4）律师个人承担的按照律师协会规定参加的业务培训费用，可据实扣除。

（5）律师事务所和律师个人发生的其他费用和列支标准，按照《国家税务总局关于印发〈个体工商户个人所得税计税办法（试行）〉的通知》（国税发〔1997〕43号）等文件的规定执行。

（6）本公告自2013年1月1日起执行。

支持和促进重点群体创业就业的税收优惠政策有哪些？

根据《财政部 国家税务总局 人力资源社会保障部关于继续实施支持和促进重点群体创业就业有关税收政策的通知》（财税〔2014〕39号）的规定，1998年以来，国家对下岗失业人员再就业给予了一系列税收扶持政策，特别是自2011年1月1日起实施了新的支持和促进就业的税收优惠政策，进一步扩大了享受税收优惠政策的人员范围，对于支持重点群体创业就业，促进社会和谐稳定，推动经济发展发挥了重要作用。该政策于2013年12月31日执行到期。根据当前宏观经济形势和就业面临的新情况、新问题，为扩大就业，鼓励以创业带动就业，经国务院批准，现将继续实施支持和促进重点群体创业就业税收政策有关问题通知如下：

（1）对持《就业失业登记证》（注明"自主创业税收政策"或附着《高校毕业生自主创业证》）人员从事个体经营的，在3年内按每户每年8 000元为限额依次扣减其当年实际应缴纳的营业税、城市维护建设税、教育费附加、地方教育附加和个人所得税。限额标准最高可上浮20%，各省、自治区、直辖市人民政府可根据本地区实际情况在此幅度内确定具体限额标准，并报财政部和国家税务总局备案。

纳税人年度应缴纳税款小于上述扣减限额的，以其实际缴纳的税款为限；大于上述扣减限额的，应以上述扣减限额为限。

本条所称持《就业失业登记证》（注明"自主创业税收政策"或附着《高

校毕业生自主创业证》）人员是指：①在人力资源社会保障部门公共就业服务机构登记失业半年以上的人员。②零就业家庭、享受城市居民最低生活保障家庭劳动年龄内的登记失业人员。③毕业年度内高校毕业生。高校毕业生是指实施高等学历教育的普通高等学校、成人高等学校毕业的学生；毕业年度是指毕业所在自然年，即 1 月 1 日至 12 月 31 日。

（2）对商贸企业、服务型企业、劳动就业服务企业中的加工型企业和街道社区具有加工性质的小型企业实体，在新增加的岗位中，当年新招用在人力资源社会保障部门公共就业服务机构登记失业 1 年以上且持《就业失业登记证》（注明"企业吸纳税收政策"）人员，与其签订 1 年以上期限劳动合同并依法缴纳社会保险费的，在 3 年内按实际招用人数予以定额依次扣减营业税、城市维护建设税、教育费附加、地方教育附加和企业所得税优惠。定额标准为每人每年 4 000 元，最高可上浮 30%，各省、自治区、直辖市人民政府可根据本地区实际情况在此幅度内确定具体定额标准，并报财政部和国家税务总局备案。

按上述标准计算的税收扣减额应在企业当年实际应缴纳的营业税、城市维护建设税、教育费附加、地方教育附加和企业所得税税额中扣减，当年扣减不足的，不得结转下年使用。

本条所称服务型企业是指从事现行营业税"服务业"税目规定经营活动的企业以及按照《民办非企业单位登记管理暂行条例》（国务院令第 251 号）登记成立的民办非企业单位。

（3）享受本通知第一条、第二条优惠政策的人员按以下规定申领《就业失业登记证》、《高校毕业生自主创业证》等凭证：①按照《就业服务与就业管理规定》（劳动和社会保障部令第 28 号）第六十三条的规定，在法定劳动年龄内，有劳动能力，有就业要求，处于无业状态的城镇常住人员，在公共就业服务机构进行失业登记，申领《就业失业登记证》。其中，农村进城务工人员和其他非本地户籍人员在常住地稳定就业满 6 个月的，失业后可以在常住地登记。②零就业家庭凭社区出具的证明，城镇低保家庭凭低保证明，在公共就业服务机构登记失业，申领《就业失业登记证》。③毕业年度内高校毕业生在校期间凭学校出具的相关证明，经学校所在地省级教育行政部门核实认定，取得《高校毕业生自主创业证》（仅在毕业年度适用），并向创业地公共就业服务机构申请取得《就业失业登记证》；高校毕业生离校后直接向创业地公共就业服务机构申领《就业失业登记证》。④上述人员申领相关凭证后，由就业和创业地人力资源社会保障部门对人员范围、就业失业状态、已享受政策情况进行核实，在《就业失业登记证》上注明"自主创业税收政策"或"企业吸纳税收政策"字样，同时符合自主创业和企业吸纳税收政策条件的，可同时加注；主管税务机关在《就业失业登记证》上加盖戳记，注明减免税所属时间。

（4）本通知的执行期限为 2014 年 1 月 1 日至 2016 年 12 月 31 日。本通知规定的税收优惠政策按照备案减免税管理，纳税人应向主管税务机关备案。税收优惠政策在 2016 年 12 月 31 日未享受满 3 年的，可继续享受至 3 年期满为止。《财政部 国家税务总局关于支持和促进就业有关税收政策的通知》（财税〔2010〕84 号）所规定的税收优惠政策在 2013 年 12 月 31 日未享受满 3 年的，可继续享受至 3 年期满为止。

（5）本通知所述人员不得重复享受税收优惠政策，以前年度已享受各项就业税收优惠政策的人员不得再享受本通知规定的税收优惠政策。如果企业的就业人员既适用本通知规定的税收优惠政策，又适用其他扶持就业的税收优惠政策，企业可选择适用最优惠的政策，但不能重复享受。

（6）上述税收政策的具体实施办法由国家税务总局会同财政部、人力资源社会保障部、教育部、民政部另行制定。

各地财政、税务、人力资源社会保障部门要加强领导、周密部署，把大力支持和促进重点群体创业就业工作作为一项重要任务，主动做好政策宣传和解释工作，加强部门间的协调配合，确保政策落实到位。同时，要密切关注税收政策的执行情况，对发现的问题及时逐级向财政部、国家税务总局、人力资源社会保障部反映。

 支持和促进重点群体创业就业税收政策的具体制度有哪些？

根据《国家税务总局 财政部 人力资源社会保障部 教育部 民政部关于支持和促进重点群体创业就业有关税收政策具体实施问题的公告》（国家税务总局公告 2014 年第 34 号）的规定，为贯彻落实《财政部 国家税务总局 人力资源社会保障部关于继续实施支持和促进重点群体创业就业有关税收政策的通知》（财税〔2014〕39 号）精神，现将创业就业有关税收政策的具体实施意见公告如下：

第一，个体经营税收政策。

1. 申请

（1）在人力资源社会保障部门公共就业服务机构登记失业半年以上的人员、零就业家庭或享受城市居民最低生活保障家庭劳动年龄内的登记失业人员，可持《就业失业登记证》、个体工商户登记执照和税务登记证向创业地县以上（含县级，下同）人力资源社会保障部门提出申请。县以上人力资源社会保障部门应当按照财税〔2014〕39 号文件的规定，核实创业人员是否享受过税收扶持政策。核实后，对符合条件人员在《就业失业登记证》上注明"自主创业税收政策"。

（2）毕业年度高校毕业生在校期间创业的，可注册登录教育部大学生创业服务网，提交《高校毕业生自主创业证》申请表，由所在高校进行网上信息审核确认，学校所在地省级教育行政部门依据学生学籍学历电子注册数据库，对高校毕业生身份、学籍学历、是否是应届高校毕业生等信息进行核实后，向高校毕业生发放《高校毕业生自主创业证》，并在数据库中将其标注为"已领取《高校毕业生自主创业证》"。高校毕业生持《高校毕业生自主创业证》向创业地人力资源社会保障部门提出申请，由创业地人力资源社会保障部门相应核发《就业失业登记证》。

（3）毕业年度高校毕业生离校后创业的，可凭毕业证，直接向创业地县以上人力资源社会保障部门提出申请。县以上人力资源社会保障部门在对人员范围、就业失业状态、已享受政策情况核实后，对符合条件人员相应核发《就业失业登记证》，并注明"自主创业税收政策"。

2. 税款减免顺序及额度

符合条件人员从事个体经营的，按照财税〔2014〕39号文件第一条的规定，在年度减免税限额内，依次扣减营业税、城市维护建设税、教育费附加、地方教育附加和个人所得税。纳税人的实际经营期不足一年的，应当以实际月份换算其减免税限额。换算公式为：减免税限额＝年度减免税限额 ÷12× 实际经营月数。

纳税人实际应缴纳的营业税、城市维护建设税、教育费附加、地方教育附加和个人所得税小于减免税限额的，以实际应缴纳的营业税、城市维护建设税、教育费附加、地方教育附加和个人所得税税额为限；实际应缴纳的营业税、城市维护建设税、教育费附加、地方教育附加和个人所得税大于减免税限额的，以减免税限额为限。

3. 税收减免备案

纳税人在享受税收优惠政策后的当月，持《就业失业登记证》（注明"自主创业税收政策"或附着《高校毕业生自主创业证》）和税务机关要求的相关材料向其主管税务机关备案。

第二，企业、民办非企业单位吸纳税收政策。

1. 申请

符合条件的企业、民办非企业单位持下列材料向县以上人力资源社会保障部门递交申请：

（1）新招用人员持有的《就业失业登记证》。

（2）企业、民办非企业单位与新招用持《就业失业登记证》人员签订的劳动合同（副本），企业、民办非企业单位为职工缴纳的社会保险费记录。

（3）《持〈就业失业登记证〉人员本年度实际工作时间表》（见附件）。

（4）人力资源社会保障部门要求的其他材料。

其中，劳动就业服务企业要提交《劳动就业服务企业证书》，民办非企业单位提交《民办非企业单位登记证书》。

县以上人力资源社会保障部门接到企业、民办非企业单位报送的材料后，应当按照财税〔2014〕39号文件的规定，重点核实以下情况：

（1）新招用人员是否属于享受税收优惠政策人员范围，以前是否已享受过税收优惠政策；

（2）企业、民办非企业单位是否与新招用人员签订了1年以上期限劳动合同，为新招用人员缴纳社会保险费的记录；

（3）企业、民办非企业单位的经营范围是否符合税收政策规定。

核实后，对符合条件的人员，在《就业失业登记证》上注明"企业吸纳税收政策"，对符合条件的企业、民办非企业单位核发《企业实体吸纳失业人员认定证明》。

2. 税款减免顺序及额度

（1）纳税人按本单位吸纳人数和签订的劳动合同时间核定本单位减免税总额，在减免税总额内每月依次扣减营业税、城市维护建设税、教育费附加和地方教育附加。纳税人实际应缴纳的营业税、城市维护建设税、教育费附加和地方教育附加小于核定减免税总额的，以实际应缴纳的营业税、城市维护建设税、教育费附加、地方教育附加为限；实际应缴纳的营业税、城市维护建设税、教育费附加和地方教育附加大于核定减免税总额的，以核定减免税总额为限。

纳税年度终了，如果纳税人实际减免的营业税、城市维护建设税、教育费附加和地方教育附加小于核定的减免税总额，纳税人在企业所得税汇算清缴时，以差额部分扣减企业所得税。当年扣减不足的，不再结转以后年度扣减。

减免税总额＝∑每名失业人员本年度在本企业工作月份 ÷12× 定额

企业、民办非企业单位自吸纳失业人员的次月起享受税收优惠政策。

（2）第二年及以后年度当年新招用人员、原招用人员及其工作时间按上述程序和办法执行。每名失业人员享受税收优惠政策的期限最长不超过3年。

3. 税收减免备案

（1）经县以上人力资源社会保障部门核实后，纳税人依法享受税收优惠政策。纳税人持县以上人力资源社会保障部门核发的《企业实体吸纳失业人员认定证明》《持〈就业失业登记证〉人员本年度实际工作时间表》和税务机关要求的其他材料，在享受税收优惠政策后的当月向主管税务机关备案。

（2）企业、民办非企业单位纳税年度终了前招用失业人员发生变化的，应当在人员变化次月按照前项规定重新备案。

第三，管理。

（1）严格各项凭证的审核发放。任何单位或个人不得伪造、涂改、转让、出租相关凭证，违者将依法予以惩处；对采取上述手段已经获取减免税的企业、民办非企业单位和个人，主管税务机关要追缴其已减免的税款，并依法予以处罚；对出借、转让《就业失业登记证》的人员，主管人力资源社会保障部门要收回其《就业失业登记证》并记录在案。

（2）《就业失业登记证》采用实名制，限持证者本人使用。创业人员从事个体经营的，《就业失业登记证》由本人保管；被用人单位录用的，享受税收优惠政策期间，证件由用人单位保管。《就业失业登记证》由人力资源社会保障部统一样式，各省、自治区、直辖市人力资源社会保障部门负责印制，统一编号备案，作为审核劳动者就业失业状况和享受政策情况的有效凭证。

（3）《企业实体吸纳失业人员认定证明》由人力资源社会保障部统一式样，各省、自治区、直辖市人力资源社会保障部门统一印制，统一编号备案。

（4）《高校毕业生自主创业证》采用实名制，限持证者本人使用。《高校毕业生自主创业证》由教育部统一样式，各省、自治区、直辖市教育行政部门负责印制，其中注明申领人姓名、身份证号、毕业院校等信息，并粘贴申领人本人照片。

（5）县以上税务、财政、人力资源社会保障、教育、民政部门要建立劳动者就业信息交换和协查制度。人力资源社会保障部建立全国统一的就业信息平台，供各级人力资源社会保障、税务、财政、民政部门查询《就业失业登记证》信息。地方各级人力资源社会保障部门要及时将《就业失业登记证》信息（包括发放信息和内容更新信息）按规定上报人力资源社会保障部。教育部门要按季将《高校毕业生自主创业证》发放情况以电子、纸质文件等形式通报同级人力资源社会保障部门和税务机关。

（6）主管税务机关应当在纳税人备案时，在《就业失业登记证》中加盖戳记，注明减免税所属时间。各级税务机关对《就业失业登记证》有疑问的，可提请同级人力资源社会保障部门予以协查，同级人力资源社会保障部门应根据具体情况规定合理的工作时限，并在时限内将协查结果通报提请协查的税务机关。

第四，本公告自 2014 年 1 月 1 日起施行。《国家税务总局 财政部 人力

资源社会保障部 教育部关于支持和促进就业有关税收政策具体实施问题的公告》（国家税务总局公告 2010 年第 25 号）同时废止。

根据《财政部 税务总局 人力资源社会保障部 教育部关于支持和促进重点群体创业就业税收政策有关问题的补充通知》（财税〔2015〕18 号）的规定，为进一步简化享受税收优惠政策程序，经国务院批准，现对《财政部 国家税务总局 人力资源社会保障部关于继续实施支持和促进重点群体创业就业有关税收政策的通知》（财税〔2014〕39 号）补充通知如下：

（1）将《就业失业登记证》更名为《就业创业证》，已发放的《就业失业登记证》继续有效，不再统一更换。《就业创业证》的发放、使用、管理等事项按人力资源社会保障部的有关规定执行。各地可印制一批《就业创业证》先向有需求的毕业年度内高校毕业生发放。

（2）取消《高校毕业生自主创业证》，毕业年度内高校毕业生从事个体经营的，持《就业创业证》（注明"毕业年度内自主创业税收政策"）享受税收优惠政策。

（3）毕业年度内高校毕业生在校期间凭学生证向公共就业服务机构按规定申领《就业创业证》，或委托所在高校就业指导中心向公共就业服务机构按规定代为其申领《就业创业证》；毕业年度内高校毕业生离校后直接向公共就业服务机构按规定申领《就业创业证》。

（4）本通知自发布之日起施行，各地财政、税务、人力资源社会保障、教育部门要认真做好新旧政策的衔接工作，主动做好政策宣传和解释工作，加强部门间的协调配合，确保政策落实到位。

根据《国家税务总局 财政部 人力资源社会保障部 教育部 民政部关于支持和促进重点群体创业就业有关税收政策具体实施问题的补充公告》（国家税务总局 财政部 人力资源社会保障部 教育部 民政部公告 2015 年第 12 号）的规定，为贯彻落实《财政部 国家税务总局 人力资源社会保障部 教育部关于支持和促进重点群体创业就业税收政策有关问题的补充通知》（财税〔2015〕18 号）精神，现对《国家税务总局 财政部 人力资源社会保障部 教育部 民政部关于支持和促进重点群体创业就业有关税收政策具体实施问题的公告》（2014 年第 34 号）有关内容补充公告如下：

（1）《就业失业登记证》更名为《就业创业证》，已发放的《就业失业登记证》继续有效。

（2）取消《高校毕业生自主创业证》后，毕业年度内高校毕业生在校期间从事个体经营享受税收优惠政策的，按规定凭学生证到公共就业服务机构申领《就业创业证》，或委托所在高校就业指导中心向公共就业服务机构代为其申领《就业创业证》；毕业年度内高校毕业生离校后从事个体经营享受税收优惠政策的，按规定直接向公共就业服务机构申领《就业创业证》。公共就业服务机构在《就业创业证》上注明"毕业年度内自主创业税收政策"。

（3）本补充公告自发布之日起施行。

残疾人员可以享受哪些具体税收优惠政策？

安置残疾人的单位可以享受增值税、营业税和企业所得税优惠，残疾人个人就业可以享受增值税、营业税和个人所得税优惠。

1. 对安置残疾人单位的增值税和营业税政策

对安置残疾人的单位，实行由税务机关按单位实际安置残疾人的人数，限额即征即退增值税或减征营业税的办法。

（1）实际安置的每位残疾人每年可退还的增值税或减征的营业税的具体限额，由县级以上税务机关根据单位所在区县（含县级市、旗，下同）适用的经省（含自治区、直辖市、计划单列市，下同）级人民政府批准的最低工资标准的 6 倍确定，但最高不得超过每人每年 3.5 万元。

（2）主管国税机关应按月退还增值税，本月已交增值税额不足退还的，可在本年度（指纳税年度，下同）内以前月份已交增值税扣除已退增值税的余额中退还，仍不足退还的可结转本年度内以后月份退还。主管地税机关应按月减征营业税，本月应缴营业税不足减征的，可结转本年度内以后月份减征，但不得从以前月份已交营业税中退还。

（3）上述增值税优惠政策仅适用于生产销售货物或提供加工、修理修配劳务取得的收入占增值税业务和营业税业务收入之和达到 50% 的单位，但不适用于上述单位生产销售消费税应税货物和直接销售外购货物（包括商品批发和零售）以及销售委托外单位加工的货物取得的收入。上述营业税优惠政策仅适用于提供"服务业"税目（广告业除外）取得的收入占增值税业务和营业税业务收入之和达到 50% 的单位，但不适用于上述单位提供广告业劳务以及不属于"服务业"税目的营业税应税劳务取得的收入。单位应当分别核算上述享受税收优惠政策和不得享受税收优惠政策业务的销售收入或营业收入，不能分别核算的，不得享受本通知规定的增值税或营业税优惠政策。

（4）兼营享受增值税和营业税税收优惠政策业务的单位，可自行选择退还增值税或减征营业税，一经选定，一个年度内不得变更。

（5）如果既适用促进残疾人就业税收优惠政策，又适用下岗再就业、军转干部、随军家属等支持就业的税收优惠政策的，单位可选择适用最优惠的政策，但不能累加执行。

（6）"单位"是指税务登记为各类所有制企业（包括个人独资企业、合伙企业和个体经营户）、事业单位、社会团体和民办非企业单位。

2. 对安置残疾人单位的企业所得税政策

（1）单位支付给残疾人的实际工资可在企业所得税前据实扣除，并可按支付给残疾人实际工资的 100% 加计扣除。单位实际支付给残疾人的工资加计扣除部分，如大于本年度应纳税所得额的，可准予扣除其不超过应纳税所得额的部分，超过部分本年度和以后年度均不得扣除。亏损单位不适用上述工资加计扣除应纳税所得额的办法。单位在执行上述工资加计扣除应纳税所得额办法的同时，可以享受其他企业所得税优惠政策。

（2）对单位按照前述规定取得的增值税退税或营业税减税收入，免征企业所得税。

（3）"单位"是指税务登记为各类所有制企业（不包括个人独资企业、合伙企业和个体经营户）、事业单位、社会团体和民办非企业单位。

3. 对残疾人个人就业的增值税和营业税政策

（1）根据《中华人民共和国营业税暂行条例》（国务院令第 136 号）第六条第（二）项和《中华人民共和国营业税暂行条例实施细则》（财法字〔1993〕40 号）第二十六条的规定，对残疾人个人为社会提供的劳务免征营业税。

（2）根据《财政部 国家税务总局关于调整农业产品增值税税率和若干项目征免增值税的通知》（财税字〔1994〕4 号）第三条的规定，对残疾人个人提供的加工、修理修配劳务免征增值税。

4. 对残疾人个人就业的个人所得税政策

根据《个人所得税法》（主席令第 44 号）第五条和《个人所得税法实施条例》（国务院令第 142 号）第十六条的规定，对残疾人个人取得的劳动所得，按照省（不含计划单列市）人民政府规定的减征幅度和期限减征个人所得税。具体所得项目为：工资薪金所得、个体工商户的生产和经营所得、对企事业单位的承包和承租经营所得、劳务报酬所得、稿酬所得、特许权使用费所得。

5. 享受税收优惠政策单位的条件

安置残疾人就业的单位（包括福利企业、盲人按摩机构、工疗机构和其他单位），同时符合以下条件并经过有关部门的认定后，均可申请享受前述税收优惠政策：

（1）依法与安置的每位残疾人签订了 1 年以上（含 1 年）的劳动合同或服务协议，并且安置的每位残疾人在单位实际上岗工作。

（2）月平均实际安置的残疾人占单位在职职工总数的比例应高于 25%（含 25%），并且实际安置的残疾人人数多于 10 人（含 10 人）。月平均实际安置的残疾人占单位在职职工总数的比例低于 25%（不含 25%）但高于 1.5%（含

1.5%），并且实际安置的残疾人人数多于 5 人（含 5 人）的单位，可以享受前述企业所得税优惠政策，但不得享受前述增值税或营业税优惠政策。

（3）为安置的每位残疾人按月足额缴纳了单位所在区县人民政府根据国家政策规定的基本养老保险、基本医疗保险、失业保险和工伤保险等社会保险。

（4）通过银行等金融机构向安置的每位残疾人实际支付了不低于单位所在区县适用的经省级人民政府批准的最低工资标准的工资。

（5）具备安置残疾人上岗工作的基本设施。

6. 其他有关规定

（1）经认定的符合上述税收优惠政策条件的单位，应按月计算实际安置残疾人占单位在职职工总数的平均比例，本月平均比例未达到要求的，暂停其本月相应的税收优惠。在一个年度内累计 3 个月平均比例未达到要求的，取消其次年度享受相应税收优惠政策的资格。

（2）《财政部 国家税务总局关于教育税收政策的通知》（财税〔2004〕39号）第一条第七项规定的特殊教育学校举办的企业，是指设立的主要为在校学生提供实习场所、并由学校出资自办、由学校负责经营管理、经营收入全部归学校所有的企业，上述企业只要符合第五部分中的第（二）部分所述条件，即可享受前述增值税、营业税和企业所得税税收优惠政策。这类企业在计算残疾人人数时可将在企业实际上岗工作的特殊教育学校的全日制在校学生计算在内，在计算单位在职职工人数时也要将上述学生计算在内。

（3）在除辽宁、大连、上海、浙江、宁波、湖北、广东、深圳、重庆、陕西以外的其他地区，2007 年 7 月 1 日前已享受原福利企业税收优惠政策的单位，凡不符合前述有关缴纳社会保险条件，但符合前述其他条件的，主管税务机关可暂予认定为享受税收优惠政策的单位。上述单位应按照有关规定尽快为安置的残疾人足额缴纳有关社会保险。2007 年 10 月 1 日起，对仍不符合该项规定的单位，应停止执行前述各项税收优惠政策。

（4）对安置残疾人单位享受税收优惠政策的各项条件实行年审办法，具体年审办法由省级税务部门会同同级民政部门及残疾人联合会制定。

7. 有关定义

（1）前述"残疾人"，是指持有《中华人民共和国残疾人证》上注明属于视力残疾、听力残疾、言语残疾、肢体残疾、智力残疾和精神残疾的人员和持有《中华人民共和国残疾军人证（1 至 8 级）》的人员。

（2）前述"个人"均指自然人。

（3）前述"单位在职职工"是指与单位建立劳动关系并依法应当签订劳动合同或服务协议的雇员。

（4）前述"工疗机构"是指集就业和康复为一体的福利性生产安置单位，通过组织精神残疾人员参加适当生产劳动和实施康复治疗与训练，达到安定情绪、缓解症状、提高技能和改善生活状况的目的，包括精神病院附设的康复车间、企业附设的工疗车间、基层政府和组织兴办的工疗站等。

8.对残疾人人数计算的规定

（1）允许将精神残疾人员计入残疾人人数享受本通知第一条和第二条规定的税收优惠政策，仅限于工疗机构等适合安置精神残疾人就业的单位。具体范围由省级税务部门会同同级财政、民政部门及残疾人联合会规定。

（2）单位安置的不符合《中华人民共和国劳动法》（主席令第28号）及有关规定的劳动年龄的残疾人，不列入前述安置比例及退税、减税限额和加计扣除额的计算。

9.其他规定

单位和个人采用签订虚假劳动合同或服务协议、伪造或重复使用残疾人证或残疾军人证、残疾人挂名而不实际上岗工作、虚报残疾人安置比例、为残疾人不缴或少缴规定的社会保险、变相向残疾人收回支付的工资等方法骗取本通知规定的税收优惠政策的，除依照法律、法规和其他有关规定追究有关单位和人员的责任外，其实际发生上述违法违规行为年度内实际享受到的减（退）税款应全额追缴入库，并自其发生上述违法违规行为年度起3年内取消其享受本通知规定的各项税收优惠政策的资格。

 ## 促进残疾人就业税收优惠政策具体征管办法

1.资格认定

（1）认定部门：申请享受《财政部 国家税务总局关于促进残疾人就业税收优惠政策的通知》（财税〔2007〕92号）第一条、第二条规定的税收优惠政策的符合福利企业条件的用人单位，安置残疾人超过25%（含25%），且残疾职工人数不少于10人的，在向税务机关申请减免税前，应当先向当地县级以上地方人民政府民政部门提出福利企业的认定申请。盲人按摩机构、工疗机构等集中安置残疾人的用人单位，在向税务机关申请享受《财政部 国家税务总局关于促进残疾人就业税收优惠政策的通知》（财税〔2007〕92号）第一条、第二条规定的税收优惠政策前，应当向当地县级残疾人联合会提出认定申请。申请享受《财政部 国家税务总局关于促进残疾人就业税收优惠政策的通知》（财税〔2007〕92号）第一条、第二条规定的税收优惠政策的其他单位，可直接向税务机关提出申请。

（2）认定事项：民政部门、残疾人联合会应当按照《财政部 国家税务总

局关于促进残疾人就业税收优惠政策的通知》（财税〔2007〕92号）第五条第
（二）、第（五）项规定的条件，对前项所述单位安置残疾人的比例和是否具
备安置残疾人的条件进行审核认定，并向申请人出具书面审核认定意见。《中
华人民共和国残疾人证》和《中华人民共和国残疾军人证》的真伪，分别由
残疾人联合会、民政部门进行审核。具体审核管理办法由民政部、中国残疾
人联合会分别商有关部门另行规定。

（3）各地民政部门、残疾人联合会在认定工作中不得直接或间接向申请
认定的单位收取任何费用。如果认定部门向申请认定的单位收取费用，则前
述单位可不经认定，直接向主管税务机关提出减免税申请。

2. 减免税申请及审批

（1）取得民政部门或残疾人联合会认定的单位（以下简称纳税人），可向
主管税务机关提出减免税申请，并提交以下材料：①经民政部门或残疾人联
合会认定的纳税人，出具上述部门的书面审核认定意见；②纳税人与残疾人
签订的劳动合同或服务协议（副本）；③纳税人为残疾人缴纳社会保险费缴费
记录；④纳税人向残疾人通过银行等金融机构实际支付工资凭证；⑤主管税
务机关要求提供的其他材料。

（2）不需要经民政部门或残疾人联合会认定的单位（以下简称纳税人），
可向主管税务机关提出减免税申请，并提交以下材料：①纳税人与残疾人签
订的劳动合同或服务协议（副本）；②纳税人为残疾人缴纳社会保险费缴费记
录；③纳税人向残疾人通过银行等金融机构实际支付工资凭证；④主管税务
机关要求提供的其他材料。

（3）申请享受《财政部 国家税务总局关于促进残疾人就业税收优惠政策
的通知》（财税〔2007〕92号）第三条、第四条规定的税收优惠政策的残疾人
个人（以下简称纳税人），应当出具主管税务机关规定的材料，直接向主管税
务机关申请减免税。

（4）减免税申请由税务机关的办税服务厅统一受理，内部传递到有权审
批部门审批。审批部门应当按照《财政部 国家税务总局关于促进残疾人就业
税收优惠政策的通知》（财税〔2007〕92号）第五条规定的条件以及民政部门、
残疾人联合会出具的书面审核认定意见，出具减免税审批意见。减免税审批
部门对民政部门或残疾人联合会出具的书面审核认定意见仅作书面审核确认，
但在日常检查或稽查中发现民政部门或残疾人联合会出具的书面审核认定意
见有误的，应当根据《税收减免管理办法（试行）》等有关规定作出具体处理。
如果纳税人所得税属于其他税务机关征收的，主管税务机关应当将审批意见
抄送所得税主管税务机关，所得税主管税务机关不再另行审批。

（5）主管税务机关在受理减免税申请时，可就残疾人证件的真实性等问题，

请求当地民政部门或残疾人联合会予以审核认定。

3. 退税减税办法

1）增值税和营业税

增值税实行即征即退方式。主管税务机关对符合减免税条件的纳税人应当按月退还增值税，当月已交增值税不足退还的，可在当年已交增值税中退还，仍不足退还的可结转当年以后月份退还。当年应纳税额小于核定的年度退税限额的，以当年应纳税额为限；当年应纳税额大于核定的年度退税限额的，以核定的年度退税额为限。纳税人当年应纳税额不足退还的，不得结转以后年度退还。纳税人当月应退增值税额按以下公式计算：

$$
\begin{array}{l}当月应退\\增值税额\end{array} = \begin{array}{l}纳税人当月实际安\\置残疾人员人数\end{array} \times \begin{array}{l}县级以上税务机关确定的每位残疾\\人员每年可退还增值税的具体限额\end{array} \div 12
$$

营业税实行按月减征方式。主管税务机关应按月减征营业税，当月应缴营业税不足减征的，不得结转当年以后月份减征。纳税人当月应减征营业税额按以下公式计算：

$$
\begin{array}{l}当月应减征\\营业税额\end{array} = \begin{array}{l}纳税人当月实际安\\置残疾人员人数\end{array} \times \begin{array}{l}县级以上税务机关确定的每位残疾\\人员每年可减征营业税的具体限额\end{array} \div 12
$$

兼营营业税"服务业"税目劳务和其他税目劳务的纳税人，只能减征"服务业"税目劳务的应纳税额；"服务业"税目劳务的应纳税额不足扣减的，不得用其他税目劳务的应纳税额扣减。

缴纳增值税或营业税的纳税人应当在取得主管税务机关审批意见的次月起，随纳税申报一并书面申请退、减增值税或营业税。经认定的符合减免税条件的纳税人实际安置残疾人员占在职职工总数的比例应逐月计算，当月比例未达到25%的，不得退还当月的增值税或减征当月的营业税。年度终了，应平均计算纳税人全年实际安置残疾人员占在职职工总数的比例，一个纳税年度内累计3个月平均比例未达到25%的，应自次年1月1日起取消增值税退税、营业税减税和企业所得税优惠政策。纳税人新安置残疾人员从签订劳动合同并缴纳基本养老保险、基本医疗保险、失业保险和工伤保险等社会保险的次月起计算，其他职工从录用的次月起计算；安置的残疾人员和其他职工减少的，从次月起计算。

2）所得税

对符合《财政部 国家税务总局关于促进残疾人就业税收优惠政策的通知》（财税〔2007〕92号）第二条、第三条、第四条规定条件的纳税人，主管税务机关应当按照有关规定落实税收优惠政策。

原福利企业在2007年1月1日至2007年7月1日期间的企业所得税，

凡符合原福利企业政策规定的企业所得税减免条件的，仍可按原规定予以减征或免征企业所得税，计算方法如下：

按规定享受免征企业所得税的原福利企业，2007 年 1 月 1 日至 2007 年 7 月 1 日免征应纳税所得额 =（2007 年度企业所得税应纳税所得额 ÷12）× 6

按规定享受减半征收企业所得税的原福利企业，2007 年 1 月 1 日至 2007 年 7 月 1 日减征应纳税所得额 =（2007 年度企业所得税应纳税所得额 ÷12÷2）×6

2007 年度企业所得税应纳税所得额的确定，应按原规定计算，不包括福利企业残疾职工工资加计扣除部分。

各地税务机关应当根据本次政策调整情况，按有关规定调整企业所得税就地预缴数额。

4. 变更申报

（1）纳税人实际安置的残疾人员或在职职工人数发生变化，但仍符合退、减税条件的，应当根据变化事项按上述规定重新申请认定和审批。

（2）纳税人因残疾人员或在职职工人数发生变化，不再符合退、减税条件时，应当自情况变化之日起 15 个工作日内向主管税务机关申报。

5. 监督管理

（1）主管税务机关应当加强日常监督管理，并会同民政部门、残疾人联合会建立年审制度，对不符合退、减税条件的纳税人，取消其退、减税资格，追缴退、减税资格期间已退或减征的税款，并依照税收征管法的有关规定予以处罚。对采取一证多用或虚构《财政部 国家税务总局关于促进残疾人就业税收优惠政策的通知》（财税〔2007〕92 号）第五条规定条件，骗取税收优惠政策的，一经查证属实，主管税务机关应当追缴其骗取的税款，并取消其 3 年内申请享受《财政部 国家税务总局关于促进残疾人就业税收优惠政策的通知》（财税〔2007〕92 号）规定的税收优惠政策的资格。

（2）税务机关和纳税人应当建立专门管理台账。在征管软件修改前，主管税务机关和纳税人都要建立专门管理台账，动态掌握纳税人年度退、减税限额及残疾人员变化等情况。

（3）各地税务机关应当加强与民政部门、劳动保障部门、残疾人联合会等有关部门的沟通，逐步建立健全与发证部门的信息比对审验机制。建立部门联席会议制度，加强对此项工作的协调、指导，及时解决出现的问题，保证此项工作的顺利进行。

根据《国家税务总局关于促进残疾人就业税收优惠政策有关问题的公告》（国家税务总局公告 2013 年第 78 号）的规定，为进一步增强促进残疾人就业税收优惠政策的实施效果，保障和维护残疾人职工的合法权益，现将促进残疾人就业税收优惠政策有关问题公告如下：

（1）《财政部 国家税务总局关于促进残疾人就业税收优惠政策的通知》（财税〔2007〕92号）第五条第（三）款规定的"基本养老保险"和"基本医疗保险"是指"职工基本养老保险"和"职工基本医疗保险"，不含"城镇居民社会养老保险""新型农村社会养老保险""城镇居民基本医疗保险"和"新型农村合作医疗"。

（2）本公告自2014年1月1日起施行。

残疾人就业的税收优惠政策见图3。

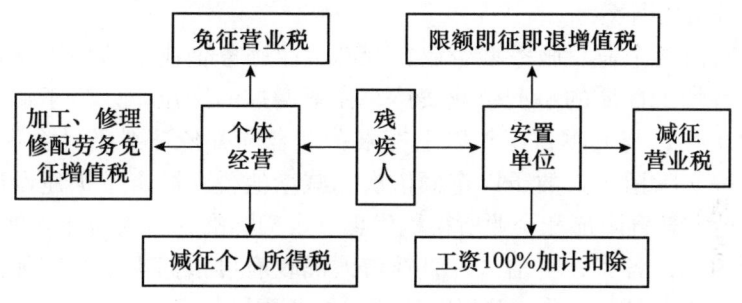

图3　残疾人就业的税收优惠政策

 针对军队转业干部的税收优惠政策

针对军队专业干部的税收优惠政策如下：

（1）从事个体经营的军队转业干部，经主管税务机关批准，自领取税务登记证之日起，3年内免征营业税和个人所得税。

（2）为安置自主择业的军队转业干部就业而新开办的企业，凡安置自主择业的军队转业干部占企业总人数60%（含60%）以上的，经主管税务机关批准，自领取税务登记证之日起，3年内免征营业税和企业所得税。

（3）自主择业的军队转业干部必须持有师以上部队颁发的转业证件。

 扶持自主就业退役士兵创业就业有哪些税收优惠政策？

根据《财政部 国家税务总局 民政部关于继续实施扶持自主就业退役士兵创业就业有关税收政策的通知》（财税〔2017〕46号）的规定，为扶持自主就业退役士兵创业就业，现将有关税收政策通知如下：

（1）对自主就业退役士兵从事个体经营的，在3年内按每户每年8 000元为限额依次扣减其当年实际应缴纳的增值税、城市维护建设税、教育费附加、地方教育附加和个人所得税。限额标准最高可上浮20%，各省、自治区、直辖市人民政府可根据本地区实际情况在此幅度内确定具体限额标准，并报财政部和税务总局备案。

纳税人年度应缴纳税款小于上述扣减限额的，以其实际缴纳的税款为限；大于上述扣减限额的，以上述扣减限额为限。纳税人的实际经营期不足 1 年的，应当以实际月份换算其减免税限额。换算公式为：减免税限额 = 年度减免税限额 ÷12× 实际经营月数。

纳税人在享受税收优惠政策的当月，持《中国人民解放军义务兵退出现役证》或《中国人民解放军士官退出现役证》以及税务机关要求的相关材料向主管税务机关备案。

（2）对商贸企业、服务型企业、劳动就业服务企业中的加工型企业和街道社区具有加工性质的小型企业实体，在新增加的岗位中，当年新招用自主就业退役士兵，与其签订 1 年以上期限劳动合同并依法缴纳社会保险费的，在 3 年内按实际招用人数予以定额依次扣减增值税、城市维护建设税、教育费附加、地方教育附加和企业所得税优惠。定额标准为每人每年 4 000 元，最高可上浮 50%，各省、自治区、直辖市人民政府可根据本地区实际情况在此幅度内确定具体定额标准，并报财政部和税务总局备案。

服务型企业是指从事《销售服务、无形资产、不动产注释》（《财政部 国家税务总局关于全面推开营业税改征增值税试点的通知》——财税〔2016〕36 号附件）中"不动产租赁服务""商务辅助服务"（不含货物运输代理和代理报关服务）、"生活服务"（不含文化体育服务）范围内业务活动的企业以及按照《民办非企业单位登记管理暂行条例》（国务院令第 251 号）登记成立的民办非企业单位。

纳税人按企业招用人数和签订的劳动合同时间核定企业减免税总额，在核定减免税总额内每月依次扣减增值税、城市维护建设税、教育费附加和地方教育附加。纳税人实际应缴纳的增值税、城市维护建设税、教育费附加和地方教育附加小于核定减免税总额的，以实际应缴纳的增值税、城市维护建设税、教育费附加和地方教育附加为限；实际应缴纳的增值税、城市维护建设税、教育费附加和地方教育附加大于核定减免税总额的，以核定减免税总额为限。

纳税年度终了，如果企业实际减免的增值税、城市维护建设税、教育费附加和地方教育附加小于核定的减免税总额，企业在企业所得税汇算清缴时扣减企业所得税。当年扣减不完的，不再结转以后年度扣减。

计算公式为：

$$企业减免税总额 = \sum 每名自主就业退役士兵本年度在本企业工作月份 ÷12× 定额标准$$

企业自招用自主就业退役士兵的次月起享受税收优惠政策，并于享受税收优惠政策的当月，持下列材料向主管税务机关备案：①新招用自主就业退役士兵的《中国人民解放军义务兵退出现役证》或《中国人民解放军士官退出现役证》；②企业与新招用自主就业退役士兵签订的劳动合同（副本），企业为职工缴纳的社会保险费记录；③自主就业退役士兵本年度在企业工作时间表；④税务机关要求的其他相关材料。

（3）本通知所称自主就业退役士兵是指依照《退役士兵安置条例》（国务院、中央军委令第608号）的规定退出现役并按自主就业方式安置的退役士兵。

（4）本通知的执行期限为2017年1月1日至2019年12月31日。本通知规定的税收优惠政策按照备案减免税管理，纳税人应向主管税务机关备案。税收优惠政策在2019年12月31日未享受满3年的，可继续享受至3年期满为止。对《财政部 国家税务总局关于全面推开营业税改征增值税试点的通知》（财税〔2016〕36号）附件3第三条第（一）项政策，纳税人在2016年12月31日未享受满3年的，可按现行政策继续享受至3年期满为止。

（5）如果企业招用的自主就业退役士兵既适用本通知规定的税收优惠政策，又适用其他扶持就业的专项税收优惠政策，企业可选择适用最优惠的政策，但不能重复享受。

各地财政、税务、民政部门要加强领导、周密部署，把扶持自主就业退役士兵创业就业工作作为一项重要任务，主动做好政策宣传和解释工作，加强部门间的协调配合，确保政策落实到位。同时，要密切关注税收政策的执行情况，对发现的问题及时逐级向财政部、税务总局、民政部反映。

 ## 针对随军家属的税收优惠政策

针对随军家属的税收优惠政策如下：

（1）对为安置随军家属就业而新开办的企业，自领取税务登记证之日起，3年内免征营业税、企业所得税。

（2）对从事个体经营的随军家属，自领取税务登记证之日起，3年内免征营业税和个人所得税。

（3）享受税收优惠政策的企业，随军家属必须占企业总人数的60%（含）以上，并有军（含）以上政治和后勤机关出具的证明；随军家属必须有师以上政治机关出具的可以表明其身份的证明，但税务部门应进行相应的审查认定。主管税务机关在企业或个人享受免税期间，应按现行有关税收规定，对此类企业进行年度检查，凡不符合条件的，应取消其免税政策。每一随军家属只能按上述规定，享受一次免税政策。

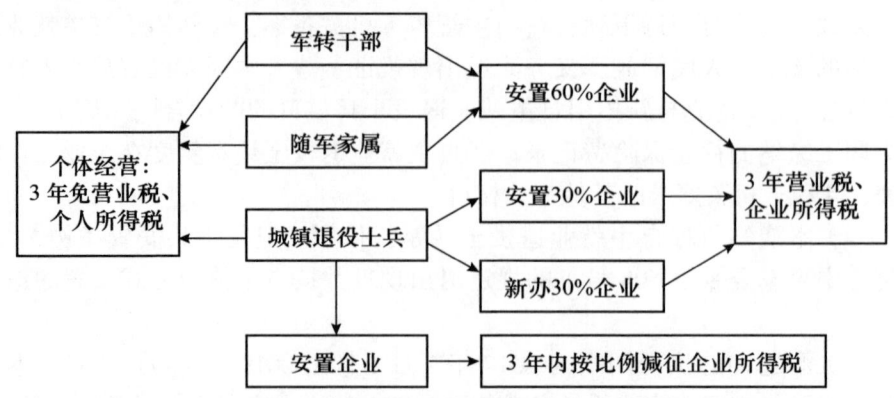

图 4　针对企业安置军转干部、随军家属、城镇退役士兵的税收优惠政策

个体经营是指雇工 7 人（含 7 人）以下的个体经营行为，军队转业干部、城镇退役士兵、随军家属从事个体经营凡雇工 8 人（含 8 人）以上的，无论其领取的营业执照是否注明为个体工商业户，军队转业干部和随军家属均按照新开办的企业、城镇退役士兵按照新办的服务型企业的规定享受有关营业税优惠政策。

十三、股权收购与非货币性资产投资优惠政策

 个人收购股权后转增股本有哪些税收政策？

根据《国家税务总局关于个人投资者收购企业股权后将原盈余积累转增股本个人所得税问题的公告》（国家税务总局公告 2013 年第 23 号）规定，根据《中华人民共和国个人所得税法》及有关规定，对个人投资者收购企业股权后，将企业原有盈余积累转增股本有关个人所得税问题公告如下：

（1）1 名或多名个人投资者以股权收购方式取得被收购企业 100% 股权，股权收购前，被收购企业原账面金额中的"资本公积、盈余公积、未分配利润"等盈余积累未转增股本，而在股权交易时将其一并计入股权转让价格并履行了所得税纳税义务。股权收购后，企业将原账面金额中的盈余积累向个人投资者（新股东，下同）转增股本，有关个人所得税问题区分以下情形处理：①新股东以不低于净资产价格收购股权的，企业原盈余积累已全部计入股权交易价格，新股东取得盈余积累转增股本的部分，不征收个人所得税。②新股东以低于净资产价格收购股权的，企业原盈余积累中，对于股权收购价格

减去原股本的差额部分已经计入股权交易价格，新股东取得盈余积累转增股本的部分，不征收个人所得税；对于股权收购价格低于原所有者权益的差额部分未计入股权交易价格，新股东取得盈余积累转增股本的部分，应按照"利息、股息、红利所得"项目征收个人所得税。

新股东以低于净资产价格收购企业股权后转增股本，应按照下列顺序进行，即：先转增应税的盈余积累部分，然后再转增免税的盈余积累部分。

（2）新股东将所持股权转让时，其财产原值为其收购企业股权实际支付的对价及相关税费。

（3）企业发生股权交易及转增股本等事项后，应在次月15日内，将股东及其股权变化情况、股权交易前原账面记载的盈余积累数额、转增股本数额及扣缴税款情况报告主管税务机关。

（4）本公告自发布后30日起施行。此前尚未处理的涉税事项按本公告执行。

 ## 个人非货币性资产投资有哪些税收优惠政策？

根据《财政部 国家税务总局关于个人非货币性资产投资有关个人所得税政策的通知》（财税〔2015〕41号）规定，为进一步鼓励和引导民间个人投资，经国务院批准，将在上海自由贸易试验区试点的个人非货币性资产投资分期缴税政策推广至全国。现就个人非货币性资产投资有关个人所得税政策通知如下：

（1）个人以非货币性资产投资，属于个人转让非货币性资产和投资同时发生。对个人转让非货币性资产的所得，应按照"财产转让所得"项目，依法计算缴纳个人所得税。

（2）个人以非货币性资产投资，应按评估后的公允价值确认非货币性资产转让收入。非货币性资产转让收入减除该资产原值及合理税费后的余额为应纳税所得额。个人以非货币性资产投资，应于非货币性资产转让、取得被投资企业股权时，确认非货币性资产转让收入的实现。

（3）个人应在发生上述应税行为的次月15日内向主管税务机关申报纳税。纳税人一次性缴税有困难的，可合理确定分期缴纳计划并报主管税务机关备案后，自发生上述应税行为之日起不超过5个公历年度内（含）分期缴纳个人所得税。

（4）个人以非货币性资产投资交易过程中取得现金补价的，现金部分应优先用于缴税；现金不足以缴纳的部分，可分期缴纳。个人在分期缴税期间转让其持有的上述全部或部分股权，并取得现金收入的，该现金收入应优先用于缴纳尚未缴清的税款。

（5）本通知所称非货币性资产，是指现金、银行存款等货币性资产以外的资产，包括股权、不动产、技术发明成果以及其他形式的非货币性资产。本通知所称非货币性资产投资，包括以非货币性资产出资设立新的企业，以及以非货币性资产出资参与企业增资扩股、定向增发股票、股权置换、重组改制等投资行为。

（6）本通知规定的分期缴税政策自 2015 年 4 月 1 日起施行。对 2015 年 4 月 1 日之前发生的个人非货币性资产投资，尚未进行税收处理且自发生上述应税行为之日起期限未超过 5 年的，可在剩余的期限内分期缴纳其应纳税款。

 ## 个人非货币性资产投资个人所得税征管有哪些具体制度？

根据《国家税务总局关于个人非货币性资产投资有关个人所得税征管问题的公告》（国家税务总局公告 2015 年第 20 号）的规定，为落实国务院第 83 次常务会议决定，鼓励和引导民间个人投资，根据《个人所得税法》及其实施条例、《税收征收管理法》及其实施细则、《财政部 国家税务总局关于个人非货币性资产投资有关个人所得税政策的通知》（财税〔2015〕41 号）规定，现就落实个人非货币性资产投资有关个人所得税征管问题公告如下：

（1）非货币性资产投资个人所得税以发生非货币性资产投资行为并取得被投资企业股权的个人为纳税人。

（2）非货币性资产投资个人所得税由纳税人向主管税务机关自行申报缴纳。

（3）纳税人以不动产投资的，以不动产所在地地税机关为主管税务机关；纳税人以其持有的企业股权对外投资的，以该企业所在地地税机关为主管税务机关；纳税人以其他非货币资产投资的，以被投资企业所在地地税机关为主管税务机关。

（4）纳税人非货币性资产投资应纳税所得额为非货币性资产转让收入减除该资产原值及合理税费后的余额。

（5）非货币性资产原值为纳税人取得该项资产时实际发生的支出。纳税人无法提供完整、准确的非货币性资产原值凭证，不能正确计算非货币性资产原值的，主管税务机关可依法核定其非货币性资产原值。

（6）合理税费是指纳税人在非货币性资产投资过程中发生的与资产转移相关的税金及合理费用。

（7）纳税人以股权投资的，该股权原值确认等相关问题依照《股权转让所得个人所得税管理办法（试行）》（国家税务总局公告 2014 年第 67 号发布）

有关规定执行。

（8）纳税人非货币性资产投资需要分期缴纳个人所得税的，应于取得被投资企业股权之日的次月 15 日内，自行制定缴税计划并向主管税务机关报送《非货币性资产投资分期缴纳个人所得税备案表》、纳税人身份证明、投资协议、非货币性资产评估价格证明材料、能够证明非货币性资产原值及合理税费的相关资料。2015 年 4 月 1 日之前发生的非货币性资产投资，期限未超过 5 年，尚未进行税收处理且需要分期缴纳个人所得税的，纳税人应于本公告下发之日起 30 日内向主管税务机关办理分期缴税备案手续。

（9）纳税人分期缴税期间提出变更原分期缴税计划的，应重新制定分期缴税计划并向主管税务机关重新报送《非货币性资产投资分期缴纳个人所得税备案表》。

（10）纳税人按分期缴税计划向主管税务机关办理纳税申报时，应提供已在主管税务机关备案的《非货币性资产投资分期缴纳个人所得税备案表》和本期之前各期已缴纳个人所得税的完税凭证。

（11）纳税人在分期缴税期间转让股权的，应于转让股权之日的次月 15 日内向主管税务机关申报纳税。

（12）被投资企业应将纳税人以非货币性资产投入本企业取得股权和分期缴税期间纳税人股权变动情况，分别于相关事项发生后 15 日内向主管税务机关报告，并协助税务机关执行公务。

（13）纳税人和被投资企业未按规定备案、缴税和报送资料的，按照《中华人民共和国税收征收管理法》及有关规定处理。

（14）本公告自 2015 年 4 月 1 日起施行。

 股权转让个人所得税征管有哪些具体制度？

根据《股权转让所得个人所得税管理办法（试行）》（国家税务总局公告 2014 年第 67 号）的规定：

（1）为加强股权转让所得个人所得税征收管理，规范税务机关、纳税人和扣缴义务人征纳行为，维护纳税人合法权益，根据《个人所得税法》及其实施条例、《税收征收管理法》及其实施细则，制定本办法。

（2）本办法所称股权是指自然人股东（以下简称个人）投资于在中国境内成立的企业或组织（以下统称被投资企业，不包括个人独资企业和合伙企业）的股权或股份。

（3）本办法所称股权转让是指个人将股权转让给其他个人或法人的行为，包括以下情形：①出售股权；②公司回购股权；③发行人首次公开发行新股时，被投资企业股东将其持有的股份以公开发行方式一并向投资者发售；④股权被司法或行政机关强制过户；⑤以股权对外投资或进行其他非货币性交易；⑥以股权抵偿债务；⑦其他股权转移行为。

（4）个人转让股权，以股权转让收入减除股权原值和合理费用后的余额为应纳税所得额，按"财产转让所得"缴纳个人所得税。合理费用是指股权转让时按照规定支付的有关税费。

（5）个人股权转让所得个人所得税，以股权转让方为纳税人，以受让方为扣缴义务人。

（6）扣缴义务人应于股权转让相关协议签订后5个工作日内，将股权转让的有关情况报告主管税务机关。被投资企业应当详细记录股东持有本企业股权的相关成本，如实向税务机关提供与股权转让有关的信息，协助税务机关依法执行公务。

（7）股权转让收入是指转让方因股权转让而获得的现金、实物、有价证券和其他形式的经济利益。

（8）转让方取得与股权转让相关的各种款项，包括违约金、补偿金以及其他名目的款项、资产、权益等，均应当并入股权转让收入。

（9）纳税人按照合同约定，在满足约定条件后取得的后续收入，应当作为股权转让收入。

（10）股权转让收入应当按照公平交易原则确定。

（11）符合下列情形之一的，主管税务机关可以核定股权转让收入：①申报的股权转让收入明显偏低且无正当理由的。②未按照规定期限办理纳税申报，经税务机关责令限期申报，逾期仍不申报的。③转让方无法提供或拒不提供股权转让收入的有关资料；④其他应核定股权转让收入的情形。

（12）符合下列情形之一，视为股权转让收入明显偏低：①申报的股权转让收入低于股权对应的净资产份额的。其中，被投资企业拥有土地使用权、房屋、房地产企业未销售房产、知识产权、探矿权、采矿权、股权等资产的，申报的股权转让收入低于股权对应的净资产公允价值份额的。②申报的股权转让收入低于初始投资成本或低于取得该股权所支付的价款及相关税费的。③申报的股权转让收入低于相同或类似条件下同一企业同一股东或其他股东股权转让收入的。④申报的股权转让收入低于相同或类似条件下同类行业的企业股权转让收入的。⑤不具合理性的无偿让渡股权或股份。⑥主管税务机关认定的其他情形。

（13）符合下列条件之一的股权转让收入明显偏低，视为有正当理由：①能出具有效文件，证明被投资企业因国家政策调整，生产经营受到重大影响，导致低价转让股权；②继承或将股权转让给其能提供具有法律效力身份关系证明的配偶、父母、子女、祖父母、外祖父母、孙子女、外孙子女、兄弟姐妹以及对转让人承担直接抚养或者赡养义务的抚养人或者赡养人；③相关法律、政府文件或企业章程规定，并有相关资料充分证明转让价格合理且真实的本企业员工持有的不能对外转让股权的内部转让；④股权转让双方能够提供有效证据证明其合理性的其他合理情形。

（14）主管税务机关应依次按照下列方法核定股权转让收入：

①净资产核定法。股权转让收入按照每股净资产或股权对应的净资产份额核定。被投资企业的土地使用权、房屋、房地产企业未销售房产、知识产权、探矿权、采矿权、股权等资产占企业总资产比例超过20%的，主管税务机关可参照纳税人提供的具有法定资质的中介机构出具的资产评估报告核定股权转让收入。6个月内再次发生股权转让且被投资企业净资产未发生重大变化的，主管税务机关可参照上一次股权转让时被投资企业的资产评估报告核定此次股权转让收入。②类比法。第一，参照相同或类似条件下同一企业同一股东或其他股东股权转让收入核定；第二，参照相同或类似条件下同类行业企业股权转让收入核定。③其他合理方法。主管税务机关采用以上方法核定股权转让收入存在困难的，可以采取其他合理方法核定。

（15）个人转让股权的原值依照以下方法确认：①以现金出资方式取得的股权，按照实际支付的价款与取得股权直接相关的合理税费之和确认股权原值；②以非货币性资产出资方式取得的股权，按照税务机关认可或核定的投资入股时非货币性资产价格与取得股权直接相关的合理税费之和确认股权原值；③通过无偿让渡方式取得股权，具备本办法第十三条第二项所列情形的，按取得股权发生的合理税费与原持有人的股权原值之和确认股权原值；④被投资企业以资本公积、盈余公积、未分配利润转增股本，个人股东已依法缴纳个人所得税的，以转增额和相关税费之和确认其新转增股本的股权原值；⑤除以上情形外，由主管税务机关按照避免重复征收个人所得税的原则合理确认股权原值。

（16）股权转让人已被主管税务机关核定股权转让收入并依法征收个人所得税的，该股权受让人的股权原值以取得股权时发生的合理税费与股权转让人被主管税务机关核定的股权转让收入之和确认。

（17）个人转让股权未提供完整、准确的股权原值凭证，不能正确计算股权原值的，由主管税务机关核定其股权原值。

（18）对个人多次取得同一被投资企业股权的，转让部分股权时，采用"加权平均法"确定其股权原值。

（19）个人股权转让所得个人所得税以被投资企业所在地地税机关为主管税务机关。

（20）具有下列情形之一的，扣缴义务人、纳税人应当依法在次月 15 日内向主管税务机关申报纳税：①受让方已支付或部分支付股权转让价款的；②股权转让协议已签订生效的；③受让方已经实际履行股东职责或者享受股东权益的；④国家有关部门判决、登记或公告生效的；⑤本办法第三条第四至第七项行为已完成的；⑥税务机关认定的其他有证据表明股权已发生转移的情形。

（21）纳税人、扣缴义务人向主管税务机关办理股权转让纳税（扣缴）申报时，还应当报送以下资料：①股权转让合同（协议）；②股权转让双方身份证明；③按规定需要进行资产评估的，需提供具有法定资质的中介机构出具的净资产或土地房产等资产价值评估报告；④计税依据明显偏低但有正当理由的证明材料；⑤主管税务机关要求报送的其他材料。

（22）被投资企业应当在董事会或股东会结束后 5 个工作日内，向主管税务机关报送与股权变动事项相关的董事会或股东会决议、会议纪要等资料。被投资企业发生个人股东变动或者个人股东所持股权变动的，应当在次月 15 日内向主管税务机关报送含有股东变动信息的《个人所得税基础信息表（A表）》及股东变更情况说明。主管税务机关应当及时向被投资企业核实其股权变动情况，并确认相关转让所得，及时督促扣缴义务人和纳税人履行法定义务。

（23）转让的股权以人民币以外的货币结算的，按照结算当日人民币汇率中间价，折算成人民币计算应纳税所得额。

（24）税务机关应加强与工商部门合作，落实和完善股权信息交换制度，积极开展股权转让信息共享工作。

（25）税务机关应当建立股权转让个人所得税电子台账，将个人股东的相关信息录入征管信息系统，强化对每次股权转让间股权转让收入和股权原值的逻辑审核，对股权转让实施链条式动态管理。

（26）税务机关应当落实好国税部门、地税部门之间的信息交换与共享制度，不断提升股权登记信息应用能力。

（27）税务机关应当加强对股权转让所得个人所得税的日常管理和税务检查，积极推进股权转让各税种协同管理。

（28）纳税人、扣缴义务人及被投资企业未按照规定期限办理纳税（扣缴）申报和报送相关资料的，依照《税收征收管理法》及其实施细则有关规定处理。

（29）各地可通过政府购买服务的方式，引入中介机构参与股权转让过程中相关资产的评估工作。

（30）个人在上海证券交易所、深圳证券交易所转让从上市公司公开发行和转让市场取得的上市公司股票，转让限售股，以及其他有特别规定的股权转让，不适用本办法。

（31）各省、自治区、直辖市和计划单列市地方税务局可以根据本办法，结合本地实际，制定具体实施办法。

（32）本办法自 2015 年 1 月 1 日起施行。《国家税务总局关于加强股权转让所得征收个人所得税管理的通知》（国税函〔2009〕285 号）、《国家税务总局关于股权转让个人所得税计税依据核定问题的公告》（国家税务总局公告 2010 年第 27 号）同时废止。

第二部分　企业所得税优惠政策

您知道从 2008 年开始我国的企业可以享受哪些最新的税收优惠政策吗？您知道企业所取得的哪些收入可以不用纳税吗？您知道哪些企业可以适用比较低的税率吗？您知道我国对于企业从事国家鼓励的项目、招收国家鼓励的人员可以享受哪些税收优惠待遇吗？您知道西部大开发、软件产业、集成电路产业、重点群体创业就业享受哪些税收优惠吗？您知道节能服务产业、公益性捐赠、企业兼并重组与对外投资享受哪些税收优惠吗？本部分将为您回答上述问题。

一、免税收入

 企业取得的哪些收入属于免税收入？

企业的下列收入为免税收入：

（1）国债利息收入。国债利息收入，是指企业持有国务院财政部门发行的国债取得的利息收入。对企业和个人取得的 2012 年及以后年度发行的地方政府债券利息收入，免征企业所得税和个人所得税。地方政府债券是指经国务院批准同意，以省、自治区、直辖市和计划单列市政府为发行和偿还主体的债券。

 友情提示

　　根据《企业所得税法实施条例》第十八条的规定，企业投资国债从国务院财政部门（以下简称发行者）取得的国债利息收入，应以国债发行时约定应付利息的日期，确认利息收入的实现。企业转让国债，应在国债转让收入确认时确认利息收入的实现。企业到期前转让国债，或者从非发行者投资购买的国债，其持有期间尚未兑付的国债利息收入，按以下公式计算确定：国债利息收入＝国债金额×（适用年利率÷365）×持有天数。上述公式中的"国债金额"，按国债发行面值或发行价格确定；"适用年利率"按国债票面年利率或折合年收益率确定；如企业不同时间多次购买同一品种国债的，"持有天数"可按平均持有天数计算确定。根据《企业所得税法》第二十六条的规定，企业取得的国债利息收入，免征企业所得税。具体按以下规定执行：①企业从发行者直接投资购买的国债持有至到期，其从发行者取得的国债利息收入，全额免征企业所得税。②企业到期前转让国债，或者从非发行者投资购买的国债，其按上述计算的国债利息收入，免征企业所得税。企业转让或到期兑付国债取得的价款，减除其购买国债成本，并扣除其持有期间按照上述规定计算的国债利息收入以及交易过程中相关税费后的余额，为企业转让国债收益（损失）。根据《企业所得税法实施条例》第十六条规定，企业转让国债，应作为转让财产，其取得的收益（损失）应作为企业应纳税所得额计算纳税。

（2）符合条件的居民企业之间的股息、红利等权益性投资收益。符合条件的居民企业之间的股息、红利等权益性投资收益，是指居民企业直接投资于其他居民企业取得的投资收益。符合条件的居民企业之间的股息、红利等权益性投资收益以及在中国境内设立机构、场所的非居民企业从居民企业取得与该机构、场所有实际联系的股息、红利等权益性投资收益，不包括连续持有居民企业公开发行并上市流通的股票不足12个月取得的投资收益。

（3）在中国境内设立机构、场所的非居民企业从居民企业取得与该机构、场所有实际联系的股息、红利等权益性投资收益。

 友情提示

被投资企业将股权（票）溢价所形成的资本公积转为股本的，不作为投资方企业的股息、红利收入，投资方企业也不得增加该项长期投资的计税基础。投资企业从被投资企业撤回或减少投资，其取得的资产中，相当于初始出资的部分，应确认为投资收回；相当于被投资企业累计未分配利润和累计盈余公积按减少实收资本比例计算的部分，应确认为股息所得；其余部分确认为投资资产转让所得。企业在计算股权转让所得时，不得扣除被投资企业未分配利润等股东留存收益中按该项股权所可能分配的金额。

（4）符合条件的非营利组织的收入。

 友情提示

> 根据《企业所得税法实施条例》第二十七条、第二十八条的规定，企业取得的各项免税收入所对应的各项成本费用，除另有规定者外，可以在计算企业应纳税所得额时扣除。

 非营利组织享受免税收入需要具备哪些条件？

符合条件的非营利组织，是指同时符合下列条件的组织：

（1）依法履行非营利组织登记手续。

（2）从事公益性或者非营利性活动。

（3）取得的收入除用于与该组织有关的、合理的支出外，全部用于登记核定或者章程规定的公益性或者非营利性事业。

（4）财产及其孳息不用于分配。

（5）按照登记核定或者章程规定，该组织注销后的剩余财产用于公益性或者非营利性目的，或者由登记管理机关转赠给与该组织性质、宗旨相同的组织，并向社会公告。

（6）投入人对投入该组织的财产不保留或者享有任何财产权利。

（7）工作人员工资福利开支控制在规定的比例内，不变相分配该组织的财产。

上述规定的非营利组织的认定管理办法由国务院财政、税务主管部门会同国务院有关部门制定。符合条件的非营利组织的收入，不包括非营利组织从事营利性活动取得的收入，但国务院财政、税务主管部门另有规定的除外。

非营利组织的下列收入为免税收入：

（1）接受其他单位或者个人捐赠的收入。

（2）除《企业所得税法》第七条规定的财政拨款以外的其他政府补助收入，但不包括因政府购买服务取得的收入。

（3）按照省级以上民政、财政部门规定收取的会费。

（4）不征税收入和免税收入孳生的银行存款利息收入。

（5）财政部、国家税务总局规定的其他收入。

根据《企业所得税法》第二十六条及《企业所得税法实施条例》（以下简称《实施条例》）第八十四条的规定，对非营利组织免税资格认定管理实行以下制度：

第一，符合条件的非营利组织，必须同时满足以下条件：

（1）依照国家有关法律、法规设立或登记的事业单位、社会团体、基金会、民办非企业单位、宗教活动场所以及财政部、国家税务总局认定的其他组织。

（2）从事公益性或者非营利性活动。

（3）取得的收入除用于与该组织有关的、合理的支出外，全部用于登记核定或者章程规定的公益性或者非营利性事业。

（4）财产及其孳息不用于分配，但不包括合理的工资薪金支出。

（5）按照登记核定或者章程规定，该组织注销后的剩余财产用于公益性或者非营利性目的，或者由登记管理机关转赠给与该组织性质、宗旨相同的组织，并向社会公告。

（6）投入人对投入该组织的财产不保留或者享有任何财产权利，投入人是指除各级人民政府及其部门外的法人、自然人和其他组织。

（7）工作人员工资福利开支控制在规定的比例内，不变相分配该组织的财产，其中：工作人员平均工资薪金水平不得超过上年度税务登记所在地人均工资水平的两倍，工作人员福利按照国家有关规定执行。

（8）除当年新设立或登记的事业单位、社会团体、基金会及民办非企业单位外，事业单位、社会团体、基金会及民办非企业单位申请前年度的检查结论为"合格"。

（9）对取得的应纳税收入及其有关的成本、费用、损失应与免税收入及其有关的成本、费用、损失分别核算。

第二，经省级（含省级）以上登记管理机关批准设立或登记的非营利组织，凡符合规定条件的，应向其所在地省级税务主管机关提出免税资格申请，并提供规定的相关材料；经市（地）级或县级登记管理机关批准设立或登记的非营利组织，凡符合规定条件的，分别向其所在地市（地）级或县级税务主管机关提出免税资格申请，并提供规定的相关材料。财政、税务部门按照上述管理权限，对非营利组织享受免税的资格联合进行审核确认，并定期予以公布。

第三，申请享受免税资格的非营利组织，需报送以下材料：

（1）申请报告。

（2）事业单位、社会团体、基金会、民办非企业单位的组织章程或宗教活动场所的管理制度。

（3）税务登记证复印件。

（4）非营利组织登记证复印件。

（5）申请前年度的资金来源及使用情况、公益活动和非营利活动的明细情况。

（6）具有资质的中介机构鉴证的申请前会计年度的财务报表和审计报告。

（7）登记管理机关出具的事业单位、社会团体、基金会、民办非企业单位申请前年度的年度检查结论。

（8）财政、税务部门要求提供的其他材料。

第四，非营利组织免税优惠资格的有效期为5年。非营利组织应在期满前3个月内提出复审申请，不提出复审申请或复审不合格的，其享受免税优惠的资格到期自动失效。非营利组织免税资格复审，按照初次申请免税优惠资格的规定办理。

第五，非营利组织必须按照《税收征收管理法》（以下简称《税收征管法》）及《税收征收管理法实施细则》（以下简称《实施细则》）等有关规定，办理税务登记，按期进行纳税申报。取得免税资格的非营利组织应按照规定向主管税务机关办理免税手续，免税条件发生变化的，应当自发生变化之日起15日内向主管税务机关报告；不再符合免税条件的，应当依法履行纳税义务；未依法纳税的，主管税务机关应当予以追缴。取得免税资格的非营利组织注销时，剩余财产处置违反上述第一条第（五）项规定的，主管税务机关应追缴其应纳企业所得税款。主管税务机关应根据非营利组织报送的纳税申报表及有关资料进行审查，当年符合《企业所得税法》及其《实施条例》和有关规定免税条件的收入，免予征收企业所得税；当年不符合免税条件的收入，照章征收企业所得税。主管税务机关在执行税收优惠政策过程中，发现非营利组织不再具备本通知规定的免税条件的，应及时报告核准该非营利组织免税资格的财政、税务部门，由其进行复核。核准非营利组织免税资格的财政、税务部门根据本通知规定的管理权限，对非营利组织的免税优惠资格进行复核，复核不合格的，取消其享受免税优惠的资格。

第六，已认定的享受免税优惠政策的非营利组织有下述情况之一的，应取消其资格：

（1）事业单位、社会团体、基金会及民办非企业单位逾期未参加年检或年度检查结论为"不合格"的。

（2）在申请认定过程中提供虚假信息的。

（3）有逃避缴纳税款或帮助他人逃避缴纳税款行为的。

（4）通过关联交易或非关联交易和服务活动，变相转移、隐匿、分配该组织财产的。

（5）因违反《税收征管法》及其《实施细则》而受到税务机关处罚的。

（6）受到登记管理机关处罚的。

因上述第（一）项规定的情形被取消免税优惠资格的非营利组织，财政、税务部门在 1 年内不再受理该组织的认定申请；因上述规定的除第（一）项以外的其他情形被取消免税优惠资格的非营利组织，财政、税务部门在 5 年内不再受理该组织的认定申请。

 实务案例精解

A 公司 2016 年度自己计算的应纳税所得额为 1 000 万元，其中包括购买国债所获得的利息 1 万元，银行储蓄存款利息 1 万元，其他企业占用该公司的资金所支付的利息 5 万元。请计算该公司应当缴纳多少企业所得税。

解答：A 公司购买国债所获得的利息 1 万元属于免税所得，不需要缴纳企业所得税，应当从应纳税所得额中予以扣除，银行储蓄存款利息 1 万元和其他企业占用 A 公司的资金所支付的利息 5 万元都属于应税所得，不需要进行调整。因此，A 公司 2016 年度应当缴纳企业所得税：（1 000–1）× 25%=249.75（万元）。

 计算举例

A 公司 2016 年 3 月份向 B 公司投资 1 000 万元，当年获得股息 80 万元，A 公司同时还购买了 C 公司公开发行并上市流通的股票，获得股息 50 万元，A 公司于 2016 年年底转让了该股票。请计算该两笔股息应当缴纳多少企业所得税。

解答：A 公司从 B 公司获得的 80 万元股息属于免税所得，不需要缴纳企业所得税，A 公司从 C 公司获得的 50 万元股息由于持有期间不足 12 个月，因此，不属于免税所得，应当缴纳企业所得税。因此，A 公司应当就该两笔股息缴纳的企业所得税为：50 × 25%=12.5（万元）。

 实务案例精解

A 基金会属于《企业所得税法》第二十六条所规定的符合条件的非营利组织，2016 年度，该基金会获得捐赠收入 1 000 万元，同时该基金会编辑了一套环保方面的书籍，获得出版社的稿酬 100 万元。请计算 A 基金会在 2016 年度应当缴纳多少企业所得税。

解答：该基金会属于免税组织。该基金会的营利性收入应当缴纳企业所得税。因此，该基金会获得捐赠收入 1 000 万元可以享受免税待遇，而该基金会获得的 100 万元稿酬则应当缴纳企业所得税。A 基金会在 2016 年度的应纳税额为：100 × 25%=25（万元）。

二、减免企业所得税

 企业取得的哪些所得可以享受减免税待遇？

企业的下列所得，可以免征、减征企业所得税：

（1）从事农、林、牧、渔业项目的所得。

（2）从事国家重点扶持的公共基础设施项目投资经营的所得。

（3）从事符合条件的环境保护、节能节水项目的所得。

（4）符合条件的技术转让所得。

（5）《企业所得税法》第三条第3款规定的所得。

企业从事下列项目的所得，免征企业所得税：

（1）蔬菜、谷物、薯类、油料、豆类、棉花、麻类、糖料、水果、坚果的种植。

（2）农作物新品种的选育。

（3）中药材的种植。

（4）林木的培育和种植。

（5）牲畜、家禽的饲养。

（6）林产品的采集。

（7）灌溉、农产品初加工、兽医、农技推广、农机作业和维修等农、林、牧、渔服务业项目。

（8）远洋捕捞。

企业从事下列项目的所得，减半征收企业所得税：

（1）花卉、茶以及其他饮料作物和香料作物的种植。

（2）海水养殖、内陆养殖。

企业从事国家限制和禁止发展的项目，不得享受上述规定的减免企业所得税优惠。

国家重点扶持的公共基础设施项目，是指《公共基础设施项目企业所得税优惠目录》规定的港口码头、机场、铁路、公路、城市公共交通、电力、水利等项目。企业从事国家重点扶持的公共基础设施项目的投资经营的所得，自项目取得第1笔生产经营收入所属纳税年度起，第1年至第3年免征企业所得税，第4年至第6年减半征收企业所得税。企业承包经营、承包建设和内部自建自用上述规定的项目，不得享受本条规定的企业所得税优惠。

符合条件的环境保护、节能节水项目，包括公共污水处理、公共垃圾处理、沼气综合开发利用、节能减排技术改造、海水淡化等。项目的具体条件和范围由国务院财政、税务主管部门商国务院有关部门制订，报国务院批准后公布施行。企业从事符合条件的环境保护、节能节水项目的所得，自项目取得第 1 笔生产经营收入所属纳税年度起，第 1 年至第 3 年免征企业所得税，第 4 年至第 6 年减半征收企业所得税。

依照上述条规定享受减免税优惠的项目，在减免税期限内转让的，受让方自受让之日起，可以在剩余期限内享受规定的减免税优惠；减免税期限届满后转让的，受让方不得就该项目重复享受减免税优惠。

符合条件的技术转让所得免征、减征企业所得税，是指一个纳税年度内，居民企业技术转让所得不超过 500 万元的部分，免征企业所得税；超过 500 万元的部分，减半征收企业所得税。

非居民企业在中国境内未设立机构、场所，或者虽设立机构、场所但取得的所得与其所设机构、场所没有实际联系，其来源于中国境内的所得，减按 10% 税率征收企业所得税。

根据《企业所得税法》及其实施条例的规定，2008 年 1 月 1 日起，非居民企业从我国居民企业获得的股息将按照 10% 的税率征收预提所得税，但是，我国政府同外国政府订立的关于对所得避免双重征税和防止偷漏税的协定以及内地与香港、澳门间的税收安排（以下统称"协定"），与国内税法有不同规定的，依照协定的规定办理。协定股息税率情况见表 1。

表 1　协定股息税率情况一览表

税　　率	与下列国家（地区）协定
0%	格鲁吉亚（直接拥有支付股息公司至少 50% 股份并在该公司投资达到 200 万欧元情况下）
5%	科威特、蒙古、毛里求斯、斯洛文尼亚、牙买加、南斯拉夫、苏丹、老挝、南非、克罗地亚、马其顿、塞舌尔、巴巴多斯、阿曼、巴林、沙特
5%（直接拥有支付股息公司至少 10% 股份情况下）	委内瑞拉、格鲁吉亚（并在该公司投资达到 10 万欧元）（与上述国家协定规定直接拥有支付股息公司股份低于 10% 情况下税率为 10%）
5%（直接拥有支付股息公司至少 25% 股份情况下）	卢森堡、韩国、乌克兰、亚美尼亚、冰岛、立陶宛、拉脱维亚、爱沙尼亚、爱尔兰、摩尔多瓦、古巴、特多、中国香港、新加坡（与上述国家（地区）协定规定直接拥有支付股息公司股份低于 25% 情况下税率为 10%）
7%	阿联酋

（续表）

税　率	与下列国家（地区）协定
7%（直接拥有支付股息公司至少25%股份情况下）	奥地利（直接拥有支付股息公司股份低于25%情况下税率为10%）
8%	埃及、突尼斯、墨西哥
10%	日本、美国、法国、英国、比利时、德国、马来西亚、丹麦、芬兰、瑞典、意大利、荷兰、捷克、波兰、保加利亚、巴基斯坦、瑞士、塞浦路斯、西班牙、罗马尼亚、奥地利、匈牙利、马耳他、俄罗斯、印度、白俄罗斯、以色列、越南、土耳其、乌兹别克斯坦、葡萄牙、孟加拉、哈萨克斯坦、印尼、伊朗、吉尔吉斯、斯里兰卡、阿尔巴尼亚、阿塞拜疆、摩洛哥、中国澳门
10%（直接拥有支付股息公司至少10%股份情况下）	加拿大、菲律宾（与上述国家协定规定直接拥有支付股息公司股份低于10%情况下税率为15%）
15%	挪威、新西兰、巴西、巴布亚新几内亚
15%（直接拥有支付股息公司至少25%股份情况下）	泰国（直接拥有支付股息公司股份低于25%情况下税率为20%）

下列所得可以免征企业所得税：

（1）外国政府向中国政府提供贷款取得的利息所得。

（2）国际金融组织向中国政府和居民企业提供优惠贷款取得的利息所得。国际金融组织，包括国际货币基金组织、世界银行、亚洲开发银行、国际开发协会、国际农业发展基金、欧洲投资银行以及财政部和国家税务总局确定的其他国际金融组织；所称优惠贷款，是指低于金融企业同期同类贷款利率水平的贷款。

（3）经国务院批准的其他所得。

 享受农林牧渔业税收优惠政策有哪些具体要求?

享受农林牧渔业税收优惠政策的具体要求如下：

（1）自2008年1月1日起，《企业所得税法实施条例》第八十六条规定的农、林、牧、渔业项目企业所得税优惠政策，各地可直接贯彻执行。对属已明确的免税项目，如有征税的，要及时退还税款。农、林、牧、渔业项目中尚需进一步细化规定的农产品初加工等少数项目，税务总局正与相关部门抓紧研究，拟于近期下发执行。对从事此类项目的企业，因有特殊困难，不能按期缴纳企业所得税税款的，可按《税收征收管理法》及其实施细则的相关规定，申请延期缴纳税款。

（2）自 2008 年 1 月 1 日起，各地可暂按《国家税务总局关于印发〈税收减免管理办法（试行）〉的通知》（国税发〔2005〕129 号）规定的程序，办理《企业所得税法》及其实施条例规定的从事农、林、牧、渔业项目的企业所得税优惠政策事宜。

（3）自 2008 年 1 月 1 日起，各级国税局、地税局要密切配合，确保从事农、林、牧、渔业项目的企业所得税优惠政策执行口径一致。各地对执行中发现的新情况和新问题要及时向税务总局（所得税司）反映，确保政策落实到位。

（4）自 2011 年 1 月 1 日起，企业从事《企业所得税法实施条例》第八十六条规定的享受税收优惠的农、林、牧、渔业项目，除另有规定外，参照《国民经济行业分类》（GB/T4754—2002）的规定标准执行。企业从事农、林、牧、渔业项目，凡属于《产业结构调整指导目录（2011 年版）》（国家发展和改革委员会令第 9 号）中限制和淘汰类的项目，不得享受《企业所得税法实施条例》第八十六条规定的优惠政策。

（5）企业从事农作物新品种选育的免税所得，是指企业对农作物进行品种和育种材料选育形成的成果，以及由这些成果形成的种子（苗）等繁殖材料的生产、初加工、销售一体化取得的所得。

（6）企业从事林木的培育和种植的免税所得，是指企业对树木、竹子的育种和育苗、抚育和管理以及规模造林活动取得的所得，包括企业通过拍卖或收购方式取得林木所有权并经过一定的生长周期，对林木进行再培育取得的所得。

（7）自 2011 年 1 月 1 日起，企业从事下列项目所得按下列规定进行税务处理：①猪、兔的饲养，按"牲畜、家禽的饲养"项目处理；②饲养牲畜、家禽产生的分泌物、排泄物，按"牲畜、家禽的饲养"项目处理；③观赏性作物的种植，按"花卉、茶及其他饮料作物和香料作物的种植"项目处理；④"牲畜、家禽的饲养"以外的生物养殖项目，按"海水养殖、内陆养殖"项目处理。

（8）自 2011 年 1 月 1 日起，农产品初加工相关事项按下列规定进行税务处理：①企业根据委托合同，受托对符合《财政部 国家税务总局关于发布享受企业所得税优惠政策的农产品初加工范围（试行）的通知》（财税〔2008〕149 号）和《财政部 国家税务总局关于享受企业所得税优惠的农产品初加工有关范围的补充通知》（财税〔2011〕26 号）规定的农产品进行初加工服务，其所收取的加工费，可以按照农产品初加工的免税项目处理。②财税〔2008〕

149号文件规定的"油料植物初加工"工序包括"冷却、过滤"等;"糖料植物初加工"工序包括"过滤、吸附、解析、碳脱、浓缩、干燥"等,其适用时间按照财税〔2011〕26号文件规定执行。③企业从事《企业所得税法实施条例》第八十六条第(二)项适用企业所得税减半优惠的种植、养殖项目,并直接进行初加工且符合农产品初加工目录范围的,企业应合理划分不同项目的各项成本、费用支出,分别核算种植、养殖项目和初加工项目的所得,并各按适用的政策享受税收优惠。④企业对外购茶叶进行筛选、分装、包装后进行销售的所得,不享受农产品初加工的优惠政策。

(9)自2011年1月1日起,对取得农业部颁发的"远洋渔业企业资格证书"并在有效期内的远洋渔业企业,从事远洋捕捞业务取得的所得免征企业所得税。

(10)自2011年1月1日起,购入农产品进行再种植、养殖的税务处理:①企业将购入的农、林、牧、渔产品,在自有或租用的场地进行育肥、育秧等再种植、养殖,经过一定的生长周期,使其生物形态发生变化,且并非由于本环节对农产品进行加工而明显增加了产品的使用价值的,可视为农产品的种植、养殖项目享受相应的税收优惠。②主管税务机关对企业进行农产品的再种植、养殖是否符合上述条件难以确定的,可要求企业提供县级以上农、林、牧、渔业政府主管部门的确认意见。

(11)自2011年1月1日起,企业同时从事适用不同企业所得税政策规定项目的,应分别核算,单独计算优惠项目的计税依据及优惠数额;分别核算不清的,可由主管税务机关按照比例分摊法或其他合理方法进行核定。

(12)自2011年1月1日起,企业委托其他企业或个人从事《企业所得税法实施条例》第八十六条规定农、林、牧、渔业项目取得的所得,可享受相应的税收优惠政策。企业受托从事《企业所得税法实施条例》第八十六条规定农、林、牧、渔业项目取得的收入,比照委托方享受相应的税收优惠政策。

(13)自2011年1月1日起,企业购买农产品后直接进行销售的贸易活动产生的所得,不能享受农、林、牧、渔业项目的税收优惠政策。

(14)自2010年1月1日起,一些企业采取"公司+农户"经营模式从事牲畜、家禽的饲养,即公司与农户签订委托养殖合同,向农户提供畜禽苗、饲料、兽药及疫苗等(所有权〈产权〉仍属于公司),农户将畜禽养大成为成品后交付公司回收。鉴于采取"公司+农户"经营模式的企业,虽不直接从事畜禽的养殖,但系委托农户饲养,并承担诸如市场、管理、采购、销售等经营职责及绝大部分经营管理风险,公司和农户是劳务外包关系。为此,对此类以"公司+农户"经营模式从事农、林、牧、渔业项目生产的企业,可以按照《企业所得税法实施条例》第八十六条的有关规定,享受减免企业所得税优惠政策。

　　享受企业所得税优惠政策的农产品初加工范围，其中种植业类，粮食初加工项目如下：

　　（1）小麦初加工。通过对小麦进行清理、配麦、磨粉、筛理、分级、包装等简单加工处理，制成的小麦面粉及各种专用粉。小麦初加工产品还包括麸皮、麦糠、麦仁。

　　（2）稻米初加工。通过对稻谷进行清理、脱壳、碾米（或不碾米）、烘干、分级、包装等简单加工处理，制成的成品粮及其初制品，具体包括大米、蒸谷米。稻米初加工产品还包括稻糠（砻糠、米糠和统糠）。

　　（3）玉米初加工。通过对玉米籽粒进行清理、浸泡、粉碎、分离、脱水、干燥、分级、包装等简单加工处理，生产的玉米粉、玉米碴、玉米片等；鲜嫩玉米经筛选、脱皮、洗涤、速冻、分级、包装等简单加工处理，生产的鲜食玉米（速冻粘玉米、甜玉米、花色玉米、玉米籽粒）。

　　（4）薯类初加工。通过对马铃薯、甘薯等薯类进行清洗、去皮、磋磨、切制、干燥、冷冻、分级、包装等简单加工处理，制成薯类初级制品。具体包括：薯粉、薯片、薯条。薯类初加工产品还包括变性淀粉以外的薯类淀粉。薯类淀粉生产企业需达到国家环保标准，且年产量在1万吨以上。

　　（5）食用豆类初加工。通过对大豆、绿豆、红小豆等食用豆类进行清理去杂、浸洗、晾晒、分级、包装等简单加工处理，制成的豆面粉、黄豆芽、绿豆芽。

　　（6）其他类粮食初加工。通过对燕麦、荞麦、高粱、谷子等杂粮进行清理去杂、脱壳、烘干、磨粉、轧片、冷却、包装等简单加工处理，制成的燕麦米、燕麦粉、燕麦麸皮、燕麦片、荞麦米、荞麦面、小米、小米面、高粱米、高粱面。杂粮还包括大麦、糯米、青稞、芝麻、核桃；相应的初加工产品还包括大麦芽、糯米粉、青稞粉、芝麻粉、核桃粉。

　　享受企业所得税优惠政策的农产品初加工范围，其中种植业类，园艺植物初加工项目如下：

　　（1）蔬菜初加工。①将新鲜蔬菜通过清洗、挑选、切割、预冷、分级、包装等简单加工处理，制成净菜、切割蔬菜。②利用冷藏设施，将新鲜蔬菜通过低温贮藏，以备淡季供应的速冻蔬菜，如速冻茄果类、叶类、豆类、瓜类、葱蒜类、柿子椒、蒜薹。③将植物的根、茎、叶、花、果、种子和食用菌通过干制等简单加工处理，制成的初制干菜，如黄花菜、玉兰片、萝卜干、冬菜、霉干菜、木耳、香菇、平菇。以蔬菜为原料制作的各类蔬菜罐头（罐头是指以金属罐、玻璃瓶、经排气密封的各种食品，下同）及碾磨后的园艺植物（如胡椒粉、花椒粉等）不属于初加工范围。

　　（2）水果初加工。通过对新鲜水果（含各类山野果）清洗、脱壳、切块（片）、分类、储藏保鲜、速冻、干燥、分级、包装等简单加工处理，制成的各类水果、果干、原浆果汁、果仁、坚果。新鲜水果包括番茄。

（3）花卉及观赏植物初加工。通过对观赏用、绿化及其他各种用途的花卉及植物进行保鲜、储藏、烘干、分级、包装等简单加工处理，制成的各类鲜、干花。

享受企业所得税优惠政策的农产品初加工范围，其中种植业类，纤维植物初加工项目如下：

（1）棉花初加工。通过轧花、剥绒等脱绒工序简单加工处理，制成的皮棉、短绒、棉籽。

（2）麻类初加工。通过对各种麻类作物（大麻、黄麻、槿麻、苎麻、苘麻、亚麻、罗布麻、蕉麻、剑麻等）进行脱胶、抽丝等简单加工处理，制成的干（洗）麻、纱条、丝、绳。麻类作物还包括芦苇。

（3）蚕茧初加工。通过烘干、杀蛹、缫丝、煮剥、拉丝等简单加工处理，制成的蚕、蛹、生丝、丝棉。蚕包括蚕茧，生丝包括厂丝。

享受企业所得税优惠政策的农产品初加工范围，其中种植业类，其他项目如下：

（1）林木产品初加工。通过将伐倒的乔木、竹（含活立木、竹）去枝、去梢、去皮、去叶、锯段等简单加工处理，制成的原木、原竹、锯材。

（2）油料植物初加工。通过对菜籽、花生、大豆、葵花籽、蓖麻籽、芝麻、胡麻籽、茶子、桐子、棉籽、红花籽及米糠等粮食的副产品等，进行清理、热炒、磨坯、榨油（搅油、墩油）、浸出等简单加工处理，制成的植物毛油和饼粕等副产品。具体包括菜籽油、花生油、豆油、葵花油、蓖麻籽油、芝麻油、胡麻籽油、茶子油、桐子油、棉籽油、红花油、米糠油以及油料饼粕、豆饼、棉籽饼。精炼植物油不属于初加工范围。粮食副产品还包括玉米胚芽、小麦胚芽。

（3）糖料植物初加工。通过对各种糖料植物，如甘蔗、甜菜、甜菊等，进行清洗、切割、压榨等简单加工处理，制成的制糖初级原料产品。甜菊又名甜叶菊。

（4）茶叶初加工。通过对茶树上采摘下来的鲜叶和嫩芽进行杀青（萎凋、摇青）、揉捻、发酵、烘干、分级、包装等简单加工处理，制成的初制毛茶。精制茶、边销茶、紧压茶和掺兑各种药物的茶及茶饮料不属于初加工范围。

（5）药用植物初加工。通过对各种药用植物的根、茎、皮、叶、花、果实、种子等，进行挑选、整理、捆扎、清洗、晾晒、切碎、蒸煮、炒制等简单加工处理，制成的片、丝、块、段等中药材。加工的各类中成药不属于初加工范围。

（6）热带、南亚热带作物初加工。通过对热带、南亚热带作物去除杂质、脱水、干燥、分级、包装等简单加工处理，制成的工业初级原料。具体包括：天然橡胶生胶和天然浓缩胶乳、生咖啡豆、胡椒籽、肉桂油、桉油、香茅油、木薯淀粉、木薯干片、坚果。

享受企业所得税优惠政策的农产品初加工范围，其中畜牧业类，畜禽类初加工项目如下：

（1）肉类初加工。通过对畜禽类动物（包括各类牲畜、家禽和人工驯养、繁殖的野生动物以及其他经济动物）宰杀、去头、去蹄、去皮、去内脏、分割、切块或切片、冷藏或冷冻、分级、包装等简单加工处理，制成的分割肉、保鲜肉、冷藏肉、冷冻肉、绞肉、肉块、肉片、肉丁。肉类初加工产品还包括火腿等风干肉、猪牛羊杂骨。

（2）蛋类初加工。通过对鲜蛋进行清洗、干燥、分级、包装、冷藏等简单加工处理，制成的各种分级、包装的鲜蛋、冷藏蛋。

（3）奶类初加工。通过对鲜奶进行净化、均质、杀菌或灭菌、灌装等简单加工处理，制成的巴氏杀菌奶、超高温灭菌奶。

（4）皮类初加工。通过对畜禽类动物皮张剥取、浸泡、刮里、晾干或熏干等简单加工处理，制成的生皮、生皮张。

（5）毛类初加工。通过对畜禽类动物毛、绒或羽绒分级、去杂、清洗等简单加工处理，制成的洗净毛、洗净绒或羽绒。

（6）蜂产品初加工。通过去杂、过滤、浓缩、熔化、磨碎、冷冻简单加工处理，制成的蜂蜜、蜂蜡、蜂胶、蜂花粉。

（7）肉类罐头、肉类熟制品、蛋类罐头、各类酸奶、奶酪、奶油、王浆粉、各种蜂产品口服液、胶囊不属于初加工范围。

享受企业所得税优惠政策的农产品初加工范围，其中畜牧业类，饲料类初加工项目如下：

（1）植物类饲料初加工。通过碾磨、破碎、压榨、干燥、酿制、发酵等简单加工处理，制成的糠麸、饼粕、糟渣、树叶粉。

（2）动物类饲料初加工。通过破碎、烘干、制粉等简单加工处理，制成的鱼粉、虾粉、骨粉、肉粉、血粉、羽毛粉、乳清粉。

（3）添加剂类初加工。通过粉碎、发酵、干燥等简单加工处理，制成的矿石粉、饲用酵母。

享受企业所得税优惠政策的农产品初加工范围，其中畜牧业类，其他项目还包括牧草类初加工。通过对牧草、牧草种子、农作物秸秆等，进行收割、打捆、粉碎、压块、成粒、分选、青贮、氨化、微化等简单加工处理，制成的干草、草捆、草粉、草块或草饼、草颗粒、牧草种子以及草皮、秸秆粉（块、粒）。

享受企业所得税优惠政策的农产品初加工范围，其中渔业类项目如下：

（1）水生动物初加工。将水产动物（鱼、虾、蟹、鳖、贝、棘皮类、软体类、腔肠类、两栖类、海兽类动物等）整体或去头、去鳞（皮、壳）、去内脏、去骨（刺）、擂溃或切块、切片，经冰鲜、冷冻、冷藏等保鲜防腐处理、包装等简单加工处理，制成的水产动物初制品。熟制的水产品和各类水产品的罐头以及调味烤制的水产食品不属于初加工范围。

（2）水生植物初加工。将水生植物（海带、裙带菜、紫菜、龙须菜、麒麟菜、江篱、浒苔、羊栖菜、莼菜等）整体或去根、去边梢、切段，经热烫、冷冻、冷藏等保鲜防腐处理、包装等简单加工处理的初制品，以及整体或去根、去边梢、切段、经晾晒、干燥（脱水）、包装、粉碎等简单加工处理的初制品。罐装（包括软罐）产品不属于初加工范围。

 ### 享受公共基础设施税收优惠政策有哪些具体要求？

享受公共基础设施税收优惠政策的具体要求如下：

（1）企业从事《公共基础设施项目企业所得税优惠目录》（以下简称《目录》）内符合相关条件和技术标准及国家投资管理相关规定、于2008年1月1日后经批准的公共基础设施项目，其投资经营的所得，自该项目取得第1笔生产经营收入所属纳税年度起，第1年至第3年免征企业所得税，第1年至第6年减半征收企业所得税。第1笔生产经营收入，是指公共基础设施项目已建成并投入运营后所取得的第1笔收入。

（2）企业同时从事不在《目录》范围内的项目取得的所得，应与享受优惠的公共基础设施项目所得分开核算，并合理分摊期间费用，没有分开核算的，不得享受上述企业所得税优惠政策。

（3）企业承包经营、承包建设和内部自建自用公共基础设施项目，不得享受上述企业所得税优惠。

（4）根据经济社会发展需要及企业所得税优惠政策实施情况，国务院财政、税务主管部门会同国家发展改革委等有关部门适时对《目录》内的项目进行调整和修订，并在报国务院批准后对《目录》进行更新。

（5）对居民企业（以下简称企业）经有关部门批准，从事符合《目录》规定范围、条件和标准的公共基础设施项目的投资经营所得，自该项目取得第1笔生产经营收入所属纳税年度起，第1年至第3年免征企业所得税，第4年至第6年减半征收企业所得税。企业从事承包经营、承包建设和内部自建自用《目录》规定项目的所得，不得享受前款规定的企业所得税优惠。

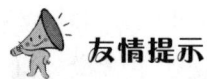 友情提示

> 所称第一笔生产经营收入，是指公共基础设施项目建成并投入运营（包括试运营）后所取得的第一笔主营业务收入。所称承包经营，是指与从事该项目经营的法人主体相独立的另一法人经营主体，通过承包该项目的经营管理而取得劳务性收益的经营活动。所称承包建设，是指与从事该项目经营的法人主体相独立的另一法人经营主体，通过承包该项目的工程建设而取得建筑劳务收益的经营活动。所称内部自建自用，是指项目的建设仅作为本企业主体经营业务的设施，满足本企业自身的生产经营活动需要，而不属于向他人提供公共服务业务的公共基础设施建设项目。

（6）企业同时从事不在《目录》范围的生产经营项目取得的所得，应与享受优惠的公共基础设施项目经营所得分开核算，并合理分摊企业的期间共同费用；没有单独核算的，不得享受上述企业所得税优惠。期间共同费用的合理分摊比例可以按照投资额、销售收入、资产额、人员工资等参数确定。上述比例一经确定，不得随意变更。凡特殊情况需要改变的，需报主管税务机关核准。

（7）从事《目录》范围项目投资的居民企业应于从该项目取得的第一笔生产经营收入后15日内向主管税务机关备案并报送如下材料后，方可享受有关企业所得税优惠：①有关部门批准该项目文件复印件；②该项目完工验收报告复印件；③该项目投资额验资报告复印件；④税务机关要求提供的其他资料。

（8）企业因生产经营发生变化或因《目录》调整，不再符合本办法规定减免税条件的，企业应当自发生变化15日内向主管税务机关提交书面报告并停止享受优惠，依法缴纳企业所得税。

（9）企业在减免税期限内转让所享受减免税优惠的项目，受让方承续经营该项目的，可自受让之日起，在剩余优惠期限内享受规定的减免税优惠；减免税期限届满后转让的，受让方不得就该项目重复享受减免税优惠。

（10）税务机关应结合纳税检查、执法检查或其他专项检查，每年定期对企业享受公共基础设施项目企业所得税减免税款事项进行核查，核查的主要内容包括：①企业是否继续符合减免所得税的资格条件，所提供的有关情况证明材料是否真实。②企业享受减免企业所得税的条件发生变化时，是否及时将变化情况报送税务机关，并根据规定对适用优惠进行了调整。

（11）企业实际经营情况不符合企业所得税减免税规定条件的或采取虚假

申报等手段获取减免税的、享受减免税条件发生变化未及时向税务机关报告的、以及未按规定程序报送备案资料而自行减免税的，企业主管税务机关应按照税收征管法有关规定进行处理。

（12）自 2016 年 1 月 1 日至 2018 年 12 月 31 日，对饮水工程运营管理单位从事《公共基础设施项目企业所得税优惠目录》规定的饮水工程新建项目投资经营的所得，自项目取得第 1 笔生产经营收入所属纳税年度起，第 1 年至第 3 年免征企业所得税，第 4 年至第 6 年减半征收企业所得税。饮水工程，是指为农村居民提供生活用水而建设的供水工程设施。饮水工程运营管理单位，是指负责饮水工程运营管理的自来水公司、供水公司、供水（总）站（厂、中心）、村集体、农民用水合作组织等单位。符合上述减免税条件的饮水工程运营管理单位需持相关材料向主管税务机关办理备案手续。

（13）企业从事符合《公共基础设施项目企业所得税优惠目录》规定、于 2007 年 12 月 31 日前已经批准的公共基础设施项目投资经营的所得，以及从事符合《环境保护、节能节水项目企业所得税优惠目录》规定、于 2007 年 12 月 31 日前已经批准的环境保护、节能节水项目的所得，可在该项目取得第 1 笔生产经营收入所属纳税年度起，按新税法规定计算的企业所得税"三免三减半"优惠期间内，自 2008 年 1 月 1 日起享受其剩余年限的减免企业所得税优惠。

（14）自 2014 年 7 月 4 日，企业投资经营符合《公共基础设施项目企业所得税优惠目录》规定条件和标准的公共基础设施项目，采用一次核准、分批次（如码头、泊位、航站楼、跑道、路段、发电机组等）建设的，凡同时符合以下条件的，可按每一批次为单位计算所得，并享受企业所得税"三免三减半"优惠：①不同批次在空间上相互独立；②每一批次自身具备取得收入的功能；③以每一批次为单位进行会计核算，单独计算所得，并合理分摊期间费用。

（15）公共基础设施项目企业所得税"三免三减半"优惠的其他问题，继续按《财政部 国家税务总局关于执行公共基础设施项目企业所得税优惠目录有关问题的通知》（财税〔2008〕46 号）、《国家税务总局关于实施国家重点扶持的公共基础设施项目企业所得税优惠问题的通知》（国税发〔2009〕80 号）、《财政部 国家税务总局关于公共基础设施项目和环境保护节能节水项目企业所得税优惠政策问题的通知》（财税〔2012〕10 号）的规定执行。

 电网新建项目可以享受哪些税收优惠政策？

电网新建项目可以享受的税收优惠政策如下：

（1）根据《企业所得税法》及其实施条例的有关规定，居民企业从事符合

《公共基础设施项目企业所得税优惠目录（2008年版）》规定条件和标准的电网（输变电设施）的新建项目，可依法享受"三免三减半"的企业所得税优惠政策。基于企业电网新建项目的核算特点，暂以资产比例法，即以企业新增输变电固定资产原值占企业总输变电固定资产原值的比例，合理计算电网新建项目的应纳税所得额，并据此享受"三免三减半"的企业所得税优惠政策。

（2）对于企业能独立核算收入的330KV以上跨省及长度超过200KM的交流输变电新建项目和500KV以上直流输变电新建项目，应在项目投运后，按该项目营业收入、营业成本等单独计算其应纳税所得额；该项目应分摊的期间费用，可按照企业期间费用与分摊比例计算确定，计算公式为：

$$应分摊的期间费用 = 企业期间费用 \times 分摊比例$$

第一年分摊比例＝该项目输变电资产原值÷［（当年企业期初总输变电资产原值＋当年企业期末总输变电资产原值）÷2］×（当年取得第一笔生产经营收入至当年底的月份数÷12）

第二年及以后年度分摊比例＝该项目输变电资产原值÷［（当年企业期初总输变电资产原值＋当年企业期末总输变电资产原值）÷2］

（3）对于企业符合优惠条件但不能独立核算收入的其他新建输变电项目，可先依照企业所得税法及相关规定计算出企业的应纳税所得额，再按照项目投运后的新增输变电固定资产原值占企业总输变电固定资产原值的比例，计算得出该新建项目减免的应纳税所得额。享受减免的应纳税所得额计算公式为：

$$当年减免的应纳税所得额 = 当年企业应纳税所得额 \times 减免比例$$

减免比例＝［当年新增输变电资产原值÷（当年企业期初总输变电资产原值＋当年企业期末总输变电资产原值）÷2］×1÷2+（符合税法规定、享受到第2年和第3年输变电资产原值之和）÷［（当年企业期初总输变电资产原值＋当年企业期末总输变电资产原值）÷2］＋［（符合税法规定、享受到第4年至第6年输变电资产原值之和）÷（当年企业期初总输变电资产原值＋当年企业期末总输变电资产原值）÷2］×1÷2

（4）依照规定享受有关企业所得税优惠的电网企业，应对其符合税法规定的电网新增输变电资产按年建立台账，并将相关资产的竣工决算报告和相关项目政府核准文件的复印件于次年3月31日前报当地主管税务机关备案。

 垃圾填埋沼气发电的税收优惠政策有哪些？

根据《财政部 国家税务总局 国家发展改革委关于垃圾填埋沼气发电列入《环境保护、节能节水项目 企业所得税优惠目录（试行）》的通知》（财税

〔2016〕131号）的规定，按照国务院促进民间投资健康发展的有关决定精神，落实垃圾填埋沼气发电项目所得税政策，现将有关问题通知如下：

（1）自2016年1月1日起，将垃圾填埋沼气发电项目列入《财政部 国家税务总局 国家发展改革委关于公布环境保护节能节水项目企业所得税优惠目录（试行）的通知》（财税〔2009〕166号）规定的"沼气综合开发利用"范围。

（2）企业从事垃圾填埋沼气发电项目取得的所得，符合《环境保护、节能节水项目企业所得税优惠目录（试行）》规定优惠政策条件的，可依照规定享受企业所得税优惠。

鼓励证券投资基金发展的税收优惠政策有哪些？

鼓励证券投资基金发展的税收优惠政策如下：

（1）对证券投资基金从证券市场中取得的收入，包括买卖股票、债券的差价收入，股权的股息、红利收入，债券的利息收入及其他收入，暂不征收企业所得税。

（2）对投资者从证券投资基金分配中取得的收入，暂不征收企业所得税。

（3）对证券投资基金管理人运用基金买卖股票、债券的差价收入，暂不征收企业所得税。

鼓励核力发电企业与台湾航运、航空公司的税收优惠政策有哪些？

鼓励核力发电企业与台湾航运、航空公司的税收优惠政策如下：

（1）自2008年1月1日起，核力发电企业取得的增值税退税款，专项用于还本付息，不征收企业所得税。

（2）自2008年12月15日起，对台湾航运公司从事海峡两岸海上直航业务取得的来源于大陆的所得，免征企业所得税。享受企业所得税免税政策的台湾航运公司应当按照企业所得税法实施条例的有关规定，单独核算其从事上述业务在大陆取得的收入和发生的成本、费用；未单独核算的，不得享受免征企业所得税政策。上述所称台湾航运公司，是指取得交通运输部颁发的"台湾海峡两岸间水路运输许可证"且上述许可证上注明的公司登记地址在台湾的航运公司。

（3）自2009年6月25日起，对台湾航空公司从事海峡两岸空中直航业务取得的来源于大陆的所得，免征企业所得税。享受企业所得税免税政策的台湾航空公司应当按照《企业所得税法实施条例》的有关规定，单独核算其从事上述业务在大陆取得的收入和发生的成本、费用；未单独核算的，不得享受免征企业所得税政策。台湾航空公司，是指取得中国民用航空局颁发的"经营许可"或依据《海峡两岸空运协议》和《海峡两岸空运补充协议》规定，批准经营两岸旅客、货物和邮件不定期（包机）运输业务，且公司登记地址在台湾的航空公司。

 鼓励境外投资者的税收优惠政策有哪些？

鼓励境外投资者的优惠政策如下：

（1）从2014年11月17日起，对合格境外机构投资者（简称QFII）、人民币合格境外机构投资者（简称RQFII）取得来源于中国境内的股票等权益性投资资产转让所得，暂免征收企业所得税。

（2）在2014年11月17日之前QFII和RQFII取得的上述所得应依法征收企业所得税。

（3）上述政策适用于在中国境内未设立机构、场所，或者在中国境内虽设立机构、场所，但取得的上述所得与其所设机构、场所没有实际联系的QFII、RQFII。

 技术转让所得享受税收优惠的具体要求有哪些？

技术转让所得享受税收优惠的具体要求如下：

（1）根据《企业所得税法》第二十七条第（四）项规定，享受减免企业所得税优惠的技术转让应符合以下条件：①享受优惠的技术转让主体是企业所得税法规定的居民企业；②技术转让属于财政部、国家税务总局规定的范围；③境内技术转让经省级以上科技部门认定；④向境外转让技术经省级以上商务部门认定；⑤国务院税务主管部门规定的其他条件。

（2）符合条件的技术转让所得应按以下方法计算：

技术转让所得＝技术转让收入－技术转让成本－相关税费

（3）技术转让收入是指当事人履行技术转让合同后获得的价款，不包括销售或转让设备、仪器、零部件、原材料等非技术性收入。不属于与技术转让项目密不可分的技术咨询、技术服务、技术培训等收入，不得计入技术转让收入。

（4）技术转让成本是指转让的无形资产的净值，即该无形资产的计税基础减除在资产使用期间按照规定计算的摊销扣除额后的余额。

（5）相关税费是指技术转让过程中实际发生的有关税费，包括除企业所得税和允许抵扣的增值税以外的各项税金及其附加、合同签订费用、律师费等相关费用及其他支出。

（6）享受技术转让所得减免企业所得税优惠的企业，应单独计算技术转让所得，并合理分摊企业的期间费用；没有单独计算的，不得享受技术转让所得企业所得税优惠。

（7）企业发生技术转让，应在纳税年度终了后至报送年度纳税申报表以前，向主管税务机关办理减免税备案手续。

（8）企业发生境内技术转让，向主管税务机关备案时应报送以下资料：①技术转让合同（副本）；②省级以上科技部门出具的技术合同登记证明；③技术转让所得归集、分摊、计算的相关资料；④实际缴纳相关税费的证明资料；⑤主管税务机关要求提供的其他资料。

（9）企业向境外转让技术，向主管税务机关备案时应报送以下资料：①技术出口合同（副本）；②省级以上商务部门出具的技术出口合同登记证书或技术出口许可证；③技术出口合同数据表；④技术转让所得归集、分摊、计算的相关资料；⑤实际缴纳相关税费的证明资料；⑥主管税务机关要求提供的其他资料。

（10）技术转让的范围，包括居民企业转让专利技术、计算机软件著作权、集成电路布图设计权、植物新品种、生物医药新品种，以及财政部和国家税务总局确定的其他技术。其中：专利技术，是指法律授予独占权的发明、实用新型和非简单改变产品图案的外观设计。

（11）技术转让，是指居民企业转让其拥有符合上述规定技术的所有权或5年以上（含5年）全球独占许可使用权的行为。

（12）技术转让应签订技术转让合同。其中，境内的技术转让须经省级以上（含省级）科技部门认定登记，跨境的技术转让须经省级以上（含省级）商务部门认定登记，涉及财政经费支持产生技术的转让，需省级以上（含省级）科技部门审批。

（13）居民企业技术出口应由有关部门按照商务部、科技部发布的《中国禁止出口限制出口技术目录》（商务部、科技部令2008年第12号）进行审查。居民企业取得禁止出口和限制出口技术转让所得，不享受技术转让减免企业所得税优惠政策。

（14）居民企业从直接或间接持有股权之和达到100%的关联方取得的技术转让所得，不享受技术转让减免企业所得税优惠政策。

（15）自2015年10月1日起，全国范围内的居民企业转让5年以上非独占许可使用权取得的技术转让所得，纳入享受企业所得税优惠的技术转让所得范围。居民企业的年度技术转让所得不超过500万元的部分，免征企业所得税；超过500万元的部分，减半征收企业所得税。本通知所称技术，包括专利（含国防专利）、计算机软件著作权、集成电路布图设计专有权、植物新品种权、生物医药新品种，以及财政部和国家税务总局确定的其他技术。其中，专利是指法律授予独占权的发明、实用新型以及非简单改变产品图案和形状的外观设计。

（16）自 2015 年 10 月 1 日起，全国范围内的居民企业转让 5 年（含，下同）以上非独占许可使用权取得的技术转让所得，纳入享受企业所得税优惠的技术转让所得范围。居民企业的年度技术转让所得不超过 500 万元的部分，免征企业所得税；超过 500 万元的部分，减半征收企业所得税。

 友情提示

> 所称技术包括专利（含国防专利）、计算机软件著作权、集成电路布图设计专有权、植物新品种权、生物医药新品种，以及财政部和国家税务总局确定的其他技术。其中，专利是指法律授予独占权的发明、实用新型以及非简单改变产品图案和形状的外观设计。

（17）企业转让符合条件的 5 年以上非独占许可使用权的技术，限于其拥有所有权的技术。技术所有权的权属由国务院行政主管部门确定。其中，专利由国家知识产权局确定权属；国防专利由总装备部确定权属；计算机软件著作权由国家版权局确定权属；集成电路布图设计专有权由国家知识产权局确定权属；植物新品种权由农业部确定权属；生物医药新品种由国家食品药品监督管理总局确定权属。

（18）符合条件的 5 年以上非独占许可使用权技术转让所得应按以下方法计算：

$$技术转让所得 = 技术转让收入 - 无形资产摊销费用 - 相关税费 - 应分摊期间费用$$

技术转让收入是指转让方履行技术转让合同后获得的价款，不包括销售或转让设备、仪器、零部件、原材料等非技术性收入。不属于与技术转让项目密不可分的技术咨询、服务、培训等收入，不得计入技术转让收入。技术许可使用权转让收入，应按转让协议约定的许可使用权人应付许可使用权使用费的日期确认收入的实现。

无形资产摊销费用是指该无形资产按税法规定当年计算摊销的费用。涉及自用和对外许可使用的，应按照受益原则合理划分。

相关税费是指技术转让过程中实际发生的有关税费，包括除企业所得税和允许抵扣的增值税以外的各项税金及其附加、合同签订费用、律师费等相关费用。

应分摊期间费用（不含无形资产摊销费用和相关税费）是指技术转让按照当年销售收入占比分摊的期间费用。

（19）企业享受技术转让所得企业所得税优惠的其他相关问题，仍按照《国家税务总局关于技术转让所得减免企业所得税有关问题的通知》（国税函〔2009〕212号）、《财政部 国家税务总局关于居民企业技术转让有关企业所得税政策问题的通知》（财税〔2010〕111号）、《国家税务总局关于技术转让所得减免企业所得税有关问题的公告》（国家税务总局公告2013年第62号）规定执行。

 生产和装配伤残人员专门用品企业可以享受哪些税收优惠政策？

自2016年1月1日至2020年12月31日期间，对符合下列条件的居民企业，免征企业所得税：

（1）生产和装配伤残人员专门用品，且在民政部发布的《中国伤残人员专门用品目录》范围之内。

（2）以销售本企业生产或者装配的伤残人员专门用品为主，其所取得的年度伤残人员专门用品销售收入（不含出口取得的收入）占企业收入总额60%以上。

（3）企业账证健全，能够准确、完整地向主管税务机关提供纳税资料，且本企业生产或者装配的伤残人员专门用品所取得的收入能够单独、准确核算。

（4）企业拥有假肢制作师、矫形器制作师资格证书的专业技术人员不得少于1人；其企业生产人员如超过20人，则其拥有假肢制作师、矫形器制作师资格证书的专业技术人员不得少于全部生产人员的1/6。

（5）具有与业务相适应的测量取型、模型加工、接受腔成型、打磨、对线组装、功能训练等生产装配专用设备和工具。

（6）具有独立的接待室、假肢或者矫形器（辅助器具）制作室和假肢功能训练室，使用面积不少于115平方米。

 友情提示

享受上述税收优惠的企业，应当按照《国家税务总局关于发布〈企业所得税优惠政策事项办理办法〉的公告》（国家税务总局公告2015年第76号）规定向税务机关履行备案手续，妥善保管留存备查资料。

技术先进型服务企业可以享受哪些税收优惠政策？

自 2014 年 1 月 1 日起至 2018 年 12 月 31 日止，在北京、天津、上海、重庆、大连、深圳、广州、武汉、哈尔滨、成都、南京、西安、济南、杭州、合肥、南昌、长沙、大庆、苏州、无锡、厦门 21 个中国服务外包示范城市（以下简称示范城市）继续实行以下企业所得税优惠政策：

（1）对经认定的技术先进型服务企业，减按 15% 的税率征收企业所得税。

（2）经认定的技术先进型服务企业发生的职工教育经费支出，不超过工资薪金总额 8% 的部分，准予在计算应纳税所得额时扣除；超过部分，准予在以后纳税年度结转扣除。

享受上述企业所得税优惠政策的技术先进型服务企业必须同时符合以下条件：

（1）从事《技术先进型服务业务认定范围（试行）》中的一种或多种技术先进型服务业务，采用先进技术或具备较强的研发能力。

（2）企业的注册地及生产经营地在示范城市（含所辖区、县、县级市等全部行政区划）内。

（3）企业具有法人资格。

（4）具有大专以上学历的员工占企业职工总数的 50% 以上。

（5）从事《技术先进型服务业务认定范围（试行）》中的技术先进型服务业务取得的收入占企业当年总收入的 50% 以上。

（6）从事离岸服务外包业务取得的收入不低于企业当年总收入的 35%。

 ### 友情提示

> 从事离岸服务外包业务取得的收入，是指企业根据境外单位与其签订的委托合同，由本企业或其直接转包的企业为境外单位提供《技术先进型服务业务认定范围（试行）》中所规定的信息技术外包服务（ITO）、技术性业务流程外包服务（BPO）和技术性知识流程外包服务（KPO），而从上述境外单位取得的收入。

技术先进型服务企业的认定管理如下：

（1）示范城市人民政府科技部门会同本级商务、财政、税务和发展改革部门根据本通知规定制定具体管理办法，并报科技部、商务部、财政部、国家税务总局和国家发展改革委及所在省（直辖市、计划单列市）科技、商务、财政、税务和发展改革部门备案。示范城市所在省（直辖市、计划单列市）

科技部门会同本级商务、财政、税务和发展改革部门负责指导所辖示范城市的技术先进型服务企业认定管理工作。

（2）符合条件的技术先进型服务企业应向所在示范城市人民政府科技部门提出申请，由示范城市人民政府科技部门会同本级商务、财政、税务和发展改革部门联合评审并发文认定。认定企业名单应及时报科技部、商务部、财政部、国家税务总局和国家发展改革委及所在省（直辖市、计划单列市）科技、商务、财政、税务和发展改革部门备案。

（3）经认定的技术先进型服务企业，持相关认定文件向当地主管税务机关办理享受上述企业所得税优惠政策事宜。享受企业所得税优惠的技术先进型服务企业条件发生变化的，应当自发生变化之日起15日内向主管税务机关报告；不再符合享受税收优惠条件的，应当依法履行纳税义务。主管税务机关在执行税收优惠政策过程中，发现企业不具备技术先进型服务企业资格的，应暂停企业享受税收优惠，并提请认定机构复核。

（4）示范城市人民政府科技、商务、财政、税务和发展改革部门及所在省（直辖市、计划单列市）科技、商务、财政、税务和发展改革部门对经认定并享受税收优惠政策的技术先进型服务企业应做好跟踪管理，对变更经营范围、合并、分立、转业、迁移的企业，如不符合认定条件的，应及时取消其享受税收优惠政策的资格。

（5）示范城市人民政府财政、税务、商务、科技和发展改革部门要认真贯彻落实本通知的各项规定，切实搞好沟通与协作。在政策实施过程中发现的问题，要及时逐级反映上报财政部、国家税务总局、商务部、科技部和国家发展改革委。

（6）《财政部 国家税务总局 商务部 科技部 国家发展改革委关于技术先进型服务企业有关企业所得税政策问题的通知》（财税〔2010〕65号）自2014年1月1日起废止。

（7）自2016年1月1日起至2018年12月31日止，沈阳、长春、南通、镇江、福州（含平潭综合实验区）、南宁、乌鲁木齐、青岛、宁波和郑州等10个新增中国服务外包示范城市按照《财政部 国家税务总局 商务部 科技部 国家发展改革委关于完善技术先进型服务企业有关企业所得税政策问题的通知》（财税〔2014〕59号）的有关规定，适用技术先进型服务企业所得税优惠政策。

 实务案例精解

A公司从事中药材的种植、香料作物的种植以及烟叶的种植三项业务，

2016 年度，A 公司中草药种植所获得的应纳税所得额为 800 万元，香料作物种植所获得的应纳税所得额为 600 万元，烟叶种植所获得的应纳税所得额为 500 万元。请计算该公司 2016 年度应当缴纳多少企业所得税。

解答： A 公司中药材种植所获得的应纳税所得额为 800 万元可以享受免税的优惠政策，香料作物种植所获得的应纳税所得额为 600 万元可以享受减半征收企业所得税的优惠政策，烟叶种植所获得的应纳税所得额为 500 万元应当全额缴纳企业所得税。A 公司 2016 年度应纳税额为：600×25%×50%+500×25%=200（万元）。

 计算举例

A 公司从事国家重点扶持的公共基础设施项目，2012 年度，A 公司没有从事生产经营活动，2013 年度取得了生产经营所得，但并没有盈利，2014 年度，该企业实现盈利 100 万元，2015 年度，该企业盈利 500 万元。2016 年，B 公司承包经营该项目，实现盈利 800 万元。请计算 A 公司和 B 公司每年应当缴纳多少企业所得税。

解答： A 公司可以享受从获得收入年度起第 1 年至第 3 年免税、第 4 年至第 6 年减半征税的税收优惠政策。2012 年度 A 公司没有从事生产经营活动，不可能获得生产经营收入，不计算在享受优惠政策的年度内，2013 年度取得了生产经营所得，应当开始计算享受优惠政策的年度，由于本年度没有盈利，不需要缴纳企业所得税，2014 年该企业实现盈利 100 万元，由于可以享受免税政策，因此，不需要缴纳企业所得税。2015 年度，该企业盈利 500 万元，由于可以享受免税政策，因此，不需要缴纳企业所得税。2016 年，B 公司承包经营该项目，实现盈利 800 万元，B 公司不能享受上述税收优惠政策，因此，B 公司的应纳税额为：800×25%=200（万元）。

 实务案例精解

A 公司是从事公共污水处理的企业，2010 年度开始从事生产经营并取得了生产经营所得，但一直没有实现盈利，2016 年，该企业第一次实现盈利，应纳税所得额为 100 万元。请计算该企业应当缴纳多少元企业所得税。

解答： A 公司可以享受第 1 至第 3 年免税、第 4 至第 6 年减半的税收优惠政策，由于该企业在 2010 年度获得了生产经营所得，因此，该企业享受税收优惠条件的起算年度是 2010 年度，2015 年是该企业享受税收优惠政策的最后 1 年，2016 年，该企业将不再享受税收优惠政策。因此，该企业的应纳税额为：100×25%=25（万元）。

 **计算举例**

A 公司从事《企业所得税法》第二十七条规定的国家重点扶持公共基础设施项目，2010 年 1 月 1 日开始项目投资，当前取得了生产经营收入，但效益并不理想，应纳税所得额为 10 万元，2011 年度应纳税所得额为 50 万元，2012 年度应纳税所得额为 50 万元，2013 年，A 公司将该项目转让给 B 公司，B 公司当年实现应纳税所得额 100 万元，2014 年到 2016 年，B 公司分别实现应纳税所得额 500 万元、800 万元和 1 000 万元。请计算从 2010 年度开始，A 公司和 B 公司每年的应纳税额是多少元。

解答：A 公司从事的国家重点扶持公共基础设施项目可以享受第 1 至第 3 年免税，第 4 至第 6 年减半的优惠政策。因此，2010 年度到 2012 年度，A 公司的应纳税额都是 0。2013 年，A 公司将该项目转让给 B 公司，税法允许该项目享受的定期减免税优惠尚未享受完毕，B 公司可以在剩余的期限内继续享受，2013 年，B 公司的应纳税额为：$100 \times 25\% \times 50\% = 12.5$（万元）。2014 年，B 公司的应纳税额为：$500 \times 25\% \times 50\% = 62.5$（万元）。2015 年，B 公司的应纳税额为：$800 \times 25\% \times 50\% = 100$（万元）。2016 年，该项目的定期减免税优惠已经享受完毕，因此，B 公司的应纳税额为：$1\ 000 \times 25\% = 250$（万元）。

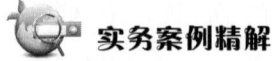 **实务案例精解**

居民企业 A 公司在 2016 年度向 B 公司进行符合条件的技术转让，获得所得 800 万元。请计算 A 公司的上述两笔技术转让所得应当缴纳多少元企业所得税（不考虑其他费用和税收优惠）。

解答：A 公司向 B 公司进行的符合条件的技术转让所获得的所得可以享受税收优惠政策。应纳税额为：$(800-500) \times 25\% \times 50\% = 37.5$（万元）。

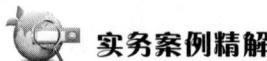 **实务案例精解**

某市国税局稽查局对 A 居民企业 2011—2012 年度纳税情况进行检查。经检查发现，A 企业于 2011 年度发生一项技术转让，取得转让收入 800 万，其中转让成本为 400 万，此外，因发生技术转让产生技术转让费为 50 万并记入"管理费用——技术转让费"财产，A 企业就此技术转让将技术转让合同（副本）、省级以上科技部门出具的技术合同登记证明、技术转让所得归集、分摊、计算的相关资料等向主管税务机关进行备案，于 2011 年度企业所得税汇算清缴时将技术转让所得 400 万（800–400）作为免税收入申报。稽查局检查人员认为 A 企业如此处理不符合税法规定。

　　根据《财政部 国家税务总局关于居民企业技术转让有关企业所得税政策问题的通知》（财税〔2010〕111 号）的规定，技术转让的范围，包括居民企业转让专利技术、计算机软件著作权、集成电路布图设计权、植物新品种、生物医药新品种，以及财政部和国家税务总局确定的其他技术。

　　技术转让，是指居民企业转让其拥有符合上述规定技术的所有权或 5 年以上（含 5 年）全球独占许可使用权的行为。

　　显然，符合企业所得税优惠条件的技术转让包含两部分：一是转让技术的所有权；二是转让技术的使用权（仅指 5 年以上（含 5 年）全球独占许可使用权），且仅限以上技术转让范围，如果不是指定范围的技术转让所得，并不能享受减免企业所得税优惠政策。

　　可见上述案例中属于可享受税收优惠的技术转让。

　　《企业所得税法实施条例》第九十条规定，《企业所得税法》第二十七条第（四）项所称符合条件的技术转让所得免征、减征企业所得税，是指一个纳税年度内，居民企业技术转让所得不超过 500 万元的部分，免征企业所得税；超过 500 万元的部分，减半征收企业所得税。

　　从实施条例可以明确，技术转让的企业所得税优惠政策，仅限于居民企业，非居民企业的技术转让所得是不能享受减免税优惠的。由于 A 企业属于居民企业，可以享受技术转让的企业所得税优惠政策。

　　《国家税务总局关于技术转让所得减免企业所得税有关问题的通知》（国税函〔2009〕212 号）对享受减免企业所得税优惠的技术转让符合的条件、符合条件的技术转让所得方法计算、企业发生技术转让相关手续、备案资料等问题进行了说明，并明确规定，享受技术转让所得减免企业所得税优惠的企业，应单独计算技术转让所得，并合理分摊企业的期间费用；没有单独计算的，不得享受技术转让所得企业所得税优惠。本案例中无可以分摊的期间费用，无需分摊。

　　《财政部 国家税务总局关于居民企业技术转让有关企业所得税政策问题的通知》（财税〔2010〕111 号）明确了技术转让的范围，并规定两种情况不得享受减免税优惠，一是居民企业取得禁止出口和限制出口技术转让所得，不享受技术转让减免企业所得税优惠政策；二是居民企业从直接或间接持有股权之和达到 100% 的关联方取得的技术转让所得，不享受技术转让减免企业所得税优惠政策。因此，本案例的技术转让不属于不得享受减免税优惠的范围。

　　根据《国家税务总局关于技术转让所得减免企业所得税有关问题的通知》（国税函〔2009〕212 号）第二条规定：

　　技术转让所得 = 技术转让收入 - 技术转让成本 - 相关税费

技术转让收入是指当事人履行技术转让合同后获得的价款，不包括销售或转让设备、仪器、零部件、原材料等非技术性收入。不属于与技术转让项目密不可分的技术咨询、技术服务、技术培训等收入，不得计入技术转让收入。

技术转让成本是指转让的无形资产的净值，即该无形资产的计税基础减除在资产使用期间按照规定计算的摊销扣除额后的余额。

相关税费是指技术转让过程中实际发生的有关税费，包括除企业所得税和允许抵扣的增值税以外的各项税金及其附加、合同签订费用、律师费等相关费用及其他支出。

因此该企业在会计上技术转让费计入管理费用，根据国税函〔2009〕212号文件规定，技术转让所发生的税费是在计算技术转让所得时允许扣除的金额。该案例中，A企业符合条件的技术转让收入为800万元，技术转让成本为400万元，发生技术转让费50万元，其技术转让所得为350万元（8000-400-50）享受免税待遇，而不是400万元享受转让所得税免税待遇，不能将计入管理费用的50万元技术转让费进行税前扣除，减少应税项目所得。

三、低税率优惠

 哪些小型微利企业可以享受低税率优惠？

小型微利企业的低税率优惠政策如下：

（1）符合条件的小型微利企业，减按20%的税率征收企业所得税。

（2）符合条件的小型微利企业，是指从事国家非限制和禁止行业，并符合下列条件的企业：①工业企业，年度应纳税所得额不超过30万元，从业人数不超过100人，资产总额不超过3 000万元；②其他企业，年度应纳税所得额不超过30万元，从业人数不超过80人，资产总额不超过1 000万元。

（3）自2014年1月1日至2016年12月31日，对年应纳税所得额低于10万元（含10万元）的小型微利企业，其所得减按50%计入应纳税所得额，按20%的税率缴纳企业所得税。

（4）自2015年1月1日至2017年12月31日，对年应纳税所得额低于20万元（含20万元）的小型微利企业，其所得减按50%计入应纳税所得额，按20%的税率缴纳企业所得税。

（5）自2015年10月1日起至2017年12月31日，对年应纳税所得额在20万元到30万元（含30万元）之间的小型微利企业，其所得减按50%计入应纳税所得额，按 20% 的税率缴纳企业所得税。

（6）自 2017 年 1 月 1 日至 2019 年 12 月 31 日，将小型微利企业的年应纳税所得额上限由 30 万元提高至 50 万元，对年应纳税所得额低于 50 万元（含 50 万元）的小型微利企业，其所得减按 50% 计入应纳税所得额，按 20% 的税率缴纳企业所得税。

（7）从业人数，包括与企业建立劳动关系的职工人数和企业接受的劳务派遣用工人数。从业人数和资产总额指标，应按企业全年的季度平均值确定。具体计算公式如下：

$$季度平均值＝（季初值＋季末值）÷2$$
$$全年季度平均值＝全年各季度平均值之和 ÷4$$

年度中间开业或者终止经营活动的，以其实际经营期作为一个纳税年度确定上述相关指标。

（8）自 2015 年 10 月 1 日至 2017 年 12 月 31 日，符合规定条件的小型微利企业，无论采取查账征收还是核定征收方式，均可以享受《财政部 国家税务总局关于进一步扩大小型微利企业所得税优惠政策范围的通知》（财税〔2015〕99 号）规定的小型微利企业所得税优惠政策（以下简称减半征税政策）。

（9）自 2017 年 1 月 1 日至 2019 年 12 月 31 日，符合条件的小型微利企业，无论采取查账征收方式还是核定征收方式，其年应纳税所得额低于 50 万元（含 50 万元，下同）的，均可以享受财税〔2017〕43 号文件规定的其所得减按 50% 计入应纳税所得额，按 20% 的税率缴纳企业所得税的政策（以下简称减半征税政策）。符合条件的小型微利企业是指符合《企业所得税法实施条例》第九十二条或者财税〔2017〕43 号文件规定条件的企业。企业本年度第 1 季度预缴企业所得税时，如未完成上一纳税年度汇算清缴，无法判断上一纳税年度是否符合小型微利企业条件的，可暂按企业上一纳税年度第 4 季度的预缴申报情况判别。

（10）符合条件的小型微利企业，在预缴和年度汇算清缴企业所得税时，通过填写纳税申报表的相关内容，即可享受减半征税政策，无需进行专项备案。

（11）符合条件的小型微利企业，统一实行按季度预缴企业所得税。

（12）查账征收企业。上一纳税年度为符合条件的小型微利企业，分别按照以下规定处理：①按照实际利润额预缴的，预缴时累计实际利润不超过 50 万元的，可以享受减半征税政策；②按照上一纳税年度应纳税所得额平均额预缴的，预缴时可以享受减半征税政策。

（13）定率征收企业。上一纳税年度为符合条件的小型微利企业，预缴时累计应纳税所得额不超过 50 万元的，可以享受减半征税政策。

（14）定额征收企业。根据减半征税政策规定需要调减定额的，由主管税务机关按照程序调整，依照原办法征收。

（15）上一纳税年度为不符合小型微利企业条件的企业，预计本年度符合条件的，预缴时累计实际利润或应纳税所得额不超过 50 万元的，可以享受减半征税政策。

（16）本年度新成立的企业，预计本年度符合小型微利企业条件的，预缴时累计实际利润或应纳税所得额不超过 50 万元的，可以享受减半征税政策。

（17）企业预缴时享受了减半征税政策，年度汇算清缴时不符合小型微利企业条件的，应当按照规定补缴税款。

（18）《国家税务总局关于发布〈中华人民共和国企业所得税月（季）度预缴纳税申报表(2015 年版)等报表〉的公告》（国家税务总局公告 2015 年第 31 号）附件 2《中华人民共和国企业所得税月（季）度和年度预缴纳税申报表(B 类，2015 年版)》填报说明第三条第（五）项中"核定定额征收纳税人，换算应纳税所得额大于 30 万的填'否'"修改为"核定定额征收纳税人，换算应纳税所得额大于 50 万元的填'否'"。

 国家需要重点扶持的高新技术企业的税率是多少？

国家需要重点扶持的高新技术企业的低税率优惠政策如下：

（1）国家需要重点扶持的高新技术企业，减按 15% 的税率征收企业所得税。

（2）国家需要重点扶持的高新技术企业，是指拥有核心自主知识产权，并同时符合下列条件的企业：①产品（服务）属于《国家重点支持的高新技术领域》规定的范围；②研究开发费用占销售收入的比例不低于规定比例；③高新技术产品（服务）收入占企业总收入的比例不低于规定比例；④科技人员占企业职工总数的比例不低于规定比例；⑤高新技术企业认定管理办法规定的其他条件。

（3）当年可减按 15% 的税率征收企业所得税或按照《国务院关于经济特区和上海浦东新区新设立高新技术企业实行过渡性税收优惠的通知》（国发〔2007〕40 号）享受过渡性税收优惠的高新技术企业，在实际实施有关税收优惠的当年，减免税条件发生变化的，应按《科学技术部 财政部 国家税务总局关于印发〈高新技术企业认定管理办法〉的通知》（国科发火〔2008〕172 号）第九条第二款的规定处理。

（4）原依法享受企业所得税定期减免税优惠尚未期满同时符合本通知第一条规定条件的高新技术企业，根据《高新技术企业认定管理办法》以及《科

学技术部 财政部 国家税务总局关于印发〈高新技术企业认定管理工作指引〉的通知》（国科发火〔2008〕362号）的相关规定，在按照新标准取得认定机构颁发的高新技术企业资格证书之后，可以在2008年1月1日后，享受对尚未到期的定期减免税优惠执行到期满的过渡政策。

（5）2006年1月1日至2007年3月16日期间成立，截止到2007年年底仍未获利（弥补完以前年度亏损后应纳税所得额为零）的高新技术企业，根据《高新技术企业认定管理办法》以及《高新技术企业认定管理工作指引》的相关规定，按照新标准取得认定机构颁发的高新技术企业证书后，可依据《企业所得税法》第五十七条的规定，免税期限自2008年1月1日起计算。

（6）认定（复审）合格的高新技术企业，自认定（复审）批准的有效期当年开始，可申请享受企业所得税优惠。企业取得省、自治区、直辖市、计划单列市高新技术企业认定管理机构颁发的高新技术企业证书后，可持"高新技术企业证书"及其复印件和有关资料，向主管税务机关申请办理减免税手续。手续办理完毕后，高新技术企业可按15%的税率进行所得税预缴申报或享受过渡性税收优惠。

（7）纳税年度终了后至报送年度纳税申报表以前，已办理减免税手续的企业应向主管税务机关备案以下资料：①产品（服务）属于《国家重点支持的高新技术领域》规定的范围的说明；②企业年度研究开发费用结构明细表；③企业当年高新技术产品（服务）收入占企业总收入的比例说明；④企业具有大学专科以上学历的科技人员占企业当年职工总数的比例说明、研发人员占企业当年职工总数的比例说明。以上资料的计算、填报口径参照《高新技术企业认定管理工作指引》的有关规定执行。

（8）未取得高新技术企业资格、或虽取得高新技术企业资格但不符合《企业所得税法》及实施条例以及本通知有关规定条件的企业，不得享受高新技术企业的优惠；已享受优惠的，应追缴其已减免的企业所得税税款。

（9）高新技术企业应在资格期满前3个月内提出复审申请，在通过复审之前，在其高新技术企业资格有效期内，其当年企业所得税暂按15%的税率预缴。

（10）根据《高新技术企业认定管理办法》（国科发火〔2016〕32号，以下称《认定办法》）第二十一条规定印发的《高新技术企业认定管理工作指引》（以下称《工作指引》）自2016年1月1日起实施。原《高新技术企业认定管理工作指引》（国科发火〔2008〕362号）、《关于高新技术企业更名和复审等有关事项的通知》（国科火字〔2011〕123号）同时废止。

（11）2016年1月1日前已按《高新技术企业认定管理办法》（国科发火〔2008〕172号，以下称2008版《认定办法》）认定的仍在有效期内的高新技术企业，其资格依然有效，可依照《企业所得税法》及其实施条例等有关规定享受企业所得税优惠政策。

（12）按 2008 版《认定办法》认定的高新技术企业，在 2015 年 12 月 31 日前发生 2008 版《认定办法》第十五条规定情况，且有关部门在 2015 年 12 月 31 日前已经作出处罚决定的，仍按 2008 版《认定办法》相关规定进行处理，认定机构 5 年内不再受理企业认定申请的处罚执行至 2015 年 12 月 31 日止。

 高新技术企业的条件有哪些？

认定为高新技术企业须同时满足以下条件：

（1）企业申请认定时须注册成立 1 年以上。

（2）企业通过自主研发、受让、受赠、并购等方式，获得对其主要产品（服务）在技术上发挥核心支持作用的知识产权的所有权。

（3）对企业主要产品（服务）发挥核心支持作用的技术属于《国家重点支持的高新技术领域》规定的范围。

（4）企业从事研发和相关技术创新活动的科技人员占企业当年职工总数的比例不低于 10%。

（5）企业近 3 个会计年度（实际经营期不满 3 年的按实际经营时间计算，下同）的研究开发费用总额占同期销售收入总额的比例符合如下要求：①最近 1 年销售收入小于 5 000 万元（含）的企业，比例不低于 5%；②最近 1 年销售收入在 5 000 万元至 2 亿元（含）的企业，比例不低于 4%；③最近 1 年销售收入在 2 亿元以上的企业，比例不低于 3%。其中，企业在中国境内发生的研究开发费用总额占全部研究开发费用总额的比例不低于 60%。

（6）近 1 年高新技术产品（服务）收入占企业同期总收入的比例不低于 60%。

（7）企业创新能力评价应达到相应要求。

（8）企业申请认定前 1 年内未发生重大安全、重大质量事故或严重环境违法行为。

 高新技术企业的认定程序是什么？

高新技术企业认定程序如下：

（1）企业申请。企业对照本办法进行自我评价。认为符合认定条件的在"高新技术企业认定管理工作网"注册登记，向认定机构提出认定申请。申请时提交下列材料：①高新技术企业认定申请书；②证明企业依法成立的相关注册登记证件；③知识产权相关材料、科研项目立项证明、科技成果转化、研究开发的组织管理等相关材料；④企业高新技术产品（服务）的关键技术和技术指标、生产批文、认证认可和相关资质证书、产品质量检验报告等相关材料；⑤企业职工和科技人员情况说明材料；⑥经具有资质的中介机构出具的企业近 3 个会计年度研究开发费用和近 1 个会计年度高新技术产品（服务）收入专项审计或鉴证报告，并附研究开发活动说明材料；⑦经具有资质的中介机构鉴证的企业近 3 个会计年度的财务会计报告（包括会计报表、会计报表附注和财务情况说明书）；⑧近 3 个会计年度企业所得税年度纳税申报表。

（2）专家评审。认定机构应在符合评审要求的专家中，随机抽取组成专家组。专家组对企业申报材料进行评审，提出评审意见。

（3）审查认定。认定机构结合专家组评审意见，对申请企业进行综合审查，提出认定意见并报领导小组办公室。认定企业由领导小组办公室在"高新技术企业认定管理工作网"公示 10 个工作日，无异议的，予以备案，并在"高新技术企业认定管理工作网"公告，由认定机构向企业颁发统一印制的"高新技术企业证书"；有异议的，由认定机构进行核实处理。

（4）企业获得高新技术企业资格后，应每年 5 月底前在"高新技术企业认定管理工作网"填报上一年度知识产权、科技人员、研发费用、经营收入等年度发展情况报表。

（5）对于涉密企业，按照国家有关保密工作规定，在确保涉密信息安全的前提下，按认定工作程序组织认定。

 计算举例

A 公司属于工业企业，2016 年度，该公司的应纳税所得额为 30 万元，从业人数为 90 人，资产总额为 2 000 万元。B 公司属于非工业企业，2016 年度，该公司的应纳税所得额为 28 万元，从业人数为 90 人，资产总额为 1 000 万元。请计算 A 公司和 B 公司在 2016 年度应当缴纳多少企业所得税？

解答：A 公司符合小型微利企业的条件，可以享受 20% 的优惠税率，B 公司不符合小型微利企业的条件，不能享受 20% 的优惠税率。因此，A 公司在 2016 年度的应纳税额为：30×50%×20%=3（万元）。B 公司在 2016 年度的应纳税额为：28×25%=7（万元）。

四、民族自治地方的减免税优惠

 民族自治地方可以规定哪些税收优惠政策？

民族自治地方的自治机关对本民族自治地方的企业应缴纳的企业所得税

中属于地方分享的部分，可以决定减征或者免征。自治州、自治县决定减征或者免征的，须报省、自治区、直辖市人民政府批准。

民族自治地方，是指依照《中华人民共和国民族区域自治法》的规定，实行民族区域自治的自治区、自治州、自治县。

对民族自治地方内国家限制和禁止行业的企业，不得减征或者免征企业所得税。

理解上述政策有几个要点：

首先，只有民族自治地方的自治机关有权决定该税收优惠。我国目前的民族自治地方包括自治区、自治州、自治县，民族村不是自治地方，自治机关是指该自治地方的人民代表大会和人民政府，其他机关，如法院、检察院不是民族自治机关。

其次，享受该项税收优惠的必须是本民族自治地方的企业，至于哪些企业属于本民族自治地方的企业，需要由民族自治地方的自治机关通过相关地方性法规或者地方政府规章来具体规定。一般来讲，本民族自治地方的企业必须是位于本自治地方区域范围内的企业。

再次，民族自治地方的自治机关仅有权对本民族自治地方的企业缴纳的企业所得税属于地方分享的部分进行减免，该企业所得税中属于中央的部分不能进行减免。根据《国务院关于印发所得税收入分享改革方案的通知》（国发〔2001〕37号）的规定，为了促进社会主义市场经济的健康发展，进一步规范中央和地方政府之间的分配关系，建立合理的分配机制，防止重复建设，减缓地区间财力差距的扩大，支持西部大开发，逐步实现共同富裕，国务院决定从2002年1月1日起实施所得税收入分享改革。目前除少数企业所得税以外，其他企业所得税一律实行中央地方按比例分享。2002年所得税收入中央分享50%，地方分享50%；2003年以及以后所得税收入中央分享60%，地方分享40%。民族自治地方的自治机关只能对40%的部分进行减免，无权对其余60%的部分进行减免。

最后，自治区自治机关有权直接进行减免，而自治州、自治县的自治机关决定减免的，则需要报省、自治区、直辖市人民政府批准，批准以后才能进行。

 新疆企业可以享受哪些税收优惠政策？

新疆企业可以享受下列税收优惠政策：

（1）2010年1月1日至2020年12月31日，对在新疆困难地区新办的属于《新疆困难地区重点鼓励发展产业企业所得税优惠目录》（以下简称《目录》）范围内的企业，自取得第1笔生产经营收入所属纳税年度起，第1年至第2

年免征企业所得税，第3年至第5年减半征收企业所得税。

 友情提示

新疆困难地区包括南疆三地州、其他国家扶贫开发重点县和边境县市。属于《目录》范围内的企业是指以《目录》中规定的产业项目为主营业务，其主营业务收入占企业收入总额70%以上的企业。第1笔生产经营收入，是指新疆困难地区重点鼓励发展产业项目已建成并投入运营后所取得的第1笔收入。

（2）按照规定享受企业所得税定期减免税政策的企业，在减半期内，按照企业所得税25%的法定税率计算的应纳税额减半征收。

（3）财政部、国家税务总局会同有关部门研究制订《目录》，经国务院批准后公布实施，并根据新疆经济社会发展需要及企业所得税优惠政策实施情况适时调整。

（4）对难以界定是否属于《目录》范围的项目，税务机关应当要求企业提供省级以上（含省级）有关行业主管部门出具的证明文件，并结合其他相关材料进行认定。

（5）申请享受新疆困难地区重点鼓励发展产业企业所得税优惠政策的企业，涉及外商投资的，应符合现行外商投资产业政策。

（6）新疆困难地区各级财政、税务机关应根据《财政部国家税务总局关于新疆困难地区新办企业所得税优惠政策的通知》（财税〔2011〕53号）和《目录》的规定，认真落实相关企业所得税优惠政策，对执行中发现的新情况、新问题要及时向上级财政、税务主管部门反映。

 实务案例精解

A公司是隶属于某自治区的企业，该自治区决定减免本自治区所属企业50%的企业所得税。A公司2016年度的应纳税所得额为1 000万元。请计算A公司在2016年度的应纳税额。

解答： 民族自治区可以对本民族自治地方的企业应缴纳的企业所得税中属于地方分享的部分，可以决定减征或者免征。根据《国务院关于印发所得税收入分享改革方案的通知》（国发〔2001〕37号）的规定，中央地方的分享比例为中央分享60%，地方分享40%。因此，A公司2008年度的应纳税额为：1 000×25%−1 000×25%×40%×50%=200（万元）。

五、创业投资抵扣应纳税所得额

 创业投资企业可以享受哪些税收优惠政策?

创业投资企业可以享受下列税收优惠政策:

(1)创业投资企业从事国家需要重点扶持和鼓励的创业投资,可以按投资额的一定比例抵扣应纳税所得额。

(2)上述政策所称抵扣应纳税所得额,是指创业投资企业采取股权投资方式投资于未上市的中小高新技术企业2年以上的,可以按照其投资额的70%在股权持有满2年的当年抵扣该创业投资企业的应纳税所得额;当年不足抵扣的,可以在以后纳税年度结转抵扣。

 友情提示

> 创业投资企业,是指在中国境内注册设立的主要从事创业投资的企业组织。创业投资,是指向创业企业进行股权投资,以期所投资创业企业发育成熟或相对成熟后主要通过股权转让获得资本增值收益的投资方式。创业企业,是指在中国境内注册设立的处于创建或重建过程中的成长性企业,但不含已经在公开市场上市的企业。享受《企业所得税法》第31条规定的税收优惠政策的企业必须是创业投资企业,目前,我国对创业投资企业实行备案管理。2003年1月30日,对外贸易经济合作部、科学技术部、国家工商行政管理总局、国家税务总局、国家外汇管理局联合发布了《外商投资创业投资企业管理规定》。2005年11月15日,国家发展和改革委员会、科学技术部、财政部、商务部、中国人民银行、国家税务总局、国家工商行政管理总局、中国银行业监督管理委员会、中国证券监督管理委员会、国家外汇管理局联合发布了《创业投资企业管理暂行办法》,其中规定,创业投资企业必须按照本办法的规定完成备案程序,应当接受创业投资企业管理部门的监管,未遵照本办法规定完成备案程序的创业投资企业,不受创业投资企业管理部门的监管,不享受政策扶持。

(3)《企业所得税法实施条例》第九十七条所称投资于未上市的中小高新技术企业2年以上的,包括发生在2008年1月1日以前满2年的投资;所称中小高新技术企业是指按照《高新技术企业认定管理办法》(国科发火

〔2008〕172号）和《高新技术企业认定管理工作指引》（国科发火〔2008〕362号）取得高新技术企业资格，且年销售额和资产总额均不超过2亿元、从业人数不超过500人的企业，其中2007年年底前已取得高新技术企业资格的，在其规定有效期内不需重新认定。

（4）创业投资企业是指依照《创业投资企业管理暂行办法》（国家发展和改革委员会等10部委令2005年第39号，以下简称《暂行办法》）和《外商投资创业投资企业管理规定》（商务部等5部委令2003年第2号）在中华人民共和国境内设立的专门从事创业投资活动的企业或其他经济组织。

（5）创业投资企业采取股权投资方式投资于未上市的中小高新技术企业2年（24个月）以上，凡符合以下条件的，可以按照其对中小高新技术企业投资额的70%，在股权持有满2年的当年抵扣该创业投资企业的应纳税所得额；当年不足抵扣的，可以在以后纳税年度结转抵扣。①经营范围符合《暂行办法》规定，且工商登记为"创业投资有限责任公司""创业投资股份有限公司"等专业性法人创业投资企业。②按照《暂行办法》规定的条件和程序完成备案，经备案管理部门年度检查核实，投资运作符合《暂行办法》的有关规定。③创业投资企业投资的中小高新技术企业，除应按照科技部、财政部、国家税务总局《关于印发〈高新技术企业认定管理办法〉的通知》（国科发火〔2008〕172号）和《关于印发〈高新技术企业认定管理工作指引〉的通知》（国科发火〔2008〕362号）的规定，通过高新技术企业认定以外，还应符合职工人数不超过500人，年销售（营业）额不超过2亿元，资产总额不超过2亿元的条件。2007年年底前按原有规定取得高新技术企业资格的中小高新技术企业，且在2008年继续符合新的高新技术企业标准的，向其投资满24个月的计算，可自创业投资企业实际向其投资的时间起计算。④财政部、国家税务总局规定的其他条件。

（6）中小企业接受创业投资之后，经认定符合高新技术企业标准的，应自其被认定为高新技术企业的年度起，计算创业投资企业的投资期限。该期限内中小企业接受创业投资后，企业规模超过中小企业标准，但仍符合高新技术企业标准的，不影响创业投资企业享受有关税收优惠。

（7）创业投资企业申请享受投资抵扣应纳税所得额，应在其报送申请投资抵扣应纳税所得额年度纳税申报表以前，向主管税务机关报送以下资料备案：①经备案管理部门核实后出具的年检合格通知书（副本）；②关于创业投资企业投资运作情况的说明；③中小高新技术企业投资合同或章程的复印件、实际所投资金验资报告等相关材料；④中小高新技术企业基本情况（包括企业职工人数、年销售（营业）额、资产总额等）说明；⑤由省、自治区、直辖市和计划单列市高新技术企业认定管理机构出具的中小高新技术企业有效的高新技术企业证书（复印件）。

（8）自 2015 年 10 月 1 日起，全国范围内的有限合伙制创业投资企业采取股权投资方式投资于未上市的中小高新技术企业满 2 年（24 个月）的，该有限合伙制创业投资企业的法人合伙人可按照其对未上市中小高新技术企业投资额的 70% 抵扣该法人合伙人从该有限合伙制创业投资企业分得的应纳税所得额，当年不足抵扣的，可以在以后纳税年度结转抵扣。有限合伙制创业投资企业的法人合伙人对未上市中小高新技术企业的投资额，按照有限合伙制创业投资企业对中小高新技术企业的投资额和合伙协议约定的法人合伙人占有限合伙制创业投资企业的出资比例计算确定。

（9）有限合伙制创业投资企业是指依照《合伙企业法》《创业投资企业管理暂行办法》（国家发展和改革委员会令第 39 号）和《外商投资创业投资企业管理规定》（外经贸部、科技部、工商总局、税务总局、外汇管理局令 2003 年第 2 号）设立的专门从事创业投资活动的有限合伙企业。

（10）有限合伙制创业投资企业的法人合伙人，是指依照《企业所得税法》及其实施条例以及相关规定，实行查账征收企业所得税的居民企业。

（11）有限合伙制创业投资企业采取股权投资方式投资于未上市的中小高新技术企业满 2 年（24 个月，下同）的，其法人合伙人可按照对未上市中小高新技术企业投资额的 70% 抵扣该法人合伙人从该有限合伙制创业投资企业分得的应纳税所得额，当年不足抵扣的，可以在以后纳税年度结转抵扣。

 **友情提示**

所称满 2 年是指 2015 年 10 月 1 日起，有限合伙制创业投资企业投资于未上市中小高新技术企业的实缴投资满 2 年，同时，法人合伙人对该有限合伙制创业投资企业的实缴出资也应满 2 年。如果法人合伙人投资于多个符合条件的有限合伙制创业投资企业，可合并计算其可抵扣的投资额和应分得的应纳税所得额。当年不足抵扣的，可结转以后纳税年度继续抵扣；当年抵扣后有结余的，应按照《企业所得税法》的规定计算缴纳企业所得税。

（12）有限合伙制创业投资企业的法人合伙人对未上市中小高新技术企业的投资额，按照有限合伙制创业投资企业对中小高新技术企业的投资额和合伙协议约定的法人合伙人占有限合伙制创业投资企业的出资比例计算确定。

其中，有限合伙制创业投资企业对中小高新技术企业的投资额按实缴投资额计算；法人合伙人占有限合伙制创业投资企业的出资比例按法人合伙人对有限合伙制创业投资企业的实缴出资额占该有限合伙制创业投资企业的全部实缴出资额的比例计算。

（13）有限合伙制创业投资企业应纳税所得额的确定及分配，按照《财政部 国家税务总局关于合伙企业合伙人所得税问题的通知》（财税〔2008〕159号）相关规定执行。

（14）有限合伙制创业投资企业法人合伙人符合享受优惠条件的，应在符合条件的年度终了后3个月内向其主管税务机关报送《有限合伙制创业投资企业法人合伙人应纳税所得额分配情况明细表》。

（15）法人合伙人向其所在地主管税务机关备案享受投资抵扣应纳税所得额时，应提交《法人合伙人应纳税所得额抵扣情况明细表》以及有限合伙制创业投资企业所在地主管税务机关受理后的《有限合伙制创业投资企业法人合伙人应纳税所得额分配情况明细表》，同时将《国家税务总局关于实施创业投资企业所得税优惠问题的通知》（国税发〔2009〕87号）规定报送的备案资料留存备查。

 创业投资企业可以享受哪些税收优惠政策？

根据《财政部 国家税务总局关于创业投资企业和天使投资个人有关税收试点政策的通知》（财税〔2017〕38号）的规定，为进一步落实创新驱动发展战略，促进创业投资持续健康发展，现就创业投资企业和天使投资个人有关税收试点政策通知如下：

第一，税收试点政策。

（1）公司制创业投资企业采取股权投资方式直接投资于种子期、初创期科技型企业（以下简称初创科技型企业）满2年（24个月，下同）的，可以按照投资额的70%在股权持有满2年的当年抵扣该公司制创业投资企业的应纳税所得额；当年不足抵扣的，可以在以后纳税年度结转抵扣。

（2）有限合伙制创业投资企业（以下简称合伙创投企业）采取股权投资方式直接投资于初创科技型企业满2年的，该合伙创投企业的合伙人分别按以下方式处理：①法人合伙人可以按照对初创科技型企业投资额的70%抵扣法人合伙人从合伙创投企业分得的所得；当年不足抵扣的，可以在以后纳税年度结转抵扣。②个人合伙人可以按照对初创科技型企业投资额的70%抵扣个人合伙人从合伙创投企业分得的经营所得；当年不足抵扣的，可以在以后纳税年度结转抵扣。

（3）天使投资个人采取股权投资方式直接投资于初创科技型企业满2年的，可以按照投资额的70%抵扣转让该初创科技型企业股权取得的应纳税所得额；当期不足抵扣的，可以在以后取得转让该初创科技型企业股权的应纳税所得额时结转抵扣。

天使投资个人在试点地区投资多个初创科技型企业的，对其中办理注销清算的初创科技型企业，天使投资个人对其投资额的70%尚未抵扣完的，可自注销清算之日起36个月内抵扣天使投资个人转让其他初创科技型企业股权取得的应纳税所得额。

第二，相关政策条件。

（1）本通知所称初创科技型企业，应同时符合以下条件：①在中国境内（不包括港、澳、台地区）注册成立、实行查账征收的居民企业；②接受投资时，从业人数不超过200人，其中具有大学本科以上学历的从业人数不低于30%；资产总额和年销售收入均不超过3 000万；③接受投资时设立时间不超过5年（60个月，下同）；④接受投资时以及接受投资后2年内未在境内外证券交易所上市；⑤接受投资当年及下一纳税年度，研发费用总额占成本费用支出的比例不低于20%。

（2）享受本通知规定税收试点政策的创业投资企业，应同时符合以下条件：①在中国境内（不含港、澳、台地区）注册成立、实行查账征收的居民企业或合伙创投企业，且不属于被投资初创科技型企业的发起人；②符合《创业投资企业管理暂行办法》（发展改革委等10部门令第39号）规定或者《私募投资基金监督管理暂行办法》（证监会令第105号）关于创业投资基金的特别规定，按照上述规定完成备案且规范运作；③投资后2年内，创业投资企业及其关联方持有被投资初创科技型企业的股权比例合计应低于50%；④创业投资企业注册地须位于本通知规定的试点地区。

（3）享受本通知规定的税收试点政策的天使投资个人，应同时符合以下条件：①不属于被投资初创科技型企业的发起人、雇员或其亲属（包括配偶、父母、子女、祖父母、外祖父母、孙子女、外孙子女、兄弟姐妹，下同），且与被投资初创科技型企业不存在劳务派遣等关系；②投资后2年内，本人及其亲属持有被投资初创科技型企业股权比例合计应低于50%；③享受税收试点政策的天使投资个人投资的初创科技型企业，其注册地须位于本通知规定的试点地区。

（4）享受本通知规定的税收试点政策的投资，仅限于通过向被投资初创科技型企业直接支付现金方式取得的股权投资，不包括受让其他股东的存量股权。

第三，管理事项及管理要求。

（1）本通知所称研发费用口径，按照《财政部 国家税务总局 科技部关于完善研究开发费用税前加计扣除政策的通知》（财税〔2015〕119号）的规定执行。

（2）本通知所称从业人数，包括与企业建立劳动关系的职工人员及企业接受的劳务派遣人员。从业人数和资产总额指标，按照企业接受投资前连续12个月的平均数计算，不足12个月的，按实际月数平均计算。

本通知所称销售收入，包括主营业务收入与其他业务收入；年销售收入指标，按照企业接受投资前连续12个月的累计数计算，不足12个月的，按实际月数累计计算。

本通知所称成本费用，包括主营业务成本、其他业务成本、销售费用、管理费用、财务费用。

（3）本通知所称投资额，按照创业投资企业或天使投资个人对初创科技型企业的实缴投资额确定。

合伙创投企业的合伙人对初创科技型企业的投资额，按照合伙创投企业对初创科技型企业的实缴投资额和合伙协议约定的合伙人占合伙创投企业的出资比例计算确定。合伙人从合伙创投企业分得的所得，按照《财政部 国家税务总局关于合伙企业合伙人所得税问题的通知》（财税〔2008〕159号）规定计算。

（4）天使投资个人、创业投资企业、合伙创投企业法人合伙人、被投资初创科技型企业应按规定向税务机关履行备案手续。

（5）初创科技型企业接受天使投资个人投资满2年，在上海证券交易所、深圳证券交易所上市的，天使投资个人转让该企业股票时，按照现行限售股有关规定执行，其尚未抵扣的投资额，在税款清算时一并计算抵扣。

（6）享受本通知规定的税收试点政策的纳税人，其主管税务机关对被投资企业是否符合初创科技型企业条件有异议的，可以转请被投资企业主管税务机关提供相关材料。对纳税人提供虚假资料，违规享受税收试点政策的，应按《税收征收管理法》相关规定处理，并将其列入失信纳税人名单，按规定实施联合惩戒措施。

第四，执行时间及试点地区

本通知规定的企业所得税政策自2017年1月1日起试点执行，个人所得税政策自2017年7月1日起试点执行。执行日期前2年内发生的投资，在执行日期后投资满2年，且符合本通知规定的其他条件的，可以适用本通知规定的税收试点政策。

本通知所称试点地区包括京津冀、上海、广东、安徽、四川、武汉、西安、沈阳8个全面创新改革试验区域和苏州工业园区。

计算举例

A 公司是创业投资企业，B 公司是未上市的中小高新技术企业，2014 年 1 月 1 日，A 公司以股权投资的方式投资于 B 公司 1 000 万元，2014 年至 2016 年，A 公司的应纳税所得额分别为 100 万元、400 万元、800 万元。请计算 A 公司 2014 年度至 2016 年度的应纳税额。

解答： A 公司属于创业投资企业，B 公司属于未上市的中小高新技术企业，A 公司以股权投资的方式投资于 B 公司满 2 年以后可以享受抵扣所得税的优惠政策。2014 年度，A 公司不能享受税收优惠政策，应纳税额为：100×25%=25（万元）。2015 年度，A 公司股权持有已经满 2 年，可以享受抵扣投资额的 70% 的优惠政策，应纳税所得额为：400−1 000×70%=−300（万元）。不需要缴纳企业所得税。2015 年度的应纳税所得额不足抵扣，可以继续抵扣 2016 年度的应纳税所得额。2016 年度，A 公司应纳税额为：（800−300）×25%=125（万元）。

六、税额抵扣税收优惠

企业如何才能享受税额抵扣的税收优惠政策？

企业享受税额抵扣税收优惠的相关制度如下：

（1）企业购置用于环境保护、节能节水、安全生产等专用设备的投资额，可以按一定比例实行税额抵免。

（2）上述政策所称税额抵免，是指企业购置并实际使用《环境保护专用设备企业所得税优惠目录》《节能节水专用设备企业所得税优惠目录》和《安全生产专用设备企业所得税优惠目录》规定的环境保护、节能节水、安全生产等专用设备的，该专用设备的投资额的 10% 可以从企业当年的应纳税额中抵免；当年不足抵免的，可以在以后 5 个纳税年度结转抵免。享受上述规定的企业所得税优惠的企业，应当实际购置并自身实际投入使用前款规定的专用设备；企业购置上述专用设备在 5 年内转让、出租的，应当停止享受企业所得税优惠，并补缴已经抵免的企业所得税税款。

（3）上述企业所得税优惠目录，由国务院财政、税务主管部门商国务院有关部门制订，报国务院批准后公布施行。

（4）《企业所得税法实施条例》第一百条规定的购置并实际使用的环境保

护、节能节水和安全生产专用设备，包括承租方企业以融资租赁方式租入的、并在融资租赁合同中约定租赁期届满时租赁设备所有权转移给承租方企业，且符合规定条件的上述专用设备。凡融资租赁期届满后租赁设备所有权未转移至承租方企业的，承租方企业应停止享受抵免企业所得税优惠，并补缴已经抵免的企业所得税税款。

（5）企业自 2008 年 1 月 1 日起购置并实际使用列入《环境保护专用设备企业所得税优惠目录》《节能节水专用设备企业所得税优惠目录》《安全生产专用设备企业所得税优惠目录》（以下统称《目录》）范围内的环境保护、节能节水和安全生产专用设备，可以按专用设备投资额的 10% 抵免当年企业所得税应纳税额；企业当年应纳税额不足抵免的，可以向以后年度结转，但结转期不得超过 5 个纳税年度。

（6）专用设备投资额，是指购买专用设备发票价税合计价格，但不包括按有关规定退还的增值税税款以及设备运输、安装和调试等费用。

（7）当年应纳税额，是指企业当年的应纳税所得额乘以适用税率，扣除依照企业所得税法和国务院有关税收优惠规定以及税收过渡优惠规定减征、免征税额后的余额。

（8）企业利用自筹资金和银行贷款购置专用设备的投资额，可以按《企业所得税法》的规定抵免企业应纳所得税额；企业利用财政拨款购置专用设备的投资额，不得抵免企业应纳所得税额。

（9）企业购置并实际投入适用、已开始享受税收优惠的专用设备，如从购置之日起 5 个纳税年度内转让、出租的，应在该专用设备停止使用当月停止享受企业所得税优惠，并补缴已经抵免的企业所得税税款。转让的受让方可以按照该专用设备投资额的 10% 抵免当年企业所得税应纳税额；当年应纳税额不足抵免的，可以在以后 5 个纳税年度结转抵免。

（10）根据经济社会发展需要及企业所得税优惠政策实施情况，国务院财政、税务主管部门会同国家发展改革委、安监总局等有关部门适时对《目录》内的项目进行调整和修订，并在报国务院批准后对《目录》进行更新。

（11）自 2009 年 1 月 1 日起，增值税一般纳税人购进固定资产发生的进项税额可从其销项税额中抵扣，因此，自 2009 年 1 月 1 日起，纳税人购进并实际使用《环境保护专用设备企业所得税优惠目录》、《节能节水专用设备企业所得税优惠目录》和《安全生产专用设备企业所得税优惠目录》范围内的专用设备并取得增值税专用发票的，在按照《财政部 国家税务总局关于执行环境保护专用设备企业所得税优惠目录 节能节水专用设备企业所得税优惠目录和安全生产专用设备企业所得税优惠目录有关问题的通知》（财税〔2008〕48 号）第二条规定进行税额抵免时，如增值税进项税额允许抵扣，其专用设备投资额不再包括增值税进项税额；如增值税进项税额不允许抵扣，其专用设备投资额应为增值税专用发票上注明的价税合计金额。企业购买专用设备取得普通发票的，其专用设备投资额为普通发票上注明的金额。

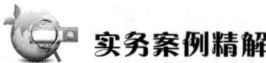 **实务案例精解**

2015 年度，A 公司购置了《环境保护专用设备企业所得税优惠目录》内的设备价值 200 万元，该年度的应纳税所得额为 40 万元。2016 年度，A 公司购置了《环境保护专用设备企业所得税优惠目录》内的设备价值 100 万元，该年度的应纳税所得额为 100 万元。请计算 A 公司 2015 年度和 2016 年度的应纳税额。

解答： A 公司可以享受抵免投资额的 10% 的税收优惠政策。2015 年度可以抵免的数额为：200×10%=20（万元）。由于该年度的应纳税额为：40×25%=10（万元）。因此，税额抵免以后，A 公司 2015 年度的应纳税额为 0。尚未抵扣的 10 万元可以结转到以后 5 年抵扣。2016 年度可以抵免的数额为：100×10%=10（万元）。由于该年度的应纳税额为：100×25%=25（万元）。因此，税额抵免以后，A 公司 2016 年度的应纳税额为：25-10-10=5（万元）。

¥ 计算举例

A 公司 2013 年度购置了《安全生产专用设备企业所得税优惠目录》内的设备价值 1 000 万元，该年度的应纳税所得额为 600 万元，2016 年度，A 公司将该设备出租给 B 公司，并重新购置了一套新的《安全生产专用设备企业所得税优惠目录》内的设备价值 2 000 万元。2015 年度，A 公司的应纳税所得额为 1 000 万元。请计算 A 公司 2013 年度和 2016 年度的应纳税额分别为多少。

解答： A 公司 2013 年度购置了《安全生产专用设备企业所得税优惠目录》内的设备可以享受抵免 10% 投资额的优惠政策，因此，2013 年度，A 公司的应纳税额为：600×25%-1 000×10%=50（万元）。2016 年度，A 公司将该设备出租给 B 公司，A 公司应停止执行相应税收优惠政策并补缴已抵免税款 100 万元，由于 A 公司在该年度重新购置了一套新的《安全生产专用设备企业所得税优惠目录》内的设备，仍然可以享受抵免 10% 投资额的优惠政策，因此，2016 年度，A 公司的应纳税额为：1 000×25%+100-2 000×10%=150（万元）。

七、加计扣除税收优惠

 企业安置残疾人员加计扣除优惠政策的内容有哪些?

企业安置残疾人员加计扣除优惠政策的内容包括:

(1)企业安置残疾人员的,在按照支付给残疾职工工资据实扣除的基础上,可以在计算应纳税所得额时按照支付给残疾职工工资的100%加计扣除。

友情提示

　　企业就支付给残疾职工的工资,在进行企业所得税预缴申报时,允许据实计算扣除;在年度终了进行企业所得税年度申报和汇算清缴时,再依照上述规定计算加计扣除。

(2)残疾人员的范围适用《残疾人保障法》的有关规定。

(3)企业享受安置残疾职工工资100%加计扣除应同时具备如下条件:①依法与安置的每位残疾人签订了1年以上(含1年)的劳动合同或服务协议,并且安置的每位残疾人在企业实际上岗工作;②为安置的每位残疾人按月足额缴纳了企业所在区县人民政府根据国家政策规定的基本养老保险、基本医疗保险、失业保险和工伤保险等社会保险;③定期通过银行等金融机构向安置的每位残疾人实际支付了不低于企业所在区县适用的经省级人民政府批准的最低工资标准的工资;④具备安置残疾人上岗工作的基本设施。

(4)企业应在年度终了进行企业所得税年度申报和汇算清缴时,向主管税务机关报送规定的相关资料、已安置残疾职工名单及其《中华人民共和国残疾人证》或《中华人民共和国残疾军人证(1至8级)》复印件和主管税务机关要求提供的其他资料,办理享受企业所得税加计扣除优惠的备案手续。

(5)在企业汇算清缴结束后,主管税务机关在对企业进行日常管理、纳税评估和纳税检查时,应对安置残疾人员企业所得税加计扣除优惠的情况进行核实。

 残疾人的种类有哪些?

根据《中国实用残疾人评定标准(试用)》(中国残疾人联合会〔1995〕残联组联字第61号)的规定,目前我国的残疾人分为6类。其标准分别为:

（1）视力残疾标准：视力残疾，是指由于各种原因导致双眼视力障碍或视野缩小，通过各种药物、手术及其他疗法而不能恢复视功能者（或暂时不能通过上述疗法恢复视功能者），以致不能进行一般人所能从事的工作、学习或其他活动。视力残疾包括：盲及低视力两类。视力残疾的分级为：1级盲：最佳矫正视力低于 0.02；或视野半径小于 5 度。2级盲：最佳矫正视力等于或优于 0.02，而低于 0.05；或视野半径小于 10 度。1级低视力：最佳矫正视力等于或优于 0.05，而低于 0.1。2级低视力：最佳矫正视力等于或优于 0.1，而低于 0.3。

（2）听力残疾标准：听力残疾，是指由于各种原因导致双耳不同程度的听力丧失，听不到或听不清周围环境声及言语声（经治疗 1 年以上不愈者）。听力残疾包括：听力完全丧失及有残留听力但辨音不清，不能进行听说交往两类。

（3）言语残疾标准：言语残疾指由于各种原因导致的言语障碍（经治疗 1 年以上不愈者），而不能进行正常的言语交往活动。言语残疾包括：言语能力完全丧失及言语能力部分丧失，不能进行正常言语交往两类。言语残疾的分级：1 级指只能简单发音而言语能力完全丧失者；2 级指具有一定的发音能力，语音清晰度在 10% ~ 30%，言语能力等级测试可通过 1 级，但不能通过 2 级测试水平；3 级指具有发音能力，语音清晰度在 31% ~ 50%，言语能力等级测试可通过 2 级，但不能通过 3 级测试水平；4 级指具有发音能力，语言清晰度在 51% ~ 70%，言语能力等级测试可通过 3 级，但不能通过 4 级测试水平。

（4）智力残疾标准：智力残疾是指人的智力明显低于一般人的水平，并显示适应行为障碍。智力残疾包括：在智力发育期间，由于各种原因导致的智力低下；智力发育成熟以后，由于各种原因引起的智力损伤和老年期的智力明显衰退导致的痴呆。智力残疾的分级：根据世界卫生组织（WHO）和美国智力低下协会（AAMD）的智力残疾的分级标准，按其智力商数（IQ）及社会适应行为来划分智力残疾的等级。

（5）肢体残疾标准：肢体残疾是指人的肢体残缺、畸形、麻痹所致人体运动功能障碍。肢体残疾包括：脑瘫（四肢瘫、三肢瘫、二肢瘫、单肢瘫）、偏瘫、脊髓疾病及损伤（四肢瘫、截瘫）、小儿麻痹后遗症、后天性截肢、先天性缺肢、短肢、肢体畸形、侏儒症、两下肢不等长、脊柱畸形（驼背、侧弯、强直）、严重骨、关节、肌肉疾病和损伤、周围神经疾病和损伤。肢体残疾的分级：以残疾者在无辅助器具帮助下，对日常生活活动的能力进行评价计分。日常生活活动分为八项，即：端坐、站立、行走、穿衣、洗漱、进餐、入厕、写字。能实现一项算 1 分，实现困难算 0.5 分，不能实现的算 0 分，据此划分三个等级。

（6）精神残疾标准：精神残疾是指精神病人患病持续 1 年以上未痊愈，同时导致其对家庭、社会应尽职能出现一定程度的障碍。精神残废可由以下精神疾病引起：①精神分裂症；②情感性、反应性精神障碍；③脑器质性与躯体疾病所致的精神障碍；④精神活性物质所致的精神障碍；⑤儿童少年期精神障碍；⑥其他精神障碍。精神残疾的分级：对于患有上述精神疾病持续 1 年以上未痊愈者，应用"精神残疾分级的操作性评估标准"评定精神残疾的等级。

 友情提示

　　根据《残疾人保障法》第二条的规定，残疾人是指在心理、生理、人体结构上，某种组织、功能丧失或者不正常，全部或者部分丧失以正常方式从事某种活动能力的人。残疾人包括视力残疾、听力残疾、言语残疾、肢体残疾、智力残疾、精神残疾、多重残疾和其他残疾的人。残疾标准由国务院规定。一般而言，残疾人员包括经认定的视力、听力、言语、肢体、智力和精神残疾人员。从程序的角度来讲，残疾人员必须持有《中华人民共和国残疾人证》或者《中华人民共和国残疾军人证》（1 至 8 级）。

 企业研发费用加计扣除优惠政策的内容有哪些？

企业研发费用加计扣除优惠政策的内容包括：

（1）研究开发活动（以下简称研发活动），是指企业为获得科学与技术新知识，创造性运用科学技术新知识，或实质性改进技术、产品（服务）、工艺而持续进行的具有明确目标的系统性活动。

（2）企业开展研发活动中实际发生的研究开发费用（以下简称研发费用），未形成无形资产计入当期损益的，在按规定据实扣除的基础上，按照本年度实际发生额的 50%，从本年度应纳税所得额中扣除；形成无形资产的，按照无形资产成本的 150% 在税前摊销。

（3）下列活动不适用税前加计扣除政策：①企业产品（服务）的常规性升级；②对某项科研成果的直接应用，如直接采用公开的新工艺、材料、装置、产品、服务或知识等；③企业在商品化后为顾客提供的技术支持活动；④对现存产品、服务、技术、材料或工艺流程进行的重复或简单改变；⑤市场调查研究、效率调查或管理研究；⑥作为工业（服务）流程环节或常规的质量控制、测试分析、维修维护；⑦社会科学、艺术或人文学方面的研究。

（4）企业委托外部机构或个人进行研发活动所发生的费用，按照费用实际发生额的80%计入委托方研发费用并计算加计扣除，受托方不得再进行加计扣除。委托外部研究开发费用实际发生额应按照独立交易原则确定。委托方与受托方存在关联关系的，受托方应向委托方提供研发项目费用支出明细情况。企业委托境外机构或个人进行研发活动所发生的费用，不得加计扣除。

（5）企业共同合作开发的项目，由合作各方就自身实际承担的研发费用分别计算加计扣除。

（6）企业集团根据生产经营和科技开发的实际情况，对技术要求高、投资数额大，需要集中研发的项目，其实际发生的研发费用，可以按照权利和义务相一致、费用支出和收益分享相配比的原则，合理确定研发费用的分摊方法，在受益成员企业间进行分摊，由相关成员企业分别计算加计扣除。

（7）企业为获得创新性、创意性、突破性的产品进行创意设计活动而发生的相关费用，可按照规定进行税前加计扣除。

 友情提示

　　创意设计活动是指多媒体软件、动漫游戏软件开发，数字动漫、游戏设计制作；房屋建筑工程设计（绿色建筑评价标准为三星）、风景园林工程专项设计；工业设计、多媒体设计、动漫及衍生产品设计、模型设计等。

（8）企业应按照国家财务会计制度要求，对研发支出进行会计处理；同时，对享受加计扣除的研发费用按研发项目设置辅助账，准确归集核算当年可加计扣除的各项研发费用实际发生额。企业在一个纳税年度内进行多项研发活动的，应按照不同研发项目分别归集可加计扣除的研发费用。

（9）企业应对研发费用和生产经营费用分别核算，准确、合理归集各项费用支出，对划分不清的，不得实行加计扣除。

（10）不适用税前加计扣除政策的行业：①烟草制造业；②住宿和餐饮业；③批发和零售业；④房地产业；⑤租赁和商务服务业；⑥娱乐业；⑦财政部和国家税务总局规定的其他行业。上述行业以《国民经济行业分类与代码（GB/4754—2011）》为准，并随之更新。

（11）上述制度适用于会计核算健全、实行查账征收并能够准确归集研发费用的居民企业。

（12）企业研发费用各项目的实际发生额归集不准确、汇总额计算不准确的，税务机关有权对其税前扣除额或加计扣除额进行合理调整。

（13）税务机关对企业享受加计扣除优惠的研发项目有异议的，可以转请地市级（含）以上科技行政主管部门出具鉴定意见，科技部门应及时回复意见。企业承担省部级（含）以上科研项目的，以及以前年度已鉴定的跨年度研发项目，不再需要鉴定。

（14）企业符合规定的研发费用加计扣除条件而在 2016 年 1 月 1 日以后未及时享受该项税收优惠的，可以追溯享受并履行备案手续，追溯期限最长为 3 年。

（15）税务部门应加强研发费用加计扣除优惠政策的后续管理，定期开展核查，年度核查面不得低于 20%。

（16）上述制度自 2016 年 1 月 1 日起执行。《国家税务总局关于印发〈企业研究开发费用税前扣除管理办法（试行）〉的通知》（国税发〔2008〕116 号）和《财政部 国家税务总局关于研究开发费用税前加计扣除有关政策问题的通知》（财税〔2013〕70 号）同时废止。

 研发费用的具体范围包括哪些？

研发费用的具体范围包括：

（1）人员人工费用。直接从事研发活动人员的工资薪金、基本养老保险费、基本医疗保险费、失业保险费、工伤保险费、生育保险费和住房公积金，以及外聘研发人员的劳务费用。

（2）直接投入费用。①研发活动直接消耗的材料、燃料和动力费用；②用于中间试验和产品试制的模具、工艺装备开发及制造费，不构成固定资产的样品、样机及一般测试手段购置费，试制产品的检验费；③用于研发活动的仪器、设备的运行维护、调整、检验、维修等费用，以及通过经营租赁方式租入的用于研发活动的仪器、设备租赁费。

（3）折旧费用。用于研发活动的仪器、设备的折旧费。

（4）无形资产摊销。用于研发活动的软件、专利权、非专利技术（包括许可证、专有技术、设计和计算方法等）的摊销费用。

（5）新产品设计费、新工艺规程制定费、新药研制的临床试验费、勘探开发技术的现场试验费。

（6）其他相关费用。与研发活动直接相关的其他费用，如技术图书资料费、资料翻译费、专家咨询费、高新科技研发保险费，研发成果的检索、分析、评议、论证、鉴定、评审、评估、验收费用，知识产权的申请费、注册费、代理费，差旅费、会议费等。此项费用总额不得超过可加计扣除研发费用总额的

10%。

（7）财政部和国家税务总局规定的其他费用。

 研发费用加计扣除政策的管理制度有哪些？

研发费用加计扣除的管理制度包括：

（1）根据《企业所得税法》及其实施条例（以下简称税法）、《财政部 国家税务总局 科技部关于完善研究开发费用税前加计扣除政策的通知》（财税〔2015〕119号，以下简称《通知》）规定，制定以下完善研究开发费用（以下简称研发费用）税前加计扣除政策的制度。

（2）企业直接从事研发活动人员包括研究人员、技术人员、辅助人员。研究人员是指主要从事研究开发项目的专业人员；技术人员是指具有工程技术、自然科学和生命科学中一个或一个以上领域的技术知识和经验，在研究人员指导下参与研发工作的人员；辅助人员是指参与研究开发活动的技工。企业外聘研发人员是指与本企业签订劳务用工协议（合同）和临时聘用的研究人员、技术人员、辅助人员。

（3）加速折旧费用的归集：企业用于研发活动的仪器、设备，符合税法规定且选择加速折旧优惠政策的，在享受研发费用税前加计扣除时，就已经进行会计处理计算的折旧、费用的部分加计扣除，但不得超过按税法规定计算的金额。

（4）多用途对象费用的归集：企业从事研发活动的人员和用于研发活动的仪器、设备、无形资产，同时从事或用于非研发活动的，应对其人员活动及仪器设备、无形资产使用情况做必要记录，并将其实际发生的相关费用按实际工时占比等合理方法在研发费用和生产经营费用间分配，未分配的不得加计扣除。

（5）其他相关费用的归集与限额计算：企业在一个纳税年度内进行多项研发活动的，应按照不同研发项目分别归集可加计扣除的研发费用。在计算每个项目其他相关费用的限额时应当按照以下公式计算：

其他相关费用限额 =《通知》第一条第一项允许加计扣除的研发费用中的第1项至第5项的费用之和 × 10% ÷（1–10%）。

当其他相关费用实际发生数小于限额时，按实际发生数计算税前加计扣除数额；当其他相关费用实际发生数大于限额时，按限额计算税前加计扣除数额。

（6）特殊收入的扣减：企业在计算加计扣除的研发费用时，应扣减已按《通知》规定归集计入研发费用，但在当期取得的研发过程中形成的下脚料、残次品、中间试制品等特殊收入；不足扣减的，允许加计扣除的研发费用按零计算。企业研发活动直接形成产品或作为组成部分形成的产品对外销售的，研发费用中对应的材料费用不得加计扣除。

（7）财政性资金的处理：企业取得作为不征税收入处理的财政性资金用于研发活动所形成的费用或无形资产，不得计算加计扣除或摊销。

（8）不允许加计扣除的费用：法律、行政法规和国务院财税主管部门规定不允许企业所得税前扣除的费用和支出项目不得计算加计扣除。已计入无形资产但不属于《通知》中允许加计扣除研发费用范围的，企业摊销时不得计算加计扣除。

（9）企业委托外部机构或个人开展研发活动发生的费用，可按规定税前扣除；加计扣除时按照研发活动发生费用的80%作为加计扣除基数。委托个人研发的，应凭个人出具的发票等合法有效凭证在税前加计扣除。企业委托境外研发所发生的费用不得加计扣除，其中受托研发的境外机构是指依照外国和地区（含港澳台地区）法律成立的企业和其他取得收入的组织。受托研发的境外个人是指外籍（含港澳台地区）个人。

（10）《通知》中不适用税前加计扣除政策行业的企业，是指以《通知》所列行业业务为主营业务，其研发费用发生当年的主营业务收入占企业按税法第六条规定计算的收入总额减除不征税收入和投资收益的余额50%（不含）以上的企业。

（11）企业应按照国家财务会计制度要求，对研发支出进行会计处理。研发项目立项时应设置研发支出辅助账，由企业留存备查；年末汇总分析填报研发支出辅助账汇总表，并在报送《年度财务会计报告》的同时随附注一并报送主管税务机关。研发支出辅助账、研发支出辅助账汇总表可参照本公告所附样式编制。

（12）企业年度纳税申报时，根据研发支出辅助账汇总表填报研发项目可加计扣除研发费用情况归集表，在年度纳税申报时随申报表一并报送。

（13）研发费用加计扣除实行备案管理，除"备案资料"和"主要留存备查资料"按照本公告规定执行外，其他备案管理要求按照《国家税务总局关于发布〈企业所得税优惠政策事项办理办法〉的公告》（国家税务总局公告2015年第76号）的规定执行。

（14）企业应当不迟于年度汇算清缴纳税申报时，向税务机关报送《企业所得税优惠事项备案表》和研发项目文件完成备案，并将下列资料留存备查：①自主、委托、合作研究开发项目计划书和企业有权部门关于自主、委托、合作研究开发项目立项的决议文件；②自主、委托、合作研究开发专门机构或项目组的编制情况和研发人员名单；③经科技行政主管部门登记的委托、合作研究开发项目的合同；④从事研发活动的人员和用于研发活动的仪器、设备、无形资产的费用分配说明（包括工作使用情况记录）；⑤集中研发项目研发费决算表、集中研发项目费用分摊明细情况表和实际分享收益比例等资料；⑥"研发支出"辅助账；⑦企业如果已取得地市级（含）以上科技行政主管部门出具的鉴定意见，应作为资料留存备查；⑧省税务机关规定的其他资料。

（15）税务机关应加强对享受研发费用加计扣除优惠企业的后续管理和监督检查。每年汇算清缴期结束后应开展核查，核查面不得低于享受该优惠企业户数的20%。省级税务机关可根据实际情况制订具体核查办法或工作措施。

（16）本制度适用于2016年度及以后年度企业所得税汇算清缴。

 科技型中小企业研发费用加计扣除最新政策有哪些?

根据《财政部 税务总局 科技部关于提高科技型中小企业研究开发费用税前加计扣除比例的通知》（财税〔2017〕34号）的规定，为进一步激励中小企业加大研发投入，支持科技创新，现就提高科技型中小企业研究开发费用（以下简称研发费用）税前加计扣除比例有关问题通知如下：

（1）科技型中小企业开展研发活动中实际发生的研发费用，未形成无形资产计入当期损益的，在按规定据实扣除的基础上，在2017年1月1日至2019年12月31日期间，再按照实际发生额的75%在税前加计扣除；形成无形资产的，在上述期间按照无形资产成本的175%在税前摊销。

（2）科技型中小企业享受研发费用税前加计扣除政策的其他政策口径按照《财政部 国家税务总局 科技部关于完善研究开发费用税前加计扣除政策的通知》（财税〔2015〕119号）规定执行。

（3）科技型中小企业条件和管理办法由科技部、财政部和国家税务总局另行发布。科技、财政和税务部门应建立信息共享机制，及时共享科技型中小企业的相关信息，加强协调配合，保障优惠政策落实到位。

 实务案例精解

A公司2016年度开发新技术、新产品、新工艺发生的研究开发费用为100万元，该公司为开发新技术、新产品、新工艺发生的研究开发费用，未形成无形资产并计入了当期损益，该公司在没有考虑加计扣除的情况下所计算的应纳税所得额为800万元。请计算A公司2016年度的应纳税额。

解答： A公司2016年度开发新技术、新产品、新工艺发生的研究开发费用可以享受加计扣除 50% 的优惠政策。因此，A 公司 2016 年度的应纳税额为：
（800–100×50%）×25%=187.5（万元）。

 计算举例

A 公司安置 10 名残疾人员，每月支付给 10 名残疾人员工资 2 万元。A 公司 2016 年度在没有考虑加计扣除优惠政策下所计算的应纳税所得额为 400 万元。请计算 A 公司 2016 年度的应纳税额。

解答： A 公司可以享受按实际支付给残疾职工工资的 100% 加计扣除的优惠政策。因此，A 公司 2016 年度的应纳税额为：（400–2×12×100%）×25%=94（万元）。

八、加速折旧税收优惠

 符合什么条件的固定资产可以加速折旧？

企业的固定资产由于技术进步等原因，确需加速折旧的，可以缩短折旧年限或者采取加速折旧的方法。

上述所称可以采取缩短折旧年限或者采取加速折旧的方法的固定资产，包括：

（1）由于技术进步，产品更新换代较快的固定资产。

（2）常年处于强震动、高腐蚀状态的固定资产。

采取缩短折旧年限方法的，最低折旧年限不得低于《企业所得税法实施条例》第六十条规定折旧年限的 60%；采取加速折旧方法的，可以采取双倍余额递减法或者年数总和法。

各类固定资产的最低折旧年限为：

（1）房屋、建筑物，为 20 年。

（2）飞机、火车、轮船、机器、机械和其他生产设备，为 10 年。

（3）与生产经营活动有关的器具、工具、家具等，为 5 年。

（4）飞机、火车、轮船以外的运输工具，为 4 年。

（5）电子设备，为 3 年。

 固定资产加速折旧优惠有哪些具体管理制度？

固定资产加速折旧优惠的具体管理制度如下：

（1）根据《企业所得税法》第三十二条及《实施条例》第九十八条的相关规定，企业拥有并用于生产经营的主要或关键的固定资产，由于以下原因确需加速折旧的，可以缩短折旧年限或者采取加速折旧的方法：①由于技术进步，产品更新换代较快的；②常年处于强震动、高腐蚀状态的。

（2）企业拥有并使用的固定资产符合规定的，可按以下情况分别处理：①企业过去没有使用过与该项固定资产功能相同或类似的固定资产，但有充分的证据证明该固定资产的预计使用年限短于《实施条例》规定的计算折旧最低年限的，企业可根据该固定资产的预计使用年限和相关规定，对该固定资产采取缩短折旧年限或者加速折旧的方法；②企业在原有的固定资产未达到《实施条例》规定的最低折旧年限前，使用功能相同或类似的新固定资产替代旧固定资产的，企业可根据旧固定资产的实际使用年限和相关规定，对新替代的固定资产采取缩短折旧年限或者加速折旧的方法。

（3）企业采取缩短折旧年限方法的，对其购置的新固定资产，最低折旧年限不得低于《实施条例》第六十条规定的折旧年限的 60%；若为购置已使用过的固定资产，其最低折旧年限不得低于《实施条例》规定的最低折旧年限减去已使用年限后剩余年限的 60%。最低折旧年限一经确定，一般不得变更。

（4）企业拥有并使用符合规定条件的固定资产采取加速折旧方法的，可以采用双倍余额递减法或者年数总和法。加速折旧方法一经确定，一般不得变更。

（5）双倍余额递减法，是指在不考虑固定资产预计净残值的情况下，根据每期期初固定资产原值减去累计折旧后的金额和双倍的直线法折旧率计算固定资产折旧的一种方法。应用这种方法计算折旧额时，由于每年年初固定资产净值没有减去预计净残值，所以在计算固定资产折旧额时，应在其折旧年限到期前的 2 年期间，将固定资产净值减去预计净残值后的余额平均摊销。计算公式如下：

$$年折旧率 = 2 \div 预计使用寿命（年）\times 100\%$$

$$月折旧率 = 年折旧率 \div 12$$

$$月折旧额 = 月初固定资产账面净值 \times 月折旧率$$

（6）年数总和法，又称年限合计法，是指将固定资产的原值减去预计净残值后的余额，乘以一个以固定资产尚可使用寿命为分子、以预计使用寿命逐年数字之和为分母的逐年递减的分数计算每年的折旧额。计算公式如下：

$$年折旧率 = 尚可使用年限 \div 预计使用寿命的年数总和 \times 100\%$$

$$月折旧率 = 年折旧率 \div 12$$

$$月折旧额 =（固定资产原值 - 预计净残值）\times 月折旧率$$

（7）企业确需对固定资产采取缩短折旧年限或者加速折旧方法的，应在取得该固定资产后 1 个月内，向其企业所得税主管税务机关（以下简称主管税务机关）备案，并报送以下资料：①固定资产的功能、预计使用年限短于《实施条例》规定计算折旧的最低年限的理由、证明资料及有关情况的说明；②被替代的旧固定资产的功能、使用及处置等情况的说明；③固定资产加速折旧拟采用的方法和折旧额的说明；④主管税务机关要求报送的其他资料。

（8）企业主管税务机关应在企业所得税年度纳税评估时，对企业采取加速折旧的固定资产的使用环境及状况进行实地核查。对不符合加速折旧规定条件的，主管税务机关有权要求企业停止该项固定资产加速折旧。

（9）对于采取缩短折旧年限的固定资产，足额计提折旧后继续使用而未进行处置（包括报废等情形）超过 12 个月的，今后对其更新替代、改造改建后形成的功能相同或者类似的固定资产，不得再采取缩短折旧年限的方法。

（10）对于企业采取缩短折旧年限或者采取加速折旧方法的，主管税务机关应设立相应的税收管理台账，并加强监督，实施跟踪管理。对发现不符合《实施条例》第九十八条及本通知规定的，主管税务机关要及时责令企业进行纳税调整。

（11）适用总、分机构汇总纳税的企业，对其所属分支机构使用的符合《实施条例》第九十八条及相关规定情形的固定资产采取缩短折旧年限或者采取加速折旧方法的，由其总机构向其所在地主管税务机关备案。分支机构所在地主管税务机关应负责配合总机构所在地主管税务机关实施跟踪管理。

 ### 关于完善固定资产加速折旧有哪些最新政策？

完善固定资产加速折旧企业所得税政策如下：

（1）对生物药品制造业，专用设备制造业，铁路、船舶、航空航天和其他运输设备制造业，计算机、通信和其他电子设备制造业，仪器仪表制造业，信息传输、软件和信息技术服务业 6 个行业的企业 2014 年 1 月 1 日后新购进的固定资产，可缩短折旧年限或采取加速折旧的方法。

（2）对上述 6 个行业的小型微利企业 2014 年 1 月 1 日后新购进的研发和生产经营共用的仪器、设备，单位价值不超过 100 万元的，允许一次性计入当期成本费用在计算应纳税所得额时扣除，不再分年度计算折旧；单位价值超过 100 万元的，可缩短折旧年限或采取加速折旧的方法。

（3）对所有行业企业 2014 年 1 月 1 日后新购进的专门用于研发的仪器、设备，单位价值不超过 100 万元的，允许一次性计入当期成本费用在计算应纳税所得额时扣除，不再分年度计算折旧；单位价值超过 100 万元的，可缩短折旧年限或采取加速折旧的方法。

（4）对所有行业企业持有的单位价值不超过 5 000 元的固定资产，允许一次性计入当期成本费用在计算应纳税所得额时扣除，不再分年度计算折旧。

（5）企业按规定缩短折旧年限的，最低折旧年限不得低于《企业所得税法实施条例》第六十条规定折旧年限的 60%；采取加速折旧方法的，可采取双倍余额递减法或者年数总和法。上述规定之外的企业固定资产加速折旧所得税处理问题，继续按照企业所得税法及其实施条例和现行税收政策规定执行。

（6）对生物药品制造业，专用设备制造业，铁路、船舶、航空航天和其他运输设备制造业，计算机、通信和其他电子设备制造业，仪器仪表制造业，信息传输、软件和信息技术服务业行业企业（以下简称六大行业），2014 年 1 月 1 日后购进的固定资产（包括自行建造），允许按不低于《企业所得税法》规定折旧年限的 60% 缩短折旧年限，或选择采取双倍余额递减法或年数总和法进行加速折旧。

 友情提示

> 　　六大行业按照国家统计局《国民经济行业分类与代码（GB/4754—2011）》确定。今后国家有关部门更新国民经济行业分类与代码，从其规定。六大行业企业是指以上述行业业务为主营业务，其固定资产投入使用当年主营业务收入占企业收入总额 50%（不含）以上的企业。所称收入总额，是指《企业所得税法》第六条规定的收入总额。

（7）企业在 2014 年 1 月 1 日后购进并专门用于研发活动的仪器、设备，单位价值不超过 100 万元的，可以一次性在计算应纳税所得额时扣除；单位价值超过 100 万元的，允许按不低于企业所得税法规定折旧年限的 60% 缩短折旧年限，或选择采取双倍余额递减法或年数总和法进行加速折旧。

（8）企业持有的固定资产，单位价值不超过 5 000 元的，可以一次性在计算应纳税所得额时扣除。企业在 2013 年 12 月 31 日前持有的单位价值不超过 5 000 元的固定资产，其折余价值部分，2014 年 1 月 1 日以后可以一次性在计算应纳税所得额时扣除。

（9）企业采取缩短折旧年限方法的，对其购置的新固定资产，最低折旧年限不得低于《企业所得税法实施条例》第六十条规定的折旧年限的 60%；企业购置已使用过的固定资产，其最低折旧年限不得低于实施条例规定的最低折旧年限减去已使用年限后剩余年限的 60%。最低折旧年限一经确定，一般不得变更。

友情提示

> 　　用于研发活动的仪器、设备范围口径，按照《国家税务总局关于印发〈企业研发费用税前扣除管理办法（试行）〉的通知》（国税发〔2008〕116号）或《科学技术部 财政部 国家税务总局关于印发〈高新技术企业认定管理工作指引〉的通知》（国科发火〔2008〕362号）规定执行。企业专门用于研发活动的仪器、设备已享受上述优惠政策的，在享受研发费加计扣除时，按照《国家税务总局关于印发〈企业研发费用税前扣除管理办法（试行）〉的通知》（国税发〔2008〕116号）、《财政部 国家税务总局关于研究开发费用税前加计扣除有关政策问题的通知》（财税〔2013〕70号）的规定，就已经进行会计处理的折旧、费用等全额进行加计扣除。六大行业中的小型微利企业研发和生产经营共用的仪器、设备，可以执行上述规定。所称小型微利企业，是指《企业所得税法》第二十八条规定的小型微利企业。

　　（10）企业的固定资产采取加速折旧方法的，可以采用双倍余额递减法或者年数总和法。加速折旧方法一经确定，一般不得变更。

　　（11）企业的固定资产既符合上述优惠政策条件，同时又符合《国家税务总局关于企业固定资产加速折旧所得税处理有关问题的通知》（国税发〔2009〕81号）、《财政部国家税务总局关于进一步鼓励软件产业和集成电路产业发展企业所得税政策的通知》（财税〔2012〕27号）中相关加速折旧政策条件的，可由企业选择其中最优惠的政策执行，且一经选择，不得改变。

　　（12）企业固定资产采取一次性税前扣除、缩短折旧年限或加速折旧方法的，预缴申报时，须同时报送《固定资产加速折旧（扣除）预缴情况统计表》，年度申报时，实行事后备案管理，并按要求报送相关资料。企业应将购进固定资产的发票、记账凭证等有关凭证、凭据（购入已使用过的固定资产，应提供已使用年限的相关说明）等资料留存备查，并应建立台账，准确核算税法与会计差异情况。主管税务机关应对适用本公告规定优惠政策的企业加强后续管理，对预缴申报时享受了优惠政策的企业，年终汇算清缴时应对企业全年主营业务收入占企业收入总额的比例进行重点审核。

　　（13）对轻工、纺织、机械、汽车等四个领域重点行业的企业2015年1月1日后新购进的固定资产，可由企业选择缩短折旧年限或采取加速折旧的方法。

　　（14）对上述行业的小型微利企业2015年1月1日后新购进的研发和生产经营共用的仪器、设备，单位价值不超过100万元的，允许一次性计入当期成本费用在计算应纳税所得额时扣除，不再分年度计算折旧；单位价值超过 100 万元的，可由企业选择缩短折旧年限或采取加速折旧的方法。

（15）企业按规定缩短折旧年限的，最低折旧年限不得低于《企业所得税法实施条例》第六十条规定折旧年限的 60%；采取加速折旧方法的，可采取双倍余额递减法或者年数总和法。按照《企业所得税法》及其实施条例有关规定，企业根据自身生产经营需要，也可选择不实行加速折旧政策。

（16）上述制度自 2015 年 1 月 1 日起执行。2015 年前 3 季度按本通知规定未能计算办理的，统一在 2015 年第 4 季度预缴申报时享受优惠或 2015 年度汇算清缴时办理。

 完善固定资产加速折旧的具体管理制度有哪些？

完善固定资产加速折旧企业所得税政策的具体管理制度如下：

（1）对轻工、纺织、机械、汽车四个领域重点行业（以下简称四个领域重点行业）企业 2015 年 1 月 1 日后新购进的固定资产（包括自行建造，下同），允许缩短折旧年限或采取加速折旧方法。四个领域重点行业按照财税〔2015〕106 号附件"轻工、纺织、机械、汽车四个领域重点行业范围"确定。今后国家有关部门更新国民经济行业分类与代码，从其规定。四个领域重点行业企业是指以上述行业业务为主营业务，其固定资产投入使用当年的主营业务收入占企业收入总额 50%（不含）以上的企业。所称收入总额，是指《企业所得税法》第六条规定的收入总额。

（2）对四个领域重点行业小型微利企业 2015 年 1 月 1 日后新购进的研发和生产经营共用的仪器、设备，单位价值不超过 100 万元（含）的，允许在计算应纳税所得额时一次性全额扣除；单位价值超过 100 万元的，允许缩短折旧年限或采取加速折旧方法。用于研发活动的仪器、设备范围口径，按照《国家税务总局关于印发〈企业研究开发费用税前扣除管理办法（试行）〉的通知》（国税发〔2008〕116 号）或《科学技术部 财政部 国家税务总局关于印发〈高新技术企业认定管理工作指引〉的通知》（国科发火〔2008〕362 号）规定执行。小型微利企业，是指《企业所得税法》第二十八条规定的小型微利企业。

（3）企业按上述规定缩短折旧年限的，对其购置的新固定资产，最低折旧年限不得低于《企业所得税法实施条例》第六十条规定的折旧年限的 60%；对其购置的已使用过的固定资产，最低折旧年限不得低于实施条例规定的最低折旧年限减去已使用年限后剩余年限的 60%。最低折旧年限一经确定，不得改变。

（4）企业按上述规定采取加速折旧方法的，可以采用双倍余额递减法或者年数总和法。加速折旧方法一经确定，不得改变。双倍余额递减法或者年数总和法，按照《国家税务总局关于固定资产加速折旧所得税处理有关问题的通知》（国税发〔2009〕81号）第四条的规定执行。

（5）企业的固定资产既符合上述优惠政策条件，又符合《国家税务总局关于企业固定资产加速折旧所得税处理有关问题的通知》（国税发〔2009〕81号）、《财政部 国家税务总局关于进一步鼓励软件产业和集成电路产业发展企业所得税政策的通知》（财税〔2012〕27号）中有关加速折旧优惠政策条件，可由企业选择其中一项加速折旧优惠政策执行，且一经选择，不得改变。

（6）企业应将购进固定资产的发票、记账凭证等有关资料留存备查，并建立台账，准确反映税法与会计差异情况。

（7）上述制度适用于2015年及以后纳税年度。企业2015年前3季度按本公告规定未能享受加速折旧优惠的，可将前3季度应享受的加速折旧部分，在2015年第4季度企业所得税预缴申报时享受，或者在2015年度企业所得税汇算清缴时统一享受。

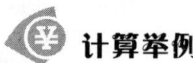 **计算举例**

A公司的房屋常年处于强震动状态，该房屋的建造成本为8 000万元，残值为建造成本的5%。请计算A公司每年应当提取的折旧额。

解答： 由于A公司的房屋常年处于强震动状态，A公司可以采取加速折旧的方法，该公司可以采取缩短折旧年限方法，房屋计算折旧的最短年限为20年，加速折旧最短折旧年限为：20×60%=12（年）。A公司每年应当提取的折旧额为：8 000×（1−5%）÷12=633.33（万元）。A公司如果采取双倍余额递减法提取折旧，年折旧率=2÷预计使用年限 ×100%=2÷20×100%=10%。每年应当提取的折旧额分别为：800万元、720万元、648万元、583.2万元、524.88万元、472.39万元、425.15万元、382.64万元、344.37万元、309.94万元、278.94万元、251.05万元、225.94万元、203.35万元、183.02万元、164.71万元、148.24万元、133.42万元、467.09万元、467.09万元。A公司如果采取年数总和法提取折旧，每年应当提取的折旧额分别为：723.81（7 600×20÷210）万元、687.62（7 600×19÷210）万元、651.43（7 600×18÷210）万元、615.24（7 600×17÷210）万元、579.05（7 600×16÷210）万元、542.86（7 600×15÷210）万元、506.67（7 600×14÷210）万元、470.48（7 600×13÷210）万元、434.29（7 600×12÷210）万元、398.10（7 600×11÷210）万元、361.90（7 600×10÷210）万元、325.71（7 600×9÷210）万

元、289.52（7 600×8÷210）万元、253.33（7 600×7÷210）万元、217.14（7 600×6÷210）万元、180.95（7 600×5÷210）万元、144.76（7 600×4÷210）万元、108.57（7 600×3÷210）万元、72.38（7 600×2÷210）万元、36.19（7 600×1÷210）万元。

九、减计收入税收优惠

 企业取得的哪些收入可以享受减计收入的优惠政策？

减计收入税收优惠政策的内容如下：

（1）企业综合利用资源，生产符合国家产业政策规定的产品所取得的收入，可以在计算应纳税所得额时减计收入。

（2）上述政策所称减计收入，是指企业以《资源综合利用企业所得税优惠目录》（以下简称《目录》）规定的资源作为主要原材料，生产国家非限制和禁止并符合国家和行业相关标准的产品取得的收入，减按90%计入收入总额。上述所称原材料占生产产品材料的比例不得低于《资源综合利用企业所得税优惠目录》规定的标准。

（3）上述企业所得税优惠目录，由国务院财政、税务主管部门商国务院有关部门制订，报国务院批准后公布施行。根据《企业所得税法》和《企业所得税法实施条例》（以下简称实施条例）有关规定，经国务院批准，财政部、税务总局、发展改革委公布了《资源综合利用企业所得税优惠目录》。

（4）企业自2008年1月1日起以《目录》中所列资源为主要原材料，生产《目录》内符合国家或行业相关标准的产品取得的收入，在计算应纳税所得额时，减按90%计入当年收入总额。享受上述税收优惠时，《目录》内所列资源占产品原料的比例应符合《目录》规定的技术标准。

（5）企业同时从事其他项目而取得的非资源综合利用收入，应与资源综合利用收入分开核算，没有分开核算的，不得享受优惠政策。

（6）企业从事不符合实施条例和《目录》规定范围、条件和技术标准的项目，不得享受资源综合利用企业所得税优惠政策。

（7）根据经济社会发展需要及企业所得税优惠政策实施情况，国务院财政、税务主管部门会同国家发展改革委等有关部门适时对《目录》内的项目进行调整和修订，并在报国务院批准后对《目录》进行更新。

（8）资源综合利用企业所得税优惠，是指企业自2008年1月1日起以《目录》规定的资源作为主要原材料，生产国家非限制和非禁止并符合国家及行业相关标准的产品取得的收入，减按 90% 计入企业当年收入总额。

（9）经资源综合利用主管部门按《目录》规定认定的生产资源综合利用产品的企业（不包括仅对资源综合利用工艺和技术进行认定的企业），取得《资源综合利用认定证书》，可按本通知规定申请享受资源综合利用企业所得税优惠。

（10）企业资源综合利用产品的认定程序，按《国家发展改革委财政部国家税务总局关于印发〈国家鼓励的资源综合利用认定管理办法〉的通知》（发改环资〔2006〕1864 号）的规定执行。

（11）2008 年 1 月 1 日之前经资源综合利用主管部门认定取得《资源综合利用认定证书》的企业，应按上述规定，重新办理认定并取得《资源综合利用认定证书》，方可申请享受资源综合利用企业所得税优惠。

（12）企业从事非资源综合利用项目取得的收入与生产资源综合利用产品取得的收入没有分开核算的，不得享受资源综合利用企业所得税优惠。

（13）税务机关对资源综合利用企业所得税优惠实行备案管理。备案管理的具体程序，按照国家税务总局的相关规定执行。

（14）享受资源综合利用企业所得税优惠的企业因经营状况发生变化而不符合《目录》规定的条件的，应自发生变化之日起 15 个工作日内向主管税务机关报告，并停止享受资源综合利用企业所得税优惠。

（15）企业实际经营情况不符合《目录》规定条件，采用欺骗等手段获取企业所得税优惠，或者因经营状况发生变化而不符合享受优惠条件，但未及时向主管税务机关报告的，按照税收征管法及其实施细则的有关规定进行处理。

（16）税务机关应对企业的实际经营情况进行监督检查。税务机关发现资源综合利用主管部门认定有误的，应停止企业享受资源综合利用企业所得税优惠，并及时与有关认定部门协调沟通，提请纠正，已经享受的优惠税额应予追缴。

（17）自 2017 年 1 月 1 日至 2019 年 12 月 31 日，对金融机构农户小额贷款的利息收入，在计算应纳税所得额时，按 90% 计入收入总额。农户，是指长期（1 年以上）居住在乡镇（不包括城关镇）行政管理区域内的住户，还包括长期居住在城关镇所辖行政村范围内的住户和户口不在本地而在本地居住 1 年以上的住户，国有农场的职工和农村个体工商户。位于乡镇（不包括城关镇）行政管理区域内和在城关镇所辖行政村范围内的国有经济的机关、团体、学校、企事业单位的集体户；有本地户口，但举家外出谋生 1 年以上的住户，无论是否保留承包耕地均不属于农户。农户以户为统计单位，既可以从事农业生产经营，也可以从事非农业生产经营。农户贷款的判定应以贷款发放时的承贷主体是否属于农户为准。小额贷款，是指单笔且该农户贷款余额总额在 10 万元（含本数）以下的贷款。

（18）自 2017 年 1 月 1 日至 2019 年 12 月 31 日，对保险公司为种植业、养殖业提供保险业务取得的保费收入，在计算应纳税所得额时，按 90% 计入收入总额。保费收入，是指原保险保费收入加上分保费收入减去分出保费后的余额。金融机构应对符合条件的农户小额贷款利息收入进行单独核算，不能单独核算的不得适用上述优惠政策。

 申报资源综合利用企业需要具备哪些条件？

申报资源综合利用认定的企业，必须具备以下条件：

（1）生产工艺、技术或产品符合国家产业政策和相关标准。

（2）资源综合利用产品能独立计算盈亏。

（3）所用原（燃）料来源稳定、可靠，数量及品质满足相关要求，以及水、电等配套条件的落实。

（4）符合环保要求，不产生二次污染。

申报资源综合利用认定的综合利用发电单位，还应具备以下条件：

（1）按照国家审批或核准权限规定，经政府主管部门核准（审批）建设的电站。

（2）利用煤矸石（石煤、油母页岩）、煤泥发电的，必须以燃用煤矸石（石煤、油母页岩）、煤泥为主，其使用量不低于入炉燃料的 60%（重量比）；利用煤矸石（石煤、油母页岩）发电的入炉燃料应用基低位发热量不大于 12 550 千焦 / 千克；必须配备原煤、煤矸石、煤泥自动给料显示、记录装置。

（3）城市生活垃圾（含污泥）发电应当符合以下条件：垃圾焚烧炉建设及其运行符合国家或行业有关标准或规范；使用的垃圾数量及品质需有地（市）级环卫主管部门出具的证明材料；每月垃圾的实际使用量不低于设计额定值的 90%；垃圾焚烧发电采用流化床锅炉掺烧原煤的，垃圾使用量应不低于入炉燃料的 80%（重量比），必须配备垃圾与原煤自动给料显示、记录装置。

（4）以工业生产过程中产生的可利用的热能及压差发电的企业（分厂、车间），应根据产生余热、余压的品质和余热量或生产工艺耗气量和可利用的工质参数确定工业余热、余压电厂的装机容量。

（5）回收利用煤层气（煤矿瓦斯）、沼气（城市生活垃圾填埋气）、转炉煤气、高炉煤气和生物质能等作为燃料发电的，必须有充足、稳定的资源，并依据资源量合理配置装机容量。

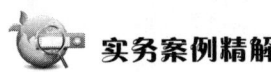 **实务案例精解**

A 公司以《资源综合利用企业所得税优惠目录》内的资源作为主要原材料，生产非国家限定并符合国家和行业标准的产品，2016 年度，A 公司取得收入 1 000 万元，各项成本、费用、损失、税金等允许扣除的费用为 500 万元。请计算 A 公司 2016 年度的应纳税额。

解答： A 公司可以享受减按 90% 计算收入额的优惠政策。因此，A 公司 2016 年度的应纳税额为：（1 000×90%–500）×25%=100（万元）。

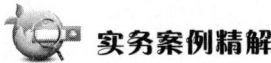 **实务案例精解**

江西泰和玉华水泥有限公司旋窑余热利用电厂利用该公司旋窑水泥生产过程中产生的余热发电，其生产活动虽符合《资源综合利用企业所得税优惠目录（2008 年版）》的规定范围，但由于旋窑余热利用电厂属于江西泰和玉华水泥有限公司的内设非法人分支机构，不构成企业所得税纳税人，且其余热发电产品直接供给所属公司使用，不计入企业收入，因此，旋窑余热利用电厂利用该公司旋窑水泥生产过程中产生的余热发电业务不能享受资源综合利用减计收入的企业所得税优惠政策。

下面通过图 1 来概括企业所得税的税收优惠政策。

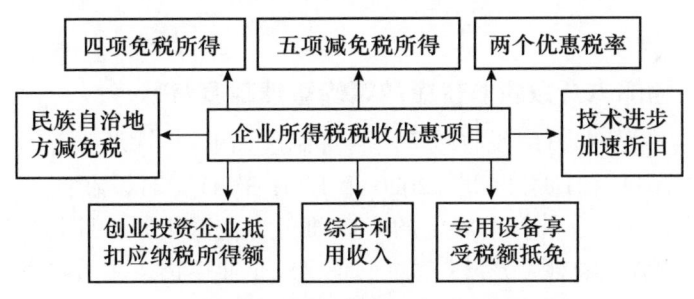

图 1　企业所得税优惠政策

十、西部大开发税收优惠政策

 西部大开发的税收优惠政策有哪些？

西部大开发战略有关税收政策如下：

（1）对西部地区内资鼓励类产业、外商投资鼓励类产业及优势产业的项目在投资总额内进口的自用设备，在政策规定范围内免征关税。

（2）自 2011 年 1 月 1 日至 2020 年 12 月 31 日，对设在西部地区的鼓励类产业企业减按 15% 的税率征收企业所得税。

友情提示

上述鼓励类产业企业是指以《西部地区鼓励类产业目录》中规定的产业项目为主营业务，且其主营业务收入占企业收入总额 70% 以上的企业。《西部地区鼓励类产业目录》另行发布。

（3）对西部地区 2010 年 12 月 31 日前新办的、根据《财政部国家税务总局海关总署关于西部大开发税收优惠政策问题的通知》（财税〔2001〕202 号）第二条第三款规定可以享受企业所得税"两免三减半"优惠的交通、电力、水利、邮政、广播电视企业，其享受的企业所得税"两免三减半"优惠可以继续享受到期满为止。

（4）西部地区包括重庆市、四川省、贵州省、云南省、西藏自治区、陕西省、甘肃省、宁夏回族自治区、青海省、新疆维吾尔自治区、新疆生产建设兵团、内蒙古自治区和广西壮族自治区。湖南省湘西土家族苗族自治州、湖北省恩施土家族苗族自治州、吉林省延边朝鲜族自治州，可以比照西部地区的税收政策执行。

 西部大开发税收优惠政策的管理制度有哪些？

西部大开发战略有关税收政策的管理制度如下：

（1）自 2011 年 1 月 1 日至 2020 年 12 月 31 日，对设在西部地区以《西部地区鼓励类产业目录》中规定的产业项目为主营业务，且其当年度主营业务收入占企业收入总额 70% 以上的企业，经企业申请，主管税务机关审核确认后，可减按 15% 税率缴纳企业所得税。上述所称收入总额，是指《企业所得税法》第六条规定的收入总额。

（2）企业应当在年度汇算清缴前向主管税务机关提出书面申请并附送相关资料。第 1 年须报主管税务机关审核确认，第 2 年及以后年度实行备案管理。各省、自治区、直辖市和计划单列市税务机关可结合本地实际制定具体审核、备案管理办法，并报国家税务总局（所得税司）备案。

（3）凡对企业主营业务是否属于《西部地区鼓励类产业目录》难以界定的，税务机关应要求企业提供省级（含副省级）政府有关行政主管部门或其授权的下一级行政主管部门出具的证明文件。

（4）企业主营业务属于《西部地区鼓励类产业目录》范围的，经主管税务机关确认，可按照 15% 税率预缴企业所得税。年度汇算清缴时，其当年度主营业务收入占企业总收入的比例达不到规定标准的，应按税法规定的税率计算申报并进行汇算清缴。

（5）在《西部地区鼓励类产业目录》公布前，企业符合《产业结构调整指导目录（2005 年版）》、《产业结构调整指导目录（2011 年版）》、《外商投资产业指导目录（2007 年修订）》和《中西部地区优势产业目录（2008 年修订）》范围的，经税务机关确认后，其企业所得税可按照 15% 税率缴纳。《西部地区鼓励类产业目录》公布后，已按 15% 税率进行企业所得税汇算清缴的企业，若不符合本公告第一条规定的条件，可在履行相关程序后，按税法规定的适用税率重新计算申报。

（6）2010 年 12 月 31 日前新办的交通、电力、水利、邮政、广播电视企业，凡已经按照《国家税务总局关于落实西部大开发有关税收政策具体实施意见的通知》（国税发〔2002〕47 号）第二条第二款规定，取得税务机关审核批准的，其享受的企业所得税"两免三减半"优惠可以继续享受到期满为止；凡符合享受原西部大开发税收优惠规定条件，但由于尚未取得收入或尚未进入获利年度等原因，2010 年 12 月 31 日前尚未按照国税发〔2002〕47 号第二条规定完成税务机关审核确认手续的，可按照上述规定，履行相关手续后享受原税收优惠。

（7）根据《财政部 国家税务总局关于执行企业所得税优惠政策若干问题的通知》（财税〔2009〕69 号）第一条及第二条的规定，企业既符合西部大开发 15% 优惠税率条件，又符合《企业所得税法》及其实施条例和国务院规定的各项税收优惠条件的，可以同时享受。在涉及定期减免税的减半期内，可以按照企业适用税率计算的应纳税额减半征税。

 赣州市是否可以执行西部大开发的税收优惠政策？

赣州市执行西部大开发税收政策如下：

（1）对赣州市内资鼓励类产业、外商投资鼓励类产业及优势产业的项目在投资总额内进口的自用设备，在政策规定范围内免征关税。

（2）自 2012 年 1 月 1 日至 2020 年 12 月 31 日，对设在赣州市的鼓励类产业的内资企业和外商投资企业减按 15% 的税率征收企业所得税。

（3）鼓励类产业的内资企业是指以《产业结构调整指导目录》中规定的鼓励类产业项目为主营业务，且其主营业务收入占企业收入总额 70% 以上的企业。

（4）鼓励类产业的外商投资企业是指以《外商投资产业指导目录》中规定的鼓励类项目和《中西部地区外商投资优势产业目录》中规定的江西省产业项目为主营业务，且其主营业务收入占企业收入总额 70% 以上的企业。

十一、软件产业和集成电路产业税收优惠政策

 软件产业和集成电路产业的税收优惠政策有哪些？

软件产业和集成电路产业发展企业所得税政策如下：

（1）集成电路线宽小于 0.8 微米（含）的集成电路生产企业，经认定后，在 2017 年 12 月 31 日前自获利年度起计算优惠期，第 1 年至第 2 年免征企业所得税，第 3 年至第 5 年按照 25% 的法定税率减半征收企业所得税，并享受至期满为止。

（2）集成电路线宽小于 0.25 微米或投资额超过 80 亿元的集成电路生产企业，经认定后，减按 15% 的税率征收企业所得税，其中经营期在 15 年以上的，在 2017 年 12 月 31 日前自获利年度起计算优惠期，第 1 年至第 5 年免征企业所得税，第 6 年至第 10 年按照 25% 的法定税率减半征收企业所得税，并享受至期满为止。

（3）我国境内新办的集成电路设计企业和符合条件的软件企业，经认定后，在 2017 年 12 月 31 日前自获利年度起计算优惠期，第 1 年至第 2 年免征企业所得税，第 3 年至第 5 年按照 25% 的法定税率减半征收企业所得税，并享受至期满为止。

（4）国家规划布局内的重点软件企业和集成电路设计企业，如当年未享受免税优惠的，可减按 10% 的税率征收企业所得税。

（5）符合条件的软件企业按照《财政部 国家税务总局关于软件产品增值税政策的通知》（财税〔2011〕100 号）规定取得的即征即退增值税款，由企业专项用于软件产品研发和扩大再生产并单独进行核算，可以作为不征税收入，在计算应纳税所得额时从收入总额中减除。

（6）集成电路设计企业和符合条件软件企业的职工培训费用，应单独进行核算并按实际发生额在计算应纳税所得额时扣除。

（7）企业外购的软件，凡符合固定资产或无形资产确认条件的，可以按照固定资产或无形资产进行核算，其折旧或摊销年限可以适当缩短，最短可为 2 年（含）。

（8）集成电路生产企业的生产设备，其折旧年限可以适当缩短，最短可为 3 年（含）。

（9）上述所称集成电路生产企业，是指以单片集成电路、多芯片集成电路、混合集成电路制造为主营业务并同时符合下列条件的企业：①依法在中

国境内成立并经认定取得集成电路生产企业资质的法人企业。②签订劳动合同关系且具有大学专科以上学历的职工人数占企业当年月平均职工总人数的比例不低于40%，其中研究开发人员占企业当年月平均职工总数的比例不低于20%。③拥有核心关键技术，并以此为基础开展经营活动，且当年度的研究开发费用总额占企业销售（营业）收入（主营业务收入与其他业务收入之和，下同）总额的比例不低于5%；其中，企业在中国境内发生的研究开发费用金额占研究开发费用总额的比例不低于60%。④集成电路制造销售（营业）收入占企业收入总额的比例不低于60%。⑤具有保证产品生产的手段和能力，并获得有关资质认证（包括ISO质量体系认证、人力资源能力认证等）。⑥具有与集成电路生产相适应的经营场所、软硬件设施等基本条件。《集成电路生产企业认定管理办法》由发展改革委、工业和信息化部、财政部、税务总局会同有关部门另行制定。

（10）上述所称集成电路设计企业或符合条件的软件企业，是指以集成电路设计或软件产品开发为主营业务并同时符合下列条件的企业：①2011年1月1日后依法在中国境内成立并经认定取得集成电路设计企业资质或软件企业资质的法人企业。②签订劳动合同关系且具有大学专科以上学历的职工人数占企业当年月平均职工总人数的比例不低于40%，其中研究开发人员占企业当年月平均职工总数的比例不低于20%。③拥有核心关键技术，并以此为基础开展经营活动，且当年度的研究开发费用总额占企业销售（营业）收入总额的比例不低于6%；其中，企业在中国境内发生的研究开发费用金额占研究开发费用总额的比例不低于60%。④集成电路设计企业的集成电路设计销售（营业）收入占企业收入总额的比例不低于60%，其中集成电路自主设计销售（营业）收入占企业收入总额的比例不低于50%；软件企业的软件产品开发销售（营业）收入占企业收入总额的比例一般不低于50%（嵌入式软件产品和信息系统集成产品开发销售（营业）收入占企业收入总额的比例不低于40%），其中软件产品自主开发销售（营业）收入占企业收入总额的比例一般不低于40%（嵌入式软件产品和信息系统集成产品开发销售（营业）收入占企业收入总额的比例不低于30%）。⑤主营业务拥有自主知识产权，其中软件产品拥有省级软件产业主管部门认可的软件检测机构出具的检测证明材料和软件产业主管部门颁发的《软件产品登记证书》。⑥具有保证设计产品质量的手段和能力，并建立符合集成电路或软件工程要求的质量管理体系并提供有效运行的过程文档记录。⑦具有与集成电路设计或者软件开发相适应的生产经营场所、软硬件设施等开发环境（如EDA工具、合法的开发工具等），以及与所提供服务相关的技术支撑环境；《集成电路设计企业认定管理办法》、《软件企业认定管理办法》由工业和信息化部、发展改革委、财政部、税务总局会同有关部门另行制定。

（11）国家规划布局内重点软件企业和集成电路设计企业在满足规定条件的基础上，由发展改革委、工业和信息化部、财政部、税务总局等部门根据国家规划布局支持领域的要求，结合企业年度集成电路设计销售（营业）收入或软件产品开发销售（营业）收入、盈利等情况进行综合评比，实行总量控制、择优认定。《国家规划布局内重点软件企业和集成电路设计企业认定管理办法》由发展改革委、工业和信息化部、财政部、税务总局会同有关部门另行制定。

（12）上述所称新办企业认定标准按照《财政部 国家税务总局关于享受企业所得税优惠政策的新办企业认定标准的通知》（财税〔2006〕1号）规定执行。

（13）上述所称研究开发费用政策口径按照《国家税务总局关于印发〈企业研究开发费用税前扣除管理办法（试行）〉的通知》（国税发〔2008〕116号）规定执行。

（14）上述所称获利年度，是指该企业当年应纳税所得额大于零的纳税年度。

（15）上述所称集成电路设计销售（营业）收入，是指集成电路企业从事集成电路（IC）功能研发、设计并销售的收入。

（16）上述所称软件产品开发销售（营业）收入，是指软件企业从事计算机软件、信息系统或嵌入式软件等软件产品开发并销售的收入，以及信息系统集成服务、信息技术咨询服务、数据处理和存储服务等技术服务收入。

（17）符合规定须经认定后享受税收优惠的企业，应在获利年度当年或次年的企业所得税汇算清缴之前取得相关认定资质。如果在获利年度次年的企业所得税汇算清缴之前取得相关认定资质，该企业可从获利年度起享受相应的定期减免税优惠；如果在获利年度次年的企业所得税汇算清缴之后取得相关认定资质，该企业应在取得相关认定资质起，就其从获利年度起计算的优惠期的剩余年限享受相应的定期减免优惠。

（18）符合规定条件的企业，应在年度终了之日起4个月内，按照上述规定及《国家税务总局关于企业所得税减免税管理问题的通知》（国税发〔2008〕111号）的规定，向主管税务机关办理减免税手续。在办理减免税手续时，企业应提供具有法律效力的证明材料。

（19）享受上述税收优惠的企业有下述情况之一的，应取消其享受税收优惠的资格，并补缴已减免的企业所得税税款：①在申请认定过程中提供虚假信息的；②有偷、骗税等行为的；③发生重大安全、质量事故的；④有环境等违法、违规行为，受到有关部门处罚的。

（20）享受税收优惠的企业，其税收优惠条件发生变化的，应当自发生变化之日起 15 日内向主管税务机关报告；不再符合税收优惠条件的，应当依法履行纳税义务；未依法纳税的，主管税务机关应当予以追缴。同时，主管税务机关在执行税收优惠政策过程中，发现企业不符合享受税收优惠条件的，可暂停企业享受的相关税收优惠。

（21）在 2010 年 12 月 31 日前，依照《财政部 国家税务总局关于企业所得税若干优惠政策的通知》（财税〔2008〕1 号）第一条规定，经认定并可享受原定期减免税优惠的企业，可在本通知施行后继续享受到期满为止。

（22）集成电路生产企业、集成电路设计企业、软件企业等依照规定可以享受的企业所得税优惠政策与企业所得税其他相同方式优惠政策存在交叉的，由企业选择一项最优惠政策执行，不叠加享受。

 软件和集成电路企业的认定管理有哪些制度？

软件和集成电路企业认定管理制度如下：

（1）对 2011 年 1 月 1 日后按照原认定管理办法认定的软件和集成电路企业，在《财政部 国家税务总局关于进一步鼓励软件产业和集成电路产业发展企业所得税政策的通知》（财税〔2012〕27 号）所称的《集成电路生产企业认定管理办法》《集成电路设计企业认定管理办法》及《软件企业认定管理办法》公布前，凡符合财税〔2012〕27 号文件规定的优惠政策适用条件的，可依照原认定管理办法申请享受财税〔2012〕27 号文件规定的减免税优惠。

（2）在《集成电路生产企业认定管理办法》、《集成电路设计企业认定管理办法》及《软件企业认定管理办法》公布后，按新认定管理办法执行。对已按原认定管理办法享受优惠并进行企业所得税汇算清缴的企业，若不符合新认定管理办法条件的，应在履行相关程序后，重新按照税法规定计算申报纳税。

（3）经认定的动漫企业自主开发、生产动漫产品，可申请享受国家现行鼓励软件产业发展的所得税优惠政策。上述所称动漫企业和自主开发、生产动漫产品的认定标准和认定程序，按照《文化部财政部 国家税务总局关于印发〈动漫企业认定管理办法（试行）〉的通知》（文市发〔2008〕51 号）的规定执行。

 执行软件企业所得税优惠政策有哪些制度？

执行软件企业所得税优惠政策的制度如下：

（1）根据《企业所得税法》及其实施条例、《国务院关于印发进一步鼓励软件产业和集成电路产业发展若干政策的通知》（国发〔2011〕4 号）、《财政

部 国家税务总局关于进一步鼓励软件产业和集成电路产业发展企业所得税政策的通知》(财税〔2012〕27号)、《国家税务总局关于软件和集成电路企业认定管理有关问题的公告》(国家税务总局公告2012年第19号)以及《软件企业认定管理办法》(工信部联软〔2013〕64号)的规定,《国家税务总局关于执行软件企业所得税优惠政策有关问题的公告》(国家税务总局公告2013年第43号)规定了贯彻落实软件企业所得税优惠政策有关制度。

(2)软件企业所得税优惠政策适用于经认定并实行查账征收方式的软件企业。所称经认定,是指经国家规定的软件企业认定机构按照软件企业认定管理的有关规定进行认定并取得软件企业认定证书。

(3)软件企业的收入总额,是指《企业所得税法》第六条规定的收入总额。

(4)软件企业的获利年度,是指软件企业开始生产经营后,第1个应纳税所得额大于零的纳税年度,包括对企业所得税实行核定征收方式的纳税年度。软件企业享受定期减免税优惠的期限应当连续计算,不得因中间发生亏损或其他原因而间断。

(5)除国家另有政策规定(包括对国家自主创新示范区的规定)外,软件企业研发费用的计算口径按照《国家税务总局关于印发〈企业研究开发费用税前扣除管理办法(试行)〉的通知》(国税发〔2008〕116号)规定执行。

(6)2010年12月31日以前依法在中国境内成立但尚未认定的软件企业,仍按照《财政部 国家税务总局关于企业所得税若干优惠政策的通知》(财税〔2008〕1号)第一条的规定以及《软件企业认定标准及管理办法(试行)》(信部联产〔2000〕968号)的认定条件,办理相关手续,并继续享受到期满为止。优惠期间内,亦按照信部联产〔2000〕968号的认定条件进行年审。

 审批制改革后,执行软件和集成电路企业所得税优惠政策有哪些制度?

审批制改革后,执行软件和集成电路企业所得税优惠政策的制度如下:

(1)按照《国务院关于取消和调整一批行政审批项目等事项的决定》(国发〔2015〕11号)和《国务院关于取消非行政许可审批事项的决定》(国发〔2015〕27号)规定,集成电路生产企业、集成电路设计企业、软件企业、国家规划布局内的重点软件企业和集成电路设计企业(以下统称软件、集成电路企业)的税收优惠资格认定等非行政许可审批已经取消。为做好《财政部 国家税务总局关于进一步鼓励软件产业和集成电路产业发展企业所得税政策的通知》(财税〔2012〕27号)规定的企业所得税优惠政策落实工作,《财政部 国家税务总局 发展改革委 工业和信息化部关于软件和集成电路产业企业所得税优惠政策有关问题的通知》(财税〔2016〕49号)对有关问题进行了规定。

（2）享受财税〔2012〕27号文件规定的税收优惠政策的软件、集成电路企业，每年汇算清缴时应按照《国家税务总局关于发布〈企业所得税优惠政策事项办理办法〉的公告》（国家税务总局公告2015年第76号）规定向税务机关备案，同时提交《享受企业所得税优惠政策的软件和集成电路企业备案资料明细表》（见表2）规定的备案资料。

表2 享受企业所得税优惠政策的软件和集成电路企业备案资料明细表

企业类型	备案资料（复印件须加盖企业公章）
集成电路生产企业	1. 在发展改革或工业和信息化部门立项的备案文件（应注明总投资额、工艺线宽标准）复印件以及企业取得的其他相关资质证书复印件等； 2. 企业职工人数、学历结构、研究开发人员情况及其占企业职工总数的比例说明，以及汇算清缴年度最后1个月社会保险缴纳证明等相关证明材料； 3. 加工集成电路产品主要列表及国家知识产权局（或国外知识产权相关主管机构）出具的企业自主开发或拥有的一至两份代表性知识产权（如专利、布图设计登记、软件著作权等）的证明材料； 4. 经具有资质的中介机构鉴证的企业财务会计报告（包括会计报表、会计报表附注和财务情况说明书）以及集成电路制造销售（营业）收入、研究开发费用、境内研究开发费用等情况说明； 5. 与主要客户签订的一至两份代表性销售合同复印件； 6. 保证产品质量的相关证明材料（如质量管理认证证书复印件等）； 7. 税务机关要求出具的其他材料
集成电路设计企业	1. 企业职工人数、学历结构、研究开发人员情况及其占企业职工总数的比例说明，以及汇算清缴年度最后1个月社会保险缴纳证明等相关证明材料； 2. 企业开发销售的主要集成电路产品列表，以及国家知识产权局（或国外知识产权相关主管机构）出具的企业自主开发或拥有的一至两份代表性知识产权（如专利、布图设计登记、软件著作权等）的证明材料； 3. 经具有资质的中介机构鉴证的企业财务会计报告（包括会计报表、会计报表附注和财务情况说明书）以及集成电路设计销售（营业）收入、集成电路自主设计销售（营业）收入、研究开发费用、境内研究开发费用等情况表； 4. 第三方检测机构提供的集成电路产品测试报告或用户报告，以及与主要客户签订的一至两份代表性销售合同复印件； 5. 企业开发环境等相关证明材料； 6. 税务机关要求出具的其他材料
软件企业	1. 企业开发销售的主要软件产品列表或技术服务列表； 2. 主营业务为软件产品开发的企业，提供至少1个主要产品的软件著作权或专利权等自主知识产权的有效证明文件，以及第三方检测机构提供的软件产品测试报告；主营业务仅为技术服务的企业提供核心技术说明； 3. 企业职工人数、学历结构、研究开发人员及其占企业职工总数的比例说明，以及汇算清缴年度最后1个月社会保险缴纳证明等相关证明材料；

（续表）

企业类型	备案资料（复印件须加盖企业公章）
软件企业	4. 经具有资质的中介机构鉴证的企业财务会计报告（包括会计报表、会计报表附注和财务情况说明书）以及软件产品开发销售（营业）收入、软件产品自主开发销售（营业）收入、研究开发费用、境内研究开发费用等情况说明； 5. 与主要客户签订的一至两份代表性的软件产品销售合同或技术服务合同复印件； 6. 企业开发环境相关证明材料； 7. 税务机关要求出具的其他材料
国家规划布局内重点软件企业	1. 企业享受软件企业所得税优惠政策需要报送的备案资料； 2. 符合第二类条件的，应提供在国家规定的重点软件领域内销售（营业）情况说明； 3. 符合第三类条件的，应提供商务主管部门核发的软件出口合同登记证书，以及有效出口合同和结汇证明等材料； 4. 税务机关要求提供的其他材料
国家规划布局内重点集成电路设计企业	1. 企业享受集成电路设计企业所得税优惠政策需要报送的备案资料； 2. 符合第二类条件的，应提供在国家规定的重点集成电路设计领域内销售（营业）情况说明； 3. 税务机关要求提供的其他材料

（3）为切实加强优惠资格认定取消后的管理工作，在软件、集成电路企业享受优惠政策后，税务部门转请发展改革、工业和信息化部门进行核查。对经核查不符合软件、集成电路企业条件的，由税务部门追缴其已经享受的企业所得税优惠，并按照《税收征管理法》的规定进行处理。

（4）财税〔2012〕27号文件所称集成电路生产企业，是指以单片集成电路、多芯片集成电路、混合集成电路制造为主营业务并同时符合下列条件的企业：①在中国境内（不包括港、澳、台地区）依法注册并在发展改革、工业和信息化部门备案的居民企业。②汇算清缴年度具有劳动合同关系且具有大学专科以上学历职工人数占企业月平均职工总人数的比例不低于40%，其中研究开发人员占企业月平均职工总数的比例不低于20%。③拥有核心关键技术，并以此为基础开展经营活动，且汇算清缴年度研究开发费用总额占企业销售（营业）收入（主营业务收入与其他业务收入之和，下同）总额的比例不低于5%；其中，企业在中国境内发生的研究开发费用金额占研究开发费用总额的比例不低于60%。④汇算清缴年度集成电路制造销售（营业）收入占企业收入总额的比例不低于60%。⑤具有保证产品生产的手段和能力，并获得有关资质认证（包括ISO质量体系认证）。⑥汇算清缴年度未发生重大安全、重大质量事故或严重环境违法行为。

（5）财税〔2012〕27号文件所称集成电路设计企业是指以集成电路设计为主营业务并同时符合下列条件的企业：①在中国境内（不包括港、澳、台地区）依法注册的居民企业；②汇算清缴年度具有劳动合同关系且具有大学专科以上学历的职工人数占企业月平均职工总人数的比例不低40%，其中研究开发人员占企业月平均职工总数的比例不低于20%；③拥有核心关键技术，并以此为基础开展经营活动，且汇算清缴年度研究开发费用总额占企业销售（营业）收入总额的比例不低于6%；其中，企业在中国境内发生的研究开发费用金额占研究开发费用总额的比例不低于60%。④汇算清缴年度集成电路设计销售（营业）收入占企业收入总额的比例不低于60%，其中集成电路自主设计销售（营业）收入占企业收入总额的比例不低于50%；⑤主营业务拥有自主知识产权；⑥具有与集成电路设计相适应的软硬件设施等开发环境（如EDA工具、服务器或工作站等）；⑦汇算清缴年度未发生重大安全、重大质量事故或严重环境违法行为。

（6）财税〔2012〕27号文件所称软件企业是指以软件产品开发销售（营业）为主营业务并同时符合下列条件的企业：①在中国境内（不包括港、澳、台地区）依法注册的居民企业；②汇算清缴年度具有劳动合同关系且具有大学专科以上学历的职工人数占企业月平均职工总人数的比例不低于40%，其中研究开发人员占企业月平均职工总数的比例不低于20%；③拥有核心关键技术，并以此为基础开展经营活动，且汇算清缴年度研究开发费用总额占企业销售（营业）收入总额的比例不低于6%，其中，企业在中国境内发生的研究开发费用金额占研究开发费用总额的比例不低于60%；④汇算清缴年度软件产品开发销售（营业）收入占企业收入总额的比例不低于50%（嵌入式软件产品和信息系统集成产品开发销售（营业）收入占企业收入总额的比例不低于40%），其中：软件产品自主开发销售（营业）收入占企业收入总额的比例不低于40%（嵌入式软件产品和信息系统集成产品开发销售（营业）收入占企业收入总额的比例不低于30%）；⑤主营业务拥有自主知识产权；⑥具有与软件开发相适应软硬件设施等开发环境（如合法的开发工具等）；⑦汇算清缴年度未发生重大安全、重大质量事故或严重环境违法行为。

（7）财税〔2012〕27号文件所称国家规划布局内重点集成电路设计企业除符合上述规定，还应至少符合下列条件中的一项：①汇算清缴年度集成电路设计销售（营业）收入不低于2亿元，年应纳税所得额不低于1 000万元，研究开发人员占月平均职工总数的比例不低于25%；②在国家规定的重点集成电路设计领域内，汇算清缴年度集成电路设计销售（营业）收入不低于2 000万元，应纳税所得额不低于250万元，研究开发人员占月平均职工总数的比例不低于 35%，企业在中国境内发生的研发开发费用金额占研究开发费用总额的比例不低于 70%。

（8）财税〔2012〕27 号文件所称国家规划布局内重点软件企业是除符合上述规定，还应至少符合下列条件中的一项：①汇算清缴年度软件产品开发销售（营业）收入不低于 2 亿元，应纳税所得额不低于 1 000 万元，研究开发人员占企业月平均职工总数的比例不低于 25%；②在国家规定的重点软件领域内，汇算清缴年度软件产品开发销售（营业）收入不低于 5 000 万元，应纳税所得额不低于 250 万元，研究开发人员占企业月平均职工总数的比例不低于 25%，企业在中国境内发生的研究开发费用金额占研究开发费用总额的比例不低于 70%；③汇算清缴年度软件出口收入总额不低于 800 万美元，软件出口收入总额占本企业年度收入总额比例不低于 50%，研究开发人员占企业月平均职工总数的比例不低于 25%。

（9）国家规定的重点软件领域及重点集成电路设计领域，由国家发展改革委、工业和信息化部会同财政部、税务总局根据国家产业规划和布局确定，并实行动态调整。

（10）软件、集成电路企业规定条件中所称研究开发费用政策口径，2015 年度仍按《国家税务总局关于印发〈企业研究开发费用税前扣除管理办法（试行）〉的通知》（国税发〔2008〕116 号）和《财政部 国家税务总局关于研究开发费用税前加计扣除有关政策的通知》（财税〔2013〕70 号）的规定执行，2016 年及以后年度按照《财政部 国家税务总局 科技部关于完善研究开发费用税前加计扣除政策的通知》（财税〔2015〕119 号）的规定执行。

（11）软件、集成电路企业应从企业的获利年度起计算定期减免税优惠期。如获利年度不符合优惠条件的，应自首次符合软件、集成电路企业条件的年度起，在其优惠期的剩余年限内享受相应的减免税优惠。

（12）省级（自治区、直辖市、计划单列市，下同）财政、税务、发展改革和工业和信息化部门应密切配合，通过建立核查机制并有效运用核查结果，切实加强对软件、集成电路企业的后续管理工作。

（13）省级税务部门应在每年 3 月 20 日前和 6 月 20 日前分两批将汇算清缴年度已申报享受软件、集成电路企业税收优惠政策的企业名单及其备案资料提交省级发展改革、工业和信息化部门。其中，享受软件企业、集成电路设计企业税收优惠政策的名单及备案资料提交给省级工业和信息化部门，省级工业和信息化部门组织专家或者委托第三方机构对名单内企业是否符合条件进行核查；享受其他优惠政策的名单及备案资料提交给省级发展改革部门，省级发展改革部门会同工业和信息化部门共同组织专家或者委托第三方机构对名单内企业是否符合条件进行核查。

（14）2015 年度享受优惠政策的企业名单和备案资料，省级税务部门可在 2016 年 6 月 20 日前一次性提交给省级发展改革、工业和信息化部门。

（15）省级发展改革、工业和信息化部门应在收到享受优惠政策的企业名单和备案资料两个月内将复核结果反馈省级税务部门（第一批名单复核结果应在汇算清缴期结束前反馈）。

（16）每年 10 月底前，省级财政、税务、发展改革、工业和信息化部门应将核查结果及税收优惠落实情况联合汇总上报财政部、税务总局、国家发展改革委、工业和信息化部。如遇特殊情况汇算清缴延期的，上述期限可相应顺延。

（17）省级财政、税务、发展改革、工业和信息化部门可以根据本通知规定，结合当地实际，制定具体操作管理办法，并报财政部、税务总局、发展改革委、工业和信息化部备案。

（18）国家税务总局公告 2015 年第 76 号所附《企业所得税优惠事项备案管理目录（2015 年版）》第 38、第 41、第 42、第 43、第 46 项软件、集成电路企业优惠政策不再作为"定期减免税优惠备案管理事项"管理，上述政策执行前已经履行备案等相关手续的，在享受税收优惠的年度仍应按照上述规定办理备案手续。

（19）上述政策自 2015 年 1 月 1 日起执行。《财政部 国家税务总局关于进一步鼓励软件产业和集成电路产业发展企业所得税政策的通知》（财税〔2012〕27 号）第九条、第十条、第十一条、第十三条、第十七条、第十八条、第十九条和第二十条停止执行。国家税务总局公告 2015 年第 76 号所附《企业所得税优惠事项备案管理目录（2015 年版）》第 38 项至 43 项及第 46 至 48 项软件、集成电路企业优惠政策的"备案资料""主要留存备查资料"规定停止执行。

 ### 国家规划布局内重点软件和集成电路设计领域有哪些？

国家规划布局内重点软件和集成电路设计领域如下：

（1）《国家发展和改革委员会 工业和信息化部 财政部 国家税务总局关于印发国家规划布局内重点软件和集成电路设计领域的通知》（发改高技〔2016〕1056 号）自 2015 年 1 月 1 日起执行。

（2）重点软件领域：①基础软件：操作系统、数据库、中间件；②工业软件和服务：研发设计类、经营管理类和生产控制类产品和服务；③信息安全软件产品研发应用及工业控制系统咨询设计、集成实施和运行维护等服务；④数据分析处理软件和数据获取、分析、处理、存储服务；⑤移动互联网：

移动支付、地图导航、浏览器、数字创意、移动应用开发工具及环境类软件；⑥嵌入式软件（软件收入比例不低于50%）；⑦高技术服务软件：研发设计、知识产权、检验检测和生物技术服务软件；⑧语言文字信息处理软件：汉语和少数民族语言相关文字编辑处理、语音识别 / 合成、机器翻译软件；⑨云计算：大型公有云 IaaS、PaaS 服务。

（3）重点集成电路设计领域：①高性能处理器和 FPGA 芯片；②存储器芯片；③物联网和信息安全芯片；④ EDA、IP 及设计服务；⑤工业芯片。

（4）符合《财政部 国家税务总局 发展改革委 工业和信息化部关于软件和集成电路产业企业所得税优惠政策有关问题的通知》（财税〔2016〕49号）第五条第（二）项、第六条第（二）项条件的企业，如业务范围涉及多个领域，仅选择其中一个领域向税务机关备案。选择领域的销售（营业）收入占本企业软件产品开发销售（营业）收入或集成电路设计销售（营业）收入的比例不低于20%。

（5）国家发展改革委、工业和信息化部会同财政部、税务总局，根据国家产业政策规划和布局，对上述领域实行动态调整。

十二、重点群体创业就业税收优惠政策

 重点群体创业就业的税收优惠政策有哪些？

支持和促进重点群体创业就业有关税收政策如下：

（1）1998年以来，国家对下岗失业人员再就业给予了一系列税收扶持政策，特别是自2011年1月1日起实施了新的支持和促进就业的税收优惠政策，进一步扩大了享受税收优惠政策的人员范围，对于支持重点群体创业就业，促进社会和谐稳定，推动经济发展发挥了重要作用。该政策于2013年12月31日执行到期。根据当前宏观经济形势和就业面临的新情况、新问题，为扩大就业，鼓励以创业带动就业，经国务院批准，《财政部 国家税务总局 人力资源社会保障部关于继续实施支持和促进重点群体创业就业有关税收政策的通知》（财税〔2014〕39号）规定继续实施支持和促进重点群体创业就业税收政策。

（2）对持《就业失业登记证》（注明"自主创业税收政策"或附着《高校毕业生自主创业证》）人员从事个体经营的，在3年内按每户每年8 000元为限额依次扣减其当年实际应缴纳的营业税、城市维护建设税、教育费附加、地方教育附加和个人所得税。限额标准最高可上浮20%，各省、自治区、直辖市人民政府可根据本地区实际情况在此幅度内确定具体限额标准，并报财政部和国家税务总局备案。

（3）纳税人年度应缴纳税款小于上述扣减限额的，以其实际缴纳的税款为限；大于上述扣减限额的，应以上述扣减限额为限。

 友情提示

> 上述所称持《就业失业登记证》（注明"自主创业税收政策"或附着《高校毕业生自主创业证》）人员是指：①在人力资源社会保障部门公共就业服务机构登记失业半年以上的人员；②零就业家庭、享受城市居民最低生活保障家庭劳动年龄内的登记失业人员；③毕业年度内高校毕业生。高校毕业生是指实施高等学历教育的普通高等学校、成人高等学校毕业的学生，毕业年度是指毕业所在自然年，即1月1日至12月31日。

（4）对商贸企业、服务型企业、劳动就业服务企业中的加工型企业和街道社区具有加工性质的小型企业实体，在新增加的岗位中，当年新招用在人力资源社会保障部门公共就业服务机构登记失业1年以上且持《就业失业登记证》（注明"企业吸纳税收政策"）人员，与其签订1年以上期限劳动合同并依法缴纳社会保险费的，在3年内按实际招用人数予以定额依次扣减营业税、城市维护建设税、教育费附加、地方教育附加和企业所得税优惠。定额标准为每人每年4000元，最高可上浮30%，各省、自治区、直辖市人民政府可根据本地区实际情况在此幅度内确定具体定额标准，并报财政部和国家税务总局备案。

（5）按上述标准计算的税收扣减额应在企业当年实际应缴纳的营业税、城市维护建设税、教育费附加、地方教育附加和企业所得税税额中扣减，当年扣减不足的，不得结转下年使用。

 友情提示

> 上述所称服务型企业是指从事现行营业税"服务业"税目规定经营活动的企业以及按照《民办非企业单位登记管理暂行条例》（国务院令第251号）登记成立的民办非企业单位。

（6）享受上述优惠政策的人员按以下规定申领《就业失业登记证》、《高校毕业生自主创业证》等凭证：①按照《就业服务与就业管理规定》（中华人民共和国劳动和社会保障部令第28号）第六十三条的规定,在法定劳动年龄内,有劳动能力,有就业要求,处于无业状态的城镇常住人员,在公共就业服务机构进行失业登记,申领《就业失业登记证》。其中,农村进城务工人员和其他非本地户籍人员在常住地稳定就业满6个月的,失业后可以在常住地登记。②零就业家庭凭社区出具的证明,城镇低保家庭凭低保证明,在公共就业服务机构登记失业,申领《就业失业登记证》。③毕业年度内高校毕业生在校期间凭学校出具的相关证明,经学校所在地省级教育行政部门核实认定,取得《高校毕业生自主创业证》(仅在毕业年度适用),并向创业地公共就业服务机构申请取得《就业失业登记证》;高校毕业生离校后直接向创业地公共就业服务机构申领《就业失业登记证》。④上述人员申领相关凭证后,由就业和创业地人力资源社会保障部门对人员范围、就业失业状态、已享受政策情况进行核实,在《就业失业登记证》上注明"自主创业税收政策"或"企业吸纳税收政策"字样,同时符合自主创业和企业吸纳税收政策条件的,可同时加注;主管税务机关在《就业失业登记证》上加盖戳记,注明减免税所属时间。

（7）上述政策的执行期限为2014年1月1日至2016年12月31日。上述规定的税收优惠政策按照备案减免税管理,纳税人应向主管税务机关备案。税收优惠政策在2016年12月31日未享受满3年的,可继续享受至3年期满为止。《财政部 国家税务总局关于支持和促进就业有关税收政策的通知》(财税〔2010〕84号)所规定的税收优惠政策在2013年12月31日未享受满3年的,可继续享受至3年期满为止。

（8）上述人员不得重复享受税收优惠政策,以前年度已享受各项就业税收优惠政策的人员不得再享受上述规定的税收优惠政策。如果企业的就业人员既适用上述规定的税收优惠政策,又适用其他扶持就业的税收优惠政策,企业可选择适用最优惠的政策,但不能重复享受。

（9）上述税收政策的具体实施办法由国家税务总局会同财政部、人力资源社会保障部、教育部、民政部另行制定。

退役士兵创业就业可以享受哪些税收优惠政策?

调整完善扶持自主就业退役士兵创业就业有关税收政策如下:

（1）自2004年起,国家对城镇退役士兵自谋职业给予税收扶持政策,有力地促进了城镇退役士兵创业就业。2011年10月29日,新修订的《兵役法》和首次制定的《退役士兵安置条例》公布,城乡一体的退役士兵安置改革正式施行,退役士兵安置工作进入新的历史时期。为贯彻落实中央对扎实做好退役士兵安置工作的新要求,经国务院批准,《财政部 国家税务总局 民政部关于调整完善扶持自主就业退役士兵创业就业有关税收政策的通知》(财税〔2014〕42号)规定了自主就业退役士兵创业就业的相关税收政策。

(2)对自主就业退役士兵从事个体经营的,在3年内按每户每年8 000元为限额依次扣减其当年实际应缴纳的营业税、城市维护建设税、教育费附加、地方教育附加和个人所得税。限额标准最高可上浮20%,各省、自治区、直辖市人民政府可根据本地区实际情况在此幅度内确定具体限额标准,并报财政部和国家税务总局备案。

(3)纳税人年度应缴纳税款小于上述扣减限额的,以其实际缴纳的税款为限;大于上述扣减限额的,应以上述扣减限额为限。纳税人的实际经营期不足一年的,应当以实际月份换算其减免税限额。

换算公式为:

$$减免税限额 = 年度减免税限额 \div 12 \times 实际经营月数$$

(4)纳税人在享受税收优惠政策的当月,持《中国人民解放军义务兵退出现役证》或《中国人民解放军士官退出现役证》以及税务机关要求的相关材料向主管税务机关备案。

(5)对商贸企业、服务型企业、劳动就业服务企业中的加工型企业和街道社区具有加工性质的小型企业实体,在新增加的岗位中,当年新招用自主就业退役士兵,与其签订1年以上期限劳动合同并依法缴纳社会保险费的,在3年内按实际招用人数予以定额依次扣减营业税、城市维护建设税、教育费附加、地方教育附加和企业所得税优惠。定额标准为每人每年4 000元,最高可上浮50%,各省、自治区、直辖市人民政府可根据本地区实际情况在此幅度内确定具体定额标准,并报财政部和国家税务总局备案。

 友情提示

> 上述所称服务型企业是指从事现行营业税"服务业"税目规定经营活动的企业以及按照《民办非企业单位登记管理暂行条例》(国务院令第251号)登记成立的民办非企业单位。

(6)纳税人按企业招用人数和签订的劳动合同时间核定企业减免税总额,在核定减免税总额内每月依次扣减营业税、城市维护建设税、教育费附加和地方教育附加。纳税人实际应缴纳的营业税、城市维护建设税、教育费附加和地方教育附加小于核定减免税总额的,以实际应缴纳的营业税、城市维护建设税、教育费附加和地方教育附加为限;实际应缴纳的营业税、城市维护建设税、教育费附加和地方教育附加大于核定减免税总额的,以核定减免税总额为限。

（7）纳税年度终了，如果企业实际减免的营业税、城市维护建设税、教育费附加和地方教育附加小于核定的减免税总额，企业在企业所得税汇算清缴时扣减企业所得税。当年扣减不足的，不再结转以后年度扣减。计算公式为：企业减免税总额 = ∑ 每名自主就业退役士兵本年度在本企业工作月份 ÷12× 定额标准。

（8）企业自招用自主就业退役士兵的次月起享受税收优惠政策，并于享受税收优惠政策的当月，持下列材料向主管税务机关备案：①新招用自主就业退役士兵的《中国人民解放军义务兵退出现役证》或《中国人民解放军士官退出现役证》；②企业与新招用自主就业退役士兵签订的劳动合同（副本），企业为职工缴纳的社会保险费记录；③自主就业退役士兵本年度在企业工作时间表；④税务机关要求的其他相关材料。

 友情提示

上述所称自主就业退役士兵是指依照《退役士兵安置条例》（国务院、中央军委令第608号）的规定退出现役并按自主就业方式安置的退役士兵。

（9）上述政策的执行期限为2014年1月1日至2016年12月31日。上述规定的税收优惠政策按照备案减免税管理，纳税人应向主管税务机关备案。税收优惠政策在2016年12月31日未享受满3年的，可继续享受至3年期满为止。《财政部 国家税务总局关于扶持城镇退役士兵自谋职业有关税收优惠政策的通知》（财税〔2004〕93号）自2014年1月1日起停止执行，其所规定的税收优惠政策在2013年12月31日未享受满3年的，可继续享受至3年期满为止。

（10）如果企业招用的自主就业退役士兵既适用上述规定的税收优惠政策，又适用其他扶持就业的税收优惠政策，企业可选择适用最优惠的政策，但不能重复享受。

 重点群体创业就业税收政策的具体实施制度有哪些？

支持和促进重点群体创业就业税收政策具体实施制度如下：

（1）申请个体经营税收政策：①在人力资源社会保障部门公共就业服务机构登记失业半年以上的人员、零就业家庭或享受城市居民最低生活保障家庭劳动年龄内的登记失业人员，可持《就业失业登记证》、个体工商户登记执照和税务登记证向创业地县以上（含县级，下同）人力资源社会保障部门提出申请。县以上人力资源社会保障部门应当按照《财政部 国家税务总局 人力资源社会保障部关于继续实施支持和促进重点群体创业就业有关税收政策的通知》（财税〔2014〕39号）的规定，核实创业人员是否享受过税收扶持政策。核实后，对符合条件人员在《就业失业登记证》上注明"自主创业税收政策"。②毕业年度高校毕业生在校期间创业的，可注册登录教育部大学生创业服务网（网址：http：//cy.ncss.org.cn），提交《高校毕业生自主创业证》申请表，由所在高校进行网上信息审核确认，学校所在地省级教育行政部门依据学生学籍学历电子注册数据库，对高校毕业生身份、学籍学历、是否是应届高校毕业生等信息进行核实后，向高校毕业生发放《高校毕业生自主创业证》，并在数据库中将其标注为"已领取《高校毕业生自主创业证》"。高校毕业生持《高校毕业生自主创业证》向创业地人力资源社会保障部门提出申请，由创业地人力资源社会保障部门相应核发《就业失业登记证》。③毕业年度高校毕业生离校后创业的，可凭毕业证，直接向创业地县以上人力资源社会保障部门提出申请。县以上人力资源社会保障部门在对人员范围、就业失业状态、已享受政策情况核实后，对符合条件人员相应核发《就业失业登记证》，并注明"自主创业税收政策"。

（2）税款减免顺序及额度：①符合条件人员从事个体经营的，按照财税〔2014〕39号文件第一条的规定，在年度减免税限额内，依次扣减营业税、城市维护建设税、教育费附加、地方教育附加和个人所得税。纳税人的实际经营期不足1年的，应当以实际月份换算其减免税限额。换算公式为：减免税限额＝年度减免税限额÷12×实际经营月数。②纳税人实际应缴纳的营业税、城市维护建设税、教育费附加、地方教育附加和个人所得税小于减免税限额的，以实际应缴纳的营业税、城市维护建设税、教育费附加、地方教育附加和个人所得税税额为限；实际应缴纳的营业税、城市维护建设税、教育费附加、地方教育附加和个人所得税大于减免税限额的，以减免税限额为限。

（3）税收减免备案：税人在享受税收优惠政策后的当月，持《就业失业登记证》（注明"自主创业税收政策"或附着《高校毕业生自主创业证》）和税务机关要求的相关材料向其主管税务机关备案。

（4）申请企业、民办非企业单位吸纳税收政策。符合条件的企业、民办非企业单位持下列材料向县以上人力资源社会保障部门递交申请：①新招用人员持有的《就业失业登记证》。②企业、民办非企业单位与新招用持《就业失业登记证》人员签订的劳动合同（副本），企业、民办非企业单位为职工缴纳的社会保险费记录。③《持〈就业失业登记证〉人员本年度实际工作时间表》。④人力资源社会保障部门要求的其他材料。其中，劳动就业服务企业要提交《劳动就业服务企业证书》，民办非企业单位提交《民办非企业单位登记证书》。

（5）县以上人力资源社会保障部门接到企业、民办非企业单位报送的材料后，应当按照财税〔2014〕39号文件的规定，重点核实以下情况：①新招用人员是否属于享受税收优惠政策人员范围，以前是否已享受过税收优惠政策；②企业、民办非企业单位是否与新招用人员签订了1年以上期限劳动合同，为新招用人员缴纳社会保险费的记录；③企业、民办非企业单位的经营范围是否符合税收政策规定。核实后，对符合条件的人员，在《就业失业登记证》上注明"企业吸纳税收政策"，对符合条件的企业、民办非企业单位核发《企业实体吸纳失业人员认定证明》。

（6）税款减免顺序及额度：①纳税人按本单位吸纳人数和签订的劳动合同时间核定本单位减免税总额，在减免税总额内每月依次扣减营业税、城市维护建设税、教育费附加和地方教育附加。纳税人实际应缴纳的营业税、城市维护建设税、教育费附加和地方教育附加小于核定减免税总额的，以实际应缴纳的营业税、城市维护建设税、教育费附加、地方教育附加为限；实际应缴纳的营业税、城市维护建设税、教育费附加和地方教育附加大于核定减免税总额的，以核定减免税总额为限。②纳税年度终了，如果纳税人实际减免的营业税、城市维护建设税、教育费附加和地方教育附加小于核定的减免税总额，纳税人在企业所得税汇算清缴时，以差额部分扣减企业所得税。当年扣减不足的，不再结转以后年度扣减。减免税总额 = ∑ 每名失业人员本年度在本企业工作月份 ÷ 12 × 定额。企业、民办非企业单位自吸纳失业人员的次月起享受税收优惠政策。③第2年及以后年度当年新招用人员、原招用人员及其工作时间按上述程序和办法执行。每名失业人员享受税收优惠政策的期限最长不超过3年。

（7）税收减免备案：①经县以上人力资源社会保障部门核实后，纳税人依法享受税收优惠政策。纳税人持县以上人力资源社会保障部门核发的《企业实体吸纳失业人员认定证明》《持〈就业失业登记证〉人员本年度实际工作时间表》和税务机关要求的其他材料，在享受税收优惠政策后的当月向主管税务机关备案。②企业、民办非企业单位纳税年度终了前招用失业人员发生变化的，应当在人员变化次月按照前项规定重新备案。

（8）严格各项凭证的审核发放。任何单位或个人不得伪造、涂改、转让、出租相关凭证，违者将依法予以惩处；对采取上述手段已经获取减免税的企业、民办非企业单位和个人，主管税务机关要追缴其已减免的税款，并依法予以处罚；对出借、转让《就业失业登记证》的人员，主管人力资源社会保障部门要收回其《就业失业登记证》并记录在案。

（9）《就业失业登记证》采用实名制，限持证者本人使用。创业人员从事个体经营的,《就业失业登记证》由本人保管;被用人单位录用的,享受税收优惠政策期间,证件由用人单位保管。《就业失业登记证》由人力资源社会保障部统一样式,各省、自治区、直辖市人力资源社会保障部门负责印制,统一编号备案,作为审核劳动者就业失业状况和享受政策情况的有效凭证。

(10)《企业实体吸纳失业人员认定证明》由人力资源社会保障部统一式样,各省、自治区、直辖市人力资源社会保障部门统一印制,统一编号备案。

(11)《高校毕业生自主创业证》采用实名制,限持证者本人使用。《高校毕业生自主创业证》由教育部统一样式,各省、自治区、直辖市教育行政部门负责印制,其中注明申领人姓名、身份证号、毕业院校等信息,并粘贴申领人本人照片。

(12)县以上税务、财政、人力资源社会保障、教育、民政部门要建立劳动者就业信息交换和协查制度。人力资源社会保障部建立全国统一的就业信息平台,供各级人力资源社会保障、税务、财政、民政部门查询《就业失业登记证》信息。地方各级人力资源社会保障部门要及时将《就业失业登记证》信息(包括发放信息和内容更新信息)按规定上报人力资源社会保障部。教育部门要按季将《高校毕业生自主创业证》发放情况以电子、纸质文件等形式通报同级人力资源社会保障部门和税务机关。

(13)主管税务机关应当在纳税人备案时,在《就业失业登记证》中加盖戳记,注明减免税所属时间。各级税务机关对《就业失业登记证》有疑问的,可提请同级人力资源社会保障部门予以协查,同级人力资源社会保障部门应根据具体情况规定合理的工作时限,并在时限内将协查结果通报提请协查的税务机关。

 重点群体创业就业税收政策有哪些补充规定?

支持和促进重点群体创业就业税收政策补充规定如下:

(1)自 2015 年 1 月 27 日,将《就业失业登记证》更名为《就业创业证》,已发放的《就业失业登记证》继续有效,不再统一更换。《就业创业证》的发放、使用、管理等事项按人力资源社会保障部的有关规定执行。各地可印制一批《就业创业证》先向有需求的毕业年度内高校毕业生发放。

(2)取消《高校毕业生自主创业证》,毕业年度内高校毕业生从事个体经营的,持《就业创业证》(注明"毕业年度内自主创业税收政策")享受税收优惠政策。

(3)毕业年度内高校毕业生在校期间凭学生证向公共就业服务机构按规定申领《就业创业证》,或委托所在高校就业指导中心向公共就业服务机构按规定代为其申领《就业创业证》；毕业年度内高校毕业生离校后直接向公共就业服务机构按规定申领《就业创业证》。

十三、节能服务与技术先进型服务企业税收优惠政策

 节能服务公司实施合同能源管理项目有哪些税收优惠政策？

节能服务公司实施合同能源管理项目有关税收政策如下：

（1）对符合条件的节能服务公司实施合同能源管理项目，符合企业所得税税法有关规定的，自项目取得第1笔生产经营收入所属纳税年度起，第1年至第3年免征企业所得税，第4年至第6年按照25%的法定税率减半征收企业所得税。

（2）对符合条件的节能服务公司，以及与其签订节能效益分享型合同的用能企业，实施合同能源管理项目有关资产的企业所得税税务处理按以下规定执行：①用能企业按照能源管理合同实际支付给节能服务公司的合理支出，均可以在计算当期应纳税所得额时扣除，不再区分服务费用和资产价款进行税务处理；②能源管理合同期满后，节能服务公司转让给用能企业的因实施合同能源管理项目形成的资产，按折旧或摊销期满的资产进行税务处理，用能企业从节能服务公司接受有关资产的计税基础也应按折旧或摊销期满的资产进行税务处理；③能源管理合同期满后，节能服务公司与用能企业办理有关资产的权属转移时，用能企业已支付的资产价款，不再另行计入节能服务公司的收入。

（3）上述所称"符合条件"是指同时满足以下条件：①具有独立法人资格，注册资金不低于100万元，且能够单独提供用能状况诊断、节能项目设计、融资、改造（包括施工、设备安装、调试、验收等）、运行管理、人员培训等服务的专业化节能服务公司；②节能服务公司实施合同能源管理项目相关技术应符合国家质量监督检验检疫总局和国家标准化管理委员会发布的《合同能源管理技术通则》（GB/T24915—2010）规定的技术要求；③节能服务公司与用能企业签订《节能效益分享型》合同，其合同格式和内容，符合我国《合同法》和国家质量监督检验检疫总局和国家标准化管理委员会发布的《合同能源管理技术通则》（GB/T24915—2010）等规定；④节能服务公司实施合同能源管理的项目符合《财政部 国家税务总局国家发展改革委关于公布环境保护节能节水项目企业所得税优惠目录（试行）的通知》（财税〔2009〕166号）"4.节能减排技术改造"类中第1项至第8项规定的项目和条件；⑤节能服务

公司投资额不低于实施合同能源管理项目投资总额的70%；⑥节能服务公司拥有匹配的专职技术人员和合同能源管理人才，具有保障项目顺利实施和稳定运行的能力。

（4）节能服务公司与用能企业之间的业务往来，应当按照独立企业之间的业务往来收取或者支付价款、费用。不按照独立企业之间的业务往来收取或者支付价款、费用，而减少其应纳税所得额的，税务机关有权进行合理调整。

（5）用能企业对从节能服务公司取得的与实施合同能源管理项目有关的资产，应与企业其他资产分开核算，并建立辅助账或明细账。

（6）节能服务公司同时从事适用不同税收政策待遇项目的，其享受税收优惠项目应当单独计算收入、扣除，并合理分摊企业的期间费用；没有单独计算的，不得享受税收优惠政策。

节能服务公司实施合同能源管理项目享受税收优惠有哪些管理制度？

节能服务公司实施合同能源管理项目享受税收优惠的管理制度如下：

（1）对实施节能效益分享型合同能源管理项目（以下简称项目）的节能服务企业，凡实行查账征收所得税的居民企业并符合企业所得税法和有关规定的，该项目可享受《财政部 国家税务总局关于促进节能服务产业发展增值税、营业税和企业所得税政策问题的通知》（财税〔2010〕110号）规定的企业所得税"三免三减半"优惠政策。如节能服务企业的分享型合同约定的效益分享期短于6年的，按实际分享期享受优惠。

（2）节能服务企业享受"三免三减半"项目的优惠期限，应连续计算。对在优惠期限内转让所享受优惠的项目给其他符合条件的节能服务企业，受让企业承续经营该项目的，可自项目受让之日起，在剩余期限内享受规定的优惠；优惠期限届满后转让的，受让企业不得就该项目重复享受优惠。

（3）节能服务企业投资项目所发生的支出，应按税法规定作资本化或费用化处理。形成的固定资产或无形资产，应按合同约定的效益分享期计提折旧或摊销。

（4）节能服务企业应分别核算各项目的成本费用支出额。对在合同约定的效益分享期内发生的期间费用划分不清的，应合理进行分摊，期间费用的分摊应按照项目投资额和销售（营业）收入额两个因素计算分摊比例，两个因素的权重各为50%。

（5）节能服务企业、节能效益分享型能源管理合同和合同能源管理项目应符合财税〔2010〕110号第二条第（三）项所规定的条件。

（6）享受企业所得税优惠政策的项目应属于《财政部 国家税务总局 国家

发展改革委关于公布环境保护节能节水项目企业所得税优惠目录（试行）的通知》（财税〔2009〕166号）规定的节能减排技术改造项目，包括余热余压利用、绿色照明等节能效益分享型合同能源管理项目。

（7）合同能源管理项目优惠实行事前备案管理。节能服务企业享受合同能源管理项目企业所得税优惠的，应向主管税务机关备案。涉及多个项目优惠的，应按各项目分别进行备案。节能服务企业应在项目取得第1笔收入的次年4个月内，完成项目享受优惠备案。办理备案手续时需提供以下资料：①减免税备案申请；②能源管理合同复印件；③国家发展改革委、财政部公布的第三方机构出具的《合同能源管理项目情况确认表》，或者政府节能主管部门出具的合同能源管理项目确认意见；④《合同能源管理项目应纳税所得额计算表》；⑤项目第一笔收入的发票复印件；⑥合同能源管理项目发生转让的，受让节能服务企业除提供上述材料外，还需提供项目转让合同、项目原享受优惠的备案文件。

（8）企业享受优惠条件发生变化的，应当自发生变化之日起15日内向主管税务机关书面报告。如不再符合享受优惠条件的，应停止享受优惠，并依法缴纳企业所得税。对节能服务企业采取虚假手段获取税收优惠的、享受优惠条件发生变化而未及时向主管税务机关报告的以及未按本公告规定报送备案资料而自行减免税的，主管税务机关应按照税收征管法等有关规定进行处理。税务部门应设立节能服务企业项目管理台账和统计制度，并会同节能主管部门建立监管机制。

（9）合同能源管理项目确认由国家发展改革委、财政部公布的第三方节能量审核机构负责，并出具《合同能源管理项目情况确认表》，或者由政府节能主管部门出具合同能源管理项目确认意见。第三方机构在合同能源管理项目确认过程中应严格按照国家有关要求认真审核把关，确保审核结果客观、真实。对在审核过程中把关不严、弄虚作假的第三方机构，一经查实，将取消其审核资质，并按相关法律规定追究责任。

清洁发展基金与项目享受哪些税收优惠政策？

中国清洁发展机制基金及清洁发展机制项目实施企业有关企业所得税政策如下：

（1）对清洁基金取得的下列收入，免征企业所得税：①CDM项目温室气体减排量转让收入上缴国家的部分；②国际金融组织赠款收入；③基金资金的存款利息收入、购买国债的利息收入；④国内外机构、组织和个人的捐赠收入。

（2）CDM项目实施企业按照《清洁发展机制项目运行管理办法》（发展改革委、科技部、外交部、财政部令第37号）的规定，将温室气体减排量的转让收入，按照以下比例上缴给国家的部分，准予在计算应纳税所得额时扣除：①氢氟碳化物（HFC）和全氟碳化物（PFC）类项目，为温室气体减排量转让收入的65%；②氧化亚氮（N_2O）类项目，为温室气体减排量转让收入的30%；③《清洁发展机制项目运行管理办法》第四条规定的重点领域以及植树造林项目等类清洁发展机制项目，为温室气体减排量转让收入的2%。

（3）对企业实施的将温室气体减排量转让收入的65%上缴给国家的HFC和PFC类CDM项目，以及将温室气体减排量转让收入的30%上缴给国家的N_2O类CDM项目，其实施该类CDM项目的所得，自项目取得第1笔减排量转让收入所属纳税年度起，第1年至第3年免征企业所得税，第4年至第6年减半征收企业所得税。

（4）企业实施CDM项目的所得，是指企业实施CDM项目取得的温室气体减排量转让收入扣除上缴国家的部分，再扣除企业实施CDM项目发生的相关成本、费用后的净所得。

（5）企业应单独核算其享受优惠的CDM项目的所得，并合理分摊有关期间费用，没有单独核算的，不得享受上述企业所得税优惠政策。

技术先进型服务企业可以享受哪些税收优惠政策？

根据《财政部 国家税务总局 商务部 科技部 国家发展改革委关于在服务贸易创新发展试点地区推广技术先进型服务企业所得税优惠政策的通知》（财税〔2016〕122号）的规定，为加快服务贸易发展，进一步推进外贸结构优化，根据国务院有关决定精神，现就在服务贸易创新发展试点地区推广技术先进型服务企业所得税优惠政策通知如下：

（1）自2016年1月1日起至2017年12月31日止，在天津、上海、海南、深圳、杭州、武汉、广州、成都、苏州、威海和哈尔滨新区、江北新区、两江新区、贵安新区、西咸新区15个服务贸易创新发展试点地区（以下简称试点地区）实行以下企业所得税优惠政策：

①符合条件的技术先进型服务企业减按15%的税率征收企业所得税。

②符合条件的技术先进型服务企业实际发生的职工教育经费支出，不超过工资薪金总额8%的部分，准予在计算应纳税所得额时扣除；超过部分准予在以后纳税年度结转扣除。

（2）本通知所称技术先进型服务企业须满足的条件及有关管理事项，按照《财政部 国家税务总局 商务部 科技部 国家发展改革委关于完善技术先进型服务企业有关企业所得税政策问题的通知》（财税〔2014〕59号）的相关规定执行。其中，企业须满足的技术先进型服务业务领域范围按照本通知所附《技术先进型服务业务领域范围（服务贸易类）》执行。

（3）试点地区人民政府（管委会）财政、税务、商务、科技和发展改革部门应加强沟通与协作，发现新情况、新问题及时上报财政部、国家税务总局、商务部、科技部和发展改革委。

（4）《财政部 国家税务总局 商务部 科技部 国家发展改革委关于完善技术先进型服务企业有关企业所得税政策问题的通知》（财税〔2014〕59号）继续有效。

附件：技术先进型服务业务领域范围。（服务贸易类）

技术先进型服务业务领域范围（服务贸易类）

类　别	适用范围
一、计算机和信息服务	
1. 信息系统集成服务	系统集成咨询服务；系统集成工程服务；提供硬件设备现场组装、软件安装与调试及相关运营维护支撑服务；系统运营维护服务，包括系统运行检测监控、故障定位与排除、性能管理、优化升级等。
2. 数据服务	数据存储管理服务，提供数据规划、评估、审计、咨询、清洗、整理、应用服务，数据增值服务，提供其他未分类数据处理服务。
二、研究开发和技术服务	
3. 研究和实验开发服务	物理学、化学、生物学、基因学、工程学、医学、农业科学、环境科学、人类地理科学、经济学和人文科学等领域的研究和实验开发服务。
4. 工业设计服务	对产品的材料、结构、机理、形状、颜色和表面处理的设计与选择；对产品进行的综合设计服务，即产品外观的设计、机械结构和电路设计等服务。
5. 知识产权跨境许可与转让	以专利、版权、商标等为载体的技术贸易。知识产权跨境许可是指授权境外机构有偿使用专利、版权和商标等；知识产权跨境转让是指将专利、版权和商标等知识产权售卖给境外机构。
三、文化技术服务	
6. 文化产品数字制作及相关服务	采用数字技术对舞台剧目、音乐、美术、文物、非物质文化遗产、文献资源等文化内容以及各种出版物进行数字化转化和开发，为各种显示终端提供内容，以及采用数字技术传播、经营文化产品等相关服务。
7. 文化产品的对外翻译、配音及制作服务	将本国文化产品翻译或配音成其他国家语言，将其他国家文化产品翻译或配音成本国语言以及与其相关的制作服务。
四、中医药医疗服务	
8. 中医药医疗保健及相关服务	与中医药相关的远程医疗保健、教育培训、文化交流等服务。

十四、公益性捐赠扣除

 企业进行公益性捐赠可以享受哪些扣除政策？

公益性捐赠税前扣除制度如下：

（1）企业发生的公益性捐赠支出，在年度利润总额12%以内的部分，准予在计算应纳税所得额时扣除；超过年度利润总额12%的部分，准予结转以后三年内在计算应纳税所得额时扣除。

（2）公益性捐赠，是指企业通过公益性社会团体或者县级以上人民政府及其部门，用于《中华人民共和国公益事业捐赠法》规定的公益事业的捐赠。年度利润总额，是指企业依照国家统一会计制度的规定计算的年度会计利润。

（3）公益性社会团体，是指同时符合下列条件的基金会、慈善组织等社会团体：①依法登记，具有法人资格；②以发展公益事业为宗旨，且不以营利为目的；③全部资产及其增值为该法人所有；④收益和营运结余主要用于符合该法人设立目的的事业；⑤终止后的剩余财产不归属任何个人或者营利组织；⑥不经营与其设立目的无关的业务；⑦有健全的财务会计制度；⑧捐赠者不以任何形式参与社会团体财产的分配；⑨国务院财政、税务主管部门会同国务院民政部门等登记管理部门规定的其他条件。

（4）自2016年1月1日至2018年12月31日，企事业单位、社会团体以及其他组织捐赠住房作为公共租赁住房，符合税收法律法规规定的，对其公益性捐赠支出在年度利润总额12%以内的部分，准予在计算应纳税所得额时扣除。

 公益性捐赠税前扣除有哪些具体的管理制度？

公益性捐赠税前扣除管理制度如下：

（1）企业通过公益性社会团体或者县级以上人民政府及其部门，用于公益事业的捐赠支出，在年度利润总额12%以内的部分，准予在计算应纳税所得额时扣除。年度利润总额，是指企业依照国家统一会计制度的规定计算的大于零的数额。

（2）个人通过社会团体、国家机关向公益事业的捐赠支出，按照现行税收法律、行政法规及相关政策规定准予在所得税税前扣除。

（3）上述所称的用于公益事业的捐赠支出，是指《公益事业捐赠法》规定的向公益事业的捐赠支出，具体范围包括：①救助灾害、救济贫困、扶助残疾人等困难的社会群体和个人的活动；②教育、科学、文化、卫生、体育事业；③环境保护、社会公共设施建设；④促进社会发展和进步的其他社会公共和福利事业。

（4）上述公益性社会团体和社会团体均指依据国务院发布的《基金会管理条例》和《社会团体登记管理条例》的规定，经民政部门依法登记、符合以下条件的基金会、慈善组织等公益性社会团体：①符合《企业所得税法实施条例》第五十二条第（一）项到第（八）项规定的条件；②申请前3年内未受到行政处罚；③基金会在民政部门依法登记3年以上（含3年）的，应当在申请前连续2年年度检查合格，或最近1年年度检查合格且社会组织评估等级在3A以上（含3A），登记3年以下1年以上（含1年）的，应当在申请前1年年度检查合格或社会组织评估等级在3A以上（含3A），登记1年以下的基金会具备上述第①项、第②项规定的条件；④公益性社会团体（不含基金会）在民政部门依法登记3年以上，净资产不低于登记的活动资金数额，申请前连续2年年度检查合格，或最近1年年度检查合格且社会组织评估等级在3A以上（含3A），申请前连续3年每年用于公益活动的支出不低于上年总收入的70%（含70%），同时需达到当年总支出的50%以上（含50%）。

（5）年度检查合格是指民政部门对基金会、公益性社会团体（不含基金会）进行年度检查，作出年度检查合格的结论；社会组织评估等级在3A以上（含3A）是指社会组织在民政部门主导的社会组织评估中被评为3A、4A、5A级别，且评估结果在有效期内。

（6）县级以上人民政府及其部门和第二条所称的国家机关均指县级（含县级，下同）以上人民政府及其组成部门和直属机构。

（7）符合上述规定的基金会、慈善组织等公益性社会团体，可按程序申请公益性捐赠税前扣除资格。（本条自2015年12月31日停止执行）

（8）经民政部批准成立的公益性社会团体，可分别向财政部、国家税务总局、民政部提出申请。（本条自2015年12月31日停止执行）

（9）经省级民政部门批准成立的基金会，可分别向省级财政、税务（国、地税，下同）、民政部门提出申请。经地方县级以上人民政府民政部门批准成立的公益性社会团体（不含基金会），可分别向省、自治区、直辖市和计划单列市财政、税务、民政部门提出申请。（本条自2015年12月31日停止执行）

（10）民政部门负责对公益性社会团体的资格进行初步审核，财政、税务部门会同民政部门对公益性社会团体的捐赠税前扣除资格联合进行审核确认。（本条自2015年12月31日停止执行）

（11）对符合条件的公益性社会团体，按照上述管理权限，由财政部、国家税务总局和民政部及省、自治区、直辖市和计划单列市财政、税务和民政

部门分别定期予以公布。（本条自 2015 年 12 月 31 日停止执行）

（12）申请捐赠税前扣除资格的公益性社会团体，需报送以下材料：①申请报告；②民政部或地方县级以上人民政府民政部门颁发的登记证书复印件；③组织章程；④申请前相应年度的资金来源、使用情况，财务报告，公益活动的明细，注册会计师的审计报告；⑤民政部门出具的申请前相应年度的年度检查结论、社会组织评估结论。（本条自 2015 年 12 月 31 日停止执行）

（13）公益性社会团体和县级以上人民政府及其组成部门和直属机构在接受捐赠时，应按照行政管理级次分别使用由财政部或省、自治区、直辖市财政部门印制的公益性捐赠票据，并加盖本单位的印章；对个人索取捐赠票据的，应予以开具。新设立的基金会在申请获得捐赠税前扣除资格后，原始基金的捐赠人可凭捐赠票据依法享受税前扣除。

（14）公益性社会团体和县级以上人民政府及其组成部门和直属机构在接受捐赠时，捐赠资产的价值，按以下原则确认：①接受捐赠的货币性资产，应当按照实际收到的金额计算；②接受捐赠的非货币性资产，应当以其公允价值计算。捐赠方在向公益性社会团体和县级以上人民政府及其组成部门和直属机构捐赠时，应当提供注明捐赠非货币性资产公允价值的证明，如果不能提供上述证明，公益性社会团体和县级以上人民政府及其组成部门和直属机构不得向其开具公益性捐赠票据。

（15）存在以下情形之一的公益性社会团体，应取消公益性捐赠税前扣除资格：①年度检查不合格或最近一次社会组织评估等级低于 3A 的；②在申请公益性捐赠税前扣除资格时有弄虚作假行为的；③存在偷税行为或为他人偷税提供便利的；④存在违反该组织章程的活动，或者接受的捐赠款项用于组织章程规定用途之外的支出等情况的；⑤受到行政处罚的。

（16）被取消公益性捐赠税前扣除资格的公益性社会团体，存在第①项情形的，1 年内不得重新申请公益性捐赠税前扣除资格，存在第②项、第③项、第④项、第⑤项情形的，3 年内不得重新申请公益性捐赠税前扣除资格。

（17）对第③项、第④项情形，应对其接受捐赠收入和其他各项收入依法补征企业所得税。

 对上述制度有哪些补充性规定？

公益性捐赠税前扣除管理制度的补充性规定如下：

（1）企业或个人通过获得公益性捐赠税前扣除资格的公益性社会团体或县级以上人民政府及其组成部门和直属机构，用于公益事业的捐赠支出，可以按规定进行所得税税前扣除。县级以上人民政府及其组成部门和直属机构的公益性捐赠税前扣除资格不需要认定。

（2）在《财政部 国家税务总局、民政部关于公益性捐赠税前扣除有关问题的通知》（财税〔2008〕160号）下发之前已经获得公益性捐赠税前扣除资格的公益性社会团体，必须按规定的条件和程序重新提出申请，通过认定后才能获得公益性捐赠税前扣除资格。

（3）符合财税〔2008〕160号文件规定的基金会、慈善组织等公益性社会团体，应同时向财政、税务、民政部门提出申请，并分别报送财税〔2008〕160号文件规定的材料。

（4）民政部门负责对公益性社会团体资格进行初步审查，财政、税务部门会同民政部门对公益性捐赠税前扣除资格联合进行审核确认。

（5）对获得公益性捐赠税前扣除资格的公益性社会团体，由财政部、国家税务总局和民政部以及省、自治区、直辖市、计划单列市财政、税务和民政部门每年分别联合公布名单。名单应当包括当年继续获得公益性捐赠税前扣除资格和新获得公益性捐赠税前扣除资格的公益性社会团体。

（6）企业或个人在名单所属年度内向名单内的公益性社会团体进行的公益性捐赠支出，可按规定进行税前扣除。

（7）2008年1月1日以后成立的基金会，在首次获得公益性捐赠税前扣除资格后，原始基金的捐赠人在基金会首次获得公益性捐赠税前扣除资格的当年进行所得税汇算清缴时，可按规定进行税前扣除。

（8）对于通过公益性社会团体发生的公益性捐赠支出，企业或个人应提供省级以上（含省级）财政部门印制并加盖接受捐赠单位印章的公益性捐赠票据，或加盖接受捐赠单位印章的《非税收入一般缴款书》收据联，方可按规定进行税前扣除。

（9）对于通过公益性社会团体发生的公益性捐赠支出，主管税务机关应对照财政、税务、民政部门联合公布的名单予以办理，即接受捐赠的公益性社会团体位于名单内的，企业或个人在名单所属年度向名单内的公益性社会团体进行的公益性捐赠支出可按规定进行税前扣除；接受捐赠的公益性社会团体不在名单内，或虽在名单内但企业或个人发生的公益性捐赠支出不属于名单所属年度的，不得扣除。

（10）对已经获得公益性捐赠税前扣除资格的公益性社会团体，其年度检查连续两年基本合格视同为财税〔2008〕160号文件规定的年度检查不合格，应取消公益性捐赠税前扣除资格。

（11）获得公益性捐赠税前扣除资格的公益性社会团体，发现其不再符合财税〔2008〕160号文件规定条件之一，或存在财税〔2008〕160号文件规定情形之一的，应自发现之日起15日内向主管税务机关报告，主管税务机关可暂时明确其获得资格的次年内企业或个人向该公益性社会团体的公益性捐赠支出，不得税前扣除。同时，提请审核确认其公益性捐赠税前扣除资格的财政、税务、民政部门明确其获得资格的次年不具有公益性捐赠税前扣除资格。

（12）税务机关在日常管理过程中，发现公益性社会团体不再符合财税〔2008〕160号文件规定条件之一，或存在财税〔2008〕160号文件规定情形之一的，也按上述规定处理。

公益性群众团体公益性捐赠税前扣除资格确认制度有哪些？

公益性群众团体公益性捐赠税前扣除资格确认制度如下：

（1）企业通过公益性群众团体用于公益事业的捐赠支出，在年度利润总额12%以内的部分，准予在计算应纳税所得额时扣除。年度利润总额，是指企业依照国家统一会计制度的规定计算的大于零的数额。

（2）个人通过公益性群众团体向公益事业的捐赠支出，按照现行税收法律、行政法规及相关政策规定准予在所得税税前扣除。

（3）上述公益事业，是指《公益事业捐赠法》规定的下列事项：①救助灾害、救济贫困、扶助残疾人等困难的社会群体和个人的活动；②教育、科学、文化、卫生、体育事业；③环境保护、社会公共设施建设；④促进社会发展和进步的其他社会公共和福利事业。

（4）上述所称的公益性群众团体，是指同时符合以下条件的群众团体：①符合《企业所得税法实施条例》第五十二条第（一）项至第（八）项规定的条件；②县级以上各级机构编制部门直接管理其机构编制；③对接受捐赠的收入以及用捐赠收入进行的支出单独进行核算，且申请前连续3年接受捐赠的总收入中用于公益事业的支出比例不低于70%。

（5）符合上述规定的公益性群众团体，可按程序申请公益性捐赠税前扣除资格。

（6）由中央机构编制部门直接管理其机构编制的群众团体，向财政部、国家税务总局提出申请。

（7）由县级以上地方各级机构编制部门直接管理其机构编制的群众团体，向省、自治区、直辖市和计划单列市财政、税务部门提出申请。

（8）对符合条件的公益性群众团体，按照上述管理权限，由财政部、国家税务总局和省、自治区、直辖市、计划单列市财政、税务部门分别每年联合公布名单。名单应当包括继续获得公益性捐赠税前扣除资格和新获得公益性捐赠税前扣除资格的群众团体，企业和个人在名单所属年度内向名单内的群众团体进行的公益性捐赠支出，可以按规定进行税前扣除。

（9）申请公益性捐赠税前扣除资格的群众团体，需报送以下材料：①申请报告；②县级以上各级党委、政府或机构编制部门印发的"三定"规定；

③组织章程；④申请前相应年度的受赠资金来源、使用情况，财务报告，公益活动的明细，注册会计师的审计报告或注册税务师的鉴证报告。

（10）公益性群众团体在接受捐赠时，应按照行政管理级次分别使用由财政部或省、自治区、直辖市财政部门印制的公益性捐赠票据或者《非税收入一般缴款书》收据联，并加盖本单位的印章；对个人索取捐赠票据的，应予以开具。

（11）公益性群众团体接受捐赠的资产价值，按以下原则确认：①接受捐赠的货币性资产，应当按照实际收到的金额计算；②接受捐赠的非货币性资产，应当以其公允价值计算。捐赠方在向公益性群众团体捐赠时，应当提供注明捐赠非货币性资产公允价值的证明，如果不能提供上述证明，公益性群众团体不得向其开具公益性捐赠票据或者《非税收入一般缴款书》收据联。

（12）对存在以下情形之一的公益性群众团体，应取消其公益性捐赠税前扣除资格：①前3年接受捐赠的总收入中用于公益事业的支出比例低于70%的；②在申请公益性捐赠税前扣除资格时有弄虚作假行为的；③存在逃避缴纳税款行为或为他人逃避缴纳税款提供便利的；④存在违反该组织章程的活动，或者接受的捐赠款项用于组织章程规定用途之外的支出等情况的；⑤受到行政处罚的。

（13）被取消公益性捐赠税前扣除资格的公益性群众团体，存在第②项、第③项、第④项、第⑤项情形的，3年内不得重新申请公益性捐赠税前扣除资格。

（14）对存在第③项、第④项情形的公益性群众团体，应对其接受捐赠收入和其他各项收入依法补征企业所得税。

（15）对于通过公益性群众团体发生的公益性捐赠支出，主管税务机关应对照财政、税务部门联合发布的名单，接受捐赠的群众团体位于名单内，则企业或个人在名单所属年度发生的公益性捐赠支出可按规定进行税前扣除；接受捐赠的群众团体不在名单内，或虽在名单内但企业或个人发生的公益性捐赠支出不属于名单所属年度的，不得扣除。

（16）获得公益性捐赠税前扣除资格的公益性群众团体，应自不符合上述规定条件之一或存在上述规定情形之一之日起15日内向主管税务机关报告，主管税务机关可暂时明确其获得资格的次年内企业向该群众团体的公益性捐赠支出，不得税前扣除，同时提请财政部、国家税务总局或省级财政、税务部门明确其获得资格的次年不具有公益性捐赠税前扣除资格。

 ## 公益性捐赠税前扣除资格确认审批制度有哪些改革？

公益性捐赠税前扣除资格确认审批有关调整事项如下：

（1）按照《国务院关于取消非行政许可审批事项的决定》（国发〔2015〕27号）精神，"公益性捐赠税前扣除资格确认"作为非行政许可审批事项予以取消。

（2）自2015年12月31日，为简化工作程序、减轻社会组织负担，合理调整公益性社会团体捐赠税前扣除资格确认程序，对社会组织报送捐赠税前扣除资格申请报告和相关材料的环节予以取消，即《财政部 国家税务总局 民政部关于公益性捐赠税前扣除有关问题的通知》（财税〔2008〕160号）第六条、第七条停止执行，改由财政、税务、民政等部门结合社会组织登记注册、公益活动情况联合确认公益性捐赠税前扣除资格，并以公告形式发布名单。

（3）公益性社会团体捐赠税前扣除资格确认程序按以下规定执行：①对在民政部登记设立的社会组织，由民政部在登记注册环节会同财政部、国家税务总局对其公益性进行联合确认，对符合公益性社会团体条件的社会组织，财政部、国家税务总局、民政部联合发布公告，明确其公益性捐赠税前扣除资格；②对在民政部登记注册且已经运行的社会组织，由财政部、国家税务总局和民政部结合社会组织公益活动情况和年度检查、评估等情况，对符合公益性社会团体条件的社会组织联合发布公告，明确其公益性捐赠税前扣除资格；③在省级和省级以下民政部门登记注册的社会组织，由省级相关部门参照上述规定执行。

（4）按照"放管结合"的要求，财政、税务、民政等部门要加强公益性社会团体的后续管理，建立信息公开制度，加大对公益性社会团体的监督检查及违规处罚的力度。在社会组织监督检查或税务检查中，发现不符合条件的公益性社会团体，取消其公益性捐赠税前扣除资格，并向社会公告；建立公益性社会团体信息公开制度，公益性社会团体必须及时公开接受捐赠收入和支出情况，加强社会监督。

（5）各级财政、税务、民政部门应加强沟通合作，建立部门会商、协调机制，切实将取消公益性捐赠税前扣除资格确认审批事项落实到位。

公益股权捐赠税前扣除的最新政策是什么？

公益股权捐赠企业所得税政策如下：

（1）自2016年1月1日起，企业向公益性社会团体实施的股权捐赠，应按规定视同转让股权，股权转让收入额以企业所捐赠股权取得时的历史成本确定。股权，是指企业持有的其他企业的股权、上市公司股票等。

（2）企业实施股权捐赠后，以其股权历史成本为依据确定捐赠额，并依此按照企业所得税法有关规定在所得税前予以扣除。公益性社会团体接受股权捐赠后，应按照捐赠企业提供的股权历史成本开具捐赠票据。

（3）公益性社会团体，是指注册在中华人民共和国境内，以发展公益事业为宗旨，且不以营利为目的，并经确定为具有接受捐赠税前扣除资格的基金会、慈善组织等公益性社会团体。

（4）股权捐赠行为，是指企业向中华人民共和国境内公益性社会团体实施的股权捐赠行为。企业向中华人民共和国境外的社会组织或团体实施的股权捐赠行为不适用本通知规定。

 计算举例

甲公司 2016 年度的利润总额为 1 000 万元，通过某县民政局向地震灾区捐款 100 万元，直接资助 10 位贫困大学生学费 10 万元。甲公司 2016 年度可以税前扣除的公益性捐赠支出是多少？

解析： 只有通过公益性社会团体和县级以上人民政府及其部门进行的公益性捐赠支出才能税前扣除，甲公司直接资助大学生的 10 万元学费不能税前扣除。甲公司公益性捐赠税前扣除限额为：1000×12%=120（万元），实际公益性捐赠支出 100 万元。甲公司 2016 年度可以税前扣除的公益性捐赠支出为 100 万元。

十五、企业兼并重组与对外投资税收优惠政策

 企业对外投资有哪些税收优惠政策？

企业对外投资的税收优惠政策如下：

（1）股权分置改革中，上市公司因股权分置改革而接受的非流通股股东作为对价注入资产和被非流通股股东豁免债务，上市公司应增加注册资本或资本公积，不征收企业所得税。

（2）企业权益性投资取得股息、红利等收入，应以被投资企业股东会或股东大会作出利润分配或转股决定的日期，确定收入的实现。

（3）被投资企业将股权（票）溢价所形成的资本公积转为股本的，不作为投资方企业的股息、红利收入，投资方企业也不得增加该项长期投资的计税基础。

（4）投资企业从被投资企业撤回或减少投资，其取得的资产中，相当于初始出资的部分，应确认为投资收回；相当于被投资企业累计未分配利润和累计盈余公积按减少实收资本比例计算的部分，应确认为股息所得；其余部

分确认为投资资产转让所得。

（5）被投资企业发生的经营亏损，由被投资企业按规定结转弥补；投资企业不得调整减低其投资成本，也不得将其确认为投资损失。

（6）企业转让股权收入，应于转让协议生效，且完成股权变更手续时，确认收入的实现。转让股权收入扣除为取得该股权所发生的成本后，为股权转让所得。企业在计算股权转让所得时，不得扣除被投资企业未分配利润等股东留存收益中按该项股权所可能分配的金额。

 企业重组业务有哪些税收优惠政策？

企业重组业务企业所得税处理政策如下：

（1）《财政部 国家税务总局关于企业重组业务企业所得税处理若干问题的通知》（财税〔2009〕59号）所称企业重组，是指企业在日常经营活动以外发生的法律结构或经济结构重大改变的交易，包括企业法律形式改变、债务重组、股权收购、资产收购、合并、分立等。

（2）企业法律形式改变，是指企业注册名称、住所以及企业组织形式等的简单改变，但符合本通知规定其他重组的类型除外。

（3）债务重组，是指在债务人发生财务困难的情况下，债权人按照其与债务人达成的书面协议或者法院裁定书，就其债务人的债务作出让步的事项。

（4）股权收购，是指一家企业（以下称为收购企业）购买另一家企业（以下称为被收购企业）的股权，以实现对被收购企业控制的交易。收购企业支付对价的形式包括股权支付、非股权支付或两者的组合。

（5）资产收购，是指一家企业（以下称为受让企业）购买另一家企业（以下称为转让企业）实质经营性资产的交易。受让企业支付对价的形式包括股权支付、非股权支付或两者的组合。

（6）合并，是指一家或多家企业（以下称为被合并企业）将其全部资产和负债转让给另一家现存或新设企业（以下称为合并企业），被合并企业股东换取合并企业的股权或非股权支付，实现两个或两个以上企业的依法合并。

（7）分立，是指一家企业（以下称为被分立企业）将部分或全部资产分离转让给现存或新设的企业（以下称为分立企业），被分立企业股东换取分立企业的股权或非股权支付，实现企业的依法分立。

（8）股权支付，是指企业重组中购买、换取资产的一方支付的对价中，以本企业或其控股企业的股权、股份作为支付的形式；所称非股权支付，是指以本企业的现金、银行存款、应收款项、本企业或其控股企业股权和股份以外的有价证券、存货、固定资产、其他资产以及承担债务等作为支付的形式。

（9）企业重组的税务处理区分不同条件分别适用一般性税务处理规定和

特殊性税务处理规定。

（10）企业重组，除符合规定适用特殊性税务处理规定的外，按以下规定进行税务处理。

（11）企业由法人转变为个人独资企业、合伙企业等非法人组织，或将登记注册地转移至中华人民共和国境外（包括港澳台地区），应视同企业进行清算、分配，股东重新投资成立新企业。企业的全部资产以及股东投资的计税基础均应以公允价值为基础确定。企业发生其他法律形式简单改变的，可直接变更税务登记，除另有规定外，有关企业所得税纳税事项（包括亏损结转、税收优惠等权益和义务）由变更后企业承继，但因住所发生变化而不符合税收优惠条件的除外。

（12）企业债务重组，相关交易应按以下规定处理：①以非货币资产清偿债务，应当分解为转让相关非货币性资产、按非货币性资产公允价值清偿债务两项业务，确认相关资产的所得或损失；②发生债权转股权的，应当分解为债务清偿和股权投资两项业务，确认有关债务清偿所得或损失；③债务人应当按照支付的债务清偿额低于债务计税基础的差额，确认债务重组所得；债权人应当按照收到的债务清偿额低于债权计税基础的差额，确认债务重组损失；④债务人的相关所得税纳税事项原则上保持不变。

（13）企业股权收购、资产收购重组交易，相关交易应按以下规定处理：①被收购方应确认股权、资产转让所得或损失；②收购方取得股权或资产的计税基础应以公允价值为基础确定；③被收购企业的相关所得税事项原则上保持不变。

（14）企业合并，当事各方应按下列规定处理：①合并企业应按公允价值确定接受被合并企业各项资产和负债的计税基础；②被合并企业及其股东都应按清算进行所得税处理。③被合并企业的亏损不得在合并企业结转弥补。

（15）企业分立，当事各方应按下列规定处理：①被分立企业对分立出去资产应按公允价值确认资产转让所得或损失；②分立企业应按公允价值确认接受资产的计税基础；③被分立企业继续存在时，其股东取得的对价应视同被分立企业分配进行处理；④被分立企业不再继续存在时，被分立企业及其股东都应按清算进行所得税处理；⑤企业分立相关企业的亏损不得相互结转弥补。

（16）企业重组同时符合下列条件的，适用特殊性税务处理规定：①具有合理的商业目的，且不以减少、免除或者推迟缴纳税款为主要目的；②被收购、合并或分立部分的资产或股权比例符合规定的比例；③企业重组后的连续12个月内不改变重组资产原来的实质性经营活动；④重组交易对价中涉及股权支付金额符合规定比例；⑤企业重组中取得股权支付的原主要股东，在重组后连续 12 个月内，不得转让所取得的股权。

（17）企业重组符合上述规定条件的，交易各方对其交易中的股权支付部分，可以按以下规定进行特殊性税务处理。

（18）企业债务重组确认的应纳税所得额占该企业当年应纳税所得额 50%以上，可以在 5 个纳税年度的期间内，均匀计入各年度的应纳税所得额。企业发生债权转股权业务，对债务清偿和股权投资两项业务暂不确认有关债务清偿所得或损失，股权投资的计税基础以原债权的计税基础确定。企业的其他相关所得税事项保持不变。

（19）股权收购，收购企业购买的股权不低于被收购企业全部股权的 75%（自 2014 年 1 月 1 日起修改为"50%"），且收购企业在该股权收购发生时的股权支付金额不低于其交易支付总额的 85%，可以选择按以下规定处理：①被收购企业的股东取得收购企业股权的计税基础，以被收购股权的原有计税基础确定；②收购企业取得被收购企业股权的计税基础，以被收购股权的原有计税基础确定；③收购企业、被收购企业的原有各项资产和负债的计税基础和其他相关所得税事项保持不变。

（20）资产收购，受让企业收购的资产不低于转让企业全部资产的 75%（自 2014 年 1 月 1 日起修改为"50%"），且受让企业在该资产收购发生时的股权支付金额不低于其交易支付总额的 85%，可以选择按以下规定处理：①转让企业取得受让企业股权的计税基础，以被转让资产的原有计税基础确定；②受让企业取得转让企业资产的计税基础，以被转让资产的原有计税基础确定。

（21）企业合并，企业股东在该企业合并发生时取得的股权支付金额不低于其交易支付总额的 85%，以及同一控制下且不需要支付对价的企业合并，可以选择按以下规定处理：①合并企业接受被合并企业资产和负债的计税基础，以被合并企业的原有计税基础确定；②被合并企业合并前的相关所得税事项由合并企业承继；③可由合并企业弥补的被合并企业亏损的限额 = 被合并企业净资产公允价值 × 截至合并业务发生当年年末国家发行的最长期限的国债利率；④被合并企业股东取得合并企业股权的计税基础，以其原持有的被合并企业股权的计税基础确定。

（22）企业分立，被分立企业所有股东按原持股比例取得分立企业的股权，分立企业和被分立企业均不改变原来的实质经营活动，且被分立企业股东在该企业分立发生时取得的股权支付金额不低于其交易支付总额的 85%，可以选择按以下规定处理：①分立企业接受被分立企业资产和负债的计税基础，以被分立企业的原有计税基础确定；②被分立企业已分立出去资产相应的所得税事项由分立企业承继；③被分立企业未超过法定弥补期限的亏损额可按分立资产占全部资产的比例进行分配，由分立企业继续弥补；④被分立企业的股东取得分立企业的股权（以下简称"新股"），如需部分或全部放弃原持有的被分立企业的股权（以下简称"旧股"），"新股"的计税基础应以放弃"旧股"的计税基础确定。如不需放弃"旧股"，则其取得"新股"的计税基础可从以下两种方法中选择确定：直接将"新股"的计税基础确定为零；或者以被分立企业分立出去的净资产占被分立企业全部净资产的比例先调减原持有的"旧股"的计税基础，再将调减的计税基础平均分配到"新股"上。

（23）重组交易各方按上述规定对交易中股权支付暂不确认有关资产的转让所得或损失的，其非股权支付仍应在交易当期确认相应的资产转让所得或损失，并调整相应资产的计税基础。非股权支付对应的资产转让所得或损失 =（被转让资产的公允价值 – 被转让资产的计税基础）×（非股权支付金额 ÷ 被转让资产的公允价值）。

（24）企业发生涉及中国境内与境外之间（包括港澳台地区）的股权和资产收购交易，除应符合上述规定的条件外，还应同时符合下列条件，才可选择适用特殊性税务处理规定：①非居民企业向其 100% 直接控股的另一非居民企业转让其拥有的居民企业股权，没有因此造成以后该项股权转让所得预提税负担变化，且转让方非居民企业向主管税务机关书面承诺在 3 年（含 3 年）内不转让其拥有受让方非居民企业的股权；②非居民企业向与其具有 100% 直接控股关系的居民企业转让其拥有的另一居民企业股权；③居民企业以其拥有的资产或股权向其 100% 直接控股的非居民企业进行投资；④财政部、国家税务总局核准的其他情形。

（25）上述第③项所指的居民企业以其拥有的资产或股权向其 100% 直接控股关系的非居民企业进行投资，其资产或股权转让收益如选择特殊性税务处理，可以在 10 个纳税年度内均匀计入各年度应纳税所得额。

（26）在企业吸收合并中，合并后的存续企业性质及适用税收优惠的条件未发生改变的，可以继续享受合并前该企业剩余期限的税收优惠，其优惠金额按存续企业合并前 1 年的应纳税所得额（亏损计为零）计算。

（27）在企业存续分立中，分立后的存续企业性质及适用税收优惠的条件未发生改变的，可以继续享受分立前该企业剩余期限的税收优惠，其优惠金额按该企业分立前 1 年的应纳税所得额（亏损计为零）乘以分立后存续企业资产占分立前该企业全部资产的比例计算。

（28）企业在重组发生前后连续 12 个月内分步对其资产、股权进行交易，应根据实质重于形式原则将上述交易作为一项企业重组交易进行处理。

（29）企业发生符合规定的特殊性重组条件并选择特殊性税务处理的，当事各方应在该重组业务完成当年企业所得税年度申报时，向主管税务机关提交书面备案资料，证明其符合各类特殊性重组规定的条件。企业未按规定书面备案的，一律不得按特殊重组业务进行税务处理。

（30）对企业在重组过程中涉及的需要特别处理的企业所得税事项，由国务院财政、税务主管部门另行规定。

 企业重组业务企业所得税管理制度有哪些？

企业重组业务企业所得税管理制度如下：

（1）为规范和加强对企业重组业务的企业所得税管理，根据《企业所得税法》（以下简称《税法》）及其实施条例（以下简称《实施条例》）、《税收征收管理法》（以下简称《征管法》）及其实施细则、《财政部 国家税务总局关于企业重组业务企业所得税处理若干问题的通知》（财税〔2009〕59号）（以下简称《通知》）等有关规定，国家税务总局制定了《企业重组业务企业所得税管理办法》（国家税务总局公告2010年第4号）。

（2）企业重组业务，是指《通知》第一条所规定的企业法律形式改变、债务重组、股权收购、资产收购、合并、分立等各类重组。

（3）企业发生各类重组业务，其当事各方，按重组类型，分别指以下企业：①债务重组中当事各方，指债务人及债权人；②股权收购中当事各方，指收购方、转让方及被收购企业；③资产收购中当事各方，指转让方、受让方；④合并中当事各方，指合并企业、被合并企业及各方股东；⑤分立中当事各方，指分立企业、被分立企业及各方股东。（本条自2015年度起停止执行）

（4）同一重组业务的当事各方应采取一致税务处理原则，即统一按一般性或特殊性税务处理。

（5）《通知》第一条第四项所称实质经营性资产，是指企业用于从事生产经营活动、与产生经营收入直接相关的资产，包括经营所用各类资产、企业拥有的商业信息和技术、经营活动产生的应收款项、投资资产等。

（6）《通知》第二条所称控股企业，是指由本企业直接持有股份的企业。

（7）《通知》中规定的企业重组，其重组日的确定，按以下规定处理：①债务重组，以债务重组合同或协议生效日为重组日；②股权收购，以转让协议生效且完成股权变更手续日为重组日；③资产收购，以转让协议生效且完成资产实际交割日为重组日；④企业合并，以合并企业取得被合并企业资产所有权并完成工商登记变更日期为重组日；⑤企业分立，以分立企业取得被分立企业资产所有权并完成工商登记变更日期为重组日。（本条自2015年度起停止执行）

（8）重组业务完成年度的确定，可以按各当事方适用的会计准则确定，具体参照各当事方经审计的年度财务报告。由于当事方适用的会计准则不同导致重组业务完成年度的判定有差异时，各当事方应协商一致，确定同一个纳税年度作为重组业务完成年度。（本条自 2015 年度起停止执行）

（9）评估机构，是指具有合法资质的中国资产评估机构。

（10）企业发生《通知》第四条第一项规定的由法人转变为个人独资企业、合伙企业等非法人组织，或将登记注册地转移至中华人民共和国境外（包括港澳台地区），应按照《财政部 国家税务总局关于企业清算业务企业所得税处理若干问题的通知》（财税〔2009〕60 号）规定进行清算。

（11）企业在报送《企业清算所得纳税申报表》时，应附送以下资料：①企业改变法律形式的工商部门或其他政府部门的批准文件；②企业全部资产的计税基础以及评估机构出具的资产评估报告；③企业债权、债务处理或归属情况说明；④主管税务机关要求提供的其他资料证明。

（12）企业发生《通知》第四条第二项规定的债务重组，应准备以下相关资料，以备税务机关检查：①以非货币资产清偿债务的，应保留当事各方签订的清偿债务的协议或合同，以及非货币资产公允价格确认的合法证据等；②债权转股权的，应保留当事各方签订的债权转股权协议或合同。

（13）企业发生《通知》第四条第三项规定的股权收购、资产收购重组业务，应准备以下相关资料，以备税务机关检查：①当事各方所签订的股权收购、资产收购业务合同或协议；②相关股权、资产公允价值的合法证据。

（14）企业发生《通知》第四条第四项规定的合并，应按照财税〔2009〕60 号文件规定进行清算。被合并企业在报送《企业清算所得纳税申报表》时，应附送以下资料：①企业合并的工商部门或其他政府部门的批准文件；②企业全部资产和负债的计税基础以及评估机构出具的资产评估报告；③企业债务处理或归属情况说明；④主管税务机关要求提供的其他资料证明。

（15）企业发生《通知》第四条第五项规定的分立，被分立企业不再继续存在，应按照财税〔2009〕60 号文件规定进行清算。被分立企业在报送《企业清算所得纳税申报表》时，应附送以下资料：①企业分立的工商部门或其他政府部门的批准文件；②被分立企业全部资产的计税基础以及评估机构出具的资产评估报告；③企业债务处理或归属情况说明；④主管税务机关要求提供的其他资料证明。

（16）企业合并或分立，合并各方企业或分立企业涉及享受《税法》第五十七条规定中就企业整体（即全部生产经营所得）享受的税收优惠过渡政策尚未期满的，仅就存续企业未享受完的税收优惠，按照《通知》第九条的规定执行；注销的被合并或被分立企业未享受完的税收优惠，不再由存续企业承继；合并或分立而新设的企业不得再承继或重新享受上述优惠。合并或分立各方企业按照《税法》的税收优惠规定和税收优惠过渡政策中就企业有关生产经营项目的所得享受的税收优惠承继问题，按照《实施条例》第八十九条规定执行。

（17）企业重组业务，符合《通知》规定条件并选择特殊性税务处理的，应按照《通知》第十一条规定进行备案；如企业重组各方需要税务机关确认，可以选择由重组主导方向主管税务机关提出申请，层报省税务机关给予确认。采取申请确认的，主导方和其他当事方不在同一省（自治区、市）的，主导方省税务机关应将确认文件抄送其他当事方所在地省税务机关。省税务机关在收到确认申请时，原则上应在当年度企业所得税汇算清缴前完成确认。特殊情况，需要延长的，应将延长理由告知主导方。（本条自2015年度起停止执行）

（18）企业重组主导方，按以下原则确定：①债务重组为债务人；②股权收购为股权转让方；③资产收购为资产转让方；④吸收合并为合并后拟存续的企业，新设合并为合并前资产较大的企业；⑤分立为被分立的企业或存续企业。（本条自2015年度起停止执行）

（19）企业发生重组业务，按照《通知》第五条第一项要求，企业在备案或提交确认申请时，应从以下方面说明企业重组具有合理的商业目的：①重组活动的交易方式，即重组活动采取的具体形式、交易背景、交易时间、在交易之前和之后的运作方式和有关的商业常规；②该项交易的形式及实质，即形式上交易所产生的法律权利和责任，也是该项交易的法律后果。另外，交易实际上或商业上产生的最终结果；③重组活动给交易各方税务状况带来的可能变化；④重组各方从交易中获得的财务状况变化；⑤重组活动是否给交易各方带来了在市场原则下不会产生的异常经济利益或潜在义务；⑥非居民企业参与重组活动的情况。（本条自2015年度起停止执行）

（20）《通知》第五条第（三）和第（五）项所称"企业重组后的连续12个月内"，是指自重组日起计算的连续12个月内。

（21）《通知》第五条第（五）项规定的原主要股东，是指原持有转让企业或被收购企业20%以上股权的股东。

（22）《通知》第六条第（四）项规定的同一控制，是指参与合并的企业在合并前后均受同一方或相同的多方最终控制，且该控制并非暂时性的。能够对参与合并的企业在合并前后均实施最终控制权的相同多方，是指根据合同或协议的约定，对参与合并企业的财务和经营政策拥有决定控制权的投资者群体。在企业合并前，参与合并各方受最终控制方的控制在12个月以上，企业合并后所形成的主体在最终控制方的控制时间也应达到连续12个月。

（23）企业发生《通知》第六条第（一）项规定的债务重组，根据不同情形，应准备相关资料。（本条自2015年度起停止执行）

（24）发生债务重组所产生的应纳税所得额占该企业当年应纳税所得额

50% 以上的，债务重组所得要求在 5 个纳税年度的期间内，均匀计入各年度应纳税所得额的，应准备以下资料：①当事方的债务重组的总体情况说明（如果采取申请确认的，应为企业的申请，下同），情况说明中应包括债务重组的商业目的；②当事各方所签订的债务重组合同或协议；③债务重组所产生的应纳税所得额、企业当年应纳税所得额情况说明；④税务机关要求提供的其他资料证明。（本条自 2015 年度起停止执行）

（25）发生债权转股权业务，债务人对债务清偿业务暂不确认所得或损失，债权人对股权投资的计税基础以原债权的计税基础确定，应准备以下资料：①当事方的债务重组的总体情况说明。情况说明中应包括债务重组的商业目的；②双方所签订的债转股合同或协议；③企业所转换的股权公允价格证明；④工商部门及有关部门核准相关企业股权变更事项证明材料；⑤税务机关要求提供的其他资料证明。（本条自 2015 年度起停止执行）

（26）企业发生《通知》第六条第（二）项规定的股权收购业务，应准备以下资料：①当事方的股权收购业务总体情况说明，情况说明中应包括股权收购的商业目的；②双方或多方所签订的股权收购业务合同或协议；③由评估机构出具的所转让及支付的股权公允价值；④证明重组符合特殊性税务处理条件的资料，包括股权比例，支付对价情况，以及 12 个月内不改变资产原来的实质性经营活动和原主要股东不转让所取得股权的承诺书等；⑤工商等相关部门核准相关企业股权变更事项证明材料；⑥税务机关要求的其他材料。（本条自 2015 年度起停止执行）

（27）企业发生《通知》第六条第（三）项规定的资产收购业务，应准备以下资料：①当事方的资产收购业务总体情况说明，情况说明中应包括资产收购的商业目的；②当事各方所签订的资产收购业务合同或协议；③评估机构出具的资产收购所体现的资产评估报告；④受让企业股权的计税基础的有效凭证；⑤证明重组符合特殊性税务处理条件的资料，包括资产收购比例，支付对价情况，以及 12 个月内不改变资产原来的实质性经营活动、原主要股东不转让所取得股权的承诺书等；⑥工商部门核准相关企业股权变更事项证明材料；⑦税务机关要求提供的其他材料证明。（本条自 2015 年度起停止执行）

（28）企业发生《通知》第六条第（四）项规定的合并，应准备以下资料：①当事方企业合并的总体情况说明。情况说明中应包括企业合并的商业目的；②企业合并的政府主管部门的批准文件；③企业合并各方当事人的股权关系说明；④被合并企业的净资产、各单项资产和负债及其账面价值和计税基础等相关资料；⑤证明重组符合特殊性税务处理条件的资料，包括合并前企业各股东取得股权支付比例情况、以及 12 个月内不改变资产原来的实质性经营活动、原主要股东不转让所取得股权的承诺书等；⑥工商部门核准相关企业

股权变更事项证明材料；⑦主管税务机关要求提供的其他资料证明。（本条自2015年度起停止执行）

（29）《通知》第六条第（四）项所规定的可由合并企业弥补的被合并企业亏损的限额，是指按《税法》规定的剩余结转年限内，每年可由合并企业弥补的被合并企业亏损的限额。（本条自2015年度起停止执行）

（30）企业发生《通知》第六条第（五）项规定的分立，应准备以下资料：①当事方企业分立的总体情况说明。情况说明中应包括企业分立的商业目的；②企业分立的政府主管部门的批准文件。③被分立企业的净资产、各单项资产和负债账面价值和计税基础等相关资料。④证明重组符合特殊性税务处理条件的资料，包括分立后企业各股东取得股权支付比例情况、以及12个月内不改变资产原来的实质性经营活动、原主要股东不转让所取得股权的承诺书等。⑤工商部门认定的分立和被分立企业股东股权比例证明材料；分立后，分立和被分立企业工商营业执照复印件；分立和被分立企业分立业务账务处理复印件。⑥税务机关要求提供的其他资料证明。（本条自2015年度起停止执行）

（31）根据《通知》第六条第（四）项第2目规定，被合并企业合并前的相关所得税事项由合并企业承继，以及根据《通知》第六条第（五）项第2目规定，企业分立，已分立资产相应的所得税事项由分立企业承继，这些事项包括尚未确认的资产损失、分期确认收入的处理以及尚未享受期满的税收优惠政策承继处理问题等。其中，对税收优惠政策承继处理问题，凡属于依照《税法》第五十七条规定中就企业整体（即全部生产经营所得）享受税收优惠过渡政策的，合并或分立后的企业性质及适用税收优惠条件未发生改变的，可以继续享受合并前各企业或分立前被分立企业剩余期限的税收优惠。合并前各企业剩余的税收优惠年限不一致的，合并后企业每年度的应纳税所得额，应统一按合并日各合并前企业资产占合并后企业总资产的比例进行划分，再分别按相应的剩余优惠计算应纳税额。合并前各企业或分立前被分立企业按照《税法》的税收优惠规定以及税收优惠过渡政策中就有关生产经营项目所得享受的税收优惠承继处理问题，按照《实施条例》第八十九条规定执行。

（32）适用《通知》第五条第（三）项和第（五）项的当事各方应在完成重组业务后的下一年度的企业所得税年度申报时，向主管税务机关提交书面情况说明，以证明企业在重组后的连续12个月内，有关符合特殊性税务处理的条件未发生改变。

（33）当事方的其中一方在规定时间内发生生产经营业务、公司性质、资产或股权结构等情况变化，致使重组业务不再符合特殊性税务处理条件的，发生变化的当事方应在情况发生变化的30天内书面通知其他所有当事方。主导方在接到通知后30日内将有关变化通知其主管税务机关。上款所述情况发生变化后 60 日内，应按照《通知》第四条的规定调整重组业务的税务处理。原交易各方应各自按原交易完成时资产和负债的公允价值计算重组业务的收益或损失，调整交易完成纳税年度的应纳税所得额及相应的资产和负债的计税基础，并向各自主管税务机关申请调整交易完成纳税年度的企业所得税年度申报表。逾期不调整申报的，按照《征管法》的相关规定处理。

（34）各当事方的主管税务机关应当对企业申报或确认适用特殊性税务处理的重组业务进行跟踪监管，了解重组企业的动态变化情况。发现问题，应及时与其他当事方主管税务机关沟通联系，并按照规定给予调整。

（35）根据《通知》第十条规定，若同一项重组业务涉及在连续 12 个月内分步交易，且跨两个纳税年度，当事各方在第一步交易完成时预计整个交易可以符合特殊性税务处理条件，可以协商一致选择特殊性税务处理的，可在第一步交易完成后，适用特殊性税务处理。主管税务机关在审核有关资料后，符合条件的，可以暂认可适用特殊性税务处理。第 2 年进行下一步交易后，应按上述要求，准备相关资料确认适用特殊性税务处理。（本条自 2015 年度起停止执行）

（36）上述跨年度分步交易，若当事方在首个纳税年度不能预计整个交易是否符合特殊性税务处理条件，应适用一般性税务处理。在下一纳税年度全部交易完成后，适用特殊性税务处理的，可以调整上一纳税年度的企业所得税年度申报表，涉及多缴税款的，各主管税务机关应退税，或抵缴当年应纳税款。

（37）企业重组的当事各方应该取得并保管与该重组有关的凭证、资料，保管期限按照《征管法》的有关规定执行。

（38）发生《通知》第七条规定的重组，凡适用特殊性税务处理规定的，应按照上述相关规定执行。

（39）发生《通知》第七条第（一）、第（二）项规定的重组，适用特殊税务处理的，应按照《国家税务总局关于印发〈非居民企业所得税源泉扣缴管理暂行办法〉的通知》（国税发〔2009〕3 号）和《国家税务总局关于加强非居民企业股权转让所得企业所得税管理的通知》（国税函〔2009〕698 号）要求，准备资料。

（40）发生《通知》第七条第（三）项规定的重组，居民企业应向其所在地主管税务机关报送以下资料：①当事方的重组情况说明，申请文件中应说明股权转让的商业目的；②双方所签订的股权转让协议；③双方控股情况说明；④由评估机构出具的资产或股权评估报告。报告中应分别列示涉及的各单项被转让资产和负债的公允价值；⑤证明重组符合特殊性税务处理条件的资料，包括股权或资产转让比例，支付对价情况，以及 12 个月内不改变资产原来的实质性经营活动、不转让所取得股权的承诺书等；⑥税务机关要求的其他材料。

非居民企业股权转让适用特殊性税务处理政策有哪些管理制度？

非居民企业股权转让适用特殊性税务处理政策如下：

（1）为规范和加强非居民企业股权转让适用特殊性税务处理的管理，根据《企业所得税法》及其实施条例、《财政部 国家税务总局关于企业重组业务企业所得税处理若干问题的通知》（财税〔2009〕59号，以下简称《通知》）的有关规定，《国家税务总局关于非居民企业股权转让适用特殊性税务处理有关问题的公告》（国家税务总局公告2013年第72号）对有关问题进行了规定。

（2）股权转让是指非居民企业发生《通知》第七条第（一）、第（二）项规定的情形；其中《通知》第七条第（一）项规定的情形包括因境外企业分立、合并导致中国居民企业股权被转让的情形。

（3）非居民企业股权转让选择特殊性税务处理的，应于股权转让合同或协议生效且完成工商变更登记手续30日内进行备案。属于《通知》第七条第（一）项情形的，由转让方向被转让企业所在地所得税主管税务机关备案；属于《通知》第七条第（二）项情形的，由受让方向其所在地所得税主管税务机关备案。股权转让方或受让方可以委托代理人办理备案事项；代理人在代为办理备案事项时，应向主管税务机关出具备案人的书面授权委托书。

（4）股权转让方、受让方或其授权代理人（以下简称备案人）办理备案时应填报以下资料：①《非居民企业股权转让适用特殊性税务处理备案表》；②股权转让业务总体情况说明，应包括股权转让的商业目的、证明股权转让符合特殊性税务处理条件、股权转让前后的公司股权架构图等资料；③股权转让业务合同或协议（外文文本的同时附送中文译本）；④工商等相关部门核准企业股权变更事项证明资料；⑤截至股权转让时，被转让企业历年的未分配利润资料；⑥税务机关要求的其他材料。以上资料已经向主管税务机关报送的，备案人可不再重复报送。其中以复印件向税务机关提交的资料，备案人应在复印件上注明"本复印件与原件一致"字样，并签字后加盖备案人印章；报送中文译本的，应在中文译本上注明"本译文与原文表述内容一致"字样，并签字后加盖备案人印章。

（5）主管税务机关应当按规定受理备案，资料齐全的，应当场在《非居民企业股权转让适用特殊性税务处理备案表》上签字盖章，并退1份给备案人；资料不齐全的，不予受理，并告知备案人各应补正事项。

（6）非居民企业发生股权转让属于《通知》第七条第（一）项情形的，主管税务机关应当自受理之日起30个工作日内就备案事项进行调查核实、提出处理意见，并将全部备案资料以及处理意见层报省（含自治区、直辖市和计划单列市，下同）税务机关。税务机关在调查核实时，如发现此种股权转让情形造成以后该项股权转让所得预提税负担变化，包括转让方把股权由应征税的国家或地区转让到不征税或低税率的国家或地区，应不予适用特殊性税务处理。

（7）非居民企业发生股权转让属于《通知》第七条第（二）项情形的，应区分以下两种情形予以处理：①受让方和被转让企业在同一省且同属国税机关或地税机关管辖的，按照上述相关规定执行；②受让方和被转让企业不在同一省或分别由国税机关和地税机关管辖的，受让方所在地省税务机关收到主管税务机关意见后 30 日内，应向被转让企业所在地省税务机关发出《非居民企业股权转让适用特殊性税务处理告知函》。

（8）非居民企业股权转让未进行特殊性税务处理备案或备案后经调查核实不符合条件的，适用一般性税务处理规定，应按照有关规定缴纳企业所得税。

（9）非居民企业发生股权转让属于《通知》第七条第（一）项情形且选择特殊性税务处理的，转让方和受让方不在同一国家或地区的，若被转让企业股权转让前的未分配利润在转让后分配给受让方的，不享受受让方所在国家（地区）与中国签订的税收协定（含税收安排）的股息减税优惠待遇，并由被转让企业按税法相关规定代扣代缴企业所得税，到其所在地所得税主管税务机关申报缴纳。

（10）省税务机关应做好辖区内非居民企业股权转让适用特殊性税务处理的管理工作，于年度终了后 30 日内向国家税务总局报送《非居民企业股权转让适用特殊性税务处理情况统计表》。

（11）上述制度自 2013 年 12 月 12 日起施行。上述制度实施之前发生的非居民企业股权转让适用特殊性税务处理事项尚未处理的，可依据上述规定办理。《国家税务总局关于加强非居民企业股权转让所得企业所得税管理的通知》（国税函〔2009〕698 号）第九条同时废止。

 促进企业重组的企业所得税政策有哪些?

促进企业重组有关企业所得税处理政策如下：

（1）自 2014 年 1 月 1 日起，将《财政部 国家税务总局关于企业重组业务企业所得税处理若干问题的通知》（财税〔2009〕59 号）第六条第（二）项中有关"股权收购，收购企业购买的股权不低于被收购企业全部股权的 75%"规定调整为"股权收购，收购企业购买的股权不低于被收购企业全部股权的 50%"。

（2）将财税〔2009〕59 号文件第六条第（三）项中有关"资产收购，受让企业收购的资产不低于转让企业全部资产的 75%"规定调整为"资产收购，受让企业收购的资产不低于转让企业全部资产的 50%"。

（3）对 100% 直接控制的居民企业之间，以及受同一或相同多家居民企业 100% 直接控制的居民企业之间按账面净值划转股权或资产，凡具有合理商业目的、不以减少、免除或者推迟缴纳税款为主要目的，股权或资产划转后连续 12 个月内不改变被划转股权或资产原来实质性经营活动，且划出方企业和划入方企业均未在会计上确认损益的，可以选择按以下规定进行特殊性税务处理：①划出方企业和划入方企业均不确认所得；②划入方企业取得被划转股权或资产的计税基础，以被划转股权或资产的原账面净值确定；③划入方企业取得的被划转资产，应按其原账面净值计算折旧扣除。

促进企业重组的企业所得税政策有哪些？

促进企业重组有关企业所得税处理政策如下：

（1）《国务院关于进一步优化企业兼并重组市场环境的意见》（国发〔2014〕14 号）和《财政部 国家税务总局关于促进企业重组有关企业所得税处理问题的通知》（财税〔2014〕109 号，以下简称《通知》）下发后，各地陆续反映在企业重组所得税政策执行过程中有些征管问题亟须明确。《国家税务总局关于资产（股权）划转企业所得税征管问题的公告》（国家税务总局公告 2015 年第 40 号）就股权或资产划转企业所得税征管问题进行了规定。

（2）《通知》第三条所称"100% 直接控制的居民企业之间，以及受同一或相同多家居民企业 100% 直接控制的居民企业之间按账面净值划转股权或资产"，限于以下情形：① 100% 直接控制的母子公司之间，母公司向子公司按账面净值划转其持有的股权或资产，母公司获得子公司 100% 的股权支付。母公司按增加长期股权投资处理，子公司按接受投资（包括资本公积，下同）处理。母公司获得子公司股权的计税基础以划转股权或资产的原计税基础确定。② 100% 直接控制的母子公司之间，母公司向子公司按账面净值划转其持有的股权或资产，母公司没有获得任何股权或非股权支付。母公司按冲减实收资本（包括资本公积，下同）处理，子公司按接受投资处理。③ 100% 直接控制的母子公司之间，子公司向母公司按账面净值划转其持有的股权或资产，子公司没有获得任何股权或非股权支付。母公司按收回投资处理，或按接受投资处理，子公司按冲减实收资本处理。母公司应按被划转股权或资产的原计税基础，相应调减持有子公司股权的计税基础。④受同一或相同多家母公司 100% 直接控制的子公司之间，在母公司主导下，一家子公司向另一家子公司按账面净值划转其持有的股权或资产，划出方没有获得任何股权或非股权支付。划出方按冲减所有者权益处理，划入方按接受投资处理。

（3）《通知》第三条所称"股权或资产划转后连续 12 个月内不改变被划转股权或资产原来实质性经营活动"，是指自股权或资产划转完成日起连续 12

个月内不改变被划转股权或资产原来实质性经营活动。股权或资产划转完成日，是指股权或资产划转合同（协议）或批复生效，且交易双方已进行会计处理的日期。

（4）《通知》第三条所称"划入方企业取得被划转股权或资产的计税基础，以被划转股权或资产的原账面净值确定"，是指划入方企业取得被划转股权或资产的计税基础，以被划转股权或资产的原计税基础确定。《通知》第三条所称"划入方企业取得的被划转资产，应按其原账面净值计算折旧扣除"，是指划入方企业取得的被划转资产，应按被划转资产的原计税基础计算折旧扣除或摊销。

（5）按照《通知》第三条规定进行特殊性税务处理的股权或资产划转，交易双方应在协商一致的基础上，采取一致处理原则统一进行特殊性税务处理。

（6）交易双方应在企业所得税年度汇算清缴时，分别向各自主管税务机关报送《居民企业资产（股权）划转特殊性税务处理申报表》和相关资料（一式两份）。相关资料包括：①股权或资产划转总体情况说明，包括基本情况、划转方案等，并详细说明划转的商业目的；②交易双方或多方签订的股权或资产划转合同（协议），需有权部门（包括内部和外部）批准的，应提供批准文件；③被划转股权或资产账面净值和计税基础说明；④交易双方按账面净值划转股权或资产的说明（需附会计处理资料）；⑤交易双方均未在会计上确认损益的说明（需附会计处理资料）；⑥12个月内不改变被划转股权或资产原来实质性经营活动的承诺书。

（7）交易双方应在股权或资产划转完成后的下一年度的企业所得税年度申报时，各自向主管税务机关提交书面情况说明，以证明被划转股权或资产自划转完成日后连续12个月内，没有改变原来的实质性经营活动。

（8）交易一方在股权或资产划转完成日后连续12个月内发生生产经营业务、公司性质、资产或股权结构等情况变化，致使股权或资产划转不再符合特殊性税务处理条件的，发生变化的交易一方应在情况发生变化的30日内报告其主管税务机关，同时书面通知另一方。另一方应在接到通知后30日内将有关变化报告其主管税务机关。

（9）上文所述情况发生变化后60日内，原交易双方应按以下规定进行税务处理：①属于上文所述第（一）项规定情形的，母公司应按原划转完成时股权或资产的公允价值视同销售处理，并按公允价值确认取得长期股权投资的计税基础；子公司按公允价值确认划入股权或资产的计税基础。②属于上文所述第（2）项规定情形的，母公司应按原划转完成时股权或资产的公允价值视同销售处理；子公司按公允价值确认划入股权或资产的计税基础。③属于上文所述第（3）项规定情形的，子公司应按原划转完成时股权或资产的公允价值视同销售处理；母公司应按撤回或减少投资进行处理。④属于上文所述第（四）项规定情形的，划出方应按原划转完成时股权或资产的公允价值视同销售处理；母公司根据交易情形和会计处理对划出方按分回股息进行处理，或者按撤回或减少投资进行处理，对划入方按以股权或资产的公允价值进行投资处理；划入方按接受母公司投资处理，以公允价值确认划入股权或资产的计税基础。

（10）交易双方应调整划转完成纳税年度的应纳税所得额及相应股权或资产的计税基础，向各自主管税务机关申请调整划转完成纳税年度的企业所得税年度申报表，依法计算缴纳企业所得税。

（11）交易双方的主管税务机关应对企业申报适用特殊性税务处理的股权或资产划转加强后续管理。

（12）上述政策适用2014年度及以后年度企业所得税汇算清缴。此前尚未进行税务处理的股权、资产划转，符合《通知》第三条和上述规定的可按上述政策执行。

企业重组业务企业所得税征收管理制度有哪些最新变化？

企业重组业务企业所得税征收管理制度如下：

（1）按照重组类型，企业重组的当事各方是指：①债务重组中当事各方，指债务人、债权人。②股权收购中当事各方，指收购方、转让方及被收购企业。③资产收购中当事各方，指收购方、转让方。④合并中当事各方，指合并企业、被合并企业及被合并企业股东。⑤分立中当事各方，指分立企业、被分立企业及被分立企业股东。上述重组交易中，股权收购中转让方、合并中被合并企业股东和分立中被分立企业股东，可以是自然人。当事各方中的自然人应按个人所得税的相关规定进行税务处理。

（2）重组当事各方企业适用特殊性税务处理的（指重组业务符合财税〔2009〕59号文件和财税〔2014〕109号文件第一条、第二条规定条件并选择特殊性税务处理的，下同），应按如下规定确定重组主导方：①债务重组，主导方为债务人；②股权收购，主导方为股权转让方，涉及两个或两个以上股权转让方，由转让被收购企业股权比例最大的一方作为主导方（转让股权比例相同的可协商确定主导方）；③资产收购，主导方为资产转让方；④合并，主导方为被合并企业，涉及同一控制下多家被合并企业的，以净资产最大的一方为主导方；⑤分立，主导方为被分立企业。

（3）财税〔2009〕59号文件第十一条所称重组业务完成当年，是指重组日所属的企业所得税纳税年度。企业重组日的确定，按以下规定处理：①债务重组，以债务重组合同（协议）或法院裁定书生效日为重组日。②股权收购，以转让合同（协议）生效且完成股权变更手续日为重组日。关联企业之间发生股权收购，转让合同（协议）生效后 12 个月内尚未完成股权变更手续的，应以转让合同（协议）生效日为重组日。③资产收购，以转让合同（协议）生效且当事各方已进行会计处理的日期为重组日。④合并，以合并合同（协议）生效、当事各方已进行会计处理且完成工商新设登记或变更登记日为重组日。按规定不需要办理工商新设或变更登记的合并，以合并合同（协议）生效且当事各方已进行会计处理的日期为重组日。⑤分立，以分立合同（协议）生效、当事各方已进行会计处理且完成工商新设登记或变更登记日为重组日。

（4）企业重组业务适用特殊性税务处理的，除财税〔2009〕59号文件第四条第（一）项所称企业发生其他法律形式简单改变情形外，重组各方应在该重组业务完成当年，办理企业所得税年度申报时，分别向各自主管税务机关报送《企业重组所得税特殊性税务处理报告表及附表》和申报资料。合并、分立中重组一方涉及注销的，应在尚未办理注销税务登记手续前进行申报。重组主导方申报后，其他当事方向其主管税务机关办理纳税申报。申报时还应附送重组主导经主管税务机关受理的《企业重组所得税特殊性税务处理报告表及附表》（复印件）。

（5）企业重组业务适用特殊性税务处理的，申报时，应从以下方面逐条说明企业重组具有合理的商业目的：①重组交易的方式；②重组交易的实质结果；③重组各方涉及的税务状况变化；④重组各方涉及的财务状况变化；⑤非居民企业参与重组活动的情况。

（6）企业重组业务适用特殊性税务处理的，申报时，当事各方还应向主管税务机关提交重组前连续 12 个月内有无与该重组相关的其他股权、资产交易情况的说明，并说明这些交易与该重组是否构成分步交易，是否作为一项企业重组业务进行处理。

（7）根据财税〔2009〕59号文件第十条规定，若同一项重组业务涉及在连续 12 个月内分步交易，且跨两个纳税年度，当事各方在首个纳税年度交易完成时预计整个交易符合特殊性税务处理条件，经协商一致选择特殊性税务处理的，可以暂时适用特殊性税务处理，并在当年企业所得税年度申报时提交书面申报资料。在下一纳税年度全部交易完成后，企业应判断是否适用特殊性税务处理。如适用特殊性税务处理的，当事各方应按本公告要求申报相关资料；如适用一般性税务处理的，应调整相应纳税年度的企业所得税年度申报表，计算缴纳企业所得税。

（8）企业发生财税〔2009〕59号文件第六条第（一）项规定的债务重组，应准确记录应予确认的债务重组所得，并在相应年度的企业所得税汇算清缴时对当年确认额及分年结转额的情况做出说明。主管税务机关应建立台账，对企业每年申报的债务重组所得与台账进行比对分析，加强后续管理。

（9）企业发生财税〔2009〕59号文件第七条第（三）项规定的重组，居民企业应准确记录应予确认的资产或股权转让收益总额，并在相应年度的企业所得税汇算清缴时对当年确认额及分年结转额的情况做出说明。主管税务机关应建立台账，对居民企业取得股权的计税基础和每年确认的资产或股权转让收益进行比对分析，加强后续管理。

（10）适用特殊性税务处理的企业，在以后年度转让或处置重组资产（股权）时，应在年度纳税申报时对资产（股权）转让所得或损失情况进行专项说明，包括特殊性税务处理时确定的重组资产（股权）计税基础与转让或处置时的计税基础的比对情况，以及递延所得税负债的处理情况等。适用特殊性税务处理的企业，在以后年度转让或处置重组资产（股权）时，主管税务机关应加强评估和检查，将企业特殊性税务处理时确定的重组资产（股权）计税基础与转让或处置时的计税基础及相关的年度纳税申报表比对，发现问题的，应依法进行调整。

（11）税务机关应对适用特殊性税务处理的企业重组做好统计和相关资料的归档工作。各省、自治区、直辖市和计划单列市国家税务局、地方税务局应于每年8月底前将《企业重组所得税特殊性税务处理统计表》上报税务总局（所得税司）。

（12）上述制度适用于2015年度及以后年度企业所得税汇算清缴。《国家税务总局关于发布〈企业重组业务企业所得税管理办法〉的公告》（国家税务总局公告2010年第4号）第三条、第七条、第八条、第十六条、第十七条、第十八条、第二十二条、第二十三条、第二十四条、第二十五条、第二十七条、第三十二条同时废止。上述制度施行时企业已经签订重组协议，但尚未完成重组的，按上述制度执行。

 企业混合性投资业务如何进行企业所得税处理？

企业混合性投资业务企业所得税处理制度如下：

（1）企业混合性投资业务，是指兼具权益和债权双重特性的投资业务。同时符合下列条件的混合性投资业务，按《国家税务总局关于企业混合性投资业务企业所得税处理问题的公告》（国家税务总局公告2013年第41号）进行企业所得税处理：①被投资企业接受投资后，需要按投资合同或协议约定的利率定期支付利息（或定期支付保底利息、固定利润、固定股息，下同）；②有明确的投资期限或特定的投资条件，并在投资期满或者满足特定投资条件后，被投资企业需要赎回投资或偿还本金；③投资企业对被投资企业净资产不拥有所有权；④投资企业不具有选举权和被选举权；⑤投资企业不参与被投资企业日常生产经营活动。

（2）符合上述规定的混合性投资业务，按下列规定进行企业所得税处理：①对于被投资企业支付的利息，投资企业应于被投资企业应付利息的日期，确认收入的实现并计入当期应纳税所得额；被投资企业应于应付利息的日期，确认利息支出，并按税法和《国家税务总局关于企业所得税若干问题的公告》（2011年第34号）第一条的规定，进行税前扣除。②对于被投资企业赎回的投资，投资双方应于赎回时将赎价与投资成本之间的差额确认为债务重组损益，分别计入当期应纳税所得额。

企业转让上市公司限售股如何进行税务处理？

企业转让上市公司限售股有关所得税处理政策如下：

（1）纳税义务人的范围界定问题：根据《企业所得税法》第一条及《企业所得税法实施条例》第三条的规定，转让上市公司限售股（以下简称限售股）取得收入的企业（包括事业单位、社会团体、民办非企业单位等），为企业所得税的纳税义务人。

（2）企业转让代个人持有的限售股征税问题：因股权分置改革造成原由个人出资而由企业代持有的限售股，企业在转让时按以下规定处理：①企业转让上述限售股取得的收入，应作为企业应税收入计算纳税；②依法院判决、裁定等原因，通过证券登记结算公司，企业将其代持的个人限售股直接变更到实际所有人名下的，不视同转让限售股。

友情提示

上述限售股转让收入扣除限售股原值和合理税费后的余额为该限售股转让所得。企业未能提供完整、真实的限售股原值凭证，不能准确计算该限售股原值的，主管税务机关一律按该限售股转让收入的15%，核定为该限售股原值和合理税费。依照上述规定完成纳税义务后的限售股转让收入余额转付给实际所有人时不再纳税。

（3）企业在限售股解禁前转让限售股征税问题：企业在限售股解禁前将其持有的限售股转让给其他企业或个人（以下简称受让方），其企业所得税问题按以下规定处理：①企业应按减持在证券登记结算机构登记的限售股取得的全部收入，计入企业当年度应税收入计算纳税。②企业持有的限售股在解禁前已签订协议转让给受让方，但未变更股权登记、仍由企业持有的，企业实际减持该限售股取得的收入，依照上述规定纳税后，其余额转付给受让方的，受让方不再纳税。

 非货币性资产投资如何进行税务处理？

非货币性资产投资企业所得税政策如下：

（1）居民企业（以下简称企业）以非货币性资产对外投资确认的非货币性资产转让所得，可在不超过5年期限内，分期均匀计入相应年度的应纳税所得额，按规定计算缴纳企业所得税。

（2）企业以非货币性资产对外投资，应对非货币性资产进行评估并按评估后的公允价值扣除计税基础后的余额，计算确认非货币性资产转让所得。企业以非货币性资产对外投资，应于投资协议生效并办理股权登记手续时，确认非货币性资产转让收入的实现。

（3）企业以非货币性资产对外投资而取得被投资企业的股权，应以非货币性资产的原计税成本为计税基础，加上每年确认的非货币性资产转让所得，逐年进行调整。被投资企业取得非货币性资产的计税基础，应按非货币性资产的公允价值确定。

（4）企业在对外投资5年内转让上述股权或投资收回的，应停止执行递延纳税政策，并就递延期内尚未确认的非货币性资产转让所得，在转让股权或投资收回当年的企业所得税年度汇算清缴时，一次性计算缴纳企业所得税；企业在计算股权转让所得时，可按上述规定将股权的计税基础一次调整到位。企业在对外投资5年内注销的，应停止执行递延纳税政策，并就递延期内尚未确认的非货币性资产转让所得，在注销当年的企业所得税年度汇算清缴时，一次性计算缴纳企业所得税。

（5）非货币性资产，是指现金、银行存款、应收账款、应收票据以及准备持有至到期的债券投资等货币性资产以外的资产。非货币性资产投资，限于以非货币性资产出资设立新的居民企业，或将非货币性资产注入现存的居民企业。

（6）企业发生非货币性资产投资，符合《财政部 国家税务总局关于企业重组业务企业所得税处理若干问题的通知》（财税〔2009〕59号）等文件规定的特殊性税务处理条件的，也可选择按特殊性税务处理规定执行。

 股权激励和技术入股有哪些最新优惠政策？

完善股权激励和技术入股有关所得税政策如下：

（1）企业或个人以技术成果投资入股到境内居民企业，被投资企业支付的对价全部为股票（权）的,企业或个人可选择继续按现行有关税收政策执行,也可选择适用递延纳税优惠政策。

（2）选择技术成果投资入股递延纳税政策的, 经向主管税务机关备案,投资入股当期可暂不纳税, 允许递延至转让股权时, 按股权转让收入减去技术成果原值和合理税费后的差额计算缴纳所得税。

（3）企业或个人选择适用上述任一项政策, 均允许被投资企业按技术成果投资入股时的评估值入账并在企业所得税前摊销扣除。

（4）技术成果是指专利技术（含国防专利）、计算机软件著作权、集成电路布图设计专有权、植物新品种权、生物医药新品种, 以及科技部、财政部、国家税务总局确定的其他技术成果。

（5）技术成果投资入股,是指纳税人将技术成果所有权让渡给被投资企业、取得该企业股票（权）的行为。

（6）持有递延纳税的股权期间,因该股权产生的转增股本收入, 以及以该递延纳税的股权再进行非货币性资产投资的, 应在当期缴纳税款。

（7）选择适用《财政部 国家税务总局关于完善股权激励和技术入股有关所得税政策的通知》（财税〔2016〕101 号）中递延纳税政策的, 应当为实行查账征收的居民企业以技术成果所有权投资。

（8）企业适用递延纳税政策的, 应在投资完成后首次预缴申报时, 将相关内容填入《技术成果投资入股企业所得税递延纳税备案表》。

（9）企业接受技术成果投资入股, 技术成果评估值明显不合理的, 主管税务机关有权进行调整。

 计算举例

甲公司于 2016 年 3 月 1 日投资 1 000 万元于乙公司, 取得乙公司 1% 的股权。2016 年 12 月 31 日, 甲公司将该 2% 的股权以 1 200 万元的价格转让给丙公司, 乙公司截止 2016 年 12 月 31 日未分配利润为 5 000 万元, 甲公司股权转让应当确认多少所得?

解析: 根据税法规定, 甲公司取得股权的成本为 1 000 万元, 股权转让收入为 1 200 万元, 股权转让所得为: 1 200–1 000=200（万元）。该 1% 股权中所包含的未分配利润为: 5 000 × 1%=50（万元）, 但是在计算股权转让所得时, 该 50 万元是不能扣除的。

 计算举例

A 企业为某上市公司股东, 股权投资计税成本为 1 000 万元。2016 年 1

月 10 日，该上市公司股东大会作出决定，将股票溢价发行形成的资本公积转增股本，A 企业转增股本 600 万元。2016 年 7 月 5 日，A 企业将该项股权减持转让，获得收入 2 000 万元。A 企业 1 月 10 日获得转增股本时是否需要纳税？在 7 月 5 日应确认多少财产转让所得？

解析： A 企业在 1 月 10 日获得转增股本 600 万元时不需要纳税。A 企业在 7 月 5 日应确认财产转让所得 1 000 万元（2 000-1 000），而不是 400 万元（2 000-1 000-600）。

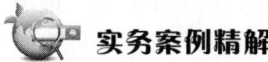 **实务案例精解**

2015 年 3 月 31 日，湖北楚天高速公路股份有限公司（以下简称楚天公司）董事会发布公告，宣称经公司第 5 届董事会第 7 次会议和 2014 年第 1 次临时股东大会审议通过，楚天公司于 2014 年 12 月 12 日完成对全资子公司——湖北楚天鄂北高速公路有限公司（以下简称鄂北公司）的吸收合并工作。

楚天公司收到武汉市汉阳区国家税务局《税务事项通知书》（阳税通〔2015〕1002 号），通知相关事项如下：

第一，楚天公司吸收合并鄂北公司符合特殊性重组要求，可按照特殊性重组进行税务处理。

第二，楚天公司接受鄂北公司资产和负债的计税基础按原有计税基础确定。

第三，吸收合并前鄂北公司未弥补亏损额 442 846 237.56 元（其中：2011 年度亏损 64 562 000.46 元，2012 年度亏损 150 191 378.70 元，2013 年度亏损 127 025 777.80 元，2014 年度亏损 101 067 080.60 元）可由公司弥补。公司应按照税法规定的每年可弥补的被合并企业亏损限额在其剩余结转年限内进行弥补。每年可弥补的被合并企业亏损限额＝被合并企业鄂北公司净资产公允价值 × 截止合并业务发生当年年末国家发行的最长期限的国债利率。

第四，楚天公司吸收合并鄂北公司后的连续 12 个月内不得改变重组资产原来的实质性经营活动。原主要股东在重组后连续 12 个月内，不得转让所取得的股权。

第五，重组日为 2014 年 12 月 12 日。

楚天公司严格按照上述通知要求，依据税法及《企业会计准则》的相关规定，在 2015 年第 1 季度进行相应账务处理，由此确认递延所得税资产致使净利润增加 11 071 万元。

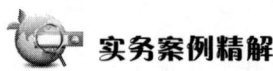 **实务案例精解**

2015 年 11 月，丹麦史密斯集团设立在山东省胶州市的艾法史密斯机械

（青岛）有限公司（以下简称胶州公司）和设立在青岛市城阳区的史密斯机械工业（青岛）有限公司（以下简称城阳公司）吸收合并重组顺利完成。此前，青岛市国税局依照相关法律、法规，为该合并事宜作出了税收事项的事先裁定，允许企业按照特殊性重组政策进行税务处理。因一纸事先裁定，城阳公司不仅有效地规避了税务风险，而且当期减少了近8 000万元的税收支出。据悉，这是青岛国税系统首次面向大企业提供事先裁定服务。

史密斯集团旗下的胶州公司成立于2010年9月，坐落在胶州市胶北办事处，由丹麦史密斯集团投资成立。根据集团战略规划和发展需要，需要注销城阳公司或将两公司合并，但是两种处理方式面临不同的税收处理方法，而且差异较大，让企业举棋不定。

如果采取注销城阳公司的形式，会涉及清算所得、未分配利润扣缴所得税、资产处置需缴纳增值税及土地增值税等，短期内集中缴纳的税款会占用大量资金，给企业经营带来较大影响。如果采取吸收合并的形式，因不属同一税务机关管辖，牵涉两个政府部门之间的税收分配问题，且在处置原来企业的土地等资产时，还需要政府部门审批。同时，吸收合并形式在税收处理上有不少前置条件，比较复杂，公司对此存在着不少顾虑。针对两种形式，公司高层也一直举棋不定，考虑到清算注销形式简便易行，公司原本倾向于采取注销清算形式。

了解到这一情况后，胶州市国税局非常重视，多次召开由分管局领导牵头，相关业务部门负责人参加的大企业涉税事项协调会议，专门研究此问题。国税局工作人员多次到企业详细了解情况、讲解相关政策、答疑解惑，帮助企业对吸收合并与注销清算的涉税事项进行了分析、计算和比较。同时，该局还不断完善大企业涉税事项纵向、横向协调机制，加强与青岛市局相关处室的交流协调，对于不属于本级税务机关权限范围的，及时主动向上级税务机关请示和汇报。在这些工作的基础上，胶州公司向胶州市国税局提出了吸收合并城阳公司适用所得税特殊性税务处理的事先裁定申请。胶州市国税局就此事向青岛市国税局作了专项请示。

在收到胶州市国税局报送的事先裁定专项请示之后，青岛市国税局会同有关业务处室进行了协商，并最后依据法律、法规，由企业所得税处做出了该企业重组业务符合所得税特殊性税务处理条件、适用特殊性税务处理规定的批复。

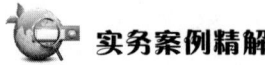 **实务案例精解**

2010年6月，宜宾五粮液股份有限公司（以下称五粮液）宣布，其全资子公司四川省宜宾普拉斯包装材料有限公司（以下简称普拉斯公司）对四川

省宜宾普光科技有限公司（以下简称普光公司）通过吸收合并方式整合。普拉斯公司、普光公司均系五粮液的全资子公司，吸收合并完成后，普拉斯公司继续存续，普光公司依法予以解散注销，普光公司相应的资产、业务、债权、债务由普拉斯公司依法承继。吸收合并基准日为 2009 年 12 月 31 日，合并值以经审计后的双方净资产值为准。普光公司所有职工于合并日后成为普拉斯公司的职工，其工作年限及其他劳动条件不变。普光公司应自合并日起十日内，将所有资产、业务、文件、印章全部完整移交给普拉斯公司。

《企业会计准则第 20 号——企业合并》中规定"参与合并的企业在合并前后均受同一方或相同的多方最终控制且该控制并非暂时性的，为同一控制下的企业合并"，并购重组企业所得税规则中对于"同一控制下的企业合并"的界定基本上是遵循了会计上的界定。《企业会计准则讲解》中对于"同一控制下的企业合并"做了如下解释："同一控制下的企业合并一般发生于企业集团内部，如集团内母子公司之间、子公司与子公司之间等。因为该类合并从本质上是集团内部企业之间的资产或权益的转移，能够对参与合并企业在合并前后均实施最终控制的一方为集团的母公司"。但是从税收角度来讲，能够适用于特殊性税务处理的同一控制下的企业合并，都包括哪些形式呢？是否既包括子公司之间的合并又包括母子公司之间的合并呢？

在本案中，普拉斯公司和普光公司均系五粮液的全资子公司，在普拉斯公司合并普光公司后，五粮液在普光公司的权益转移到了普拉斯公司，也就是在合并后，五粮液通过持有普拉斯公司的股权来继续其原来在普光公司的权益，这符合了并购重组企业所得税规则中的核心权益连续性原则，也是同一控制下的企业合并子公司之间的合并能够享受到特殊性税务处理的主要原因之一。

普拉斯公司吸收合并普光公司，主要目的是五粮液为了整合集团资源，提高资产的运营效率，可以满足"合理商业目的原则"；普光公司的资产并入普拉斯公司后继续从事原在的营业活动，可以满足"经营的连续性原则"。

综上所述，普拉斯公司吸收合并普光公司适用于特殊性税务处理。普光公司及其股东无需按照清算进行企业所得税处理，普光公司也无需就交易中发生的资产转让确认有所得或者损失。

 实务案例精解

雅戈尔集团股份有限公司（以下称雅戈尔）通过整体吸收合并的方式合并全资子公司宁波雅戈尔进出口有限公司（以下称进出口公司），吸收合并完成后进出口公司注销，其资产、负债、相关业务及人员由雅戈尔承继。

雅戈尔吸收合并进出口公司属于母公司合并子公司的情形，即"垂直合并"，也是同一控制下企业合并的一种形式。由于雅戈尔在合并前是持有进出口公司 100% 股权，通过持股关系能够享受进出口公司资产产生的收益，在吸收合并后，进出口公司注销，雅戈尔对进出口公司不存在持股关系，进而无法通过持股方式享受到原来资产产生的收益，而是转为了直接控制进出口公司的资产，原来的权益无法得到持续，即不是通过持股方式享受到原来资产的收益。因此，无法满足并购重组企业所得税规则中的"权益连续性原则"。

进出口公司应该按照财政部、国家税务总局《关于企业清算业务企业所得税处理若干问题的通知》（财税〔2009〕60 号）的规定，进行清算处理。雅戈尔应该按照收回投资处理，其从进出口公司分得的剩余资产，相当于进出口累计未分配利润和累计盈余公积中的部分应确认为股息所得；剩余资产减除股息所得后的余额，超过或低于投资成本的部分，应确认为雅戈尔的投资转让所得或损失。

综上所述，雅戈尔吸收合并进出口公司，无法满足特殊性税务处理的条件，需要按照一般性的企业清算处理。同时也表明，垂直合并不符合特殊性税务处理的条件。

 **实务案例精解**

2010 年 2 月 26 日，ST 东北高在上海证券交易所终止上市，代之以分立后的两个上市公司：龙江交通和吉林高速。东北高速公路股份有限公司成立于 1999 年 7 月 21 日，由龙高集团、吉高集团、华建交通三家企业共同发起，由于大股东龙高集团、吉高集团、华建交通之间持股比例差距不大，均没有绝对控股权，导致三方的利益始终无法协调，终发展成不可收拾的股东大战。为了解决公司治理结构形成的矛盾，2010 年东北高进行了分立，其分立方案要点为：

（1）东北高速将分立为两家股份有限公司，即龙江交通和吉林高速。

（2）东北高速在分立日在册的所有股东，其持有的每股东北高速股份将转换为一股龙江交通的股份和一股吉林高速的股份。

（3）在此基础上，龙高集团将其持有的吉林高速的股份与吉高集团持有的龙江交通的股份互相无偿划转，上述股权划转是本次分立上市的一部分，将在分立后公司股票上市前完成，东北高速在分立完成后将依法办理注销手续。

根据上交所公告，由原东北高速分立而成的两家公司——吉林高速、龙江交通于 2010 年 3 月 19 日起上市交易。这是 A 股市场首例将完整的上市资产分立为两家独立个体后又双双上市的情况。东北高速本次分立是上市公司进行分立的首次试点，也是上市公司利用资本市场进行并购重组的一种创新方式。上市公司分立是境外成熟市场的资本运作手段，在美国和中国香港等成熟市场，均有健全的分立制度和成功的操作案例。如 1996 年法国上市公司 Chargeurs 集团按通讯媒体业务与制造业务划分资产，分立为两家新的上市公司，原公司解散，完成了"新设分立"；2007 年，中粮集团控股的中国香港上市公司中粮国际分立为中粮控股和中国食品两家独立的上市公司，原上市公司在分离后仍存续，完成了"派生分立"。

东北高速分立试点不具有可仿效性。东北高速是在特定历史时期按照当时"限报家数"的证券发行管理体制，将黑龙江、吉林两省高速公路捆绑上市形成的产物。东北高速进行分立试点，是采用国际通行和我国法律许可的金融工具，以市场化方式解决历史遗留问题，化解市场和社会稳定风险。另外，黑龙江、吉林两省政府承诺注入符合上市条件的优质资产，以利于分立公司后续发展，维护中小股东的合法权益。

东北高的上市公司公告中声明同税务机关沟通后，本次分立符合《财政部 国家税务总局关于企业重组业务企业所得税处理若干问题的通知》（财税〔2009〕59 号）特殊性税务处理条件，但从方案上看，并不能满足被分立企业所有股东按原持股比例取得分立企业的股权条件。因此，该企业不应当享受特殊性税务处理，该企业的税务处理方式存在税收风险。

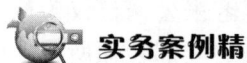 **实务案例精解**

喜客来酒店股份有限公司地处江苏，由乐登酒店和悦君酒店共同投资成立，公司的投资总额为 1 000 万元，乐登酒店和悦君酒店分别占 70% 和 30% 的股份。为满足扩大经营的需要，2009 年 11 月喜客来公司剥离部分净资产成立美滋餐饮有限公司。分立基准日，喜客来公司的资产负债表显示公司的资产总额为 3 000 万元（公允价值为 3 800 万元），负债 2 000 万元（公允价值为 2 000 万元），净资产 1 000 万元（公允价值为 1 800 万元），此外公司尚有未超过法定弥补期限的亏损 360 万元。喜客来公司剥离的净资产中，资产的账面价值 800 万元（公允价值为 1 000 万元）、剥离负债的账面价值 200 万元（公允价值为 200 万元），剥离净资产的账面价值 600 万元（公允价值为 800 万元），并在工商管理部门办理了 300 万元的减资手续。美滋公司的注册资本为 800 万元，并确认乐登酒店和悦君酒店的投资额分别为 504 万元和 216 万元，同时美滋公司分别向乐登酒店和悦君酒店支付银行存款 56 万元和 24 万元。

关于本案例是否适用所得税处理的特殊性规定的条件，依据《财政部 国家税务总局关于企业重组业务企业所得税处理若干问题的通知》（财税〔2009〕59 号）的规定，企业分立在符合重组业务特殊性处理基本条件的基础上，适用所得税处理的特殊性规定需要同时符合下列三个条件：一是被分立企业所有股东按原持股比例取得分立企业的股权；二是分立企业和被分立企业均不改变原来的实质经营活动；三是被分立企业股东取得的股权支付金额不低于其交易支付总额的 85%。由于案例中美滋公司股权支付金额占交易支付总额的比例为（504+216）÷（504+216+56+24）×100%=90%，高于 85% 的比例，现假定该分立业务符合特殊处理的其他条件，则本案例可以适用所得税处理的特殊性规定。

依据财税〔2009〕59 号文件的规定，由于本案例中企业分立业务符合所得税的特殊性处理条件，因此被分立企业喜客来公司可暂不确认分立资产中股权支付对应的资产转让所得，但应确认非股权支付（银行存款）对应的资产转让所得，即喜客来公司应确认的资产转让所得 =（被转让资产的公允价值 1 000– 被转让资产的计税基础 800）×［非股权支付金额（56+24）÷ 被转让资产的公允价值 1 000］=16（万元）。

对于喜客来公司未超过法定弥补期限的亏损 360 万元，依据财税〔2009〕59 号文件的规定，可按分立资产占全部资产的比例进行分配，但是文件未明确具体分配时是按照资产的公允价值还是账面价值计算分配比例。理论上按照资产的公允价值确认分配比例较为合理，则可以继续由喜客来公司弥补的亏损金额为：360 ×［（3 800–1 000）÷3 800］=265.26（万元）。

根据财税〔2009〕59 号文件的规定，分立企业喜客来公司仅仅确认了非股权支付对应的资产转让所得，而未确认被分立资产的全部转让所得，因此按照所得税的对等理论，不能按照公允价值 1 000 万元确定被分立资产在美滋公司的计税基础。由于美滋公司支付的对价中包含非股权支付银行存款 80 万元，且喜客来公司确认了非股权支付对应的被分立资产的转让所得 16 万元，所以美滋公司在确定被分立资产的计税基础时应考虑喜客来公司已确认的该部分资产的转让所得，即美滋公司取得被分立资产的计税基础 = 被分立资产的原计税基础 800– 非股权支付额 80+ 喜客来公司已确认的资产转让所得 16=736（万元）。需要说明的是，如果未来美滋公司转让此部分资产，在计算股权转让所得时允许扣除的金额是 736 万元，而不是按公允价值入账的 1 000 万元，因此需要调增应纳税所得额 264 万元。此外，对于喜客来公司未超过法定弥补期限的亏损 360 万元，依据财税〔2009〕59 号文件的规定，可以由美滋公司继续弥补的亏损为：360 ×（1 000 ÷3 800）=94.74（万元）。

🔧 实务案例精解

绍兴前进齿轮箱有限公司(以下简称绍兴前进)，成立于 1997 年 11 月 6 日，由杭州前进齿轮箱集团股份有限公司（以下称杭齿前进）与自然人金某合资组建，注册资本 1 000 万元，杭齿前进持有 55% 股权、金某持有 45% 股权。

　　绍兴前进经营期限于 2011 年 9 月 10 日到期，经杭齿前进第 1 届董事会第 26 次会议审议通过将经营期限延长到 2012 年 3 月 31 日，并同意在此期间进行股权重组。经杭齿前进第 2 届董事会第 6 次会议审议通过《关于绍兴前进齿轮箱有限公司分立的议案》，批准绍兴前进齿轮箱有限公司分立重组方案，同意采用派生分立方式对绍兴前进进行股权重组，绍兴前进将继续存续，从绍兴前进中分立出的资产将注册成立为一家新公司，新公司名称暂定为绍兴金道传动机械有限公司（最终以工商登记的名称为准，以下简称绍兴金道），杭齿前进拥有分立后的绍兴前进 100% 股权，金某拥有分立后的绍兴金道 100% 股权。通过分立重组方案和《绍兴前进齿轮箱有限公司分立协议》（草案）（以下简称《分立协议》），授权杭齿前进经营层具体办理上述分立事项的全部相关事宜并签署《分立协议》。

　　2003 年 8 月 22 日，由杭齿前进、绍兴前进、金某共同投资组建绍兴前进传动机械有限公司（以下简称绍兴传动），法定代表人冯某，注册资本 1 000 万元，绍兴前进持有 93% 股权，杭齿前进持有 3.85% 股权，金某持有 3.15% 股权。

　　分立方式为对绍兴前进派生分立，派生分立出绍兴金道，绍兴前进的主体资格保留。

　　分立原则为按业务划分。分立后存续的绍兴前进主要经营：制造、销售：船用齿轮箱及其配件；工程机械变速箱及其配件；变矩器及其零配件；汽车配件；相关产品、技术进出口。具体经营范围以分立后工商变更登记经营范围为准。分立后新设的绍兴金道主要经营：制造、销售叉车变速箱及其配件。具体经营范围以工商变更登记经营范围为准。

　　绍兴前进持有的绍兴传动 93% 的股权归属于绍兴金道传动机械有限公司，杭齿前进、金某双方直接持有的绍兴传动的股权保持不变。绍兴前进持有的绍兴县信达担保有限公司 1.0032% 的股权仍归属于分立后的绍兴前进。

　　分立后两家公司的注册资本与股权结构如下：绍兴前进的注册资本为 550 万元人民币，股权结构为杭齿前进持有 100% 股权；绍兴金道的注册资本为 450 万元人民币，股权结构为金某持有 100% 股权。

　　本次分立的股权结构变化如下：

　　第一，资产负债划分的原则为以绍兴前进截至 2011 年 12 月 31 日应划分的业务所对应的资产负债进行划分，确保分立后绍兴前进与绍兴金道业务分离。

　　第二，根据上述划分原则及坤元资产评估有限公司出具的绍兴前进以 2011 年 12 月 31 日为基准日的《资产评估报告》，确定本次分立绍兴前进净资产划分如下：

　　（1）分立前，绍兴前进的资产总额为 502 642 758.05 元，负债总额为

202 637 592.98 元；净资产为 300 005 165.07 元。

（2）分立后，绍兴前进保留资产总额为 236 586 918.88 元（包括持有绍兴县信达担保有限公司 1.0032% 的股权），负债总额为 65 760 527.87 元，净资产为 170 826 391.01 元；金道传动接受资产总额为 266 055 839.17 元［包括持有绍兴前进传动机械有限公司（以下简称绍兴传动）93% 的股权］，负债总额为 136 877 065.11 元，净资产为 129 178 774.06 元。

分立双方根据业务划分原则分割资产后，各自分得的净资产的评估值，与根据分立前绍兴前进股权比例应分得的净资产之间的差额，绍兴前进应付金道传动为 5 823 550.22 元。

职工安置方案如下：绍兴前进和绍兴传动截至 2011 年 12 月 31 日在岗职工共 725 名，其中 270 名职工随分立后的绍兴前进的经营业务保留在绍兴前进，由分立后的绍兴前进承继原绍兴前进与这 270 名职工的劳动合同关系。另外截至 2011 年 12 月 31 日前有 455 名职工成建制转入绍兴传动，由绍兴传动与该批员工签订劳动合同。

"绍兴前进齿轮箱"的资产、负债及股东全部权益的评估结果为：资产账面价值为 401 504 315.12 元，评估价值为 502 642 758.05 元，评估增值为 101 138 442.93 元，增值率为 25.19%；负债账面价值为 202 370 323.79 元，评估价值为 202 637，592.98 元，评估增值为 267 269.19 元，增值率为 0.13%；股东全部权益账面价值为 199 133 991.33 元，评估价值为 300 005 165.07 元，评估增值为 100 871 173.74 元，增值率为 50.65%。

根据企业提供的资产分立清单，对应的评估结果列示如下：

（1）"新绍兴前进齿轮箱"留存资产及负债划分后资产账面价值为 175 200 190.23 元，评估价值为 236 586 918.88 元，评估增值为 61 386 728.65 元，增值率为 35.04%；划分后负债账面价值为 65 676 495.00 元，评估价值为 65 760 527.87 元，评估增值为 84 032.87 元，增值率为 0.13%；划分后净资产账面价值为 109 523 695.23 元，评估价值为 170 826 391.01 元，评估增值为 61 302 695.78 元，增值率为 55.97%。

（2）划至"绍兴金道传动"资产及负债如下：划分后资产账面价值为 226 304 124.89 元，评估价值为 266 055 839.17 元，评估增值为 39 751 714.28 元，增值率为 17.57%；划分后负债账面价值为 136 693 828.79 元，评估价值为 136 877 065.11 元，评估增值为 183 236.32 元，增值率为 0.13%。划分后净资产账面价值为 89 610 296.10 元，评估价值为 129 178 774.06 元，评估增值为 39 568 477.96 元，增值率为 44.16%。

本案例属于企业分立中的派生分立，亦称存续分立，在具体技术处理上属于让产赎股式分立，即将公司没有法人资格的部分营业或者分支分立出去成立新的子公司或者转让给现存的公司，将接受资产的公司的股权分配给部分股东，换回股东持有原公司的股权。在本例中绍兴前进派生分离出绍兴金道，绍兴金道的全部股权分配给绍兴前进原来的股东金某，被分立企业的股权全部归属于杭齿前进。

在这个派生分立的案例中当事各方将会涉及企业所得税、个人所得税、增值税、土地增值税、契税、印花税、房产税等税种。

企业分立业务，被分立企业的资产权属已经发生了变更，进而构成了企业所得税基本的征税范围，但是企业分立有属于企业产权的变化，或者说是股东的持股方式发生了变化，以另外一种方式继续着他们的投资，因此，税法本着不应该干涉有合理商业需要的企业重组行为，同时考虑到纳税的必要资金，对于企业分立等重组行为在符合一定条件下给予暂免征税的待遇，但是目前还有没个人所得税领域的递延纳税待遇，重组暂免征税仅限于法人股东。

根据财税〔2009〕59号文的规定，企业分立享受特殊性税务处理的前提条件就是合理的商业目的、权益的连续性和经营的连续性。而权益的连续性是核心，其中之一具体到财税〔2009〕59号文中的具体规定就是"被分立企业所有股东按原持股比例取得分立企业的股权"，但是在本案例中，被分立企业绍兴前进的股东杭齿前进和金某并没有按照持股比例取得分立企业绍兴金道的股权，而是金某100%的取得了绍兴金道的股权，杭齿前进并没有取得绍兴金道的股权，因此，该案例不能够满足财税〔2009〕59号文中规定的企业分立适用的特殊性重组的条件。既然无法满足特殊性的税务处理，那么就应该适用于一般性的税务处理，也就是按照正常的资产转让业务处理即可。

在绍兴前进分立的过程中，转移到绍兴金道的资产账面价值为2.26亿元。评估作价为2.66亿元，评估增值近4 000万元。在企业所得税处理上，绍兴前进应该按照转让资产处理，按照评估价确认为企业所得税应税收入，当期该项业务产生应纳税所得额为近4 000万元。同时，作为资产接受方的绍兴金道应该按照接受资产的评估作价确认为计税基础。

另外，由于留在被分立企业绍兴前进的资产已经做了资产评估，且发生了资产评估增值，如果会计上已经调整了账面价值，那么在计算企业所得税时还是应该按照计税基础计提折旧，税收上对于企业资产评估增值，一般是不认可的（在资产的权属没有发生变化的前提下），税收上认可的是历史成本，如果按照会计账面价值计提折旧，在汇算清缴时应该做纳税调整处理。这个问题原来税法的规定中其实就已经说得很明白了，例如《财政部 国家税务总局关于企业资产评估增值有关所得税处理问题的通知》（财税字〔1997〕第077号）。

作为被分立企业绍兴前进的另外一个股东，杭齿前进由于其未取得支付对价，不应该做企业所得税处理。

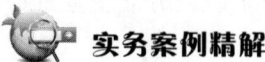 **实务案例精解**

2008 年 9 月，四川双马发布重大重组预案公告称，公司将通过定向增发，向该公司的实际控制人拉法基中国海外控股公司（以下简称拉法基中国）发行 36 809 万股 A 股股票，收购其持有的都江堰拉法基水泥有限公司（以下简称都江堰拉法基）50% 的股权。增发价 7.61 元 / 股。收购完成后，都江堰拉法基将成为四川双马的控股子公司。

都江堰拉法基成立时的注册资本为 856 839 300 元，其中都江堰市建工建材总公司的出资金额为 214 242 370 元，出资比例为 25%，拉法基中国的出资金额为 642 596 930 元，出资比例为 75%。

根据法律、法规，拉法基中国承诺，本次认购的股票自发行结束之日起 36 个月内不上市交易或转让。此项股权收购完成后，四川双马将达到控制都江堰拉法基的目的，因此符合《财政部 国家税务总局关于企业重组业务企业所得税处理若干问题的通知》（财税〔2009〕59 号）（以下简称财税〔2009〕59 号文）规定中的股权收购的定义。

尽管符合控股合并的条件，尽管所支付的对价均为上市公司的股权，但由于四川双马只收购了都江堰拉法基的 50% 股权，没有达到 75% 的要求，因此应当适用一般性处理：

被收购企业的股东拉法基应确认股权转让所得。

$$股权转让所得 = 取得对价的公允价值 - 原计税基础$$
$$= 7.61 \times 368\ 090\ 000 - 856\ 839\ 300 \times 50\%$$
$$= 2\ 372\ 745\ 250（元）$$

由于拉法基中国的注册地在英属维尔京群岛，属于非居民企业，因此其股权转让应纳的所得税为：2 372 745 250 × 10%=237 274 525（元）。

收购方四川双马取得对都江堰拉法基股权的计税基础应以公允价值为基础确定，即 2 801 164 900 元（7.61 × × 368 090 000）。

被收购企业都江堰拉法基的相关所得税事项保持不变。

如果其他条件不变，拉法基中国将转让的股权份额提高到 75%，也就转让其持有的全部都江堰拉法基的股权，那么由于此项交易同时符合财税〔2009〕59 号文中规定的 5 个条件，因此可以选择特殊性税务处理。

被收购企业的股东拉法基中国暂不确认股权转让所得。

收购方四川双马取得对都江堰拉法基股权的计税基础应以被收购股权的

原有计税基础确定，即 428 419 650 元（856 839 300 × 50%）。

被收购企业都江堰拉法基的相关所得税事项保持不变。

可见，如果拉法基中国采用后一种方式，转让都江堰拉法基水泥有限公司 75% 的股权，则可以在当期避免 2.37 亿元的所得税支出。

2014 年 12 月 25 日，财政部、国家税务总局发布了《关于促进企业重组有关企业所得税处理问题的通知》（财税〔2014〕109 号），决定自 2014 年 1 月 1 日起将收购比例降低为 50%。因此，如果拉法基中国在 2014 年 1 月 1 日以后收购股权，就可以在当期避免缴纳 2.37 亿元的所得税支出。

 实务案例精解

森马服饰 2012 年 5 月 28 日公告，公司于 5 月 24 日召开第二届董事会第二十一次会议，审议通过了《关于使用募集资金以股权收购方式购买店铺的议案》，同意使用募集资金 1.56 亿元收购浙江华人实业发展有限公司（以下简称华人实业）100% 股权并承继相应债务。其中，股权转让价格为 4 900 万元，承继债务 1.07 亿元。交易完成后，公司将取得位于浙江省杭州市上城区延安路 236 号的房屋所有权及土地使用权。

公告称，华人实业所拥有的延安路房屋，位于浙江省杭州市的核心商圈，地理位置、使用面积、交易价格等均符合森马服饰营销网络建设项目的要求，未来作为店铺投入使用后，将有助于提升公司森马品牌与巴拉巴拉品牌在杭州地区的品牌形象与销售业绩，具有重要的战略意义。

华人实业店铺价值约 1.56 亿元。如采取资产收购方式，华人实业大约要缴纳 500 多万元营业税及其附加，5 000 多万元土地增值税，森马要缴纳 400 多万元契税，双方需缴纳 16 万元印花税，交易总税负超过 6 000 万元。如果采取股权收购方式，双方仅需要缴纳几十万元印花税，节税高达 6 000 万元。

森马收购华人实业既可以采取资产收购的方式，也可以采取股权收购的方式。由于其收购华人实业的主要目的并不在于取得企业的股权继续经营华人实业，而是为了取得华人实业的不动产。因此，在不考虑税收成本的情况下，森马应该采取资产收购的方式。很明显，其采取股权收购的主要目的是为了节税。当地税务机关认为森马的收购行为涉嫌避税。森马为证明其行为并非避税行为，应当证明其交易的合理性：第一，股权收购的手续相对简单，仅需要进行股东的变更登记即可；第二，森马将继续保持华人实业的法人地位，并将继续从事生产经营活动；第三，股权收购和资产收购都是企业常用的收购手段，都是常规性商业交易行为，并非异常交易形式。最终，当地税务机关并未对该收购进行反避税调查。

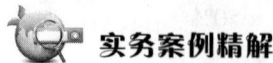 **实务案例精解**

2008 年 9 月，东航总经理透露，重组方案将分为三步：首先，东航将获得政府注资；随后东航将与上航合并；最后，合并后的公司仍将考虑与新航合作。东航澄清公告指出，未与其他航空公司就重组事宜进行讨论及谈判。上航公告指，该公司与控股股东没有任何关于其与内地民航业重组重大交易。

2009 年 2 月，东航新董事长首度回应东航上航重组传闻并称，目前两公司未展开公司层面的接触。但东航已与上航在业务上有了很多合作。继东航获得来自国资委 70 亿元注资后，上海国资委通过锦江国际为上航注资 10 亿元人民币。

2009 年 6 月，东航发布公告称，公司因筹划重大重组事宜和降低资产负债率的计划安排，定于 6 月 8 日起停牌。上航公告称，公司因有涉及与公司相关的重大重组事宜，公司股票自 6 月 9 日起停牌。

2009 年 7 月 12 日晚间，东航、上航双双公告东航换股吸收合并上航的议案，两家公司披露，换股比例为 1：1.3，即每 1 股上航 A 股股份可换取 1.3 股东航 A 股新股。合并后，国内最重要的三个门户航空市场分别由东航、国航、南航主导，奠定了中国航空业三足鼎立的格局。

2009 年 12 月，东航发布《中国东方航空股份有限公司换股吸收合并上海航空股份有限公司报告书》，按照 5.28 元每股股票的股价定向增发 A 股，以购买上海航空公司的全部净资产，按照 1：1.3 的换股比例向上海航空公司的股东换股吸收合并，该业务符合特殊性税务处理条件。

第一，该交易具有合理的商业目的。

第二，该交易属于依法合并。

第三，东航按照 1：1.3 的换股比例换股吸收合并上海航空，同时按照 5.50 元每股的价格，提供异议股东现金选择权，取得现金支付的股东属于东航非股权支付额。该项交易预计异议股东达不到总发行股份 15% 的比例，因此股权支付额应该超过 85%。

第四，吸收合并后，上海航空公司的资产继续从事民航运输，因此具有经营的连续性。

第五，吸收合并后，占股份 20% 以上的原主要股东，在 12 个月内不能转让股份，以保持权益的连续性。上海航空公司的原股东有两个超过 20% 的持股比例，分别为上海联合投资有限公司和锦江酒店（集团）有限公司。预计这两家企业在 12 个月内不会转让其取得的存续企业东航股份。

实务案例精解

2010 年 5 月 14 日，上海锦江国际酒店发展股份有限公司（以下简称锦江股份）发布了《重大资产置换及购买暨关联交易报告书》，同上海锦江国际酒店（集团）股份有限公司（以下简称锦江酒店集团）进行了重大资产置换。交易的核心是本公司以星级酒店业务资产与锦江酒店集团的"锦江之星"经济型酒店业务资产进行置换，以达到专业经营的目的。

在本案例中锦江酒店集团以自己旗下锦江之星 71.225% 的股份、旅馆投资 80%、达华宾馆 99% 的股份，以及 33 915.17 万元现金收购锦江股份 11 家公司（其中 2 家分公司，9 家子公司）的权益，标的资产公允价值为 306 703.41 万元，股权支付比例为 89%，超过了 85% 的股权支付比例；收购资产达到锦江股份的 95.32%，达到了 75% 的比例。

因此，锦江股份和锦江酒店（集团）的资产重组行为符合财税〔2009〕59 号文特殊性税务处理条件，可以享受特殊性税务处理。如果锦江股份的重组不符合特殊性税务处理条件，重组双方需要缴纳企业所得税 9.3 亿元。

第三部分　增值税优惠政策

> 您知道增值税有哪些优惠政策吗？您知道哪些项目可以享受低税率优惠吗？您知道哪些项目可以免征增值税吗？您知道增值税的起征点是多少吗？您知道增值税有哪些政策性减免税优惠吗？您知道针对残疾人、高科技产业、农业生产、资源保护等方面有哪些优惠政策吗？本部分将为您回答上述问题。

一、低税率优惠项目

 哪些项目可以享受 13% 的低税率优惠？

纳税人销售或者进口下列货物，税率为 13%：

（1）粮食、食用植物油。

（2）自来水、暖气、冷气、热水、煤气、石油液化气、天然气、沼气、居民用煤炭制品。

（3）图书、报纸、杂志。

（4）饲料、化肥、农药、农机、农膜。

（5）国务院规定的其他货物。

根据《财政部 国家税务总局关于部分货物适用增值税低税率和简易办法征收增值税政策的通知》（财税〔2009〕9 号）的规定，自 2009 年 1 月 1 日起，下列货物继续适用 13% 的增值税税率：

（1）农产品。农产品，是指种植业、养殖业、林业、牧业、水产业生产的各种植物、动物的初级产品。具体征税范围暂继续按照《财政部 国家税务总局关于印发〈农业产品征税范围注释〉的通知》（财税字〔1995〕52 号）及现行相关规定执行。

（2）音像制品。音像制品，是指正式出版的录有内容的录音带、录像带、唱片、激光唱盘和激光视盘。

（3）电子出版物。电子出版物，是指以数字代码方式，使用计算机应用程序，将图文声像等内容信息编辑加工后存储在具有确定的物理形态的磁、光、电等介质上，通过内嵌在计算机、手机、电子阅读设备、电子显示设备、数字音／视频播放设备、电子游戏机、导航仪以及其他具有类似功能的设备上读取使用，具有交互功能，用以表达思想、普及知识和积累文化的大众传播媒体。载体形态和格式主要包括只读光盘（CD 只读光盘 CD-ROM、交互式光盘 CD-I、照片光盘 Photo-CD、高密度只读光盘 DVD-ROM、蓝光只读光盘 HD-DVD ROM 和 BD ROM）、一次写入式光盘（一次写入 CD 光盘 CD-R、一次写入高密度光盘 DVD-R、一次写入蓝光光盘 HD-DVD ／ R，BD-R）、可擦写光盘（可擦写 CD 光盘 CD-RW、可擦写高密度光盘 DVD-RW、可擦写蓝光光盘 HDDVD-RW 和 BD-RW、磁光盘 MO）、软磁盘（FD）、硬磁盘（HD）、集成电路卡（CF 卡、MD 卡、SM 卡、MMC 卡、RS-MMC 卡、MS 卡、SD 卡、XD 卡、T-F1ash 卡、记忆棒）和各种存储芯片。

（4）二甲醚。二甲醚，是指化学分子式为 CH_3OCH_3，常温常压下为具有轻微醚香味，易燃、无毒、无腐蚀性的气体。

 友情提示

2017 年 4 月 19 日，国务院常务会议决定，从 2017 年 7 月 1 日起，将增值税税率由四档减至 17%、11% 和 6% 三档，取消 13% 这一档税率；将农产品、天然气等增值税税率从 13% 降至 11%。同时，对农产品深加工企业购入农产品维持原扣除力度不变，避免因进项抵扣减少而增加税负。

 食用植物油的具体范围包括哪些？

植物油是从植物根、茎、叶、果实、花或胚芽组织中加工提取的油脂。

食用植物油仅指：芝麻油、花生油、豆油、菜籽油、米糠油、葵花籽油、棉籽油、玉米胚油、茶油、胡麻油，以及以上述油为原料生产的混合油。

根据《国家税务总局关于杏仁油 葡萄籽油增值税适用税率问题的公告》（国家税务总局公告 2014 年第 22 号）的规定，杏仁油、葡萄籽油属于食用植物油，适用 13% 增值税税率。本公告自 2014 年 6 月 1 日起执行。

根据《国家税务总局关于牡丹籽油增值税适用税率问题的公告》（国家税务总局公告 2014 年第 75 号）的规定，牡丹籽油属于食用植物油，适用 13% 增值税税率。牡丹籽油是以丹凤牡丹和紫斑牡丹的籽仁为原料，经压榨、脱色、脱臭等工艺制成的产品。本公告自 2015 年 2 月 1 日起施行。

自来水的具体范围包括哪些？

自来水是指自来水公司及工矿企业经抽取、过滤、沉淀、消毒等工序加工后，通过供水系统向用户供应的水。

农业灌溉用水、引水工程输送的水等，不属于本货物的范围。

 暖气、热水的具体范围包括哪些？

暖气、热水是指利用各种燃料（如煤、石油、其他各种气体或固体、液体燃料）和电能将水加热，使之生成的气体和热水，以及开发自然热能，如开发地热资源或用太阳能生产的暖气、热气、热水。

利用工业余热生产、回收的暖气、热气和热水也属于本货物的范围。

 冷气的具体范围包括哪些？

冷气是指为了调节室内温度，利用制冷设备生产的，并通过供风系统向用户提供的低温气体。

 煤气的具体范围包括哪些？

煤气是指由煤、焦炭、半焦和重油等经干馏或汽化等生产过程所得气体产物的总称。

煤气的范围包括：

（1）焦炉煤气：是指煤在炼焦炉中进行干馏所产生的煤气。

（2）发生炉煤气：是指用空气（或氧气）和少量的蒸气将煤或焦炭、半焦，在煤气发生炉中进行汽化所产生的煤气、混合煤气、水煤气、单水煤气、双水煤气等。

（3）液化煤气：是指压缩成液体的煤气。

 石油液化气的具体范围包括哪些？

石油液化气是指由石油加工过程中所产生的低分子量的烃类炼厂气经压缩成的液体。其主要成分是丙烷、丁烷、丁烯等。

 天然气的具体范围包括哪些？

天然气是蕴藏在地层内的碳氢化合物可燃气体。其主要含有甲烷、乙烷等低分子烷烃和丙烷、丁烷、戊烷及其他重质气态烃类。

天然气包括气田天然气、油田天然气、煤矿天然气和其他天然气。

 沼气的具体范围包括哪些?

沼气，主要成分为甲烷，由植物残体在与空气隔绝的条件下经自然分解而成，沼气主要作燃料。

本货物的范围包括：天然沼气和人工生产的沼气。

 居民用煤炭制品的具体范围包括哪些?

居民用煤炭制品是指煤球、煤饼、蜂窝煤和引火炭。

 图书、报纸、杂志的具体范围包括哪些?

图书、报纸、杂志是采用印刷工艺，按照文字、图画和线条原稿印刷成的纸制品。纸制品范围包括：

（1）图书，是指由国家新闻出版署批准的出版单位出版，采用国际标准书号编序的书籍，以及图片。

（2）报纸，是指经国家新闻出版署批准，在各省、自治区、直辖市新闻出版部门登记，具有国内统一刊号（CN）的报纸。

（3）杂志，是指经国家新闻出版署批准，在省、自治区、直辖市新闻出版管理部门登记，具有国内统一刊号（CN）的刊物。

 友情提示

教材配套产品与中小学课本辅助使用，包括各种纸制品或图片，是课本的必要组成部分。对纳税人生产销售的与中小学课本相配套的教材配套产品（包括各种纸制品或图片），应按照税目"图书"的增值税税率征税。

 饲料的具体范围包括哪些?

饲料指用于动物饲养的产品或其加工品。

本货物的范围包括：

（1）单一大宗饲料，指以一种动物、植物、微生物或矿物质为来源的产品或其副产品。其范围仅限于糠麸、酒糟、鱼粉、草饲料、饲料级磷酸氢钙及除豆粕以外的菜子粕、棉子粕、向日葵粕、花生粕等粕类产品。

（2）混合饲料，指由两种以上单一大宗饲料、粮食、粮食副产品及饲料添加剂按照一定比例配置，其中单一大宗饲料、粮食及粮食副产品的参兑比例不低于95%的饲料。

（3）配合饲料，指根据不同的饲养对象，饲养对象的不同生长发育阶段的营养需要，将多种饲料原料按饲料配方经工业生产后，形成的能满足饲养动物全部营养需要（除水分外）的饲料。

（4）复合预混料，指能够按照国家有关饲料产品的标准要求量，全面提供动物饲养相应阶段所需微量元素（4种或以上）、维生素（8种或以上），由微量元素、维生素、氨基酸和非营养性添加剂中任何两类或两类以上的组分与载体或稀释剂按一定比例配置的均匀混合物。

（5）浓缩饲料，指由蛋白质、复合预混料及矿物质等按一定比例配制的均匀混合物。

 友情提示

　　直接用于动物饲养的粮食、饲料添加剂不属于本货物的范围。骨粉、鱼粉按照"饲料"征收增值税。宠物饲料产品不属于免征增值税的饲料，应按照饲料产品13%的税率征收增值税。

特殊政策如下：

（1）自2000年6月1日起，饲料产品分为征收增值税和免征增值税两类。进口和国内生产的饲料，一律执行同样的征税或免税政策。自2000年6月1日起，豆粕属于征收增值税的饲料产品，进口或国内生产豆粕，均按13%的税率征收增值税。其他粕类属于免税饲料产品，免征增值税，已征收入库的税款做退库处理。自2017年7月1日起，13%的税率降低为11%。

（2）自2003年1月1日起，对饲用鱼油产品按照现行"单一大宗饲料"的增值税政策规定，免予征收增值税。

（3）矿物质微量元素舔砖，是以四种以上微量元素、非营养性添加剂和载体为原料，经高压浓缩制成的块状预混物，可供牛、羊等牲畜直接食用，应按照"饲料"免征增值税。

（4）自2007年1月1日起，对饲料级磷酸二氢钙产品可按照现行"单一大宗饲料"的增值税政策规定，免征增值税。

 化肥的具体范围包括哪些？

化肥是指经化学和机械加工制成的各种化学肥料。

化肥的范围包括：

（1）化学氮肥，主要品种有尿素和硫酸铵、硝酸铵、碳酸氢铵、氯化铵、石灰氮、氨水等。

（2）磷肥，主要品种有磷矿粉、过磷酸钙（包括普通过磷酸钙和重过磷酸钙两种）、钙镁磷肥、钢渣磷肥等。

（3）钾肥，主要品种有硫酸钾、氯化钾等。

（4）复合肥料，是用化学方法合成或混配制成含有氮、磷、钾中的两种或两种以上的营养元素的肥料。含有两种的称二元复合肥，含有三种的称三元复合肥料，也有含三种元素和某些其他元素的叫多元复合肥料。其主要产品有硝酸磷肥、磷酸铵、磷酸二氢钾肥、钙镁磷钾肥、磷酸一铵、磷粉二铵、氮磷钾复合肥等。

（5）微量元素肥，是指含有一种或多种植物生长所必需的，但需要量又极少的营养元素的肥料，如硼肥、锰肥、锌肥、铜肥、钼肥等。

（6）其他肥，是指上述列举以外的其他化学肥料。

 农药的具体范围包括哪些？

农药是指用于农林业防治病虫害、除草及调节植物生长的药剂。

农药包括农药原药和农药制剂。如杀虫剂、杀菌剂、除草剂、植物生长调节剂、植物性农药、微生物农药、卫生用药、其他农药原药、制剂等。

 农膜的具体范围包括哪些？

农膜是指用于农业生产的各种地膜、大棚膜。

 农机的具体范围包括哪些？

农机是指用于农业生产（包括林业、牧业、副业、渔业）的各种机器和机械化和半机械化农具，以及小农具。

农机的范围包括：

（1）拖拉机，是以内燃机为驱动牵引机具从事作业和运载物资的机械。包括轮拖拉机、履带拖拉机、手扶拖拉机、机耕船。

（2）土壤耕整机械，是对土壤进行耕翻整理的机械。其包括机引犁、机引耙、旋耕机、镇压器、联合整地器、合壤器、其他土壤耕整机械。

（3）农田基本建设机械，是指从事农田基本建设的专用机械。其包括开沟筑埂机、开沟铺管机、铲抛机、平地机、其他农田基本建设机械。

（4）种植机械，是指将农作物种子或秧苗移植到适于作物生长的苗床机械。其包括播作机、水稻插秧机、栽植机、地膜覆盖机、复式播种机、秧苗准备机械。

（5）植物保护和管理机械，是指农作物在生长过程中的管理、施肥、防治病虫害的机械。其包括机动喷粉机、喷雾机（器）、弥雾喷粉机、修剪机、中耕除草机、播种中耕机、培土机具、施肥机。

（6）收获机械，是指收获各种农作物的机械。其包括粮谷、棉花、薯类、甜菜、甘蔗、茶叶、油料等收获机。

（7）场上作业机械，是指对粮食作物进行脱粒、清选、烘干的机械设备。包括各种脱粒机、清选机、粮谷干燥机、种子精选机。

（8）排灌机械，是指用于农牧业排水、灌溉的各种机械设备。其包括喷灌机、半机械化提水机具、打井机。

（9）农副产品加工机械，是指对农副产品进行初加工，加工后的产品仍属农副产品的机械。其包括茶叶机械、剥壳机械、棉花加工机械（包括棉花打包机）、食用菌机械（培养木耳、蘑菇等）、小型粮谷机械。

友情提示

以农副产品为原料加工工业产品的机械，不属于本货物的范围。

（10）农业运输机械，是指农业生产过程中所需的各种运输机械。其包括人力车（不包括三轮运货车）、畜力车和拖拉机挂车。

友情提示

农用汽车不属于本货物的范围。

（11）畜牧业机械，是指畜牧业生产中所需的各种机械。其包括草原建设机械、牧业收获机械、饲料加工机械、畜禽饲养机械、畜产品采集机械。

（12）渔业机械，是指捕捞、养殖水产品所用的机械。其包括捕捞机械、增氧机、饵料机。

友情提示

机动渔船不属于本货物的范围。

（13）林业机械，是指用于林业的种植、育林的机械。其包括清理机械、育林机械、树苗栽植机械。

 友情提示

森林砍伐机械、集材机械不属于本货物征收范围。

（14）小农具，包括畜力犁、畜力耙、锄头和镰刀等农具。

 友情提示

农机零部件不属于本货物的征收范围。

不带动力的手扶拖拉机（也称手扶拖拉机底盘）和三轮农用运输车（指以单缸柴油机为动力装置的三个车轮的农用运输车辆）属于"农机"，应按有关"农机"的增值税政策规定征免增值税。

根据《国家税务总局关于农用挖掘机 养鸡设备系列－养猪设备系列产品增值税适用税率问题的公告》（国家税务总局公告2014年第12号）的规定，农用挖掘机、养鸡设备系列、养猪设备系列产品属于农机，适用13%增值税税率。农用挖掘机是指型式和相关参数符合《农用挖掘机质量评价技术规范》（NY/T1774——2009）要求，用于农田水利建设和小型土方工程作业的挖掘机械，包括拖拉机挖掘机组和专用动力挖掘机。拖拉机挖掘机组是指挖掘装置安装在轮式拖拉机三点悬挂架上，且以轮式拖拉机为动力的挖掘机械；专用动力挖掘机指挖掘装置回转角度小于270°，以专用动力和行走装置组成的挖掘机械。养鸡设备系列包括喂料设备（系统）、送料设备（系统）、刮粪清粪设备、集蛋分蛋装置（系统）、鸡只生产性能测定设备（系统）、产品标示鸡脚环、孵化机、小鸡保温装置、环境控制设备（鸡只）等。养猪设备系列包括猪只群养管理设备（系统）、猪只生产性能测定设备（系统）、自动喂养系统、刮粪清粪设备、定位栏、分娩栏、保育栏（含仔猪保温装置）、环境控制设备（猪）等。本公告自2014年4月1日起施行。此前已发生并处理的事项，不再做调整；未处理的，按本公告规定执行。

根据《国家税务总局关于动物尸体降解处理机蔬菜清洗机增值税适用税率问题的公告》（国家税务总局公告2015年第72号）的规定，动物尸体降解处理机、蔬菜清洗机属于农机，适用13%增值税税率。动物尸体降解处理机是指采用生物降解技术将病死畜禽尸体处理成粉状有机肥原料，实现无害化处理的设备。蔬菜清洗机是指用于农副产品加工生产的采用喷淋清洗、毛刷清洗、气泡清洗、淹没水射流清洗技术对完整或鲜切蔬菜进行清洗，以去除蔬菜表面污物、微生物及农药残留的设备。本公告自 2015 年 12 月 1 日起施行。此前已发生未处理的事项，按本公告规定执行。

 国务院财政税务部门规定了哪些适用 13% 税率的货物？

下列货物适用 13% 的低税率：

（1）从 1994 年 5 月 1 日起，金属矿采选产品、非金属矿采选产品增值税税率由 17% 调整为 13%。

（2）农业产品的增值税税率由 17% 调整为 13%。

（3）对由石油伴生气加工压缩而成的石油液化气，应当按照 13% 的增值税税率征收增值税。

（4）添加微量元素生产的鲜奶，可依照《农业产品征税范围注释》（财税字〔1995〕52 号）中的"鲜奶"按 13% 的增值税税率征收增值税。

（5）自 2007 年 1 月 1 日起，将音像制品和电子出版物的增值税税率由 17% 下调至 13%。"音像制品"，是指正式出版的录有内容的录音带、录像带、唱片、激光唱盘和激光视盘。"电子出版物"，是指以数字代码方式，使用计算机应用程序，将图文声像等内容信息编辑加工后存储在具有确定的物理形态的磁、光、电等介质上，通过内嵌在计算机、手机、电子阅读设备、电子显示设备、数字音／视频播放设备、电子游戏机、导航仪以及其他具有类似功能的设备上读取使用，具有交互功能，用以表达思想、普及知识和积累文化的大众传播媒体。

 友情提示

电子出版物载体形态和格式主要包括只读光盘（CD 只读光盘 CD-ROM、交互式光盘 CD-I、照片光盘 Photo-CD、高密度只读光盘 DVD-ROM、蓝光只读光盘 HD-DVD ROM 和 BD ROM 等）、一次写入式光盘（一次写入 CD 光盘 CD-R、一次写入高密度光盘 DVD-R、一次写入蓝光光盘 HD-DVD／R，BD-R 等）、可擦写光盘（可擦写 CD 光盘 CD-RW、可擦写高密度光盘 DVD-RW、可擦写蓝光光盘 HDDVD-RW 和 BD-RW、磁光盘 MO 等）、软磁盘（FD）、硬磁盘（HD）、集成电路卡（CF 卡、MD 卡、SM 卡、MMC 卡、RS-MMC 卡、Ms 卡、SD 卡、XD 卡、T-Flash 卡、记忆棒等）和各种存储芯片。

（6）自2007年4月1日起，对生皮、生毛皮等动物皮张类商品的进口环节增值税按13%的税率计征。

自2017年7月1日起，上述13%的税率降低为11%。

 金属矿采选产品的范围包括哪些？

金属矿采选产品，包括黑色和有色金属矿采选产品。

（1）黑色金属矿采选产品，是指人工开采的供提取铁、锰、铬金属的原矿和经过选矿工序生产的矿砂、矿粉。将原矿或选矿后的矿砂、矿粉经煅烧或焙烧生产的人造富矿（包括烧结矿、球团矿），也属"黑色金属矿采选产品"的征收范围。

（2）有色金属矿采选产品，是指人工采选的供提取铁、锰、铬金属以外的其他金属矿的天然矿石、矿砂、矿粉，不包括经冶炼或化学方法生产的有色金属化合物。

 友情提示

将有色金属原矿或选矿后的矿砂、矿粉经煅烧或焙烧后的有色金属焙烧矿，也属于"有色金属矿采选产品"的征收范围。

 非金属矿采选产品的范围包括哪些？

非金属矿采选产品，包括除金属矿采选产品以外的非金属矿采选产品和煤炭。

（1）非金属矿采选产品，是指从天然矿床中采选的除金属矿采选产品以外的其他非金属矿的矿石、矿砂、矿粉，不包括经煅烧、焙烧和加工的产品。未经加工的建筑用天然材料，也属"非金属矿采选产品"的征收范围。

（2）煤炭，是指直接从地下开采出来的原煤和经洗选、精选工序生产的洗煤、选煤。在开采、洗选、运输过程中产生的落地煤、石煤、手拣煤、风化煤、煤泥等，也属"煤炭"的征收范围。

 哪些项目可以享受13%的低税率优惠？

根据《财政部 税务总局关于简并增值税税率有关政策的通知》（财税〔2017〕37号）的规定，自2017年7月1日起，简并增值税税率结构，取消13%的增值税税率。现将有关政策通知如下：

第一，纳税人销售或者进口下列货物，税率为11%：

农产品（含粮食）、自来水、暖气、石油液化气、天然气、食用植物油、冷气、热水、煤气、居民用煤炭制品、食用盐、农机、饲料、农药、农膜、化肥、沼气、二甲醚、图书、报纸、杂志、音像制品、电子出版物。上述货物的具体范围见本通知附件1（略）。

第二，纳税人购进农产品，按下列规定抵扣进项税额：

（1）除本条第（2）项规定外，纳税人购进农产品，取得一般纳税人开具的增值税专用发票或海关进口增值税专用缴款书的，以增值税专用发票或海关进口增值税专用缴款书上注明的增值税额为进项税额；从按照简易计税方法依照3%征收率计算缴纳增值税的小规模纳税人取得增值税专用发票的，以增值税专用发票上注明的金额和11%的扣除率计算进项税额；取得（开具）农产品销售发票或收购发票的，以农产品销售发票或收购发票上注明的农产品买价和11%的扣除率计算进项税额。

（2）营业税改征增值税试点期间，纳税人购进用于生产销售或委托受托加工17%税率货物的农产品维持原扣除力度不变。

（3）继续推进农产品增值税进项税额核定扣除试点，纳税人购进农产品进项税额已实行核定扣除的，仍按照《财政部 国家税务总局关于在部分行业试行农产品增值税进项税额核定扣除办法的通知》（财税〔2012〕38号）、《财政部 国家税务总局关于扩大农产品增值税进项税额核定扣除试点行业范围的通知》（财税〔2013〕57号）执行。其中，《农产品增值税进项税额核定扣除试点实施办法》（财税〔2012〕38号印发）第四条第（二）项规定的扣除率调整为11%；第（三）项规定的扣除率调整为按本条第（一）项、第（二）项规定执行。

（4）纳税人从批发、零售环节购进适用免征增值税政策的蔬菜、部分鲜活肉蛋而取得的普通发票，不得作为计算抵扣进项税额的凭证。

（5）纳税人购进农产品既用于生产销售或委托受托加工17%税率货物又用于生产销售其他货物服务的，应当分别核算用于生产销售或委托受托加工17%税率货物和其他货物服务的农产品进项税额。未分别核算的，统一以增值税专用发票或海关进口增值税专用缴款书上注明的增值税额为进项税额，或以农产品收购发票或销售发票上注明的农产品买价和11%的扣除率计算进项税额。

（6）《增值税暂行条例》第八条第二款第（三）项和本通知所称销售发票，是指农业生产者销售自产农产品适用免征增值税政策而开具的普通发票。

第三，本通知附件2所列货物的出口退税率调整为11%。出口货物适用的出口退税率，以出口货物报关单上注明的出口日期界定。

外贸企业 2017 年 8 月 31 日前出口本通知附件 2 所列货物，购进时已按 13% 税率征收增值税的，执行 13% 出口退税率；购进时已按 11% 税率征收增值税的，执行 11% 出口退税率。生产企业 2017 年 8 月 31 日前出口本通知附件 2 所列货物，执行 13% 出口退税率。出口货物的时间，按照出口货物报关单上注明的出口日期执行。

第四，本通知自 2017 年 7 月 1 日起执行。此前有关规定与本通知规定的增值税税率、扣除率、相关货物具体范围不一致的，以本通知为准。《财政部 国家税务总局关于免征部分鲜活肉蛋产品流通环节增值税政策的通知》（财税〔2012〕75 号）第三条同时废止。

第五，各地要高度重视简并增值税税率工作，切实加强组织领导，周密安排，明确责任。做好实施前的各项准备以及实施过程中的监测分析、宣传解释等工作，确保简并增值税税率平稳、有序推进。遇到问题请及时向财政部和税务总局反映。

 疑难问题解答

某商业企业购进一批新鲜的香菇后，将其分包及晒干，出售时适用的税率是多少？

解答： 根据现行增值税政策，农业产品的增值税税率由 17% 调整为 13%（从 1994 年 5 月 1 日起执行）。农业产品征税范围中的蔬菜是指可作副食的草本、木本植物的总称。本货物的征税范围包括各种蔬菜、菌类植物和少数可作副食的木科植物。经晾晒、冷藏、冷冻、包装、脱水等工序加工的蔬菜、腌菜、咸菜、酱菜和盐渍蔬菜等，也属于本货物的征税范围。因此，经分包及晒干的香菇的税率为 13%。

 疑难问题解答

增值税一般纳税人企业将家用电脑、软件和相关电脑杂志捆绑销售，且不能分开核算具体货物的销售额，企业应该如何计算缴纳增值税？

解答： 根据现行增值税政策，纳税人兼营不同税率的货物或者应税劳务，应当分别核算不同税率货物或者应税劳务的销售额，未分别核算销售额的，从高适用税率。纳税人销售不同税率货物或应税劳务，并兼营应属一并征收增值税的非应税劳务的，其非应税劳务应从高适用税率。虽然杂志的增值税税率为 13%，但由于该公司在销售此类货物时不能分开核算，因此，应按 17%（电脑、软件的税率为 17%）的增值税税率计算缴纳增值税。

疑难问题解答

咸鸭蛋的增值税税率为多少？

解答： 根据现行增值税政策，农业产品的增值税税率由 17% 调整为 13%（从 1994 年 5 月 1 日起执行)；《农业产品征税范围注释》中对蛋类产品（属于农业产品）的注释如下：经加工的咸蛋、松花蛋、腌制的蛋等，也属于本货物的征税范围。因此，该货物的增值税的税率为 13%。

 疑难问题解答

农机生产单位销售农机的部分零配件是否按 13% 的税率征收增值税？

解答： 根据现行增值税政策，农机零部件不属于农机的征收范围，不适用 13% 的低税率，应按 17% 的税率征收增值税。

 疑难问题解答

医药收购公司从药农手中收购中药材，经简单晾晒处理后出售需要缴纳增值税吗？

解答： 根据现行增值税政策，农业产品是指种植业、养殖业、林业、牧业、水产业生产的各种植物、动物的初级产品。其中，植物类包括人工种植和天然生长的各种植物的初级产品，包括药用植物。药用植物是指用作中药原药的各种植物的根、茎、皮、叶、花、果实等。利用上述药用植物加工制成的片、丝、块、段等中药饮片，也属于本货物的征税范围。中成药不属于本货物的征税范围。农业产品的增值税税率由 17% 调整为 13%。所以，该公司如果属于一般纳税人，则应按 13% 的税率缴纳增值税；如果属于小规模纳税人，则应按 3% 的税率缴纳增值税。

 疑难问题解答

某单位开具增值税专用发票时把税率弄错了，把 13% 税率开成了 17% 税率，对方也将该发票进行了认证抵扣且做了账务处理，该怎么办？

解答： 根据现行增值税政策，因购货方无法退回专用发票的发票联和抵扣联，销货方收到购货方当地主管税务机关开具的《进货退出或索取折让证明单》的，一律通过防伪税控系统开具负数专用发票作为扣减销项税额的凭证，不得作废已开具的蓝字专用发票，也不得以红字普通发票作为扣减销项税额的凭证。

二、免征增值税项目

哪些项目可以享受免税的优惠政策？

下列项目免征增值税：

（1）农业生产者销售的自产农业产品。农业，是指种植业、养殖业、林业、牧业、水产业。农业生产者，包括从事农业生产的单位和个人。农业产品，是指初级农业产品，具体范围由国家税务总局直属分局确定。

友情提示

　　从淀粉的生产工艺流程等方面看，淀粉不属于农业产品的范围，应按照 17% 的税率征收增值税。

（2）避孕药品和用具。

（3）古旧图书。古旧图书，是指向社会收购的古书和旧书。

（4）直接用于科学研究、科学试验和教学的进口仪器、设备。

（5）外国政府、国际组织无偿援助的进口物资和设备。

（6）来料加工、来件装配和补偿贸易所需进口的设备。

（7）由残疾人组织直接进口供残疾人专用的物品。

（8）对残疾人个人提供的加工、修理修配劳务。

（9）纳税人生产销售和批发、零售滴灌带和滴灌管产品。

（10）自 2003 年 7 月 1 日起至 2015 年 12 月 31 日止，国内定点生产企业生产的国产抗艾滋病病毒药品。

（11）增值税纳税人收取的会员费收入。

（12）供残疾人专用的假肢、轮椅、矫型器（包括上肢矫形器、下肢矫形器、脊椎侧弯矫形器）。

（13）自己使用过的物品，是指《增值税暂行条例实施细则》第八条所称其他个人自己使用过的物品。物品，是指游艇、摩托车、应征消费税的汽车以外的货物。

（14）《增值税暂行条例实施细则》第七条规定"所销售的货物的起运地或所在地在境内"，"境内"是指在中华人民共和国关境以内。海关隔离区是海关和边防检查划定的专供出国人员出境的特殊区域，在此区域内设立免税店销售免税品和市内免税店销售但在海关隔离区内提取免税品，由海关实施特殊的进出口监管，在税收管理上属于国境以内关境以外。因此，对于海关隔离区内免税店销售免税品以及市内免税店销售但在海关隔离区内提取免税品的行为，不征收增值税。对于免税店销售其他不属于免税品的货物，应照章征收增值税。上述所称免税品具体是指免征关税、进口环节税的进口商品和实行退（免）税（增值税、消费税）进入免税店销售的国产商品。纳税人兼营应征收增值税货物或劳务和免税品的，应分别核算应征收增值税货物或劳务和免税品的销售额。未分别核算或者不能准确核算销售额的，其免税品与应征收增值税货物或劳务一并征收增值税。纳税人销售免税品一律开具出口发票，不得使用防伪税控专用器具开具增值税专用发票或普通发票。纳税人经营范围仅限于免税品销售业务的，一律不得使用增值税防伪税控专用器具。已发售的防伪税控专用器具及增值税专用发票、普通发票一律收缴。收缴的发票按现行有关发票作废规定处理。

（15）根据《财政部 国家税务总局关于农民专业合作社有关税收政策的通知》（财税〔2008〕81号）的规定，对农民专业合作社销售本社成员生产的农业产品，视同农业生产者销售自产农业产品免征增值税。增值税一般纳税人从农民专业合作社购进的免税农业产品，可按13%的扣除率计算抵扣增值税进项税额。对农民专业合作社向本社成员销售的农膜、种子、种苗、化肥、农药、农机，免征增值税。对农民专业合作社与本社成员签订的农业产品和农业生产资料购销合同，免征印花税。本通知所称农民专业合作社，是指依照《农民专业合作社法》规定设立和登记的农民专业合作社。本通知自2008年7月1日起执行。

（16）根据《国家税务总局关于制种行业增值税有关问题的公告》（国家税务总局公告2010年第17号）的规定，制种企业在下列生产经营模式下生产销售种子，属于农业生产者销售自产农业产品，应根据《增值税暂行条例》有关规定免征增值税。制种企业利用自有土地或承租土地，雇佣农户或雇工进行种子繁育，再经烘干、脱粒、风筛等深加工后销售种子。制种企业提供亲本种子委托农户繁育并从农户手中收回，再经烘干、脱粒、风筛等深加工后销售种子。本公告自2010年12月1日起施行。

（17）根据《国家税务总局关于纳税人采取"公司＋农户"经营模式销售畜禽有关增值税问题的公告》（国家税务总局公告2013年第8号）的规定，目前，一些纳税人采取"公司＋农户"经营模式从事畜禽饲养，即公司与农户签订委托养殖合同，向农户提供畜禽苗、饲料、兽药及疫苗等（所有权属于公司），农户饲养畜禽苗至成品后交付公司回收，公司将回收的成品畜禽用于销售。在上述经营模式下，纳税人回收再销售畜禽，属于农业生产者销售自产农产品，应根据《增值税暂行条例》的有关规定免征增值税。本公告中的畜禽是指属于《财政部 国家税务总局关于印发〈农业产品征税范围注释〉的通知》（财税字〔1995〕52 号）文件中规定的农业产品。本公告自 2013 年 4 月 1 日起施行。

 友情提示

> 纳税人兼营免税、减税项目的，应当单独核算免税、减税项目的销售额；未单独核算销售额的，不得免税、减税。

 疑难问题解答

软件企业在收到即征即退的增值税税款时，账务上该如何处理？

解答：根据现行增值税政策，企业实际收到即征即退、先征后退、先征税后返还的增值税，借记"银行存款"科目，贷记"补贴收入"科目。对于直接减免的增值税，借记"应交税金——应交增值税"科目，贷记"补贴收入"科目。因此，该笔分录应为：

借：银行存款

　　贷：补贴收入

 疑难问题解答

养殖鹿是否属于农业产品免征增值税？

解答：根据现行增值税政策，农业生产者销售的自产农业产品，是指直接从事植物的种植、收割和动物的饲养、捕捞的单位和个人销售的注释所列的自产农业产品；对上述单位和个人销售的外购的农业产品，以及单位和个人外购农业产品生产、加工后销售的仍然属于注释所列的农业产品，不属于免税的范围，应当按照规定税率征收增值税。

《农业产品征税范围注释》第二类"动物类"第二项"畜牧产品"是指人工饲养、繁殖取得和捕获的各种畜禽。本货物的征税范围包括：

（1）兽类、禽类和爬行类动物，如牛、马、猪、羊、鸡、鸭等。

（2）兽类、禽类和爬行类动物的肉产品，包括整块或者分割的鲜肉、冷藏或者冷冻肉、盐渍肉、兽类、禽类和爬行类动物的内脏、头、尾、蹄等组织。各种兽类、禽类和爬行类动物的肉类生制品，如腊肉、腌肉、熏肉等，也属于本货物的征税范围。各种肉类罐头、肉类熟制品，不属于本货物的征税范围。

因此，如果养殖鹿符合上述关于兽类农业产品的解释，则应当属于免税产品。

三、起征点与小微企业优惠政策

 增值税有哪些起征点优惠政策？

纳税人销售额未达到财政部规定的增值税起征点的，免征增值税。增值税起征点的适用范围只限于个人。

增值税起征点的幅度规定如下：

（1）销售货物的起征点为月销售额 600 ～ 2 000 元。

（2）销售应税劳务的起征点为月销售额 200 ～ 800 元。

（3）按次纳税的起征点为每次（日）销售额 50 ～ 80 元。

 友情提示

> 销售额，是指《增值税暂行条例实施细则》第 25 条第 1 款所称小规模纳税人的销售额。小规模纳税人的销售额不包括其应纳税额。小规模纳税人销售货物或应税劳务采用销售额和应纳税额合并定价方法的，按下列公式计算销售额：销售额＝含税销售额÷（1+征收率）。

为了促进下岗失业人员再就业工作，自 2003 年 1 月 1 日起，提高增值税的起征点：

（1）将销售货物的起征点幅度由现行月销售额 600 ～ 2 000 元提高到 2 000 ～ 5 000 元。

（2）将销售应税劳务的起征点幅度由现行月销售额 200 ～ 800 元提高到 1 500 ～ 3 000 元。

（3）将按次纳税的起征点幅度由现行每次（日）销售额 50 ～ 80 元提高到每次（日）150 ～ 200 元。

自 2011 年 11 月 1 日起，再次提高增值税的起征点：

（1）销售货物的，为月销售额 5 000 ～ 20 000 元，目前全国实际执行的标准为 20 000 元。

（2）销售应税劳务的，为月销售额 5 000 ～ 20 000 元，目前全国实际执行的标准为 20 000 元。

（3）按次纳税的，为每次（日）销售额 300～500 元。

 小微企业享有哪些税收优惠政策？

根据《财政部 国家税务总局关于暂免征收部分小微企业增值税和营业税的通知》（财税〔2013〕52 号）的规定，为进一步扶持小微企业发展，经国务院批准，自 2013 年 8 月 1 日起，对增值税小规模纳税人中月销售额不超过 2 万元的企业或非企业性单位，暂免征收增值税；对营业税纳税人中月营业额不超过 2 万元的企业或非企业性单位，暂免征收营业税。

根据《财政部 国家税务总局关于进一步支持小微企业增值税和营业税政策的通知》（财税〔2014〕71 号）的规定，为进一步加大对小微企业的税收支持力度，经国务院批准，自 2014 年 10 月 1 日起至 2015 年 12 月 31 日，对月销售额 2 万元（含本数，下同）至 3 万元的增值税小规模纳税人，免征增值税；对月营业额 2 万元至 3 万元的营业税纳税人，免征营业税。

根据《国家税务总局关于小微企业免征增值税和营业税有关问题的公告》（国家税务总局公告 2014 年第 57 号）的规定，根据《增值税暂行条例》及实施细则、《营业税暂行条例》及实施细则、《财政部 国家税务总局关于暂免征收部分小微企业增值税和营业税的通知》（财税〔2013〕52 号）、《财政部 国家税务总局关于进一步支持小微企业增值税和营业税政策的通知》（财税〔2014〕71 号）：

（1）增值税小规模纳税人和营业税纳税人，月销售额或营业额不超过 3 万元（含 3 万元，下同）的，按照上述文件规定免征增值税或营业税。其中，以 1 个季度为纳税期限的增值税小规模纳税人和营业税纳税人，季度销售额或营业额不超过 9 万元的，按照上述文件规定免征增值税或营业税。

（2）增值税小规模纳税人兼营营业税应税项目的，应当分别核算增值税应税项目的销售额和营业税应税项目的营业额，月销售额不超过 3 万元（按季纳税 9 万元）的，免征增值税；月营业额不超过 3 万元（按季纳税 9 万元）的，免征营业税。

（3）增值税小规模纳税人月销售额不超过 3 万元（按季纳税 9 万元）的，当期因代开增值税专用发票（含货物运输业增值税专用发票）已经缴纳的税款，在专用发票全部联次追回或者按规定开具红字专用发票后，可以向主管税务机关申请退还。

（4）本公告自 2014 年 10 月 1 日起施行。《国家税务总局关于暂免征收部分小微企业增值税和营业税政策有关问题的公告》（国家税务总局公告 2013 年第 49 号）、《国家税务总局关于增值税起征点调整后有关问题的批复》（国税函〔2003〕1396 号）同时废止。

根据《财政部 国家税务总局关于对小微企业免征有关政府性基金的通知》（财税〔2014〕122 号）的规定，自 2015 年 1 月 1 日起至 2017 年 12 月 31 日，对按月纳税的月销售额或营业额不超过 3 万元（含 3 万元），以及按季纳税的季度销售额或营业额不超过 9 万元（含 9 万元）的缴纳义务人，免征教育费附加、地方教育附加、水利建设基金、文化事业建设费。自工商登记注册之日起 3 年内，对安排残疾人就业未达到规定比例、在职职工总数 20 人以下（含 20 人）的小微企业，免征残疾人就业保障金。免征上述政府性基金后，有关部门依法履行职能和事业发展所需经费，由同级财政预算予以统筹安排。

根据《财政部 国家税务总局关于继续执行小微企业增值税和营业税政策的通知》（财税〔2015〕96 号）的规定，为继续支持小微企业发展、推动创业就业，经国务院批准，《财政部 国家税务总局关于进一步支持小微企业增值税和营业税政策的通知》（财税〔2014〕71 号）规定的增值税和营业税政策继续执行至 2017 年 12 月 31 日。

 小微企业免征增值税如何进行会计处理？

根据《关于小微企业免征增值税和营业税的会计处理规定》（财会〔2013〕24 号）的规定，自 2013 年 12 月 24 日起：

（1）小微企业在取得销售收入时，应当按照税法的规定计算应交增值税，并确认为应交税费，在达到《财政部 国家税务总局关于暂免征收部分小微企业增值税和营业税的通知》（财税〔2013〕52 号，以下简称《通知》）规定的免征增值税条件时，将有关应交增值税转入当期营业外收入。

（2）小微企业满足《通知》规定的免征营业税条件的，所免征的营业税不作相关会计处理。

（3）小微企业对本规定施行前免征增值税和营业税的会计处理，不进行追溯调整。

四、简易征税优惠政策

 增值税有哪些简易征税优惠政策？

增值税简易征税优惠政策如下：

（1）根据《国家税务总局关于固定业户临时外出经营有关增值税专用发票管理问题的通知》（国税发〔1995〕87 号）的规定，自 1995 年 7 月 1 日起，固定业户（指增值税一般纳税人）临时到外省、市销售货物的，必须向经营地税务机关出示"外出经营活动税收管理证明"回原地纳税，需要向购货方开具专用发票的，亦回原地补开。对未持"外出经营活动税收管理证明"的，经营地税务机关按6%的征收率征税。对擅自携票外出，在经营地开具专用发票的，经营地主管税务机关根据发票管理的有关规定予以处罚并将其携带的专用发票逐联注明"违章使用作废"字样。

（2）根据《国家税务总局关于拍卖行取得的拍卖收入征收增值税、营业税有关问题的通知》（国税发〔1999〕40号）的规定，对拍卖行受托拍卖增值税应税货物，向买方收取的全部价款和价外费用，应当按照4%的征收率征收增值税。拍卖货物属免税货物范围的，经拍卖行所在地县级主管税务机关批准，可以免征增值税。对拍卖行向委托方收取的手续费征收营业税。

（3）根据《财政部 国家税务总局关于全国实施增值税转型改革若干问题的通知》（财税〔2008〕170号）的规定，自2009年1月1日起，纳税人销售自己使用过的固定资产（以下简称已使用过的固定资产），应区分不同情形征收增值税：①销售自己使用过的2009年1月1日以后购进或者自制的固定资产，按照适用税率征收增值税；②2008年12月31日以前未纳入扩大增值税抵扣范围试点的纳税人，销售自己使用过的2008年12月31日以前购进或者自制的固定资产，按照4%征收率减半征收增值税；③2008年12月31日以前已纳入扩大增值税抵扣范围试点的纳税人，销售自己使用过的在本地区扩大增值税抵扣范围试点以前购进或者自制的固定资产，按照4%征收率减半征收增值税；销售自己使用过的在本地区扩大增值税抵扣范围试点以后购进或者自制的固定资产，按照适用税率征收增值税。本通知所称已使用过的固定资产，是指纳税人根据财务会计制度已经计提折旧的固定资产。

（4）根据《财政部 国家税务总局关于部分货物适用增值税低税率和简易办法征收增值税政策的通知》（财税〔2009〕9号）的规定，自2009年1月1日起，下列按简易办法征收增值税的优惠政策继续执行，不得抵扣进项税额：①一般纳税人销售自己使用过的属于条例第十条规定不得抵扣且未抵扣进项税额的固定资产，按简易办法依4%征收率减半征收增值税。一般纳税人销售自己使用过的其他固定资产，按照《财政部 国家税务总局关于全国实施增值税转型改革若干问题的通知》（财税〔2008〕170号）第四条的规定执行。一般纳税人销售自己使用过的除固定资产以外的物品，应当按照适用税率征收增值税。②小规模纳税人（除其他个人外，下同）销售自己使用过的固定资产，减按2%征收率征收增值税。小规模纳税人销售自己使用过的除固定资产以外的物品，应按3%的征收率征收增值税。③纳税人销售旧货，按照简易办法依照4%征收率减半征收增值税。所称旧货，是指进入二次流通的具有部分使用价值的货物（含旧汽车、旧摩托车和旧游艇），但不包括自己使用过的物品。④一般纳税人销售自产的下列货物，可选择按照简易办法依照6%征收率计算缴纳增值税：县级及县级以下小型水力发电单位生产的电力。小型水力发电单位，是指各类投资主体建设的装机容量为5万千瓦以下（含5万千瓦）的小型水力发电单位。建筑用和生产建筑材料所用的砂、土、石料。以自己采掘的砂、土、石料或其他矿物连续生产的砖、瓦、石灰（不含粘土实心砖、瓦）。用微生物、微生物代谢产物、动物毒素、人或动物的血液或组织制成的生物制品。自来水。商品混凝土（仅限于以水泥为原料生产的水泥混凝土）。一般纳税人选择简易办法计算缴纳增值税后，36个月内不得变更。⑤一般纳税人销售货物属于下列情形之一的，暂按简易办法依照4%征收率计算缴纳增值税：寄售商店代销寄售物品（包括居民个人寄售的物品在内）；典当业销售死当物品；经国务院或国务院授权机关批准的免税商店零售的免税品。⑥对属于一般纳税人的自来水公司销售自来水按简易办法依照6%征收率征收增值税，不得抵扣其购进自来水取得增值税扣税凭证上注明的增值税税款。

（5）根据《国家税务总局关于增值税简易征收政策有关管理问题的通知》（国税函〔2009〕90号）的规定，自2009年1月1日起，①一般纳税人销售自己使用过的固定资产，凡根据《财政部 国家税务总局关于全国实施增值税转型改革若干问题的通知》（财税〔2008〕170号）和财税〔2009〕9号文件等规定，适用按简易办法依4%征收率减半征收增值税政策的，应开具普通发票，不得开具增值税专用发票。②小规模纳税人销售自己使用过的固定资产，应开具普通发票，不得由税务机关代开增值税专用发票。③纳税人销售旧货，应开具普通发票，不得自行开具或者由税务机关代开增值税专用发票。④一般纳税人销售货物适用财税〔2009〕9号文件第二条第（三）项、第（四）项和第三条规定的，可自行开具增值税专用发票。⑤一般纳税人销售自己使用过的物品和旧货，适用按简易办法依4%征收率减半征收增值税政策的，按下列公式确定销售额和应纳税额：销售额 = 含税销售额 ÷（1+4%）；应纳税额 = 销售额 ×4%÷2。⑥小规模纳税人销售自己使用过的固定资产和旧货，按下列公式确定销售额和应纳税额：销售额 = 含税销售额 ÷（1+3%）；应纳税额 = 销售额 ×2%。⑦小规模纳税人销售自己使用过的固定资产和旧货，其不含税销售额填写在《增值税纳税申报表（适用于小规模纳税人）》第4栏，其利用税控器具开具的普通发票不含税销售额填写在第5栏。

（6）根据《国家税务总局关于供应非临床用血增值税政策问题的批复》（国税函〔2009〕456号）的规定，人体血液的增值税适用税率为17%。属于增值税一般纳税人的单采血浆站销售非临床用人体血液，可以按照简易办法依照 6% 征收率计算应纳税额，但不得对外开具增值税专用发票；也可以按照销项税额抵扣进项税额的办法依照增值税适用税率计算应纳税额。纳税人选择计算缴纳增值税的办法后，36 个月内不得变更。

（7）根据《国家税务总局关于一般纳税人销售自己使用过的固定资产增值税有关问题的公告》（国家税务总局公告 2012 年第 1 号）的规定，自 2012 年 2 月 1 日起，增值税一般纳税人销售自己使用过的固定资产，属于以下两种情形的，可按简易办法依 4% 征收率减半征收增值税，同时不得开具增值税专用发票：①纳税人购进或者自制固定资产时为小规模纳税人，认定为一般纳税人后销售该固定资产；②增值税一般纳税人发生按简易办法征收增值税应税行为，销售其按照规定不得抵扣且未抵扣进项税额的固定资产。

（8）根据《国家税务总局关于药品经营企业销售生物制品有关增值税问题的公告》（国家税务总局公告 2012 年第 20 号）的规定，属于增值税一般纳税人的药品经营企业销售生物制品，可以选择简易办法按照生物制品销售额和 3% 的征收率计算缴纳增值税。药品经营企业，是指取得（食品）药品监督管理部门颁发的《药品经营许可证》，获准从事生物制品经营的药品批发企业和药品零售企业。属于增值税一般纳税人的药品经营企业销售生物制品，选择简易办法计算缴纳增值税的，36 个月内不得变更计税方法。本公告自 2012 年 7 月 1 日起施行。

 ### 关于简并增值税征收率有哪些最新政策？

根据《财政部 国家税务总局关于简并增值税征收率政策的通知》（财税〔2014〕57 号）的规定，为进一步规范税制、公平税负，经国务院批准，决定简并和统一增值税征收率，将 6% 和 4% 的增值税征收率统一调整为 3%。

（1）《财政部 国家税务总局关于部分货物适用增值税低税率和简易办法征收增值税政策的通知》（财税〔2009〕9 号）第二条第（一）项和第（二）项中"按照简易办法依照 4% 征收率减半征收增值税"调整为"按照简易办法依照 3% 征收率减按 2% 征收增值税"。《财政部 国家税务总局关于全国实施增值税转型改革若干问题的通知》（财税〔2008〕170 号）第四条第（二）项和第（三）项中"按照 4% 征收率减半征收增值税"调整为"按照简易办法依照 3% 征收率减按 2% 征收增值税"。

（2）财税〔2009〕9 号文件第二条第（三）项和第三条"依照 6% 征收率"调整为"依照 3% 征收率"。

（3）财税〔2009〕9 号文件第二条第（四）项"依照 4% 征收率"调整为"依照 3% 征收率"。

（4）本通知自 2014 年 7 月 1 日起执行。

根据《国家税务总局关于简并增值税征收率有关问题的公告》（国家税务总局公告 2014 年第 36 号）的规定：

（1）将《国家税务总局关于固定业户临时外出经营有关增值税专用发票管理问题的通知》（国税发〔1995〕87 号）中"经营地税务机关按 6% 的征收率征税"，修改为"经营地税务机关按 3% 的征收率征税"。

（2）将《国家税务总局关于拍卖行取得的拍卖收入征收增值税、营业税有关问题的通知》（国税发〔1999〕40 号）第一条中"按照 4% 的征收率征收增值税"，修改为"按照 3% 的征收率征收增值税"。

（3）将《国家税务总局关于增值税简易征收政策有关管理问题的通知》（国税函〔2009〕90 号）第一条第（一）项中"按简易办法依 4% 征收率减半征收增值税政策"，修改为"按简易办法依 3% 征收率减按 2% 征收增值税政策"。

（4）将《国家税务总局关于供应非临床用血增值税政策问题的批复》（国税函〔2009〕456 号）第二条中"按照简易办法依照 6% 征收率计算应纳税额"，修改为"按照简易办法依照 3% 征收率计算应纳税额"。

（5）将《国家税务总局关于一般纳税人销售自己使用过的固定资产增值税有关问题的公告》（国家税务总局公告 2012 年第 1 号）中"可按简易办法依 4% 征收率减半征收增值税"，修改为"可按简易办法依 3% 征收率减按 2% 征收增值税"。

（6）纳税人适用按照简易办法依 3% 征收率减按 2% 征收增值税政策的，按下列公式确定销售额和应纳税额：

$$销售额 = 含税销售额 \div （1+3\%）$$

$$应纳税额 = 销售额 \times 2\%$$

《国家税务总局关于增值税简易征收政策有关管理问题的通知》（国税函〔2009〕90 号）第四条第（一）项废止。

（7）本公告自 2014 年 7 月 1 日起施行。

五、即征即退与进项税额抵扣优惠政策

 大型水电企业的税收优惠政策有哪些？

根据《财政部 国家税务总局关于软件产品增值税政策的通知》（财税〔2011〕100 号）的规定：

1）软件产品增值税政策。

（1）增值税一般纳税人销售其自行开发生产的软件产品，按 17% 税率征收增值税后，对其增值税实际税负超过 3% 的部分实行即征即退政策。

（2）增值税一般纳税人将进口软件产品进行本地化改造后对外销售，其销售的软件产品可享受本条第一款规定的增值税即征即退政策。本地化改造是指对进口软件产品进行重新设计、改进、转换等，单纯对进口软件产品进行汉字化处理不包括在内。

（3）纳税人受托开发软件产品，著作权属于受托方的征收增值税，著作权属于委托方或属于双方共同拥有的不征收增值税；对经过国家版权局注册登记，纳税人在销售时一并转让著作权、所有权的，不征收增值税。

2）软件产品界定及分类。本通知所称软件产品，是指信息处理程序及相关文档和数据。软件产品包括计算机软件产品、信息系统和嵌入式软件产品。嵌入式软件产品是指嵌入在计算机硬件、机器设备中并随其一并销售，构成计算机硬件、机器设备组成部分的软件产品。

3）满足下列条件的软件产品，经主管税务机关审核批准，可以享受本通知规定的增值税政策：

（1）取得省级软件产业主管部门认可的软件检测机构出具的检测证明材料。

（2）取得软件产业主管部门颁发的《软件产品登记证书》或著作权行政管理部门颁发的《计算机软件著作权登记证书》。

4）软件产品增值税即征即退税额的计算方法：

$$即征即退税额 = 当期软件产品增值税应纳税额 - 当期软件产品销售额 \times 3\%$$

$$当期软件产品增值税应纳税额 = 当期软件产品销项税额 - 当期软件产品可抵扣进项税额$$

$$当期软件产品销项税额 = 当期软件产品销售额 \times 17\%$$

5）嵌入式软件产品增值税即征即退税额的计算方法：

$$即征即退税额 = 当期嵌入式软件产品增值税应纳税额 - 当期嵌入式软件产品销售额 \times 3\%$$

$$当期嵌入式软件产品增值税应纳税额 = 当期嵌入式软件产品销项税额 - 当期嵌入式软件产品可抵扣进项税额$$

$$当期嵌入式软件产品销项税额 = 当期嵌入式软件产品销售额 \times 17\%$$

6）当期嵌入式软件产品销售额的计算公式：

$$当期嵌入式软件产品销售额 = 当期嵌入式软件产品与计算机硬件、机器设备销售额合计 - 当期计算机硬件、机器设备销售额$$

计算机硬件、机器设备销售额按照下列顺序确定：

（1）按纳税人最近同期同类货物的平均销售价格计算确定。

（2）按其他纳税人最近同期同类货物的平均销售价格计算确定。

（3）按计算机硬件、机器设备组成计税价格计算确定。

$$\text{计算机硬件、机器设备组成计税价格} = \text{计算机硬件、机器设备成本} \times (1+10\%)$$

7）按照上述办法计算，即征即退税额大于零时，税务机关应按规定，及时办理退税手续。

8）增值税一般纳税人在销售软件产品的同时销售其他货物或者应税劳务的，对于无法划分的进项税额，应按照实际成本或销售收入比例确定软件产品应分摊的进项税额；对专用于软件产品开发生产设备及工具的进项税额，不得进行分摊。纳税人应将选定的分摊方式报主管税务机关备案，并自备案之日起1年内不得变更。专用于软件产品开发生产的设备及工具，包括但不限于用于软件设计的计算机设备、读写打印器具设备、工具软件、软件平台和测试设备。

9）对增值税一般纳税人随同计算机硬件、机器设备一并销售嵌入式软件产品，如果适用本通知规定按照组成计税价格计算确定计算机硬件、机器设备销售额的，应当分别核算嵌入式软件产品与计算机硬件、机器设备部分的成本。凡未分别核算或者核算不清的，不得享受本通知规定的增值税政策。

10）各省、自治区、直辖市、计划单列市税务机关可根据本通知规定，制定软件产品增值税即征即退的管理办法。主管税务机关可对享受本通知规定增值税政策的纳税人进行定期或不定期检查。纳税人凡弄虚作假骗取享受本通知规定增值税政策的，税务机关除根据现行规定进行处罚外，自发生上述违法违规行为年度起，取消其享受本通知规定增值税政策的资格，纳税人三年内不得再次申请。

11）本通知自 2011 年 1 月 1 日起执行。《财政部 国家税务总局关于贯彻落实〈中共中央国务院关于加强技术创新，发展高科技，实现产业化的决定〉有关税收问题的通知》（财税字〔1999〕273 号）第一条、《财政部 国家税务总局 海关总署关于鼓励软件产业和集成电路产业发展有关税收政策问题的通知》（财税〔2000〕25 号）第一条第一款、《国家税务总局关于明确电子出版物属于软件征税范围的通知》（国税函〔2000〕168 号）、《财政部 国家税务总局关于增值税若干政策的通知》（财税〔2005〕165 号）第十一条第一款和第三款、《财政部 国家税务总局关于嵌入式软件增值税政策问题的通知》（财税〔2006〕174 号）、《财政部 国家税务总局关于嵌入式软件增值税政策的通知》（财税〔2008〕92 号）、《财政部 国家税务总局关于扶持动漫产业发展有关税收政策问题的通知》（财税〔2009〕65 号）第一条同时废止。

大型水电企业的税收优惠政策有哪些?

根据《财政部 国家税务总局关于大型水电企业增值税政策的通知》(财税〔2014〕10 号)的规定:

(1)装机容量超过 100 万千瓦的水力发电站(含抽水蓄能电站)销售自产电力产品,自 2013 年 1 月 1 日至 2015 年 12 月 31 日,对其增值税实际税负超过 8% 的部分实行即征即退政策;自 2016 年 1 月 1 日至 2017 年 12 月 31 日,对其增值税实际税负超过 12% 的部分实行即征即退政策。

(2)本通知所称的装机容量,是指单站发电机组额定装机容量的总和。该额定装机容量包括项目核准(审批)机关依权限核准(审批)的水力发电站总装机容量(含分期建设和扩机),以及后续因技术改造升级等原因经批准增加的装机容量。

(3)《财政部 国家税务总局关于三峡电站电力产品增值税税收政策问题的通知》(财税〔2002〕24 号)、《财政部 国家税务总局关于葛洲坝电站电力产品增值税政策问题的通知》(财税〔2002〕168 号)、《财政部关于小浪底水利工程电力产品增值税政策问题的通知》(财税〔2006〕2 号)、《国家税务总局关于黄河上游水电开发有限责任公司电力产品增值税税收政策问题的通知》(国税函〔2004〕52 号)自 2014 年 1 月 1 日起废止。

 增值税还有哪些即征即退优惠政策?

根据《财政部 国家税务总局关于光伏发电增值税政策的通知》(财税〔2013〕66 号)的规定:自 2013 年 10 月 1 日至 2015 年 12 月 31 日,对纳税人销售自产的利用太阳能生产的电力产品,实行增值税即征即退 50% 的政策。

根据《国家税务总局关于纳税人既享受增值税即征即退先征后退政策又享受免抵退税政策有关问题的公告》(国家税务总局公告 2011 年第 69 号)的规定,纳税人既有增值税即征即退、先征后退项目,也有出口等其他增值税应税项目的,增值税即征即退和先征后退项目不参与出口项目免抵退税计算。纳税人应分别核算增值税即征即退、先征后退项目和出口等其他增值税应税项目,分别申请享受增值税即征即退、先征后退和免抵退税政策。用于增值税即征即退或者先征后退项目的进项税额无法划分的,按照下列公式计算:无法划分进项税额中用于增值税即征即退或者先征后退项目的部分 = 当月无法划分的全部进项税额 × 当月增值税即征即退或者先征后退项目销售额当月全部销售额、营业额合计。本公告自 2012 年 1 月 1 日起执行。《国家税务总局关于飞机维修业务增值税问题的批复》(国税函〔2008〕842 号)、《国家税务总局关于飞机维修业务增值税处理方式的公告》(2011 年第 5 号)同时废止。

核电行业享有哪些增值税先征后退政策？

根据《财政部 国家税务总局关于核电行业税收政策有关问题的通知》（财税〔2008〕38号）的规定：

（1）核力发电企业生产销售电力产品，自核电机组正式商业投产次月起15个年度内，统一实行增值税先征后退政策，返还比例分三个阶段逐级递减。具体返还比例为：①自正式商业投产次月起5个年度内，返还比例为已入库税款的75%；②自正式商业投产次月起的第6至第10个年度内，返还比例为已入库税款的70%；③自正式商业投产次月起的第11至第15个年度内，返还比例为已入库税款的55%；④自正式商业投产次月起满15个年度以后，不再实行增值税先征后退政策。

（2）核力发电企业采用按核电机组分别核算增值税退税额的办法，企业应分别核算核电机组电力产品的销售额，未分别核算或不能准确核算的，不得享受增值税先征后退政策。单台核电机组增值税退税额可以按以下公式计算：

$$\text{单台核电机组增值税退税额} = \text{单台核电机组电力产品销售额} \div \text{核力发电企业电力产品销售额合计}$$

$$\times \text{核力发电企业实际缴纳增值税额} \times \text{退税比例}$$

（3）原已享受增值税先征后退政策但该政策已于2007年内到期的核力发电企业，自该政策执行到期后次月起按上述统一政策核定剩余年度相应的返还比例；对2007年内新投产的核力发电企业，自核电机组正式商业投产日期的次月起按上述统一政策执行。

 ### 进项税额抵扣的优惠政策有哪些？

根据《国家税务总局关于项目运营方利用信托资金融资过程中增值税进项税额抵扣问题的公告》（国家税务总局公告2010年第8号）的规定，项目运营方利用信托资金融资进行项目建设开发是指项目运营方与经批准成立的信托公司合作进行项目建设开发，信托公司负责筹集资金并设立信托计划，项目运营方负责项目建设与运营，项目建设完成后，项目资产归项目运营方所有。该经营模式下项目运营方在项目建设期内取得的增值税专用发票和其他抵扣凭证，允许其按现行增值税有关规定予以抵扣。本公告自2010年10月1日起施行。此前未抵扣的进项税额允许其抵扣，已抵扣的不作进项税额转出。

根据《财政部 国家税务总局关于收购烟叶支付的价外补贴进项税额抵扣问题的通知》（财税〔2011〕21 号）的规定，烟叶收购单位收购烟叶时按照国家有关规定以现金形式直接补贴烟农的生产投入补贴（以下简称价外补贴），属于农产品买价，为《增值税暂行条例实施细则》第十七条中"价款"的一部分。烟叶收购单位，应将价外补贴与烟叶收购价格在同一张农产品收购发票或者销售发票上分别注明，否则，价外补贴不得计算增值税进项税额进行抵扣。本通知自 2009 年 1 月 1 日起执行。

根据《国家税务总局关于逾期增值税扣税凭证抵扣问题的公告》（国家税务总局公告 2011 年第 50 号）的规定，为保障纳税人合法权益，经国务院批准，现将 2007 年 1 月 1 日以后开具的增值税扣税凭证未能按照规定期限办理认证或者稽核比对（以下简称逾期）抵扣问题公告如下：①对增值税一般纳税人发生真实交易但由于客观原因造成增值税扣税凭证逾期的，经主管税务机关审核、逐级上报，由国家税务总局认证、稽核比对后，对比对相符的增值税扣税凭证，允许纳税人继续抵扣其进项税额。增值税一般纳税人由于除本公告第二条规定以外的其他原因造成增值税扣税凭证逾期的，仍应按照增值税扣税凭证抵扣期限有关规定执行。本公告所称增值税扣税凭证，包括增值税专用发票、海关进口增值税专用缴款书和公路内河货物运输业统一发票。②客观原因包括如下类型：因自然灾害、社会突发事件等不可抗力因素造成增值税扣税凭证逾期；增值税扣税凭证被盗、抢，或者因邮寄丢失、误递导致逾期；有关司法、行政机关在办理业务或者检查中，扣押增值税扣税凭证，纳税人不能正常履行申报义务，或者税务机关信息系统、网络故障，未能及时处理纳税人网上认证数据等导致增值税扣税凭证逾期；买卖双方因经济纠纷，未能及时传递增值税扣税凭证，或者纳税人变更纳税地点，注销旧户和重新办理税务登记的时间过长，导致增值税扣税凭证逾期；由于企业办税人员伤亡、突发危重疾病或者擅自离职，未能办理交接手续，导致增值税扣税凭证逾期；国家税务总局规定的其他情形。③增值税一般纳税人因客观原因造成增值税扣税凭证逾期的，可按照本公告附件《逾期增值税扣税凭证抵扣管理办法》的规定，申请办理逾期抵扣手续。④本公告自 2011 年 10 月 1 日起执行。

根据《国家税务总局关于一般纳税人迁移有关增值税问题的公告》（国家税务总局公告 2011 年第 71 号）的规定：增值税一般纳税人（以下简称纳税人）因住所、经营地点变动，按照相关规定，在工商行政管理部门作变更登记处理，但因涉及改变税务登记机关，需要办理注销税务登记并重新办理税务登记的，在迁达地重新办理税务登记后，其增值税一般纳税人资格予以保留，办理注销税务登记前尚未抵扣的进项税额允许继续抵扣。迁出地主管税务机关应认真核实纳税人在办理注销税务登记前尚未抵扣的进项税额，填写《增值税一般纳税人迁移进项税额转移单》。《增值税一般纳税人迁移进项税额转移单》一式三份，迁出地主管税务机关留存一份，交纳税人一份，传递迁达地主管税务机关一份。迁达地主管税务机关应将迁出地主管税务机关传递来的《增值税一般纳税人迁移进项税额转移单》与纳税人报送资料进行认真核对，对其迁移前尚未抵扣的进项税额，在确认无误后，允许纳税人继续申报抵扣。本公告自 2012 年 1 月 1 日起执行。此前已经发生的事项，不再调整。

六、促进残疾人就业税收优惠政策

 促进残疾人就业的税收优惠政策有哪些？

促进残疾人就业增值税优惠政策如下：

（1）为继续发挥税收政策促进残疾人就业的作用，进一步保障残疾人权益，经国务院批准，《财政部 国家税务总局关于促进残疾人就业增值税优惠政策的通知》（财税〔2016〕52 号）决定对促进残疾人就业的增值税政策进行调整完善。对安置残疾人的单位和个体工商户（以下称纳税人），实行由税务机关按纳税人安置残疾人的人数，限额即征即退增值税的办法。安置的每位残疾人每月可退还的增值税具体限额，由县级以上税务机关根据纳税人所在区县（含县级市、旗，下同）适用的经省（含自治区、直辖市、计划单列市，下同）人民政府批准的月最低工资标准的 4 倍确定。

（2）享受税收优惠政策的条件：①纳税人（除盲人按摩机构外）月安置的残疾人占在职职工人数的比例不低于 25%（含 25%），并且安置的残疾人人数不少于 10 人（含 10 人）；盲人按摩机构月安置的残疾人占在职职工人数的比例不低于 25%（含 25%），并且安置的残疾人人数不少于 5 人（含 5 人）。②依法与安置的每位残疾人签订了 1 年以上（含 1 年）的劳动合同或服务协议。③为安置的每位残疾人按月足额缴纳了基本养老保险、基本医疗保险、失业保险、工伤保险和生育保险等社会保险。④通过银行等金融机构向安置的每位残疾人，按月支付了不低于纳税人所在区县适用的经省人民政府批准的月最低工资标准的工资。

（3）《财政部 国家税务总局关于教育税收政策的通知》（财税〔2004〕39 号）第一条第七项规定的特殊教育学校举办的企业，只要符合本通知第二条第（一）项第一款规定的条件，即可享受本通知第一条规定的增值税优惠政策。这类企业在计算残疾人人数时可将在企业上岗工作的特殊教育学校的全日制在校学生计算在内，在计算企业在职职工人数时也要将上述学生计算在内。

（4）纳税人中纳税信用等级为税务机关评定的 C 级或 D 级的，不得享受本通知第一条、第三条规定的政策。

（5）纳税人按照纳税期限向主管国税机关申请退还增值税。本纳税期已交增值税额不足退还的，可在本纳税年度内以前纳税期已交增值税扣除已退增值税的余额中退还，仍不足退还的可结转本纳税年度内以后纳税期退还，但不得结转以后年度退还。纳税期限不为按月的，只能对其符合条件的月份退还增值税。

（6）本通知第一条规定的增值税优惠政策仅适用于生产销售货物，提供加工、修理修配劳务，以及提供营改增现代服务和生活服务税目（不含文化体育服务和娱乐服务）范围的服务取得的收入之和，占其增值税收入的比例达到 50% 的纳税人，但不适用于上述纳税人直接销售外购货物（包括商品批发和零售）以及销售委托加工的货物取得的收入。纳税人应当分别核算上述享受税收优惠政策和不得享受税收优惠政策业务的销售额，不能分别核算的，不得享受本通知规定的优惠政策。

（7）如果既适用促进残疾人就业增值税优惠政策，又适用重点群体、退役士兵、随军家属、军转干部等支持就业的增值税优惠政策的，纳税人可自行选择适用的优惠政策，但不能累加执行。一经选定，36 个月内不得变更。

（8）残疾人个人提供的加工、修理修配劳务，免征增值税。

（9）税务机关发现已享受本通知增值税优惠政策的纳税人，存在不符合本通知第二条、第三条规定条件，或者采用伪造或重复使用残疾人证、残疾军人证等手段骗取本通知规定的增值税优惠的，应将纳税人发生上述违法违规行为的纳税期内按本通知已享受到的退税全额追缴入库，并自发现当月起36 个月内停止其享受本通知规定的各项税收优惠。

（10）本通知有关定义：①残疾人，是指法定劳动年龄内，持有《中华人民共和国残疾人证》或者《中华人民共和国残疾军人证（1 至 8 级）》的自然人，包括具有劳动条件和劳动意愿的精神残疾人；②残疾人个人，是指自然人；③在职职工人数，是指与纳税人建立劳动关系并依法签订劳动合同或者服务协议的雇员人数；④特殊教育学校举办的企业，是指特殊教育学校主要为在校学生提供实习场所、并由学校出资自办、由学校负责经营管理、经营收入全部归学校所有的企业。

（11）本通知规定的增值税优惠政策的具体征收管理办法，由国家税务总局制定。

（12）本通知自 2016 年 5 月 1 日起执行，《财政部 国家税务总局关于促进残疾人就业税收优惠政策的通知》（财税〔2007〕92 号）、《财政部 国家税务总局关于将铁路运输和邮政业纳入营业税改征增值税试点的通知》(财税〔2013〕106号)附件3第二条第(二)项同时废止。纳税人2016年5月1日前执行财税〔2007〕92号和财税〔2013〕106号文件发生的应退未退的增值税余额,可按照本通知第五条规定执行。

 促进残疾人就业税收优惠政策管理制度有哪些内容?

促进残疾人就业增值税优惠政策管理制度如下:

(1)为加强促进残疾人就业增值税优惠政策管理,根据《财政部 国家税务总局关于促进残疾人就业增值税优惠政策的通知》(财税〔2016〕52号)、《国家税务总局关于发布〈税收减免管理办法〉的公告》(国家税务总局公告2015年第43号)及有关规定,制定《促进残疾人就业增值税优惠政策管理办法》(国家税务总局公告2016年第33号)。

(2)纳税人享受安置残疾人增值税即征即退优惠政策,适用本办法规定。本办法所指纳税人,是指安置残疾人的单位和个体工商户。

(3)纳税人首次申请享受税收优惠政策,应向主管税务机关提供以下备案资料:①《税务资格备案表》。②安置的残疾人的《中华人民共和国残疾人证》或者《中华人民共和国残疾军人证(1至8级)》复印件,注明与原件一致,并逐页加盖公章。安置精神残疾人的,提供精神残疾人同意就业的书面声明以及其法定监护人签字或印章的证明精神残疾人具有劳动条件和劳动意愿的书面材料。③安置的残疾人的身份证明复印件,注明与原件一致,并逐页加盖公章。

(4)主管税务机关受理备案后,应将全部《中华人民共和国残疾人证》或者《中华人民共和国残疾军人证(1至8级)》信息以及所安置残疾人的身份证明信息录入征管系统。

(5)纳税人提供的备案资料发生变化的,应于发生变化之日起15日内就变化情况向主管税务机关办理备案。

(6)纳税人申请退还增值税时,需报送如下资料:①《退(抵)税申请审批表》。②《安置残疾人纳税人申请增值税退税声明》。③当期为残疾人缴纳社会保险费凭证的复印件及由纳税人加盖公章确认的注明缴纳人员、缴纳金额、缴纳期间的明细表。④当期由银行等金融机构或纳税人加盖公章的按月为残疾人支付工资的清单。特殊教育学校举办的企业,申请退还增值税时,不提供资料③和资料④。

(7)纳税人申请享受税收优惠政策,应对报送资料的真实性和合法性承担法律责任。主管税务机关对纳税人提供资料的完整性和增值税退税额计算的准确性进行审核。

（8）主管税务机关受理退税申请后，查询纳税人的纳税信用等级，对符合信用条件的，审核计算应退增值税额，并按规定办理退税。

（9）纳税人本期应退增值税额按以下公式计算：本期应退增值税额＝本期所含月份每月应退增值税额之和。月应退增值税额＝纳税人本月安置残疾人员人数 × 本月月最低工资标准的 4 倍。

 友情提示

月最低工资标准，是指纳税人所在区县（含县级市、旗）适用的经省（含自治区、直辖市、计划单列市）人民政府批准的月最低工资标准。纳税人本期已缴增值税额小于本期应退税额不足退还的，可在本年度内以前纳税期已缴增值税额扣除已退增值税额的余额中退还，仍不足退还的可结转本年度内以后纳税期退还。年度已缴增值税额小于或等于年度应退税额的，退税额为年度已缴增值税额；年度已缴增值税额大于年度应退税额的，退税额为年度应退税额。年度已缴增值税额不足退还的，不得结转以后年度退还。

（10）纳税人新安置的残疾人从签订劳动合同并缴纳社会保险的次月起计算，其他职工从录用的次月起计算；安置的残疾人和其他职工减少的，从减少当月计算。

（11）主管税务机关应于每年 2 月底之前，在其网站或办税服务厅，将本地区上一年度享受安置残疾人增值税优惠政策的纳税人信息，按下列项目予以公示：纳税人名称、纳税人识别号、法人代表、计算退税的残疾人职工人次等。

（12）享受促进残疾人就业增值税优惠政策的纳税人，对能证明或印证符合政策规定条件的相关材料负有留存备查义务。纳税人在税务机关后续管理中不能提供相关材料的，不得继续享受优惠政策。税务机关应追缴其相应纳税期内已享受的增值税退税，并依照税收征管法及其实施细则的有关规定处理。

（13）各地税务机关要加强税收优惠政策落实情况的后续管理，对纳税人进行定期或不定期检查。检查发现纳税人不符合财税〔2016〕52 号文件规定的，按有关规定予以处理。

（14）本办法实施前已办理税收优惠资格备案的纳税人，主管税务机关应检查其已备案资料是否满足本办法第三条规定，残疾人信息是否已按第四条规定录入信息系统，如有缺失，应要求纳税人补充报送备案资料，补录信息。

（15）各省、自治区、直辖市和计划单列市国家税务局，应定期或不定期在征管系统中对残疾人信息进行比对，发现异常的，按相关规定处理。

（16）本办法自 2016 年 5 月 1 日起施行。

七、政策性减免税优惠项目

 我国目前有哪些政策性减免税优惠项目？

我国目前的政策性减免税优惠项目如下：

（1）国有粮食购销储运企业，如农村粮管所（粮站）、军粮供应站、粮库、转运站等，按照国家统一规定的作价办法经营（包括批发、调拨、加工、零售）的政策性粮食免征增值税。进口粮、购进议价粮转作政策性粮食，按照国家统一规定的作价办法经营的，免征增值税。

 友情提示

> 政策性粮食是指：国家定购粮、中央和地方储备粮、城镇居民口粮、农村需救助人口的粮食、军队用粮食、救灾救济粮、水库移民口粮、平抑市场粮价的吞吐粮食。

（2）国有粮油加工企业购进的政策性粮食，企业加工后按照国家统一规定的作价办法经营的，免征增值税。对其加工政策性粮食取得的加工费收入，免征增值税。

（3）国有粮油零售企业，受政府委托按照国家统一规定的作价办法销售的政策性粮食，免征增值税。免税粮食品种不包括粮食复制品。

（4）从 1998 年 1 月 1 日起，对农村电管站在收取电价时一并向用户收取的农村电网维护费（包括低压线路损耗和维护费以及电工经费）给予免征增值税的照顾。

（5）对卫生防疫站调拨或发放的由政府财政负担的免费防疫苗不征收增值税。

（6）对血站供应给医疗机构的临床用血免征增值税。

（7）对非营利性医疗机构自产自用的制剂，免征增值税。

（8）县以下（不含县）国有民贸企业和基层供销社销售货物免征增值税。

（9）对国家定点企业生产和经销单位经销的边销茶免征增值税。

（10）对经国务院批准成立的电影制片厂销售的电影拷贝收入免征增值税。

（11）校办企业生产的应税货物，凡用于本校教学、科研方面的，经严格审核确认后，免征增值税。

（12）自 2000 年 1 月 1 日起对飞机维修劳务增值税实际税负超过 6% 的部分实行由税务机关即征即退的政策。

（13）从 2001 年 1 月 1 日起对铁路系统内部单位为本系统修理货车的业务免征增值税。

（14）自 2001 年 5 月 1 日起，对废旧物资回收经营单位销售其收购的废旧物资免征增值税。废旧物资，是指在社会生产和消费过程中产生的各类废弃物品，包括经过挑选、整理等简单加工后的各类废弃物品。利用废旧物资加工生产的产品不享受废旧物资免征增值税的政策。

 友情提示

上述所称"废旧物资回收经营单位"（以下简称回收单位）是指同时具备以下条件的单位（不包括个人和个体经营者）：①经工商行政管理部门批准，从事废旧物资回收经营业务的单位；②有固定的经营场所及仓储场地；③财务会计核算健全，能够提供准确税务资料。凡不同时具备以上条件的，一律不得享受增值税优惠政策。

（15）自 2002 年 1 月 1 日起，纳税人销售旧货（包括旧货经营单位销售旧货和纳税人销售自己使用过的应税固定资产），无论其是增值税一般纳税人或小规模纳税人，也无论其是否为批准认定的旧货调剂试点单位，一律按 4% 的征收率减半增收增值税，不得抵扣进项税额。自 2014 年 7 月 1 日起，按照简易办法依照 3% 征收率减按 2% 征收增值税。

（16）自 2002 年 1 月 1 日起，纳税人销售自己使用过的属于应征消费税的机动车、摩托车、游艇，售价超过原值的，按照 4% 的征收率减半征收增值税；售价未超过原值的，免征增值税。旧机动车经营单位销售旧机动车、摩托车、游艇，按照 4% 的征收率减半征收增值税。自 2014 年 7 月 1 日起，按照简易办法依照 3% 征收率减按 2% 征收增值税。

（17）自 2001 年 7 月 1 日起，对各级政府及主管部门委托自来水厂（公司）随水费收取的污水处理费，免征增值税。

（18）对粮食部门经营的退耕还林还草补助粮，凡符合国家规定标准的，比照"救灾救济粮"免征增值税。

（19）从 2002 年度起，中远集团的轮船修理业务，免征增值税。

（20）国有商业银行按财政部核定的数额，划转给金融资产管理公司的资产，在办理过户手续时，免征增值税、印花税。

（21）大连证券破产财产被清算组用来清偿债务时，免征大连证券销售转让货物、不动产、无形资产、有价证券、票据等应缴纳的增值税、城市维护建设税、教育费附加和土地增值税。

（22）对中标的加工生产企业为青藏铁路建设加工生产的轨枕和水泥预制构件免征增值税、城市维护建设税和教育费附加。

（23）对被撤销金融机构财产用来清偿债务时，免征被撤销金融机构转让货物、不动产、无形资产、有价证券、票据等应缴纳的增值税、城市维护建设税、教育费附加和土地增值税。

（24）自 2003 年 10 月 1 日起，对水煤浆产品可比照煤炭，按 13% 的税率征收增值税。

（25）自 2004 年 1 月 1 日起，对特殊教育学校举办的企业可以比照福利企业标准，享受国家对福利企业实行的增值税和企业所得税优惠政策。

（26）对中国再生资源开发公司聘用的下岗人员和社会人员为本单位收购废旧物资的行为，不征收增值税。

（27）自 2005 年 1 月 1 日起，对增值税一般纳税人印刷的少数民族文字出版物（指图书、报纸、期刊）实行增值税先征后退。

（28）自 2005 年 7 月 1 日起，对国内企业生产销售的尿素产品增值税由先征后返 50% 调整为暂免征收增值税。

（29）自 2007 年 1 月 1 日起，对煤层气抽采企业的增值税一般纳税人抽采销售煤层气实行增值税先征后退政策。先征后退税款由企业专项用于煤层气技术的研究和扩大再生产，不征收企业所得税。煤层气是指赋存于煤层及其围岩中与煤炭资源伴生的非常规天然气，也称煤矿瓦斯。煤层气抽采企业应将享受增值税先征后退政策的业务和其他业务分别核算，不能分别准确核算的，不得享受增值税先征后退政策。

（30）对企业利用废液（渣）生产的白银免征增值税。

（31）对中博世金科贸有限责任公司通过上海黄金交易所销售的进口铂金，以上海黄金交易所开具的《上海黄金交易所发票》（结算联）为依据，实行增值税即征即退政策。采取按照进口铂金价格计算退税的办法，具体如下：即征即退的税额计算公式：进口铂金平均单价 ＝［（当月进口铂金报关单价 × 当月进口铂金数量）＋上月末库存进口铂金总价值］÷（当月进口铂金数量 ＋上月末库存进口铂金数量）。金额 ＝销售数量 × 进口铂金平均单价 ÷（1+17%）。即征即退税额 ＝金额 × 17%。中博世金科贸有限责任公司进口的铂金没有通过上海黄金交易所销售的，不得享受增值税即征即退政策。

（32）国内铂金生产企业自产自销的铂金也实行增值税即征即退政策。

（33）对列名钢铁企业以不含税价格销售给加工出口企业用于加工生产出口产品的钢材，免征增值税，其进项税额准予在其他内销产品的销项税额中予以抵扣。列名企业凭监管小组开具的专用监管书到企业所在地国家税务局办理"免、抵"税手续。免征和抵顶增值税的具体操作办法由国家税务总局商有关部门制定。实行免税办法后，国经贸贸易〔1999〕144号文件中第五、第七条关于增值税"先征后退"的规定相应停止执行。列名企业在"以产顶进"钢材销售后3个月内将出口企业所在地国家税务局签发的监管书确认证明送交其所在地国家税务局核销结案。逾期不交的，停止办理其"以产顶进"钢材免税手续，并追缴已免、抵的税款。出口企业未将"以产顶进"钢材用于加工生产出口产品，或加工产品未出口的，需全额追缴已免、抵的税款。如出口企业未经加工将钢材直接出口，应按增值税税率与一般贸易出口钢材规定的退税率之差补缴税款。

（34）自2011年1月1日起至2018年12月31日，对边销茶生产企业（企业名单见附件，略）销售自产的边销茶及经销企业销售的边销茶免征增值税。边销茶，是指以黑毛茶、老青茶、红茶末、绿茶为主要原料，经过发酵、蒸制、加压或者压碎、炒制，专门销往边疆少数民族地区的紧压茶、方包茶（马茶）。纳税人销售享受本通知规定增值税免税政策的边销茶，如果已向购买方开具了增值税专用发票，应将专用发票追回后方可申请办理免税。凡使用增值税专用发票无法追回的，一律照章征收增值税，不予免税。

（35）自2015年4月1日起，上海国际能源交易中心股份有限公司的会员和客户通过上海国际能源交易中心股份有限公司交易的原油期货保税交割业务，大连商品交易所的会员和客户通过大连商品交易所交易的铁矿石期货保税交割业务，暂免征收增值税。期货保税交割的销售方，在向主管税务机关申报纳税时，应出具当期期货保税交割的书面说明、上海国际能源交易中心股份有限公司或大连商品交易所的交割结算单、保税仓单等资料。上述期货交易中实际交割的原油和铁矿石，如果发生进口或者出口的，统一按照现行货物进出口税收政策执行。非保税货物发生的期货实物交割仍按《国家税务总局关于下发〈货物期货征收增值税具体办法〉的通知》（国税发〔1994〕244号）的规定执行。

（36）自2016年1月1日至2018年12月31日，对饮水工程运营管理单位向农村居民提供生活用水取得的自来水销售收入，免征增值税。饮水工程，是指为农村居民提供生活用水而建设的供水工程设施。饮水工程运营管理单位，是指负责饮水工程运营管理的自来水公司、供水公司、供水（总）站（厂、中心）、村集体、农民用水合作组织等单位。对于既向城镇居民供水，又向农村居民供水的饮水工程运营管理单位，依据向农村居民供水收入占总供水收入的比例免征增值税。无法提供具体比例或所提供数据不实的，不得享受上述税收优惠政策。符合上述减免税条件的饮水工程运营管理单位需持相关材料向主管税务机关办理备案手续。

（37）自 2016 年 1 月 1 日至 2018 年 12 月 31 日，对纳税人销售自产的利用太阳能生产的电力产品，实行增值税即征即退 50% 的政策。

（38）自 2016 年 1 月 1 日至 2018 年供暖期结束，对供热企业向居民个人（以下统称居民）供热而取得的采暖费收入免征增值税。向居民供热而取得的采暖费收入，包括供热企业直接向居民收取的、通过其他单位向居民收取的和由单位代居民缴纳的采暖费。免征增值税的采暖费收入，应当按照《增值税暂行条例》第十六条的规定单独核算。通过热力产品经营企业向居民供热的热力产品生产企业，应当根据热力产品经营企业实际从居民取得的采暖费收入占该经营企业采暖费总收入的比例确定免税收入比例。供暖期，是指当年下半年供暖开始至次年上半年供暖结束的期间。供热企业，是指热力产品生产企业和热力产品经营企业。热力产品生产企业包括专业供热企业、兼营供热企业和自供热单位。"三北"地区，是指北京市、天津市、河北省、山西省、内蒙古自治区、辽宁省、大连市、吉林省、黑龙江省、山东省、青岛市、河南省、陕西省、甘肃省、青海省、宁夏回族自治区和新疆维吾尔自治区。

（39）自 2016 年 4 月 1 日起，属于增值税一般纳税人的兽用药品经营企业销售兽用生物制品，可以选择简易办法按照兽用生物制品销售额和 3% 的征收率计算缴纳增值税。兽用药品经营企业，是指取得兽医行政管理部门颁发的《兽药经营许可证》，获准从事兽用生物制品经营的兽用药品批发和零售企业。属于增值税一般纳税人的兽用药品经营企业销售兽用生物制品，选择简易办法计算缴纳增值税的，36 个月内不得变更计税方法。

（40）自 2016 年 8 月 19 日起，提供物业管理服务的纳税人，向服务接受方收取的自来水水费，以扣除其对外支付的自来水水费后的余额为销售额，按照简易计税方法依 3% 的征收率计算缴纳增值税。

 疑难问题解答

个人销售汽车给企业是否要缴增值税？

解答： 根据现行增值税政策，下列项目免征增值税：销售的自己使用过的物品。上述所称物品，是指游艇、摩托车、应征消费税的汽车以外的货物。自己使用过的物品，是指其他个人自己使用过的物品。所称个人，是指个体经营者及其他个人。个人销售自己使用过的物品免征增值税，但是应征消费税的汽车等明示不予免税的物品除外。因此，个人将其使用过的汽车销售给企业，仍然应当缴纳增值税。纳税人销售自己使用过的属于应征消费税的机动车、摩托车、游艇，售价超过原值的，按照 4% 的征收率减半征收增值税；售价未超过原值的，免征增值税。若个人销售之汽车的售价未超过原值，则仍然可以免税；若超过原值，则应按 4% 的征收率减半征收计算缴纳增值税。自 2014 年 7 月 1 日起，按照简易办法依照 3% 征收率减按 2% 征收增值税。

 疑难问题解答

国家对修理修配业务的增值税税收优惠政策主要有哪些？

解答：根据现行增值税政策，修理修配，是指受托方对损伤和丧失功能的货物进行修复，使其恢复原状和功能的业务。对修理修配业务有关优惠政策主要有：

（1）从 1994 年 5 月 1 日起，残疾人员个人提供加工和修理修配劳务，免征增值税。

（2）为支持飞机维修行业的发展，自 2000 年 1 月 1 日起对飞机维修劳务增值税实际税负超过 6% 的部分实行由税务机关即征即退的政策。

（3）1994 年 1 月 1 日以后成立的外商投资企业承接国外飞机修理修配业务取得的收入，免予征收增值税；国内采购的用于修理修配的零部件、原材料等，按照购货增值税专用发票和适用的退税率办理退税。请遵照执行。

（4）从 2001 年 1 月 1 日起对铁路系统为本系统修理货车的业务免征增值税。

（5）从 2002 年度起，中远集团的轮船修理业务，免征增值税。

 疑难问题解答

请问用城市生活垃圾焚烧发电在增值税方面是否有税收优惠？

解答：根据现行增值税政策，自 2001 年 1 月 1 日起，对下列货物实行增值税即征即退的政策：

（1）利用煤炭开采过程中伴生的舍弃物油母页岩生产加工的页岩油及其他产品。

（2）在生产原料中掺有不少于 30% 的废旧沥青混凝土生产的再生沥青混凝土。

（3）利用城市生活垃圾生产的电力。

（4）在生产原料中掺有不少于 30% 的煤矸石、石煤、粉煤灰、烧煤锅炉的炉底渣（不包括高炉水渣）及其他废渣生产的水泥。

因此，用焚烧城市生活垃圾生产的电力适用于增值税即征即退的政策。

疑难问题解答

某增值税一般纳税人生产多种产品，其中部分产品属于免税产品，还有部分产品按简易办法征收，因进项税额无法准确划分，不得抵扣的进项税额如何确定？

解答： 根据现行增值税政策，纳税人兼营免税项目或非应税项目（不包括固定资产在建工程）而无法准确划分不得抵扣的进项税额的，按下列公式计算不得抵扣的进项税额：

$$不得抵扣进项税额 = 当月全部进项税额 \times \frac{当月免税项目销售额、非应税项目营业额合计}{当月全部销售额、营业额合计}$$

按简易办法计算增值税额，不得抵扣进项税额。一般纳税人除生产上列货物外还生产其他货物或提供加工、修理修配劳务，并且选择简易办法计算上列货物应纳税额的，如果无法准确划分不得抵扣的进项税额，应按下列计算公式计算不得抵扣的进项税额：

$$不得抵扣进项税额 = 当月全部进项税额 \times \frac{当月按简易办法计税的货物销售额}{当月全部销售额}$$

 疑难问题解答

客户欠某单位货款 10 万元无力偿还，用小汽车一台抵顶该单位欠款。该单位又欠别单位款 12 万元，当月将顶回的小汽车抵顶了别单位欠款 12 万元。该单位顶回的小汽车又顶给别人，是否可以按 4% 减半缴纳增值税？

解答： 根据现行增值税政策，纳税人销售自己使用过的固定资产分为"应税"和"免税"两种情况。同时具备以下三个条件的为免税固定资产：

（1）属于企业固定资产目录所列货物。

（2）企业按固定资产管理并确已使用过。

（3）售价不超过原值。

凡不同时具备上述三个条件的属于"应税固定资产"，在销售后按照正常业务进行纳税申报，按适用税率 4% 计算应纳增值税，再按 2% 计算免征额。如果该单位的小汽车不符合以上关于固定资产的条件，则按销售货物计算缴纳增值税。自 2014 年 7 月 1 日起，按照简易办法依照 3% 征收率减按 2% 征收增值税。

 疑难问题解答

企业利用废液（渣）生产的白银能否免征增值税？

解答：根据现行增值税政策，对企业利用废液（渣）生产的白银免征增值税。

推广税控收款机的税收优惠政策有哪些？

为加快税控收款机的推行工作，减轻纳税人购进使用税控收款机的负担，有关纳税人购进使用税控收款机的税收优惠政策如下：

（1）增值税一般纳税人购置税控收款机所支付的增值税税额（以购进税控收款机取得的增值税专用发票上注明的增值税税额为准），准予在该企业当期的增值税销项税额中抵扣。

（2）增值税小规模纳税人或营业税纳税人购置税控收款机，经主管税务机关审核批准后，可凭购进税控收款机取得的增值税专用发票，按照发票上注明的增值税税额，抵免当期应纳增值税或营业税税额，或者按照购进税控收款机取得的普通发票上注明的价款，依下列公式计算可抵免税额：可抵免税额＝价款÷（1+17%）×17%。当期应纳税额不足抵免的，未抵免部分可在下期继续抵免。

（3）税控收款机购置费用达到固定资产标准的，应按固定资产管理，其按规定提取的折旧额可在企业计算缴纳所得税前扣除；达不到固定资产标准的，购置费用可在所得税前一次性扣除。

（4）上述优惠政策自2004年12月1日起执行。凡2004年12月1日以后（含当日）购置的符合国家标准并按《国家税务总局财政部信息产业部国家质量监督检验检疫总局关于推广应用税控收款机加强税源监控的通知》（国税发〔2004〕44号）的规定，通过选型招标中标的税控收款机适用上述优惠政策。

免征进口环节增值税与先征后退的项目有哪些？

免征进口环节增值税的项目包括：

（1）对进口铂金免征进口环节增值税。

（2）对西部地区内资鼓励类产业、外商投资鼓励类产业及优势产业的项目在投资总额内进口的自用设备，除《国内投资项目不予免税的进口商品目录（2000年修订）》和《外商投资项目不予免税的进口商品目录》所列商品外，免征关税和进口环节增值税。外资优势产业按《中西部地区外商投资优势产业目录（2004年修订）》（国家发改委、商务部令〔2004〕第13号）执行。

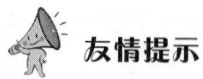 **友情提示**

> 西部地区包括重庆市、四川省、贵州省、云南省、西藏自治区、陕西省、甘肃省、宁夏回族自治区、青海省、新疆维吾尔自治区、新疆生产建设兵团、内蒙古自治区和广西壮族自治区。湖南省湘西土家族苗族自治州、湖北省恩施土家族苗族自治州、吉林省延边朝鲜族自治州，可以比照西部地区的税收优惠政策执行。

（3）对外国政府和国际组织无偿捐赠用于第29届奥运会的进口物资，免征进口关税和进口环节增值税。境外企业赞助、捐赠用于第29届奥运会的进口物资，应按规定照章征收进口关税和进口环节增值税。（此条虽已不适用，但读者可以据此看清楚政策前后的变化，故保留，下同）

（4）对以一般贸易方式进口，用于第29届奥运会的体育场馆建设所需设备中与体育场馆设施固定不可分离的设备以及直接用于奥运会比赛用的消耗品（如比赛用球等），免征应缴纳的关税和进口环节增值税。享受免税政策的奥运会体育场馆建设进口设备及比赛用消耗品的范围、数量清单由组委会汇总后报财政部商有关部门审核确定。

（5）对国际奥委会、国际单项体育组织和其他社会团体等从国外邮寄进口且不流入国内市场的、与第29届奥运会有关的非贸易性文件、书籍、音像、光盘，在合理数量范围内免征关税和进口环节增值税。合理数量的具体标准由海关总署确定。对奥运会场馆建设所需进口的模型、图纸、图板、电子文件光盘、设计说明及缩印本等非贸易性规划设计方案，免征关税和进口环节增值税。

（6）对境外捐赠人无偿捐赠的直接用于各类职业学校、高中、初中、小学、幼儿园教育的教学仪器、图书、资料和一般学习用品，免征进口关税和进口环节增值税。上述捐赠用品不包括国家明令不予减免进口税的20种商品。其他相关事宜按照国务院批准的《扶贫、慈善性捐赠物质免征进口税收暂行办法》办理。

（7）对教育部承认学历的大专以上全日制高等院校以及财政部会同国务院有关部门批准的其他学校，不以营利为目的，在合理数量范围内的进口国内不能生产的科学研究和教学用品，直接用于科学研究或教学的，免征进口关税和进口环节增值税、消费税（不包括国家明令不予减免进口税的20种商品）。科学研究和教学用品的范围等有关具体规定，按照国务院批准的《科学研究和教学用品免征进口税收暂行规定》执行。

（8）自2009年7月1日起，对国内企业为生产国家支持发展的重大技术装备和产品而确有必要进口的关键零部件及原材料，免征进口关税和进口环节增值税。同时，取消相应整机和成套设备的进口免税政策。对国产装备尚不能完全满足需求，仍需进口的，作为过渡措施，经严格审核，以逐步降低优惠幅度、缩小免税范围的方式，在一定期限内继续给予进口优惠政策。自2009 年 7 月 1 日起，对国内企业为开发、制造重大技术装备而进口部分关键零部件及原材料所缴纳关税和进口环节增值税实行先征后退的政策停止执行。

 疑难问题解答

免税货物恢复征税后，免税期间购进货物的进项税额能不能抵扣？

解答：根据现行增值税政策，免税货物恢复征税后，其免税期间外购的货物，一律不得作为当期进项税额抵扣。恢复征税后收到的该项货物免税期间的增值税专用发票，应当从当期进项税额中剔除。

八、征税范围优惠政策

 增值税征税范围优惠政策有哪些？

增值税征税范围优惠政策包括：

（1）根据贴费和用贴费建设的工程项目的性质以及增值税、营业税有关法规政策的规定，供电工程贴费不属于增值税销售货物和收取价外费用的范围，不应当征收增值税，也不属于营业税的应税劳务收入，不应当征收营业税。

（2）福建雪津啤酒有限公司收取未退还的经营保证金，属于经销商因违约而承担的违约金，应当征收增值税；对其已退还的经营保证金，不属于价外费用，不征收增值税。

（3）各燃油电厂从政府财政专户取得的发电补贴不属于规定的价外费用，不计入应税销售额，不征收增值税。

（4）外国银行分行改制过程中发生的向其改制后的外商独资银行（或其分行）转让企业产权和股权的行为，不征收营业税、增值税。

（5）根据《国家税务总局关于融资性售后回租业务中承租方出售资产行为有关税收问题的公告》（国家税务总局公告 2010 年第 13 号）的规定，融资性售后回租业务是指承租方以融资为目的将资产出售给经批准从事融资租赁业务的企业后，又将该项资产从该融资租赁企业租回的行为。融资性售后回租业务中承租方出售资产时，资产所有权以及与资产所有权有关的全部报酬和风险并未完全转移。根据现行增值税和营业税有关规定，融资性售后回租业务中承租方出售资产的行为，不属于增值税和营业税征收范围，不征收增值税和营业税。本公告自2010年10月1日起施行。此前因与本公告规定不一致而已征的税款予以退税。

（6）根据《国家税务总局关于二手车经营业务有关增值税问题的公告》（国家税务总局公告2012年第23号）的规定，经批准允许从事二手车经销业务的纳税人按照《机动车登记规定》的有关规定，收购二手车时将其办理过户登记到自己名下，销售时再将该二手车过户登记到买家名下的行为，属于《增值税暂行条例》规定的销售货物的行为，应按照现行规定征收增值税。除上述行为以外，纳税人受托代理销售二手车，凡同时具备以下条件的，不征收增值税；不同时具备以下条件的，视同销售征收增值税：①受托方不向委托方预付货款；②委托方将《二手车销售统一发票》直接开具给购买方；③受托方按购买方实际支付的价款和增值税额（如系代理进口销售货物则为海关代征的增值税额）与委托方结算货款，并另外收取手续费。本公告自2012年7月1日起开始施行。

（7）自2015年1月1日起，药品生产企业销售自产创新药的销售额，为向购买方收取的全部价款和价外费用，其提供给患者后续免费使用的相同创新药，不属于增值税视同销售范围。创新药，是指经国家食品药品监督管理部门批准注册、获批前未曾在中国境内外上市销售，通过合成或者半合成方法制得的原料药及其制剂。药品生产企业免费提供创新药，应保留如下资料，以备税务机关查验：①国家食品药品监督管理部门颁发的注明注册分类为1.1类的药品注册批件；②后续免费提供创新药的实施流程；③第三方（创新药代保管的医院、药品经销单位等）出具免费用药确认证明，以及患者在第三方登记、领取创新药的记录。

（8）根据《国家税务总局关于纳税人资产重组有关增值税问题的公告》（国家税务总局公告2011年第13号）的规定，纳税人在资产重组过程中，通过合并、分立、出售、置换等方式，将全部或者部分实物资产以及与其相关联的债权、负债和劳动力一并转让给其他单位和个人，不属于增值税的征税范围，其中涉及的货物转让，不征收增值税。本公告自2011年3月1日起执行。此前未作处理的，按照本公告的规定执行。《国家税务总局关于转让企业全部产权不征收增值税问题的批复》（国税函〔2002〕420号）、《国家税务总局关于纳税人资产重组有关增值税政策问题的批复》（国税函〔2009〕585号）、《国家税务总局关于中国直播卫星有限公司转让全部产权有关增值税问题的通知》（国税函〔2010〕350号）同时废止。

（9）根据《国家税务总局关于纳税人资产重组增值税留抵税额处理有关

问题的公告》（国家税务总局公告 2012 年第 55 号）的规定，增值税一般纳税人（以下称原纳税人）在资产重组过程中，将全部资产、负债和劳动力一并转让给其他增值税一般纳税人（以下称新纳税人），并按程序办理注销税务登记的，其在办理注销登记前尚未抵扣的进项税额可结转至新纳税人处继续抵扣。原纳税人主管税务机关应认真核查纳税人资产重组相关资料，核实原纳税人在办理注销税务登记前尚未抵扣的进项税额，填写《增值税一般纳税人资产重组进项留抵税额转移单》。《增值税一般纳税人资产重组进项留抵税额转移单》一式三份，原纳税人主管税务机关留存一份，交纳税人一份，传递新纳税人主管税务机关一份。新纳税人主管税务机关应将原纳税人主管税务机关传递来的《增值税一般纳税人资产重组进项留抵税额转移单》与纳税人报送资料进行认真核对，对原纳税人尚未抵扣的进项税额，在确认无误后，允许新纳税人继续申报抵扣。本公告自 2013 年 1 月 1 日起施行。

（10）根据《国家税务总局关于纳税人资产重组有关增值税问题的公告》（国家税务总局公告 2013 年第 66 号）的规定，纳税人在资产重组过程中，通过合并、分立、出售、置换等方式，将全部或者部分实物资产以及与其相关联的债权、负债经多次转让后，最终的受让方与劳动力接收方为同一单位和个人的，仍适用《国家税务总局关于纳税人资产重组有关增值税问题的公告》（国家税务总局公告 2011 年第 13 号）的相关规定，其中货物的多次转让行为均不征收增值税。资产的出让方需将资产重组方案等文件资料报其主管税务机关。本公告自 2013 年 12 月 1 日起施行。纳税人此前已发生并处理的事项，不再做调整；未处理的，按本公告规定执行。

（11）根据《国家税务总局关于中央财政补贴增值税有关问题的公告》（国家税务总局公告 2013 年第 3 号）的规定，按照现行增值税政策，纳税人取得的中央财政补贴，不属于增值税应税收入，不征收增值税。本公告自 2013 年 2 月 1 日起施行。此前已发生未处理的，按本公告规定执行。

 疑难问题解答

个人经营花木，主要用于出租并收取一定的租金，是否缴纳增值税？

解答： 根据现行增值税政策，在中国境内销售货物或者提供加工、修理修配劳务以及进口货物的单位和个人，为增值税的纳税义务人，应当依照《增值税暂行条例》缴纳增值税。所以只出租花木，收取租金，不缴纳增值税。

 疑难问题解答

古董及仿制品商店应当缴纳增值税吗？

解答：根据现行增值税政策，在中国境内销售货物或者提供加工、修理修配劳务以及进口货物的单位和个人，为增值税的纳税义务人，应当依照《增值税暂行条例》缴纳增值税。经营古董及仿制品属于增值税应税范畴，应当依法缴纳增值税。

 疑难问题解答

某生产办公桌椅的企业将生产的产品无偿捐赠给学校使用，请问就此行为是否需征收增值税？

解答：根据现行增值税政策，单位或个体经营者的下列行为，视为销售货物：

（1）将货物交付其他单位或者个人代销。

（2）销售代销货物。

（3）设有两个以上机构并实行统一核算的纳税人，将货物从一个机构移送其他机构用于销售，但相关机构设在同一县（市）的除外。

（4）将自产或者委托加工的货物用于非增值税应税项目。

（5）将自产、委托加工的货物用于集体福利或者个人消费。

（6）将自产、委托加工或者购进的货物作为投资，提供给其他单位或者个体工商户。

（7）将自产、委托加工或者购进的货物分配给股东或者投资者。

（8）将自产、委托加工或者购进的货物无偿赠送其他单位或者个人。

因此，该企业将自产产品无偿捐赠给学校的行为按上述第（8）款规定视为销售货物，应当征收增值税。

 疑难问题解答

某企业因被兼并而将全部产权进行了转让，其中包括一部分机器设备和库存商品，请问这种行为是否要缴纳增值税？

解答：根据现行增值税政策，增值税的征收范围为销售货物或者提供加工、修理修配劳务以及进口货物。转让企业全部产权是整体转让企业资产、债权、债务及劳动力的行为，因此，转让企业全部产权涉及的应税货物的转让，不属于增值税的征税范围，不征收增值税。

 疑难问题解答

某外籍工程师在中国境内承接了一笔机器修理的业务并取得收入，请问该笔收入是否需要在中国境内缴纳增值税？如何缴纳？

解答：根据现行增值税政策，在中国境内销售货物或者提供加工、修理修配劳务以及进口货物的单位和个人，为增值税的纳税义务人，应当依照《增值税暂行条例》缴纳增值税。境外的单位或者个人在境内提供应税劳务，在境内未设有经营机构的，以其境内代理人为扣缴义务人；在境内没有代理人的，以购买方为扣缴义务人。因此，该项业务须在中国境内缴纳增值税，由接受维修并支付款项的单位代扣代缴增值税。

 疑难问题解答

企业向顾客收取的"办卡费""续约费""会员费"是否属于增值税价外费用？

解答：根据现行增值税政策，销售额为纳税人销售货物或者应税劳务向购买方收取的全部价款和价外费用，但是不包括收取的销项税额。价外费用，包括价外向购买方收取的手续费、补贴、基金、集资费、返还利润、奖励费、违约金、滞纳金、延期付款利息、赔偿金、代收款项、代垫款项、包装费、包装物租金、储备费、优质费、运输装卸费以及其他各种性质的价外收费。但下列项目不包括在内：

（1）受托加工应征消费税的消费品所代收代缴的消费税。

（2）同时符合以下条件的代垫运输费用：承运部门的运输费用发票开具给购买方的；纳税人将该项发票转交给购买方的。

（3）同时符合以下条件代为收取的政府性基金或者行政事业性收费：由国务院或者财政部批准设立的政府性基金，由国务院或者省级人民政府及其财政、价格主管部门批准设立的行政事业性收费；收取时开具省级以上财政部门印制的财政票据；所收款项全额上缴财政。

（4）销售货物的同时代办保险等而向购买方收取的保险费，以及向购买方收取的代购买方缴纳的车辆购置税、车辆牌照费。

凡价外费用，无论其会计制度如何核算，均应并入销售额计算应纳税额。对增值税纳税人收取的会员费收入不征收增值税。因此如果上述所说的企业向顾客收取的"办卡费""续约费""会员费"是因销售货物而同时收取的费用，也应属于增值税的价外费用，并入销售额计算应纳税额。如果是单独收取的、与销售货物无关，则不征收增值税。

 疑难问题解答

销售海水是否需要缴纳增值税？

解答： 根据现行增值税政策，供应或开采未经加工的天然水（如水库供应农业灌溉用水，工厂自采地下水用于生产），不征收增值税。海水属于天然水的范畴，因此不征增值税。

 疑难问题解答

请问电费保证金是否征收增值税？

解答： 根据现行增值税政策，供电企业收取的电费保证金，凡逾期（超过合同约定时间）未退还的，一律并入价外费用缴纳增值税。

 疑难问题解答

请问销售烟酒的包装物押金是否应当计入销售额缴纳增值税？

解答： 根据现行增值税政策，纳税人为销售货物而出租出借包装物收取的押金，单独记账核算的，时间在 1 年以内，又未过期的，不并入销售额征税；但对因逾期未收回包装物不再退还的押金，应按所包装货物的适用税率计算销项税额。这其中，"逾期"是指按合同约定实际逾期或以 1 年为期限，对收取 1 年以上的押金，无论是否退还均并入销售额征税。当然，在将包装物押金并入销售额征税时，需要先将该押金换算为不含税价，再并入销售额征税。另外，包装物押金不应混同于包装物租金，包装物租金在销货时作为价外费用并入销售额计算销项税额。从 1995 年 6 月 1 日起，对销售除啤酒、黄酒外的其他酒类产品而收取的包装物押金，无论是否返还以及会计上如何核算，均应并入当期销售额征税。对销售啤酒、黄酒所收取的押金，按上述一般押金的规定处理。

 疑难问题解答

某企业以自己使用过的小轿车投资入股另一企业，是否要交增值税？

解答： 根据现行增值税政策，单位或个体经营者的下列行为，视为销售货物：将自产、委托加工或购买的货物作为投资，提供给其他单位或个体经营者。由此可见，上述投资行为视为一种销售行为。

根据现行增值税政策，单位和个体经营者销售自己使用过的游艇、摩托车和应征消费税的汽车，无论销售者是否属于一般纳税人，一律按简易办法依照 6% 的征收率计算缴纳增值税，并且不得开具专用发票。销售自己使用的其他属于货物的固定资产，暂免征收增值税。自 2002 年 1 月 1 日起，纳税人销售自己使用过的属于应征消费税的机动车、摩托车、游艇，售价超过原值的，按照 4% 的征收率减半征收增值税；售价未超过原值的，免征增值税。旧机动车经营单位销售旧机动车、摩托车、游艇，按照 4% 的征收率减半征收增值税。因此，如果该企业的小轿车是低于原值投资入股则免征增值税，否则按照 4% 的征收率减半征收增值税。自 2014 年 7 月 1 日起，按照简易办法依照 3% 征收率减按 2% 征收增值税。

 疑难问题解答

啤酒生产企业，准备将酒瓶、酒桶等部分包装物出租给其他酒厂使用，请问：向其他酒厂出租包装物取得押金收入和租金收入是否要缴纳增值税？

解答：根据现行增值税政策，纳税人为销售货物而出租出借包装物收取的押金，单独记账核算的，不并入销售额征税，但对因逾期未收回包装物不退还的押金，应按包装物货物的适用税率征收增值税。包装物押金征税规定中"逾期"以 1 年为期限，对收取 1 年以上的押金，无论是否退还均并入销售额征税。从 1995 年 6 月 1 日起，对销售除啤酒、黄酒外的其他酒类产品而收取的包装物押金，无论是否返还以及会计上如何核算，均应并入当期销售额征税。根据《增值税暂行条例》规定，出租包装物收取的押金，与销售货物无关，则无论是否退还押金，均不征收增值税。将包装物出租给其他酒厂使用，是单纯的租赁行为，与销售货物无关，也不应缴纳增值税。

 疑难问题解答

某单位生产的产品全部免缴增值税，将购买的照相机赠送他人也要缴纳增值税吗？

解答：根据现行增值税政策，单位或个体经营者的下列行为，视同销售货物：将自产、委托加工或购买的货物无偿赠送他人。因此，将购买的照相机赠送他人的行为属于视同销售货物行为，应当缴纳增值税，而不论该单位主营产品是否享受免征税值税的税收优惠。

 疑难问题解答

某生产企业在全国各地有多家办事处，如果把生产的货物移送到外地办事处用于销售，且收取各处区域经理押金长期挂预收账款，金额较大，如果此预收账款未销售，未开票，不是收的货款，此种情况是否应该缴纳增值税？

解答： 根据现行增值税政策，对实行统一核算的企业所属机构间移送货物，《增值税暂行条例实施细则》第四条视同销售货物行为的第（三）项所称的用于销售，是指受货机构发生以下情形之一的经营行为：

（1）向购货方开具发票。

（2）向购货方收取货款。

受货机构的货物移送行为有上述两项情形之一的，应当向所在地税务机关缴纳增值税；未发生上述两项情形的，则应由总机构统一缴纳增值税。如果不是属于统一核算的单位，则由销售方按照纳税义务发生时间核算缴纳税款。

 疑难问题解答

电信公司为了防止客户流失，在特定时间（年底）对一次预交1年座机费的客户赠送一定价值的礼品，如电饭煲、羊毛衫等，对此类礼品赠送是否可按视同销售征收增值税？

解答： 根据现行增值税政策，单位或个体经营者将自产、委托加工或购买的货物无偿赠送他人，应视同销售货物，征收增值税。因此，应缴增值税。

 疑难问题解答

某公司购销铝石，采购时以收购为主，销售时用火车发运到铝厂。铝厂要求二票结算，一票为增值税专用票，一票为公路联运票。联运票由运输单位开具给铝厂并由该公司转交给铝厂。铝厂给该公司汇来的运费是否记入收入缴纳增值税？

解答： 根据现行增值税政策，凡价外费用，无论其会计制度如何核算，均应并入销售额计算应纳税额，但同时符合以下条件的代垫运费不包括在内：

（1）承运部门的运输费用发票开具给购买方的。

（2）纳税人将该项发票转交给购买方的。

联运票由运输单位开具给铝厂（购货方），由该公司（销货方）转交给铝厂，如果符合上述两个条件，可以不作为该公司（销货方）的价外费用并入销售额计算应纳税额。

 疑难问题解答

汽车销售企业对汽车进行装饰后再销售的，是否可以把汽车装饰的收入一同开到汽车销售发票中一并交纳增值税？

解答：根据现行增值税政策，一项销售行为如果既涉及货物又涉及非应税劳务，为混合销售行为。从事货物的生产、批发或零售的企业、企业性单位及个体经营者的混合销售行为，视为销售货物，应当征收增值税；其他单位和个人的混合销售行为，视为销售非应税劳务，不征收增值税。汽车销售企业把汽车装饰后再进行销售，属于一项销售行为既涉及货物又涉及非应税劳务的情况，是混合销售行为，应按规定一并缴纳增值税，可将汽车装饰的收入一同开到汽车销售发票中。

 疑难问题解答

我公司是一般纳税人企业。今年在与 A 公司签定一份维修合同，同时另签了一份安全合同。A 公司在施工过程中违反我公司的安全规定。根据安全合同规定，我单位安全科出具了安全违章处罚单，收取对方单位罚款 10 000 元，我公司将罚款列入营业外收入中核算。在今年的税务检查中，国税局要求补缴增值税，我公司认为这笔罚款不属于《增值税暂行条例》上的违约金项目，不应该缴纳增值税。请问税务局的要求有税法依据吗？

解答：根据现行增值税政策，纳税人不是因销售货物或提供应税劳务而取得的收入，不缴纳增值税。

九、支持高科技产业的优惠政策

 研发机构采购设备的优惠政策有哪些？

根据《财政部 商务部 国家税务总局关于继续执行研发机构采购设备增值税政策的通知》（财税〔2016〕121 号）的规定，为了鼓励科学研究和技术开发，促进科技进步，经国务院批准，继续对内资研发机构和外资研发中心采购国产设备全额退还增值税。

第一，适用采购国产设备全额退还增值税政策的内资研发机构和外资研发中心包括：

（1）科技部会同财政部、海关总署和国家税务总局核定的科技体制改革过程中转制为企业和进入企业的主要从事科学研究和技术开发工作的机构。

（2）国家发展改革委会同财政部、海关总署和国家税务总局核定的国家工程研究中心。

（3）国家发展改革委会同财政部、海关总署、国家税务总局和科技部核定的企业技术中心。

（4）科技部会同财政部、海关总署和国家税务总局核定的国家重点实验室和国家工程技术研究中心。

（5）国务院部委、直属机构和省、自治区、直辖市、计划单列市所属专门从事科学研究工作的各类科研院所。

（6）国家承认学历的实施专科及以上高等学历教育的高等学校。

（7）符合本通知第二条规定的外资研发中心。

（8）财政部会同国务院有关部门核定的其他科学研究机构、技术开发机构和学校。

第二，外资研发中心，根据其设立时间，应分别满足下列条件：

一是，2009 年 9 月 30 日及其之前设立的外资研发中心，应同时满足下列条件：

（1）研发费用标准：对外资研发中心，作为独立法人的，其投资总额不低于 500 万美元；作为公司内设部门或分公司的非独立法人的，其研发总投入不低于 500 万美元；企业研发经费年支出额不低于 1 000 万元。

（2）专职研究与试验发展人员不低于 90 人。

（3）设立以来累计购置的设备原值不低于 1 000 万元。

二是，2009 年 10 月 1 日及其之后设立的外资研发中心，应同时满足下列条件：

（1）研发费用标准：作为独立法人的，其投资总额不低于 800 万美元；作为公司内设部门或分公司的非独立法人的，其研发总投入不低于 800 万美元。

（2）专职研究与试验发展人员不低于 150 人。

（3）设立以来累计购置的设备原值不低于 2 000 万元。

外资研发中心须经商务主管部门会同有关部门按照上述条件进行资格审核认定。在 2015 年 12 月 31 日（含）以前，已取得退税资格未满 2 年暂不需要进行资格复审的、按规定已复审合格的外资研发中心，在 2015 年 12 月 31 日享受退税未满 2 年的，可继续享受至 2 年期满。经认定的外资研发中心，因自身条件变化不再符合退税资格的认定条件或发生涉税违法行为的，不得享受退税政策。

第三，具体退税管理办法由国家税务总局会同财政部另行制定。

第四，本通知的有关定义如下：

（1）本通知所述"投资总额"，是指外商投资企业批准证书或设立、变更备案回执所载明的金额。

（2）本通知所述"研发总投入"，是指外商投资企业专门为设立和建设本研发中心而投入的资产，包括即将投入并签订购置合同的资产（应提交已采购资产清单和即将采购资产的合同清单）。

（3）本通知所述"研发经费年支出额"，是指近两个会计年度研发经费年均支出额；不足两个完整会计年度的，可按外资研发中心设立以来任意连续12个月的实际研发经费支出额计算；现金与实物资产投入应不低于60%。

（4）本通知所述"专职研究与试验发展人员"，是指企业科技活动人员中专职从事基础研究、应用研究和试验发展三类项目活动的人员，包括直接参加上述三类项目活动的人员以及相关专职科技管理人员和为项目提供资料文献、材料供应、设备的直接服务人员，上述人员须与外资研发中心或其所在外商投资企业签订1年以上劳动合同，以外资研发中心提交申请的前一日人数为准。

⑤本通知所述"设备"，是指为科学研究、教学和科技开发提供必要条件的实验设备、装置和器械。在计算累计购置的设备原值时，应将进口设备和采购国产设备的原值一并计入，包括已签订购置合同并于当年内交货的设备（应提交购置合同清单及交货期限），上述设备应属于本通知《科技开发、科学研究和教学设备清单》所列设备。对执行中国产设备范围存在异议的，由主管税务机关逐级上报国家税务总局商财政部核定。

（5）本通知规定的税收政策执行期限为2016年1月1日至2018年12月31日，具体从内资研发机构和外资研发中心取得退税资格的次月1日起执行。《财政部 商务部 海关总署 国家税务总局关于继续执行研发机构采购设备税收政策的通知》（财税〔2011〕88号）同时废止。

 研发机构采购设备的优惠政策有哪些？

根据《国家税务总局关于发布〈研发机构采购国产设备增值税退税管理办法〉的公告》（国家税务总局公告2017年第5号）的规定，根据《财政部 商务部 国家税务总局关于继续执行研发机构采购设备增值税政策的通知》（财税〔2016〕121号）规定，经商财政部，国家税务总局制定了《研发机构采购国产设备增值税退税管理办法》，现予以发布，自2016年1月1日至2018年12月31日施行。《国家税务总局关于印发〈研发机构采购国产设备退税管理办法〉的公告》（国家税务总局公告2011年第73号）到期停止执行。

（1）为规范研发机构采购国产设备退税管理，根据《财政部 商务部 国家税务总局关于继续执行研发机构采购设备增值税政策的通知》（财税〔2016〕121号）规定，制定本办法。

（2）适用退税政策的研发机构（包括内资研发机构和外资研发中心，以下简称"研发机构"）采购的国产设备，按本办法实行全额退还增值税。

（3）本办法第二条所称研发机构、采购的国产设备的范围，按财税〔2016〕121 号文件规定执行。

（4）主管研发机构退税的国家税务局（以下简称主管国税机关）负责办理研发机构采购国产设备退税的备案、审核、核准及后续管理工作。

（5）研发机构享受采购国产设备退税政策，应于首次申报退税时，持以下资料向主管国税机关办理采购国产设备的退税备案手续：①符合财税〔2016〕121 号文件第一条、第二条规定的研发机构的证明资料；②内容填写真实、完整的《出口退（免）税备案表》，其中"退税开户银行账号"须从税务登记的银行账号中选择一个填报；③主管国税机关要求提供的其他资料。本办法下发前已办理采购国产设备退税备案的，无需再办理采购国产设备的退税备案。

（6）研发机构采购国产设备退税备案资料齐全，《出口退（免）税备案表》填写内容符合要求，签字、印章完整的，主管国税机关应当予以备案；备案资料或填写内容不符合上述要求的，主管国税机关应一次性告知研发机构，待其补正后再予备案。

（7）已备案研发机构的《出口退（免）税备案表》中的内容发生变更的，须自变更之日起 30 日内，持相关证件、资料向主管国税机关办理变更内容的备案。

（8）研发机构发生解散、破产、撤销以及其他依法应终止采购国产设备退税事项的，应持相关证件、资料向其主管国税机关办理撤回采购国产设备退税备案。主管国税机关应按规定为该研发机构结清退税款后，再予办理撤回采购国产设备退税备案。外资研发中心在其退税资格复审前，因自身条件发生变化不再符合财税〔2016〕121 号文件第二条规定条件的，自条件变化之日起，停止享受采购国产设备退税政策。上述外资研发中心应自条件变化之日起 30 日内办理撤回退税备案。未按时办理撤回退税备案并继续享受采购国产设备退税政策的，按本办法第十七条规定执行。研发机构办理注销税务登记的，应先向主管国税机关办理撤回退税备案。

（9）研发机构采购国产设备退税的申报期限，为采购国产设备之日（以发票开具日期为准）次月 1 日起至次年 4 月 30 日前的各增值税纳税申报期。逾期申报的，主管国税机关不再受理研发机构采购国产设备退税申报。2016 年研发机构采购国产设备退税申报期限延长至 2017 年 6 月 30 日前的增值税纳税申报期。

（10）已备案的研发机构应在退税申报期内，凭下列资料向主管国税机关办理采购国产设备退税：①《购进自用货物退税申报表》；②采购国产设备合同；③增值税专用发票，或者开具时间为 2016 年 1 月 1 日至本办法发布之日前的增值税普通发票；④主管国税机关要求提供的其他资料。

上述增值税专用发票，为认证通过或通过增值税发票选择确认平台选择确认的增值税专用发票。

（11）研发机构发生的真实采购国产设备业务，因《国家税务总局关于〈出口货物劳务增值税和消费税管理办法〉有关问题的公告》（国家税务总局公告2013年第12号）第二条第（十八）项规定的有关情形，无法在规定的退税申报期限内收齐单证的，可在退税申报期限截止之日前，向主管国税机关提出延期申请，并提供相关证明材料。经主管国税机关核准后，可延期申报。

（12）属于增值税一般纳税人的研发机构申报的采购国产设备退税，主管国税机关经审核符合规定的，应受理申报并审核办理退税手续。

研发机构申报的采购国产设备退税，属于下列情形之一的，主管国税机关应发函调查，在确认增值税发票真实、发票所列设备已按规定申报纳税后，方可办理退税：①审核中发现疑点，经核实后仍不能排除的；②一般纳税人申报退税时使用增值税普通发票的；③非增值税一般纳税人申报退税的。

（13）研发机构采购国产设备的应退税额，为增值税发票（包括增值税专用发票、增值税普通发票，下同）上注明的税额。

（14）研发机构采购国产设备取得的增值税专用发票，已申报进项税额抵扣的，不得申报退税；已申报退税的，不得申报进项税额抵扣。

（15）主管国税机关应建立研发机构采购国产设备退税情况台账，记录国产设备的型号、发票开具时间、价格、已退税额等情况。

（16）研发机构已退税的国产设备，自增值税发票开具之日起3年内，设备所有权转移或移作他用的，研发机构须按照下列计算公式，向主管国税机关补缴已退税款。

设备原值和已提折旧按照《企业所得税法》的有关规定计算。

$$应补税款 = \frac{增值税发票上}{注明的金额} \times （设备折余价值 \div 设备原值） \times \frac{增值税适}{用税率}$$

$$设备折余价值 = 设备原值 - 累计已提折旧$$

（17）研发机构以假冒采购国产设备退税资格、既申报抵扣又申报退税、虚构采购国产设备业务、提供虚假退税申报资料等手段骗取采购国产设备退税款的，主管国税机关应追回已退增值税税款，并依照《税收征收管理法》的有关规定处理。

（18）本办法未明确的其他退税管理事项，比照出口退税有关规定执行。

（19）本办法施行期限为2016年1月1日至2018年12月31日，以增值税发票开具日期为准。

外资研发中心采购国产设备退税资格审定的具体程序是什么？

根据《财政部 商务部 国家税务总局关于继续执行研发机构采购设备增值税政策的通知》（财税〔2016〕121 号）的规定，外资研发中心采购国产设备退税资格审核认定办法如下：

1. 资格条件的审核

（1）各省、自治区、直辖市、计划单列市及新疆生产建设兵团商务主管部门会同同级财政、国税部门（以下简称审核部门），根据本地情况，制定审核流程和具体办法。研发中心应按本通知有关要求向其所在地商务主管部门提交申请材料。

（2）商务主管部门牵头召开审核部门联席会议，对研发中心上报的申请材料进行审核，按照本通知正文第二条所列条件和本审核认定办法要求，确定符合退税资格条件的研发中心名单。

（3）经审核，对符合退税资格条件的研发中心，由审核部门以公告形式联合发布，并将名单抄送商务部（外资司）、财政部（税政司）、国家税务总局（货物和劳务税司）备案。对不符合有关规定的，由商务主管部门根据联席会议的决定出具书面审核意见，并说明理由。上述公告或审核意见应在审核部门受理申请之日起 45 个工作日之内作出。

（4）审核部门每 2 年对已获得退税资格的研发中心进行资格复审。对于不再符合条件的研发中心取消其享受退税优惠政策的资格。

2. 需报送的材料

研发中心申请采购国产设备退税资格，应提交以下材料：

（1）研发中心采购国产设备退税资格申请书和审核表。

（2）研发中心为独立法人的，应提交外商投资企业批准证书或设立、变更备案回执及营业执照复印件；研发中心为非独立法人的，应提交其所在外商投资企业的外商投资企业批准证书或设立、变更备案回执及营业执照复印件。

（3）验资报告及上一年度审计报告复印件。

（4）研发费用支出明细、设备购置支出明细和清单以及通知规定应提交的材料。

（5）专职研究与试验发展人员名册（包括姓名、工作岗位、劳动合同期限、联系方式）。

（6）审核部门要求提交的其他材料。

3. 相关工作的管理

（1）在公告发布后，列入公告名单的研发中心，可按有关规定直接向其所在地国税部门申请办理采购国产设备退税手续。

（2）审核部门在共同审核认定研发中心资格的过程中，可到研发中心查阅有关资料，了解情况，核实其报送的申请材料的真实性。同时，应注意加强对研发中心的政策指导和服务，提高工作效率。

（3）省级商务主管部门应将《外资研发中心采购设备免、退税资格审核表》有关信息及时录入外商投资综合管理信息系统研发中心选项。

 支持有线电视的优惠政策有哪些?

根据《财政部 税务总局关于继续执行有线电视收视费增值税政策的通知》（财税〔2017〕35号）的规定，为继续支持广播电视运营事业发展，现就有线电视收视费增值税政策通知如下：

2017年1月1日至2019年12月31日，对广播电视运营服务企业收取的有线数字电视基本收视维护费和农村有线电视基本收视费，免征增值税。

本通知印发之日前，已征的按照本通知规定应予免征的增值税，可抵减纳税人以后月份应缴纳的增值税或予以退还。

 支持有线电视的优惠政策有哪些?

根据《财政部 税务总局关于大型客机和新支线飞机增值税政策的通知》（财税〔2016〕141号）的规定，经国务院批准，现将大型客机和新支线飞机有关增值税政策通知如下：

（1）对纳税人从事大型客机、大型客机发动机研制项目而形成的增值税期末留抵税额予以退还。本条所称大型客机，是指空载重量大于45吨的民用客机。本条所称大型客机发动机，是指起飞推力大于14 000千克的民用客机发动机。

（2）对纳税人生产销售新支线飞机暂减按5%征收增值税，并对其因生产销售新支线飞机而形成的增值税期末留抵税额予以退还。本条所称新支线飞机，是指空载重量大于25吨且小于45吨、座位数量少于130个的民用客机。

（3）纳税人符合本通知第一、第二条规定的增值税期末留抵税额，可在初次申请退税时予以一次性退还。

（4）纳税人收到退税款项的当月，应将退税额从增值税进项税额中转出。未按规定转出的，按《税收征收管理法》有关规定承担相应法律责任。

（5）退还的增值税税额由中央和地方按照现行增值税分享比例共同负担。

（6）本通知的执行期限为2015年1月1日至2018年12月31日。

十、支持农业生产的优惠政策

 支持农业生产的优惠政策有哪些？

支持农业生产的优惠政策如下：

下列货物免征增值税：

（1）农膜。

（2）生产销售的除尿素以外的氮肥、除磷酸二铵以外的磷肥、钾肥以及免税化肥为主要原料的复混肥（企业生产复混肥产品所用的免税化肥成本占原料中全部化肥成本的比重高于70%）。

 友情提示

"复混肥"是指用化学方法或物理方法加工制成的氮、磷、钾三种养分中至少有两种养分标明量的肥料，包括仅用化学方法制成的复合肥和仅用物理方法制成的混配肥（也称掺合肥）。

（3）生产销售的阿维菌素、胺菊酯、百菌清、苯噻酰草胺、苄嘧磺隆、草除灵、吡虫啉、丙烯菊酯、哒螨灵、代森锰锌、稻瘟灵、敌百虫、丁草胺、啶虫脒、多抗霉素、二甲戊乐灵、二嗪磷、氟乐灵、高效氯氰菊酯、炔螨特、甲多丹、甲基硫菌灵、甲基异柳磷、甲（乙）基毒死蜱、甲（乙）基嘧啶磷、精恶唑禾草灵、精喹禾灵、井冈霉素、咪鲜胺、灭多威、灭蝇胺、苜蓿银纹夜蛾核型多角体病毒、噻磺隆、三氟氯氰菊酯、三唑磷、三唑酮、杀虫单、杀虫双、顺式氯氰菊酯、涕灭威、烯唑醇、辛硫磷、辛酰溴苯精、异丙甲草胺、乙阿合剂、乙草胺、乙酰甲胺磷、莠去津。

（4）批发和零售的种子、种苗、化肥、农药、农机。

（5）从1998年1月1日起，对农村电管站在收取电价时一并向用户收取的农村电网维护费（包括低压线路损耗和维护费以及电工经费）给予免征增值税的照顾。

（6）为支持国内畜牧业的发展，自2007年1月1日起，对进口的矿物质微量元素舔砖（税号ex38249090）免征进口环节增值税。

（7）根据《财政部 国家税务总局关于免征蔬菜流通环节增值税有关问题的通知》（财税〔2011〕137号）的规定，自2012年1月1日起，免征蔬菜流通环节增值税。对从事蔬菜批发、零售的纳税人销售的蔬菜免征增值税。蔬菜是指可作副食的草本、木本植物，包括各种蔬菜、菌类植物和少数可作副食的木本植物。蔬菜的主要品种参照《蔬菜主要品种目录》执行。经挑选、清洗、切分、晾晒、包装、脱水、冷藏、冷冻等工序加工的蔬菜，属于本通知所述蔬菜的范围。各种蔬菜罐头不属于本通知所述蔬菜的范围。蔬菜罐头是指蔬菜经处理、装罐、密封、杀菌或无菌包装而制成的食品。纳税人既销售蔬菜又销售其他增值税应税货物的，应分别核算蔬菜和其他增值税应税货物的销售额；未分别核算的，不得享受蔬菜增值税免税政策。

（8）根据《财政部 国家税务总局关于免征部分鲜活肉蛋产品流通环节增值税政策的通知》（财税〔2012〕75号）的规定，经国务院批准，自2012年10月1日起，免征部分鲜活肉蛋产品流通环节增值税。对从事农产品批发、零售的纳税人销售的部分鲜活肉蛋产品免征增值税。免征增值税的鲜活肉产品，是指猪、牛、羊、鸡、鸭、鹅及其整块或者分割的鲜肉、冷藏或者冷冻肉，内脏、头、尾、骨、蹄、翅、爪等组织。免征增值税的鲜活蛋产品，是指鸡蛋、鸭蛋、鹅蛋，包括鲜蛋、冷藏蛋以及对其进行破壳分离的蛋液、蛋黄和蛋壳。上述产品中不包括《野生动物保护法》所规定的国家珍贵、濒危野生动物及其鲜活肉类、蛋类产品。从事农产品批发、零售的纳税人既销售本通知第一条规定的部分鲜活肉蛋产品又销售其他增值税应税货物的，应分别核算上述鲜活肉蛋产品和其他增值税应税货物的销售额；未分别核算的，不得享受部分鲜活肉蛋产品增值税免税政策。《增值税暂行条例》第八条所列准予从销项税额中扣除的进项税额的第（三）项所称的"销售发票"，是指小规模纳税人销售农产品依照3%征收率按简易办法计算缴纳增值税而自行开具或委托税务机关代开的普通发票。批发、零售纳税人享受免税政策后开具的普通发票不得作为计算抵扣进项税额的凭证。

（9）根据《财政部 海关总署 国家税务总局关于对化肥恢复征收增值税政策的通知》（财税〔2015〕90号）的规定，自2015年9月1日起，对纳税人销售和进口化肥统一按13%税率征收国内环节和进口环节增值税。钾肥增值税先征后返政策同时停止执行。化肥的具体范围，仍然按照《国家税务总局关于印发〈增值税部分货物征税范围注释〉的通知》（国税发〔1993〕151号）的规定执行。财政部、国家税务总局《关于若干农业生产资料征免增值税政策的通知》（财税〔2001〕113号）第一条第（二）项和第（四）项"化肥"的规定、《财政部 国家税务总局关于进口化肥税收政策问题的通知》（财税〔2002〕44号）、《财政部 国家税务总局关于钾肥增值税有关问题的通知》（财税〔2004〕197号）、《财政部 国家税务总局关于暂免征收尿素产品增值税的通知》（财税〔2005〕87号）、《财政部 国家税务总局关于免征磷酸二铵增值税的通知》（财税〔2007〕171号）自2015年9月1日起停止执行。

（10）自2017年1月1日至2019年12月31日，对金融机构农户小额贷款的利息收入，免征增值税。农户，是指长期（1年以上）居住在乡镇（不包括城关镇）行政管理区域内的住户，还包括长期居住在城关镇所辖行政村范围内的住户和户口不在本地而在本地居住1年以上的住户，国有农场的职工和农村个体工商户。位于乡镇（不包括城关镇）行政管理区域内和在城关镇所辖行政村范围内的国有经济的机关、团体、学校、企事业单位的集体户；有本地户口，但举家外出谋生1年以上的住户，无论是否保留承包耕地均不属于农户。农户以户为统计单位，既可以从事农业生产经营，也可以从事非农业生产经营。农户贷款的判定应以贷款发放时的承贷主体是否属于农户为准。小额贷款，是指单笔且该农户贷款余额总额在10万元（含本数）以下的贷款。金融机构应对符合条件的农户小额贷款利息收入进行单独核算，不能单独核算的不得适用上述优惠政策。

 疑难问题解答

钾肥是否不再免征增值税？

解答： 根据现行增值税政策，自2004年12月1日起，对化肥生产企业生产销售的钾肥，由免征增值税改为实行先征后返。具体返还由财政部驻各地财政监察专员办事处按照《关于税制改革后对某些企业实行"先征后退"有关预算管理问题的暂行规定的通知》（〔94〕财预字第55号）文件的规定办理。自2015年9月1日起，对纳税人销售和进口化肥统一按13%税率征收国内环节和进口环节增值税。钾肥增值税先征后返政策同时停止执行。

 有机肥产品有哪些税收优惠政策？

根据《财政部 国家税务总局关于有机肥产品免征增值税的通知》（财税〔2008〕56号）的规定，有机肥产品的税收优惠政策如下：

（1）自2008年6月1日起，纳税人生产销售和批发、零售有机肥产品免征增值税。

（2）享受上述免税政策的有机肥产品是指有机肥料、有机—无机复混肥料和生物有机肥。①有机肥料，指来源于植物和（或）动物，施于土壤以提供植物营养为主要功能的含碳物料；②有机—无机复混肥料，指由有机和无机肥料混合和（或）化合制成的含有一定量有机肥料的复混肥料；③生物有机肥，指特定功能微生物与主要以动植物残体（如禽畜粪便、农作物秸秆等）为来源并经无害化处理、腐熟的有机物料复合而成的一类兼具微生物肥料和有机肥效应的肥料。

（3）享受免税政策的纳税人应按照《增值税暂行条例》《增值税暂行条例实施细则》等规定，单独核算有机肥产品的销售额。未单独核算销售额的，不得免税。

（4）纳税人销售免税的有机肥产品，应按规定开具普通发票，不得开具增值税专用发票。

（5）纳税人申请免征增值税，应向主管税务机关提供相关资料，凡不能提供的，一律不得免税。

（6）生产有机肥产品的纳税人：①由农业部或省、自治区、直辖市农业行政主管部门批准核发的在有效期内的肥料登记证复印件，并出示原件。②由肥料产品质量检验机构一年内出具的有机肥产品质量技术检测合格报告原件。出具报告的肥料产品质量检验机构须通过相关资质认定。③在省、自治区、直辖市外销售有机肥产品的，还应提供在销售使用地省级农业行政主管部门办理备案的证明原件。

（7）批发、零售有机肥产品的纳税人：①生产企业提供的在有效期内的肥料登记证复印件；②生产企业提供的产品质量技术检验合格报告原件；③在省、自治区、直辖市外销售有机肥产品的，还应提供在销售使用地省级农业行政主管部门办理备案的证明复印件。

（8）主管税务机关应加强对享受免征增值税政策纳税人的后续管理，不定期对企业经营情况进行核实。凡经核实所提供的肥料登记证、产品质量技术检测合格报告、备案证明失效的，应停止其享受免税资格，恢复照章征税。

根据《国家税务总局关于明确有机肥产品执行标准的公告》（国家税务总局公告 2015 年第 86 号）的规定，《财政部 国家税务总局关于有机肥产品免征增值税的通知》（财税〔2008〕56 号）规定享受增值税免税政策的有机肥产品中，有机肥料按《有机肥料》（NY525—2012）标准执行，有机—无机复混肥料按《有机—无机复混肥料》（GB18877—2009）标准执行，生物有机肥按《生物有机肥》（NY884—2012）标准执行。不符合上述标准的有机肥产品，不得享受财税〔2008〕56 号文件规定的增值税免税政策。上述有机肥产品的国家标准、行业标准，如在执行过程中有更新、替换，统一按最新的国家标准、行业标准执行。本公告自 2016 年 1 月 1 日起施行，此前未处理的事项，按本公告规定执行。《国家税务总局关于有机肥产品免征增值税问题的批复》（国税函〔2008〕1020 号）同时废止。

十一、支持资源保护的优惠政策

 享受资源综合利用优惠政策在污染物排放方面有哪些要求？

根据《财政部 国家税务总局关于调整完善资源综合利用产品及劳务增值税政策的通知》（财税〔2011〕115 号）的规定：

（1）对销售自产的以建（构）筑废物、煤矸石为原料生产的建筑砂石骨料免征增值税。生产原料中建（构）筑废物、煤矸石的比重不低于 90%。其中以建（构）筑废物为原料生产的建筑砂石骨料应符合《混凝土用再生粗骨料》（GB/T 25177—2010）和《混凝土和砂浆用再生细骨料》（GB/T 25176—2010）的技术要求；以煤矸石为原料生产的建筑砂石骨料应符合《建筑用砂》（GB/T 14684—2001）和《建筑用卵石碎石》（GB/T 14685—2001）的技术要求。

（2）对垃圾处理、污泥处理处置劳务免征增值税。垃圾处理是指运用填埋、焚烧、综合处理和回收利用等形式，对垃圾进行减量化、资源化和无害化处理处置的业务；污泥处理处置是指对污水处理后产生的污泥进行稳定化、减量化和无害化处理处置的业务。

（3）对销售下列自产货物实行增值税即征即退 100% 的政策：

利用工业生产过程中产生的余热、余压生产的电力或热力。发电（热）原料中 100% 利用上述资源。

以餐厨垃圾、畜禽粪便、稻壳、花生壳、玉米芯、油茶壳、棉籽壳、三剩物、次小薪材、含油污水、有机废水、污水处理后产生的污泥、油田采油过程中产生的油污泥（浮渣），包括利用上述资源发酵产生的沼气为原料生产的电力、热力、燃料。生产原料中上述资源的比重不低于 80%，其中利用油田采油过程中产生的油污泥（浮渣）生产燃料的资源比重不低于 60%。上述涉及生物质发电的项目必须符合国家发展改革委《可再生能源发电有关管理规定》（发改能源〔2006〕13 号）要求，并且生产排放达到《火电厂大气污染物排放标准》（GB13223—2003）第 1 时段标准或者《生活垃圾焚烧污染控制标准》（GB18485—2001）的有关规定。利用油田采油过程中产生的油污泥（浮渣）的生产企业必须取得《危险废物综合经营许可证》。

以污水处理后产生的污泥为原料生产的干化污泥、燃料。生产原料中上述资源的比重不低于 90%。

以废弃的动物油、植物油为原料生产的饲料级混合油。饲料级混合油应达到《饲料级 混合油》（NY/T 913—2004）规定的技术要求，生产原料中上述资源的比重不低于 90%。

以回收的废矿物油为原料生产的润滑油基础油、汽油、柴油等工业油料。生产企业必须取得《危险废物综合经营许可证》，生产原料中上述资源的比重不低于 90%。

以油田采油过程中产生的油污泥（浮渣）为原料生产的乳化油调和剂及防水卷材辅料产品。生产企业必须取得《危险废物综合经营许可证》，生产原料中上述资源的比重不低于 70%。

以人发为原料生产的档发。生产原料中 90% 以上为人发。

（4）对销售下列自产货物实行增值税即征即退 80% 的政策。以三剩物、次小薪材和农作物秸秆等 3 类农林剩余物为原料生产的木（竹、秸秆）纤维板、木（竹、秸秆）刨花板，细木工板、活性炭、栲胶、水解酒精、炭棒；以沙柳为原料生产的箱板纸。

（5）对销售下列自产货物实行增值税即征即退 50% 的政策：

以蔗渣为原料生产的蔗渣浆、蔗渣刨花板及各类纸制品。生产原料中蔗渣所占比重不低于 70%。

以粉煤灰、煤矸石为原料生产的氧化铝、活性硅酸钙。生产原料中上述资源的比重不低于 25%。

利用污泥生产的污泥微生物蛋白。生产原料中上述资源的比重不低于 90%。

以煤矸石为原料生产的瓷绝缘子、煅烧高岭土。其中，瓷绝缘子生产原料中煤矸石所占比重不低于 30%，煅烧高岭土生产原料中煤矸石所占比重不低于 90%。

以废旧电池、废感光材料、废彩色显影液、废催化剂、废灯泡（管）、电解废弃物、电镀废弃物、废线路板、树脂废弃物、烟尘灰、湿法泥、熔炼渣、河底淤泥、废旧电机、报废汽车为原料生产的金、银、钯、铑、铜、铅、汞、锡、铋、碲、铟、硒、铂族金属，其中综合利用危险废弃物的企业必须取得《危险废物综合经营许可证》。生产原料中上述资源的比重不低于 90%。

以废塑料、废旧聚氯乙烯（PVC）制品、废橡胶制品及废铝塑复合纸包装材料为原料生产的汽油、柴油、废塑料（橡胶）油、石油焦、碳黑、再生纸浆、铝粉、汽车用改性再生专用料、摩托车用改性再生专用料、家电用改性再生专用料、管材用改性再生专用料、化纤用再生聚酯专用料（杂质含量低于 0.5mg/g，水分含量低于 1%）、瓶用再生聚对苯二甲酸乙二醇酯（PET）树脂（乙醛质量分数小于等于 1ug/g）及再生塑料制品。生产原料中上述资源的比重不低于 70%。上述废塑料综合利用生产企业必须通过 ISO9000、ISO14000 认证。

以废弃天然纤维、化学纤维及其制品为原料生产的纤维纱及织布、无纺布、毡、黏合剂及再生聚酯产品。生产原料中上述资源的比重不低于 90%。

以废旧石墨为原料生产的石墨异形件、石墨块、石墨粉和石墨增碳剂。生产原料中上述资源的比重不低于 90%。

（6）本通知所述"三剩物"，是指采伐剩余物（指枝丫、树梢、树皮、树叶、树根及藤条、灌木等）、造材剩余物（指造材截头）和加工剩余物（指板皮、板条、木竹截头、锯末、碎单板、木芯、刨花、木块、篾黄、边角余料等）。

"次小薪材"，是指次加工材（指材质低于针、阔叶树加工用原木最低等级但具有一定利用价值的次加工原木，其中东北、内蒙古地区按 LY／T1 505—1999 标准执行，南方及其他地区按 LY／T1369—1999 标准执行）、小径材（指长度在 2 米以下或径级 8 厘米以下的小原木条、松木杆、脚手杆、杂木杆、短原木等）和薪材。

"农作物秸秆"，是指农业生产过程中，收获了粮食作物（指稻谷、小麦、玉米、薯类等）、油料作物（指油菜籽、花生、大豆、葵花籽、芝麻籽、胡麻籽等）、棉花、麻类、糖料、烟叶、药材、蔬菜和水果等以后残留的茎秆。

"蔗渣"，是指以甘蔗为原料的制糖生产过程中产生的含纤维 50% 左右的固体废弃物。

"烟尘灰"，是指金属冶炼厂火法冶炼过程中，为保护环境经除尘器（塔）收集的粉灰状残料物。

"湿法泥"，是指湿法冶炼生产排出的污泥，经集中环保处置后产生的中和渣，且具有一定回收价值的污泥状废弃物。

"熔炼渣"，是指在铅、锡、铜、铋火法还原冶炼过程中，由于比重的差异，金属成分因比重大沉底形成金属锭，而比重较小的硅、铁、钙等化合物浮在金属表层形成的废渣。

（7）本通知所称综合利用资源占生产原料的比重，除第三条第（一）项外，一律以重量比例计算，不得以体积比例计算。

（8）增值税一般纳税人应单独核算综合利用产品的销售额。一般纳税人同时生产增值税应税产品和享受增值税即征即退产品而存在无法划分的进项税额时，按下列公式对无法划分的进项税额进行划分：

享受增值税即征即退产品应分摊的进项税额 = 当月无法划分的全部进项税额 × 当月享受增值税即征即退产品的销售额合计 ÷ 当月无法划分进项税额产品的销售额合计

增值税小规模纳税人应单独核算综合利用产品的销售额和应纳税额。

凡未单独核算资源综合利用产品的销售额和应纳税额的，不得享受本通知规定的退（免）税政策。

（9）申请享受本通知规定的资源综合利用产品及劳务增值税优惠政策的纳税人，还应符合下列条件：

纳税人生产、利用资源综合利用产品及劳务的建设项目已按照《环境影响评价法》编制环境影响评价文件，且已获得经法律规定的审批部门批准同意。

自 2010 年 1 月 1 日起，纳税人未因违反《环境保护法》等环境保护法律法规受到刑事处罚或者县级以上环保部门相应的行政处罚。

生产过程中如果排放污水的，其污水已接入污水处理设施，且生产排放达到《城镇污水处理厂污染物排放标准》（GB18918—2002）。

申请享受本通知规定的资源综合利用产品，已送交由省级以上质量技术监督部门资质认定的产品质量检验机构进行质量检验，并已取得该机构出具的符合产品质量标准要求及本文件规定的生产工艺要求的检测报告。

申请享受本通知规定的资源综合利用产品及劳务增值税优惠政策的，应当在初次申请时按照要求提交资源综合利用产品及劳务有关数据，报主管税务机关审核备案，并在以后每年 2 月 15 日前按照要求提交上一年度资源综合利用产品及劳务有关数据，报主管税务机关审核备案。具体数据要求和提交办法由财政部和国家税务总局另行通知。

（10）各省、自治区、直辖市、计划单列市税务机关可根据本通知规定并结合各地实际情况，商同级财政部门制定资源综合利用产品及劳务增值税退（免）税管理办法，并报财政部、国家税务总局备案。

（11）本通知规定的增值税退（免）税事宜由主管税务机关按照现行有关规定办理。各级税务机关应采取严密措施加强对享受资源综合利用增值税优惠政策企业的动态监管，不定期对企业生产经营情况［包括本通知第九条第（五）项要求提交的数据］、纳税申报情况和退税申报情况的真实性进行核实。凡经核实纳税人有弄虚作假骗取享受本通知规定的增值税政策的，税务机关追缴其此前骗取的退税税款，并自纳税人发生上述违法违规行为年度起，取消其享受本通知规定增值税政策的资格，且纳税人 3 年内不得再次申请。

（12）本通知中所列各类国家标准、行业标准等，如在执行过程中有更新、替换，统一按新的国家标准、行业标准执行，财政部、国家税务总局不再另行发文明确。

（13）本通知第四条、第五条第（一）项规定的政策自 2011 年 1 月 1 日起执行；第一条、第二条、第三条和第五条其他款项规定的政策自 2011 年 8 月 1 日起执行。纳税人销售（提供）本通知规定的免税产品（劳务），如果已向购买方开具了增值税专用发票，应将专用发票追回后方可申请办理免税。凡专用发票无法追回的，一律按照规定征收增值税，不予免税。

（14）《财政部 国家税务总局关于以农林剩余物为原料的综合利用产品增值税政策的通知》（财税〔2009〕148号）和《财政部 国家税务总局关于以蔗渣为原料生产综合利用产品增值税政策的补充通知》（财税〔2010〕114号）自2011年1月1日起废止。

 ### 享受资源综合利用优惠政策在污染物排放方面有哪些要求？

根据《财政部 国家税务总局关于享受资源综合利用增值税优惠政策的纳税人执行污染物排放标准有关问题的通知》（财税〔2013〕23号）的规定：

（1）纳税人享受资源综合利用产品及劳务增值税退税、免税政策的，其污染物排放必须达到相应的污染物排放标准。资源综合利用产品及劳务增值税退税、免税政策，是指《财政部 国家税务总局关于有机肥产品免征增值税的通知》（财税〔2008〕56号）、《财政部 国家税务总局关于资源综合利用及其他产品增值税政策的通知》（财税〔2008〕156号）、《财政部 国家税务总局关于调整完善资源综合利用产品及劳务增值税政策的通知》（财税〔2011〕115号）规定的退税、免税政策。相应的污染物排放标准，是指污染物排放地的环境保护部门根据纳税人排放污染物的类型，所确定的应予执行的国家或地方污染物排放标准。达到污染物排放标准，是指符合污染物排放标准规定的全部项目。

（2）纳税人在办理资源综合利用产品及劳务增值税退税、免税事宜时，应同时提交污染物排放地环境保护部门确定的该纳税人应予执行的污染物排放标准，以及污染物排放地环境保护部门在此前6个月以内出具的该纳税人的污染物排放符合上述标准的证明材料。已开展环保核查的行业，应以环境保护部门发布的符合环保法律、法规要求的企业名单公告作为证明材料。

（3）对未达到相应的污染物排放标准的纳税人，自发生违规排放行为之日起，取消其享受资源综合利用产品及劳务增值税退税、免税政策的资格，且3年内不得再次申请。纳税人自发生违规排放行为之日起已申请并办理退税、免税的，应予追缴。发生违规排放行为之日，是指已经污染物排放地环境保护部门查证确认的，纳税人发生未达到应予执行的污染物排放标准行为的当日。

（4）《财政部 国家税务总局关于资源综合利用及其他产品增值税政策的通知》（财税〔2008〕156号）第二条所述的污水处理修改为：污水处理是指将污水（包括城镇污水和工业废水）处理后达到《城镇污水处理厂污染物排放标准》（GB 18918—2002），或达到相应的国家或地方水污染物排放标准中的直接排放限值的业务。"城镇污水"是指城镇居民生活污水，机关、学校、医院、商业服务机构及各种公共设施排水，以及允许排入城镇污水收集系统的工业废水和初期雨水。"工业废水"是指工业生产过程中产生的，不允许排入城镇污水收集系统的废水和废液。本条所述的《城镇污水处理厂污染物排放标准》

（GB 18918—2002）如在执行过程中有更新、替换，按最新标准执行。

（5）本通知自 2013 年 4 月 1 日起执行，《财政部 国家税务总局关于调整完善资源综合利用产品及劳务增值税政策的通知》（财税〔2011〕115 号）第九条第（三）项相应废止。《财政部 国家税务总局关于调整完善资源综合利用产品及劳务增值税政策的通知》（财税〔2011〕115 号）第四条、第五条第（一）项的规定在本通知生效之前的执行过程中涉及污染物排放的，按本通知第一条、第二条有关规定执行。

 资源综合利用产品可以享受哪些税收优惠政策？

根据《财政部 国家税务总局关于印发〈资源综合利用产品和劳务增值税优惠目录〉的通知》（财税〔2015〕78 号）的规定，资源综合利用产品的优惠政策如下：

（1）纳税人销售自产的资源综合利用产品和提供资源综合利用劳务（以下称销售综合利用产品和劳务），可享受增值税即征即退政策。具体综合利用的资源名称、综合利用产品和劳务名称、技术标准和相关条件、退税比例等按照本通知所附《资源综合利用产品和劳务增值税优惠目录》（以下简称《目录》）的相关规定执行。

（2）纳税人从事《目录》所列的资源综合利用项目，其申请享受本通知规定的增值税即征即退政策时，应同时符合下列条件：①属于增值税一般纳税人；②销售综合利用产品和劳务，不属于国家发展改革委《产业结构调整指导目录》中的禁止类、限制类项目；③销售综合利用产品和劳务，不属于环境保护部《环境保护综合名录》中的"高污染、高环境风险"产品或者重污染工艺；④综合利用的资源，属于环境保护部《国家危险废物名录》列明的危险废物的，应当取得省级及以上环境保护部门颁发的《危险废物经营许可证》，且许可经营范围包括该危险废物的利用；⑤纳税信用等级不属于税务机关评定的 C 级或 D 级。

纳税人在办理退税事宜时，应向主管税务机关提供其符合本条规定的上述条件以及《目录》规定的技术标准和相关条件的书面声明材料，未提供书面声明材料或者出具虚假材料的，税务机关不得给予退税。

（3）已享受本通知规定的增值税即征即退政策的纳税人，自不符合本通知第二条规定的条件以及《目录》规定的技术标准和相关条件的次月起，不再享受本通知规定的增值税即征即退政策。

（4）已享受本通知规定的增值税即征即退政策的纳税人，因违反税收、环境保护的法律法规受到处罚（警告或单次 1 万元以下罚款除外）的，自处罚决定下达的次月起36个月内，不得享受本通知规定的增值税即征即退政策。

（5）纳税人应当单独核算适用增值税即征即退政策的综合利用产品和劳务的销售额和应纳税额。未单独核算的，不得享受本通知规定的增值税即征即退政策。

（6）各省、自治区、直辖市、计划单列市税务机关应于每年2月底之前在其网站上，将本地区上一年度所有享受本通知规定的增值税即征即退政策的纳税人，按下列项目予以公示：纳税人名称、纳税人识别号，综合利用的资源名称、数量，综合利用产品和劳务名称。

（7）本通知自2015年7月1日起执行。《财政部 国家税务总局关于资源综合利用及其他产品增值税政策的通知》（财税〔2008〕156号）、《财政部 国家税务总局关于资源综合利用及其他产品增值税政策的补充的通知》（财税〔2009〕163号）、《财政部 国家税务总局关于调整完善资源综合利用及劳务增值税政策的通知》（财税〔2011〕115号）、《财政部 国家税务总局关于享受资源综合利用增值税优惠政策的纳税人执行污染物排放标准的通知》（财税〔2013〕23号）同时废止。上述文件废止前，纳税人因主管部门取消《资源综合利用认定证书》，或者因环保部门不再出具环保核查证明文件的原因，未能办理相关退（免）税事宜的，可不以《资源综合利用认定证书》或环保核查证明文件作为享受税收优惠政策的条件，继续享受上述文件规定的优惠政策。

 节能服务产业的优惠政策有哪些？

根据《财政部 国家税务总局关于促进节能服务产业发展增值税、营业税和企业所得税政策问题的通知》（财税〔2010〕110号）的规定：

（1）对符合条件的节能服务公司实施合同能源管理项目，取得的营业税应税收入，暂免征收营业税。

（2）节能服务公司实施符合条件的合同能源管理项目，将项目中的增值税应税货物转让给用能企业，暂免征收增值税。

（3）本条所称"符合条件"是指同时满足以下条件：①节能服务公司实施合同能源管理项目相关技术应符合国家质量监督检验检疫总局和国家标准化管理委员会发布的《合同能源管理技术通则》（GB/T 24915—2010）规定的技术要求；②节能服务公司与用能企业签订《节能效益分享型》合同，其合同格式和内容，符合《合同法》和国家质量监督检验检疫总局和国家标准化管理委员会发布的《合同能源管理技术通则》（GB/T 24915—2010）等规定。

（4）本通知自2011年1月1日起执行。

十二、西部大开发优惠政策

 横琴与平潭开发的优惠政策有哪些?

根据《财政部 海关总署 国家税务总局关于横琴 平潭开发有关增值税和消费税政策的通知》(财税〔2014〕51号)的规定:

(1)增值税和消费税退税政策。

第一,内地销往横琴、平潭与生产有关的货物,视同出口,实行增值税和消费税退税政策。但下列货物不包括在内:①财政部和国家税务总局规定不适用增值税退(免)税和免税政策的出口货物。②横琴、平潭的商业性房地产开发项目采购的货物。商业性房地产开发项目,是指兴建(包括改扩建)宾馆饭店、写字楼、别墅、公寓、住宅、商业购物场所、娱乐服务业场馆、餐饮业店馆以及其他商业性房地产项目。③内地销往横琴、平潭不予退税的其他货物。④按本通知第五条规定被取消退税或免税资格的企业购进的货物。

第二,内地货物销往横琴、平潭,适用增值税和消费税退税政策的,必须办理出口报关手续(水、蒸汽、电力、燃气除外)。海关总署将货物经"二线"进入横琴、平潭的《进境货物备案清单》的电子信息提供给国家税务总局。

第三,内地销往横琴、平潭的适用增值税和消费税退税政策的货物,销售企业在取得出口货物报关单(出口退税专用)后,应在中国电子口岸数据中心予以确认,并将取得的上述关单提供给横琴、平潭的购买企业,由横琴、平潭的购买企业向税务机关申报退税。申报退税时,应提供购进货物的出口货物报关单(出口退税专用)、进境货物备案清单、增值税专用发票、消费税专用缴款书(仅限于消费税应税货物)以及税务机关要求提供的其他资料。税务机关应对企业申报退税的资料,与对应的电子信息进行核对无误后,按规定办理退税。已申报退税的货物,其增值税专用发票上注明的增值税额,不得作为进项税额进行抵扣。已抵扣的进项税额,不得再申报退税。

第四,退税公式。增值税应退税额=购进货物的增值税专用发票注明的金额×购进货物适用的增值税退税率。从一般纳税人购进的按简易办法征税的货物和从小规模纳税人购进的货物,其适用的增值税退税率,按照购进货物适用的征收率和退税率孰低的原则确定。消费税应退税额=购进货物的消费税专用缴款书上注明的消费税额。

(2)横琴、平潭各自的区内企业之间销售其在本区内的货物,免征增值税和消费税。但上述企业之间销售的用于其本区内商业性房地产开发项目的货物，以及按本通知第五条规定被取消退税或免税资格的企业销售的货物，应按规定征收增值税和消费税。

（3）横琴、平潭已享受免税、保税、退税政策的货物销往内地，除在"一线"已完税的生活消费类等货物外，按照有关规定征收进口税收。

（4）横琴、平潭的在"一线"已完税的生活消费类等货物销往内地的，由税务机关按照现行规定征收增值税和消费税。

（5）横琴、平潭的企业应单独核算按照本通知第一条或第二条规定退税或免税的货物。主管税务机关发现企业未按规定单独核算的，取消其享受本通知规定的退税和免税资格2年，并按规定予以处罚。

（6）横琴、平潭的商业性房地产开发项目，由各自的区管委会行业主管部门会同当地财政、国税部门联合认定。

（7）本通知有关增值税和消费税退税、免税的具体管理办法，由国家税务总局另行制定。

（8）本通知自相关监管设施验收合格、正式开关运行之日起执行。增值税和消费税退税政策的执行时间，以出口货物报关单（出口退税专用）上注明的出口日期为准。

 新疆地区适用的优惠政策有哪些？

根据《财政部 国家税务总局关于继续执行新疆国际大巴扎项目增值税政策的通知》（财税〔2017〕36号）的规定，为继续支持新疆旅游业发展，现就新疆国际大巴扎项目增值税政策通知如下：

自2017年1月1日至2019年12月31日，对新疆国际大巴扎物业服务有限公司和新疆国际大巴扎文化旅游产业有限公司从事与新疆国际大巴扎项目有关的营改增应税行为取得的收入，免征增值税。

本通知印发之日前，已征的按照本通知规定应予免征的增值税，可抵减纳税人以后月份应缴纳的增值税或予以退还。

十三、离境退税与出口退税优惠政策

 海南境外旅客购物离境退税制度的主要内容有哪些？

根据《财政部关于在海南开展境外旅客购物离境退税政策试点的公告》

（财政部公告 2010 年第 88 号）的规定，为推进海南国际旅游岛建设，国务院决定在海南省开展境外旅客购物离境退税政策（以下简称离境退税政策）试点。离境退税政策是指对境外旅客在退税定点商店购买的随身携运出境的退税物品，按规定退税的政策。

（1）离境退税政策的基本流程。离境退税政策的基本流程包括购物申请退税、海关验核确认、代理机构退税和集中退税结算 4 个环节。

（2）离境退税政策的适用条件。境外旅客要取得退税，应当同时符合以下条件：①在退税定点商店购买退税物品，购物金额达到起退点，并且按规定取得境外旅客购物离境退税申请单等退税凭证；②在离境口岸办理离境手续，离境前退税物品尚未启用或消费；③离境日距退税物品购买日不超过 90 天；④所购退税物品由境外旅客本人随身携运出境；⑤所购退税物品经海关验核并在境外旅客购物离境退税申请单上签章；⑥在指定的退税代理机构办理退税。

（3）境外旅客、离境口岸、退税定点商店和退税物品。①境外旅客。境外旅客是指在我国境内连续居住不超过 183 天的外国人和港澳台同胞。②离境口岸。离境口岸暂为试点地区正式对外开放的空港口岸。③退税定点商店。退税定点商店是指经相关部门认定的，按规定向境外旅客销售退税物品的商店。④退税物品。退税物品是指国家允许携带出境并享受退税政策的个人生活物品，但食品、饮料、水果、烟、酒、汽车、摩托车等不包括在内。退税物品目录详见附件。

（4）退税税种、退税率、应退税额计算和起退点。①退税税种、退税率和应退税额计算。离境退税税种为增值税，退税率统一为 11%。应退税额计算公式：

$$应退税额 = 普通销售发票金额（含增值税）\times 退税率$$

②起退点。起退点是指同一境外旅客同一日在同一退税定点商店购买退税物品可以享受退税的最低购物金额。起退点暂定为 800 元人民币。

（5）退税代理机构、退税方式和币种选择。①退税代理机构。退税代理机构是指经相关部门认定的，按规定为境外旅客办理退税的机构。②退税方式和币种选择。境外旅客在办理退税时可按本公告规定自行选择退税方式和币种。退税方式包括现金退税和银行转账退税两种方式。退税币种包括人民币或自由流通的主要外币。③离境退税政策试点管理办法由国家税务总局会同财政部、商务部、海关总署商海南省人民政府另行公布。

（6）本公告自 2011 年 1 月 1 日起执行。

 境外旅客购物离境退税海南试点管理制度有哪些？

根据《境外旅客购物离境退税海南试点管理办法》（国家税务总局公告

2010 年第 28 号）的规定：

（1）为推进海南国际旅游岛建设，确保在海南省顺利试行境外旅客购物离境退税政策，根据《财政部关于在海南开展境外旅客购物离境退税政策试点的公告》（财政部公告 2010 年第 88 号）等相关规定，制定本办法。

（2）境外旅客在退税定点商店购物后，按规定应取得的退税凭证包括境外旅客购物离境退税申请单和销售发票。

（3）境外旅客在办理退税时，可选择的退税币种包括人民币、美元、欧元和日元。

（4）退税定点商店应当同时符合以下条件：①中国境内注册的，具有独立法人资格的增值税一般纳税人；②具备境外旅客购物离境退税管理信息系统运行的条件，能够及时、准确地报送相关信息；③安装并使用增值税专用发票防伪税控机或者使用普通发票"网上开票系统"；④营业面积超过 2 000 平方米；⑤遵守税收法律法规规定，申请资格认定前两年内未发生偷税、逃避追缴欠税、骗取出口退税、抗税等涉税违法行为以及欠税行为；⑥商店经营管理服务规范，符合《百货店等级划分及评定》（国家标准）中达标百货店的要求；⑦具备涉外服务接待能力，能用外语提供服务，商品标签及公共设施同时标注中英文；⑧经营商品品种丰富，基本包含财政部公告 2010 年第 88 号附件《退税物品目录》中所列商品。

（5）符合本办法第四条规定条件的企业，可以向海南省国家税务局提出退税定点商店认定申请，并提交以下资料：①境外旅客购物离境退税定点商店认定申请表；②营业面积证明材料。

（6）海南省国家税务局对企业提出的退税定点商店认定申请，会同海南省商务厅按照本办法规定的条件进行认定。

（7）退税定点商店认定资料所载内容发生变化的，应自有关管理机关批准变更之日起 30 日内，持相关证件及资料向海南省国家税务局申请办理变更手续。海南省国家税务局为其办理变更手续后，将有关情况通报海南省商务厅。

（8）退税定点商店发生解散、破产、撤销以及其他情形，应在向工商行政管理机关或者其他机关办理注销登记前，持相关证件及资料向主管税务机关申请办理税务登记注销手续，由海南省国家税务局取消其退税定点商店资格，并将有关情况通报海南省商务厅。

（9）退税定点商店应当在其经营场所显著位置用中英文同时作出标识，便于境外旅客识别。退税定点商店中英文标识由海南省国家税务局会同海南省商务厅制定。

（10）退税代理机构应当同时符合以下条件：①具备独立法人资格，财务制度健全；②已在国税部门办理税务登记；③具备个人本外币兑换特许业务经营资格；④具备办理退税业务的场所和相关设施；⑤具备境外旅客购物离境退税管理信息系统运行的条件，能够及时、准确地报送相关信息；⑥遵守税收法律法规规定，申请资格认定前两年内未发生偷税、逃避追缴欠税、骗取出口退税、抗税等涉税违法行为以及欠税行为。

（11）符合本办法第十条规定条件的企业，可以向海南省国家税务局提出退税代理机构资格认定申请，并提交以下资料：①境外旅客购物离境退税代理机构认定申请表；②出口退（免）税认定表；③本外币特许经营证书原件、复印件。

（12）海南省国家税务局对企业提出的退税代理机构认定申请，会同海南省财政厅按照本办法规定的条件进行认定。

（13）退税代理机构认定后，其认定资料所载内容发生变化的，应自有关管理机关批准变更之日起30日内，持相关证件及资料向海南省国家税务局申请办理变更手续。海南省国家税务局为其办理变更手续后，将有关情况通报海南省财政厅。

（14）退税代理机构认定后，发生解散、破产、撤销以及其他情形，应在向工商行政管理机关或者其他机关办理注销登记前，持有关证件及资料向主管税务机关申请办理税务登记注销手续，由海南省国家税务局取消其退税代理机构资格，并将有关情况通报海南省财政厅。

（15）退税代理机构在离境机场隔离区内设置专用场所，应当征求海关意见，在显著位置用中英文作出标识。

（16）境外旅客在退税定点商店购买退税物品，需要索取境外旅客购物离境退税申请单的，应当出示护照等有效身份证件。退税定点商店将境外旅客出示的护照等有效身份证件与境外旅客本人核对后，将境外旅客身份信息录入境外旅客购物离境退税管理信息系统进行校验。通过后按规定开具境外旅客购物离境退税申请单，加盖印章，交给境外旅客。

（17）具有以下情形之一的，退税定点商店不得开具境外旅客购物离境退税申请单：①境外旅客不能出示本人护照等有效身份证件；②销售给境外旅客的商品不属于退税物品范围；③同一境外旅客同一日在同一退税定点商店内购买退税物品的金额未达到起退点。

（18）境外旅客购物离境退税申请单由海南省国家税务局统一印制。

（19）退税定点商店应当建立境外旅客购物离境退税申请单使用登记制度，设置境外旅客购物离境退税申请单登记簿，并定期向海南省国家税务局报告境外旅客购物离境退税申请单使用情况。

（20）退税定点商店应当单独设置退税物品销售明细账，并准确核算。

（21）境外旅客离境时，应当主动向海关申报，并办理有关手续。

（22）境外旅客凭以下资料向设在离境机场隔离区内的退税代理机构申请办理退税：①护照等本人有效身份证件；②经海关验核签章的境外旅客购物离境退税申请单；③退税物品销售发票；④离境航班登机牌。

（23）退税代理机构为境外旅客办理购物离境退税时，应当核对以下内容：①申请购物离境退税的境外旅客与境外旅客购物离境退税管理信息系统中记录的境外旅客身份信息是否相符；②境外旅客购物离境退税申请单是否经海关验核签章；③退税物品购买日距离境日是否超过 90 天；④境外旅客在我国境内连续居住是否超过 183 天。

（24）退税代理机构对上述信息核对无误后，根据境外旅客自行选择的退税方式和币种，按照规定为境外旅客办理退税。

（25）境外旅客购物离境退税资金由退税代理机构先行向境外旅客垫付。

（26）退税代理机构应当于每月 15 日前向海南省国家税务局申请办理退税结算，并附送以下资料：①境外旅客购物离境退税结算申报表；②经海关验核签章的境外旅客购物离境退税申请单；③退税物品销售发票；④经境外旅客签字确认的境外旅客购物离境退税收款回执单。

（27）海南省国家税务局对退税代理机构申报的经海关验核签章的境外旅客购物离境退税申请单等有关资料审核无误后，按照规定向退税代理机构办理退付，并将退付情况通报海南省财政厅。

（28）海南省国家税务局对境外旅客购物离境退税业务实行计算机化管理，使用境外旅客购物离境退税管理信息系统审核、审批离境退税相关事宜，并加强与退税定点商店、机场和退税代理机构的信息传递与交换。

（29）退税定点商店通过境外旅客购物离境退税管理信息系统开具境外旅客购物离境退税申请单，并实时向海南省国家税务局报送相关信息。

（30）机场根据境外旅客购物离境退税管理的需要，实时验证由海南省国家税务局提请验证的境外旅客的离境航班信息。

（31）退税代理机构通过境外旅客购物离境退税管理信息系统为境外旅客办理离境退税，并实时向海南省国家税务局报送相关信息。

（32）退税定点商店或退税代理机构违反本办法规定发生税收违法行为的，按照《税收征收管理法》及其实施细则的有关规定予以处理。

（33）本办法中"有效身份证件"是指外籍旅客护照、港澳居民来往内地通行证、台湾居民来往大陆通行证等。

（34）本办法自 2011 年 1 月 1 日起实施。

 国家对出口退免税企业有哪些管理制度？

根据《国家税务总局关于外贸综合服务企业出口货物退（免）税有关问

题的公告》（国家税务总局公告 2014 年第 13 号）的规定：

（1）外贸综合服务企业以自营方式出口国内生产企业与境外单位或个人签约的出口货物，同时具备以下情形的，可由外贸综合服务企业按自营出口的规定申报退（免）税：①出口货物为生产企业自产货物；②生产企业已将出口货物销售给外贸综合服务企业；③生产企业与境外单位或个人已经签订出口合同，并约定货物由外贸综合服务企业出口至境外单位或个人，货款由境外单位或个人支付给外贸综合服务企业；④外贸综合服务企业以自营方式出口。

上述出口货物不适用《国家税务总局 商务部关于进一步规范外贸出口经营秩序切实加强出口货物退（免）税管理的通知》（国税发〔2006〕24 号）第二条第（三）项规定、《财政部 国家税务总局关于出口货物劳务增值税和消费税政策的通知》（财税〔2012〕39 号）第七条第（一）项第七目之（三）的规定。

（2）外贸综合服务企业申报本公告第一条规定的出口货物退（免）税时，应在《外贸企业出口退税进货明细申报表》第 15 栏（业务类型）、《外贸企业出口退税出口明细申报表》第 19 栏〔退（免）税业务类型〕填写"WMZHFW"。

（3）外贸综合服务企业应加强风险控制，严格审查生产企业的经营情况和生产能力，确保申报出口退（免）税货物的国内采购及出口的真实性。外贸综合服务企业如发生虚开增值税扣税凭证（包括接受虚开增值税扣税凭证，善意取得的除外）、骗取出口退税等涉税违法行为的，应作为责任主体按规定接受处理。

（4）主管税务机关应按规定受理外贸综合服务企业的出口退（免）税申报，并加强对外贸综合服务企业的预警监控、审核、评估分析，如发现涉嫌骗取出口退税疑点的，应按现行规定进行处理。

（5）本公告的外贸综合服务企业是指：为国内中小型生产企业出口提供物流、报关、信保、融资、收汇、退税等服务的外贸企业。

（6）本公告自 2014 年 4 月 1 日起施行。外贸综合服务企业出口本公告第一条范围外的货物，继续按现行退（免）税规定执行。

 哪些商品的出口退税率被提高了？

根据《财政部 国家税务总局关于提高劳动密集型产品等商品增值税出口退税率的通知》（财税〔2008〕144 号）的规定：

（1）经国务院批准，决定提高部分商品的增值税出口退税率（以下简称退税率）。

（2）提高退税率的商品范围：①将部分橡胶制品、林产品的退税率由5%提高到9%；②将部分模具、玻璃器皿的退税率由5%提高到11；③将部分水产品的退税率由5%提高到13%；④将箱包、鞋、帽、伞、家具、寝具、灯具、钟表等商品的退税率由11%提高到13%；⑤将部分化工产品、石材、有色金属加工材等商品的退税率分别由5%、9%提高到11%、13%；⑥将部分机电产品的退税率分别由9%提高到11%，11%提高到13%，13%提高到14%。

（3）执行时间。本通知规定的退税率的调整自2008年12月1日起执行。具体执行时间，以"出口货物报关单（出口退税专用）"海关注明的出口日期为准。

 出口货物增值税和消费税有哪些政策？

根据《财政部 国家税务总局关于出口货物增值税和消费税政策的通知》（财税〔2012〕39号）的规定，为便于征纳双方系统、准确地了解和执行出口税收政策，财政部和国家税务总局对近年来陆续制定的一系列出口货物、对外提供加工修理修配劳务（以下统称出口货物劳务，包括视同出口货物）增值税和消费税政策进行了梳理归类，并对在实际操作中反映的个别问题做了明确。

1）适用增值税退（免）税政策的出口货物劳务。

对下列出口货物劳务，除适用本通知第六条和第七条规定的外，实行免征和退还增值税〔以下称增值税退（免）税〕政策：

第一，出口企业出口货物。

本通知所称出口企业，是指依法办理工商登记、税务登记、对外贸易经营者备案登记，自营或委托出口货物的单位或个体工商户，以及依法办理工商登记、税务登记但未办理对外贸易经营者备案登记，委托出口货物的生产企业。

本通知所称出口货物，是指向海关报关后实际离境并销售给境外单位或个人的货物，分为自营出口货物和委托出口货物两类。

本通知所称生产企业，是指具有生产能力（包括加工修理修配能力）的单位或个体工商户。

第二，出口企业或其他单位视同出口货物。具体是指：

（1）出口企业对外援助、对外承包、境外投资的出口货物。

（2）出口企业经海关报关进入国家批准的出口加工区、保税物流园区、保税港区、综合保税区、珠澳跨境工业区（珠海园区）、中哈霍尔果斯国际边境合作中心（中方配套区域）、保税物流中心（B型）（以下统称特殊区域）并销售给特殊区域内单位或境外单位、个人的货物。

（3）免税品经营企业销售的货物〔国家规定不允许经营和限制出口的货物、卷烟和超出免税品经营企业《企业法人营业执照》规定经营范围的货物除外〕。具体是指：中国免税品（集团）有限责任公司向海关报关运入海关监管仓库，专供其经国家批准设立的统一经营、统一组织进货、统一制定零售价格、统一管理的免税店销售的货物；国家批准的除中国免税品（集团）有限责任公司外的免税品经营企业，向海关报关运入海关监管仓库，专供其所属的首都机场口岸海关隔离区内的免税店销售的货物；国家批准的除中国免税品（集团）有限责任公司外的免税品经营企业所属的上海虹桥、浦东机场海关隔离区内的免税店销售的货物。

（4）出口企业或其他单位销售给用于国际金融组织或外国政府贷款国际招标建设项目的中标机电产品（以下称中标机电产品）。上述中标机电产品，包括外国企业中标再分包给出口企业或其他单位的机电产品。

（5）生产企业向海上石油天然气开采企业销售的自产的海洋工程结构物。

（6）出口企业或其他单位销售给国际运输企业用于国际运输工具上的货物。上述规定暂仅适用于外轮供应公司、远洋运输供应公司销售给外轮、远洋国轮的货物，国内航空供应公司生产销售给国内和国外航空公司国际航班的航空食品。

（7）出口企业或其他单位销售给特殊区域内生产企业生产耗用且不向海关报关而输入特殊区域的水（包括蒸汽）、电力、燃气（以下称输入特殊区域的水电气）。

除本通知及财政部和国家税务总局另有规定外，视同出口货物适用出口货物的各项规定。

第三，出口企业对外提供加工修理修配劳务。

对外提供加工修理修配劳务，是指对进境复出口货物或从事国际运输的运输工具进行的加工修理修配。

2）增值税退（免）税办法。

适用增值税退（免）税政策的出口货物劳务，按照下列规定实行增值税免抵退税或免退税办法。

第一，免抵退税办法。生产企业出口自产货物和视同自产货物及对外提供加工修理修配劳务，以及列名生产企业出口非自产货物，免征增值税，相应的进项税额抵减应纳增值税额（不包括适用增值税即征即退、先征后退政策的应纳增值税额），未抵减完的部分予以退还。

第二，免退税办法。不具有生产能力的出口企业（以下称外贸企业）或其他单位出口货物劳务，免征增值税，相应的进项税额予以退还。

3）增值税出口退税率。

第一，除财政部和国家税务总局根据国务院决定而明确的增值税出口退税率（以下称退税率）外，出口货物的退税率为其适用税率。国家税务总局根据上述规定将退税率通过出口货物劳务退税率文库予以发布，供征纳双方执行。退税率有调整的，除另有规定外，其执行时间以货物（包括被加工修理修配的货物）出口货物报关单（出口退税专用）上注明的出口日期为准。

第二，退税率的特殊规定：

（1）外贸企业购进按简易办法征税的出口货物、从小规模纳税人购进的出口货物，其退税率分别为简易办法实际执行的征收率、小规模纳税人征收率。上述出口货物取得增值税专用发票的，退税率按照增值税专用发票上的税率和出口货物退税率孰低的原则确定。

（2）出口企业委托加工修理修配货物，其加工修理修配费用的退税率，为出口货物的退税率。

（3）中标机电产品、出口企业向海关报关进入特殊区域销售给特殊区域内生产企业生产耗用的列名原材料（以下称列名原材料）、输入特殊区域的水电气，其退税率为适用税率。如果国家调整列名原材料的退税率，列名原材料应当自调整之日起按调整后的退税率执行。

第三，适用不同退税率的货物劳务，应分开报关、核算并申报退（免）税，未分开报关、核算或划分不清的，从低适用退税率。

4）增值税退（免）税的计税依据。

出口货物劳务的增值税退（免）税的计税依据，按出口货物劳务的出口发票（外销发票）、其他普通发票或购进出口货物劳务的增值税专用发票、海关进口增值税专用缴款书确定。

（1）生产企业出口货物劳务（进料加工复出口货物除外）增值税退（免）税的计税依据，为出口货物劳务的实际离岸价（FOB）。实际离岸价应以出口发票上的离岸价为准，但如果出口发票不能反映实际离岸价，主管税务机关有权予以核定。

（2）生产企业进料加工复出口货物增值税退（免）税的计税依据，按出口货物的离岸价（FOB）扣除出口货物所含的海关保税进口料件的金额后确定。本通知所称海关保税进口料件，是指海关以进料加工贸易方式监管的出口企业从境外和特殊区域等进口的料件。包括出口企业从境外单位或个人购买并从海关保税仓库提取且办理海关进料加工手续的料件，以及保税区外的出口企业从保税区内的企业购进并办理海关进料加工手续的进口料件。

（3）生产企业国内购进无进项税额且不计提进项税额的免税原材料加工后出口的货物的计税依据，按出口货物的离岸价（FOB）扣除出口货物所含的国内购进免税原材料的金额后确定。

（4）外贸企业出口货物（委托加工修理修配货物除外）增值税退（免）税的计税依据，为购进出口货物的增值税专用发票注明的金额或海关进口增值税专用缴款书注明的完税价格。

（5）外贸企业出口委托加工修理修配货物增值税退（免）税的计税依据，为加工修理修配费用增值税专用发票注明的金额。外贸企业应将加工修理修配使用的原材料（进料加工海关保税进口料件除外）作价销售给受托加工修理修配的生产企业，受托加工修理修配的生产企业应将原材料成本并入加工修理修配费用开具发票。

（6）出口进项税额未计算抵扣的已使用过的设备增值税退（免）税的计税依据，按下列公式确定：

退（免）税计税依据＝增值税专用发票上的金额或海关进口增值税专用缴款书注明的完税价格 × 已使用过的设备固定资产净值 ÷ 已使用过的设备原值

已使用过的设备固定资产净值＝已使用过的设备原值－已使用过的设备已提累计折旧

本通知所称已使用过的设备，是指出口企业根据财务会计制度已经计提折旧的固定资产。

（7）免税品经营企业销售的货物增值税退（免）税的计税依据，为购进货物的增值税专用发票注明的金额或海关进口增值税专用缴款书注明的完税价格。

（8）中标机电产品增值税退（免）税的计税依据，生产企业为销售机电产品的普通发票注明的金额，外贸企业为购进货物的增值税专用发票注明的金额或海关进口增值税专用缴款书注明的完税价格。

（9）生产企业向海上石油天然气开采企业销售的自产的海洋工程结构物增值税退（免）税的计税依据，为销售海洋工程结构物的普通发票注明的金额。

（10）输入特殊区域的水电气增值税退（免）税的计税依据，为作为购买方的特殊区域内生产企业购进水（包括蒸汽）、电力、燃气的增值税专用发票注明的金额。

5）增值税免抵退税和免退税的计算。

第一，生产企业出口货物劳务增值税免抵退税，依下列公式计算：

（1）当期应纳税额的计算：

当期应纳税额＝当期销项税额－（当期进项税额－当期不得免征和抵扣税额）

当期不得免征和抵扣税额 = 当期出口货物离岸价 × 外汇人民币折合率 × （出口货物适用税率 − 出口货物退税率） − 当期不得免征和抵扣税额抵减额

当期不得免征和抵扣税额抵减额 = 当期免税购进原材料价格 × （出口货物适用税率 − 出口货物退税率）

（2）当期免抵退税额的计算：

当期免抵退税额 = 当期出口货物离岸价 × 外汇人民币折合率 × 出口货物退税率 − 当期免抵退税额抵减额

当期免抵退税额抵减额 = 当期免税购进原材料价格 × 出口货物退税率

（3）当期应退税额和免抵税额的计算：

当期期末留抵税额 ≤ 当期免抵退税额，则：

当期应退税额 = 当期期末留抵税额

当期免抵税额 = 当期免抵退税额 − 当期应退税额

当期期末留抵税额 > 当期免抵退税额，则：

当期应退税额 = 当期免抵退税额

当期免抵税额 = 0

当期期末留抵税额为当期增值税纳税申报表中"期末留抵税额"。

（4）当期免税购进原材料价格包括当期国内购进的无进项税额且不计提进项税额的免税原材料的价格和当期进料加工保税进口料件的价格，其中当期进料加工保税进口料件的价格为组成计税价格。

$$\begin{matrix}当期进料加工保税进口\\料件的组成计税价格\end{matrix} = \begin{matrix}当期进口料\\件到岸价格\end{matrix} + \begin{matrix}海关实\\征关税\end{matrix} + \begin{matrix}海关实征\\消费税\end{matrix}$$

采用"实耗法"的，当期进料加工保税进口料件的组成计税价格为当期进料加工出口货物耗用的进口料件组成计税价格。其计算公式为：

$$\begin{matrix}当期进料加工保税进口\\料件的组成计税价格\end{matrix} = \begin{matrix}当期进料加工出\\口货物离岸价\end{matrix} × \begin{matrix}外汇人民\\币折合率\end{matrix} × \begin{matrix}计划分\\配率\end{matrix}$$

计划分配率 = 计划进口总值 ÷ 计划出口总值 × 100%

实行纸质手册和电子化手册的生产企业，应根据海关签发的加工贸易手册或加工贸易电子化纸质单证所列的计划进出口总值计算计划分配率。

实行电子账册的生产企业，计划分配率按前一期已核销的实际分配率确定；新启用电子账册的，计划分配率按前一期已核销的纸质手册或电子化手册的实际分配率确定。

采用"购进法"的，当期进料加工保税进口料件的组成计税价格为当期实际购进的进料加工进口料件的组成计税价格。

若当期实际不得免征和抵扣税额抵减额大于当期出口货物离岸价 × 外汇人民币折合率 × （出口货物适用税率 − 出口货物退税率）的，则：

当期不得免征和抵扣税额抵减额＝当期出口货物离岸价 × 外汇人民币折合率 ×（出口货物适用税率－出口货物退税率）

第二，外贸企业出口货物劳务增值税免退税，依下列公式计算：

（1）外贸企业出口委托加工修理修配货物以外的货物：

增值税应退税额＝增值税退（免）税计税依据 × 出口货物退税率

（2）外贸企业出口委托加工修理修配货物：

出口委托加工修理修配货物的增值税应退税额＝委托加工修理修配的增值税退（免）税计税依据 × 出口货物退税率

第三，退税率低于适用税率的，相应计算出的差额部分的税款计入出口货物劳务成本。

第四，出口企业既有适用增值税免抵退项目，也有增值税即征即退、先征后退项目的，增值税即征即退和先征后退项目不参与出口项目免抵退税计算。出口企业应分别核算增值税免抵退项目和增值税即征即退、先征后退项目，并分别申请享受增值税即征即退、先征后退和免抵退税政策。

用于增值税即征即退或者先征后退项目的进项税额无法划分的，按照下列公式计算：

无法划分进项税额中用于增值税即征即退或者先征后退项目的部分＝当月无法划分的全部进项税额 × 当月增值税即征即退或者先征后退项目销售额 ÷ 当月全部销售额、营业额合计

6）适用增值税免税政策的出口货物劳务

对符合下列条件的出口货物劳务，除适用本通知第七条规定外，按下列规定实行免征增值税（以下称增值税免税）政策：

第一，适用范围。

适用增值税免税政策的出口货物劳务，是指：

（1）出口企业或其他单位出口规定的货物，具体是指：增值税小规模纳税人出口的货物；避孕药品和用具，古旧图书；软件产品。其具体范围是指海关税则号前四位为"9803"的货物；含黄金、铂金成分的货物，钻石及其饰品；国家计划内出口的卷烟；已使用过的设备，其具体范围是指购进时未取得增值税专用发票、海关进口增值税专用缴款书但其他相关单证齐全的已使用过的设备；非出口企业委托出口的货物；非列名生产企业出口的非视同自产货物；农业生产者自产农产品［农产品的具体范围按照《农业产品征税范围注释》（财税〔1995〕52 号）的规定执行］；油画、花生果仁、黑大豆等财政部和国家税务总局规定的出口免税的货物；外贸企业取得普通发票、废旧物资收购凭证、农产品收购发票、政府非税收入票据的货物；来料加工复

出口的货物；特殊区域内的企业出口的特殊区域内的货物；以人民币现金作为结算方式的边境地区出口企业从所在省（自治区）的边境口岸出口到接壤国家的一般贸易和边境小额贸易出口货物；以旅游购物贸易方式报关出口的货物。

（2）出口企业或其他单位视同出口的下列货物劳务：国家批准设立的免税店销售的免税货物［包括进口免税货物和已实现退（免）税的货物］；特殊区域内的企业为境外的单位或个人提供加工修理修配劳务；同一特殊区域、不同特殊区域内的企业之间销售特殊区域内的货物。

（3）出口企业或其他单位未按规定申报或未补齐增值税退（免）税凭证的出口货物劳务。具体是指：未在国家税务总局规定的期限内申报增值税退（免）税的出口货物劳务；未在规定期限内申报开具《代理出口货物证明》的出口货物劳务；已申报增值税退（免）税，却未在国家税务总局规定的期限内向税务机关补齐增值税退（免）税凭证的出口货物劳务。

（4）对于适用增值税免税政策的出口货物劳务，出口企业或其他单位可以依照现行增值税有关规定放弃免税，并依照本通知第七条的规定缴纳增值税。

第二，进项税额的处理计算。

（1）适用增值税免税政策的出口货物劳务，其进项税额不得抵扣和退税，应当转入成本。

（2）出口卷烟，依下列公式计算：

不得抵扣的进项税额＝出口卷烟含消费税金额÷（出口卷烟含消费税金额＋内销卷烟销售额）×当期全部进项税额

当生产企业销售的出口卷烟在国内有同类产品销售价格时：

出口卷烟含消费税金额＝出口销售数量×销售价格

"销售价格"为同类产品生产企业国内实际调拨价格。如实际调拨价格低于税务机关公示的计税价格的，"销售价格"为税务机关公示的计税价格；高于公示计税价格的，销售价格为实际调拨价格。

当生产企业销售的出口卷烟在国内没有同类产品销售价格时：

$$出口卷烟含税金额＝\frac{出口销售额＋出口销售数量×消费税定额税率}{1-消费税比例税率}$$

"出口销售额"以出口发票上的离岸价为准。若出口发票不能如实反映离岸价，生产企业应按实际离岸价计算，否则，税务机关有权按照有关规定予以核定调整。

（3）除出口卷烟外，适用增值税免税政策的其他出口货物劳务的计算，按照增值税免税政策的统一规定执行。其中，如果涉及销售额，除来料加工复出口货物为其加工费收入外，其他均为出口离岸价或销售额。

7）适用增值税征税政策的出口货物劳务。

下列出口货物劳务，不适用增值税退（免）税和免税政策，按下列规定及视同内销货物征税的其他规定征收增值税（以下称增值税征税）：

第一，适用范围。

适用增值税征税政策的出口货物劳务，是指：

（1）出口企业出口或视同出口财政部和国家税务总局根据国务院决定明确的取消出口退（免）税的货物〔不包括来料加工复出口货物、中标机电产品、列名原材料、输入特殊区域的水电气、海洋工程结构物〕。

（2）出口企业或其他单位销售给特殊区域内的生活消费用品和交通运输工具。

（3）出口企业或其他单位因骗取出口退税被税务机关停止办理增值税退（免）税期间出口的货物。

（4）出口企业或其他单位提供虚假备案单证的货物。

（5）出口企业或其他单位增值税退（免）税凭证有伪造或内容不实的货物。

（6）出口企业或其他单位未在国家税务总局规定期限内申报免税核销以及经主管税务机关审核不予免税核销的出口卷烟。

（7）出口企业或其他单位具有以下情形之一的出口货物劳务：将空白的出口货物报关单、出口收汇核销单等退（免）税凭证交由除签有委托合同的货代公司、报关行，或由境外进口方指定的货代公司（提供合同约定或者其他相关证明）以外的其他单位或个人使用的；以自营名义出口，其出口业务实质上是由本企业及其投资的企业以外的单位或个人借该出口企业名义操作完成的；以自营名义出口，其出口的同一批货物既签订购货合同，又签订代理出口合同（或协议）的；出口货物在海关验放后，自己或委托货代承运人对该笔货物的海运提单或其他运输单据等上的品名、规格等进行修改，造成出口货物报关单与海运提单或其他运输单据有关内容不符的；以自营名义出口，但不承担出口货物的质量、收款或退税风险之一的，即出口货物发生质量问题不承担购买方的索赔责任（合同中有约定质量责任承担者除外）；不承担未按期收款导致不能核销的责任（合同中有约定收款责任承担者除外）；不承担因申报出口退（免）税的资料、单证等出现问题造成不退税责任的；未实质参与出口经营活动、接受并从事由中间人介绍的其他出口业务，但仍以自营名义出口的。

第二，应纳增值税的计算。

适用增值税征税政策的出口货物劳务，其应纳增值税按下列办法计算：

（1）一般纳税人出口货物：

$$\frac{销项}{税额} = \frac{出口货物离岸价 - 出口货物耗用的进料加工保税进口料件金额}{1 + 适用税率} \times \frac{适用}{税率}$$

出口货物若已按征退税率之差计算不得免征和抵扣税额并已经转入成本的，相应的税额应转回进项税额。

$$\frac{出口货物耗用的进料加}{工保税进口料件金额} = 主营业务成本 \times \frac{投入的保税进口料件金额}{生产成本}$$

主营业务成本、生产成本均为不予退（免）税的进料加工出口货物的主营业务成本、生产成本。当耗用的保税进口料件金额大于不予退（免）税的进料加工出口货物金额时，耗用的保税进口料件金额为不予退（免）税的进料加工出口货物金额。

出口企业应分别核算内销货物和增值税征税的出口货物的生产成本、主营业务成本。未分别核算的，其相应的生产成本、主营业务成本由主管税务机关核定。

进料加工手册海关核销后，出口企业应对出口货物耗用的保税进口料件金额进行清算。清算公式为：

$$\frac{清算耗用的保税}{进口料件总额} = \frac{实际保税进}{口料件总额} - \frac{退（免）税出口货物耗}{用的保税进口料件总额} - \frac{进料加工副产品耗用}{的保税进口料件总额}$$

若耗用的保税进口料件总额与各纳税期扣减的保税进口料件金额之和存在差额时，应在清算的当期相应调整销项税额。当耗用的保税进口料件总额大于出口货物离岸金额时，其差额部分不得扣减其他出口货物金额。

（2）小规模纳税人出口货物

$$应纳税额 = 出口货物离岸价 \div （1 + 征收率） \times 征收率$$

8）适用消费税退（免）税或征税政策的出口货物。

适用本通知第一条、第六条或第七条规定的出口货物，如果属于消费税应税消费品，实行下列消费税政策：

第一，适用范围。

（1）出口企业出口或视同出口适用增值税退（免）税的货物，免征消费税，如果属于购进出口的货物，退还前一环节对其已征的消费税。

（2）出口企业出口或视同出口适用增值税免税政策的货物，免征消费税，但不退还其以前环节已征的消费税，且不允许在内销应税消费品应纳消费税款中抵扣。

（3）出口企业出口或视同出口适用增值税征税政策的货物，应按规定缴纳消费税，不退还其以前环节已征的消费税，且不允许在内销应税消费品应纳消费税款中抵扣。

第二，消费税退税的计税依据。

出口货物的消费税应退税额的计税依据，按购进出口货物的消费税专用缴款书和海关进口消费税专用缴款书确定。

属于从价定率计征消费税的，为已征且未在内销应税消费品应纳税额中抵扣的购进出口货物金额；属于从量定额计征消费税的，为已征且未在内销应税消费品应纳税额中抵扣的购进出口货物数量；属于复合计征消费税的，按从价定率和从量定额的计税依据分别确定。

第三，消费税退税的计算。

消费税应退税额 = 从价定率计征消费税的退税计税依据 × 比例税率

　　　　　　　 + 从量定额计征消费税的退税计税依据 × 定额税率

9）出口货物劳务增值税和消费税政策的其他规定。

第一，认定和申报。

（1）适用本通知规定的增值税退（免）税或免税、消费税退（免）税或免税政策的出口企业或其他单位，应办理退（免）税认定。

（2）经过认定的出口企业及其他单位，应在规定的增值税纳税申报期内向主管税务机关申报增值税退（免）税和免税、消费税退（免）税和免税。委托出口的货物，由委托方申报增值税退（免）税和免税、消费税退（免）税和免税。输入特殊区域的水电气，由作为购买方的特殊区域内生产企业申报退税。

（3）出口企业或其他单位骗取国家出口退税款的，经省级以上税务机关批准可以停止其退（免）税资格。

第二，若干征、退（免）税规定。

（1）出口企业或其他单位退（免）税认定之前的出口货物劳务，在办理退（免）税认定后，可按规定适用增值税退（免）税或免税及消费税退（免）税政策。

（2）出口企业或其他单位出口货物劳务适用免税政策的，除特殊区域内企业出口的特殊区域内货物、出口企业或其他单位视同出口的免征增值税的货物劳务外，如果未按规定申报免税，应视同内销货物和加工修理修配劳务征收增值税、消费税。

（3）开展进料加工业务的出口企业若发生未经海关批准将海关保税进口料件作价销售给其他企业加工的，应按规定征收增值税、消费税。

（4）卷烟出口企业经主管税务机关批准按国家批准的免税出口卷烟计划

购进的卷烟免征增值税、消费税。

（5）发生增值税、消费税不应退税或免税但已实际退税或免税的，出口企业和其他单位应当补缴已退或已免税款。

（6）出口企业和其他单位出口的货物（不包括本通知附件7所列货物，略），如果原材料成本80%以上为附件9（略）所列原料的，应执行该原料的增值税、消费税政策，上述出口货物的增值税退税率为附件9所列该原料海关税则号在出口货物劳务退税率文库中对应的退税率。

（7）国家批准的免税品经营企业销售给免税店的进口免税货物免征增值税。

第三，外贸企业核算要求。

外贸企业应单独设账核算出口货物的购进金额和进项税额，若购进货物时不能确定是用于出口的，先记入出口库存账，用于其他用途时应从出口库存账转出。

第四，符合条件的生产企业已签订出口合同的交通运输工具和机器设备，在其退税凭证尚未收集齐全的情况下，可凭出口合同、销售明细账等，向主管税务机关申报免抵退税。在货物向海关报关出口后，应按规定申报退（免）税，并办理已退（免）税的核销手续。多退（免）的税款，应予追回。生产企业申请时应同时满足以下条件：

（1）已取得增值税一般纳税人资格。

（2）已持续经营2年及2年以上。

（3）生产的交通运输工具和机器设备生产周期在1年及1年以上。

（4）上一年度净资产大于同期出口货物增值税、消费税退税额之和的3倍。

（5）持续经营以来从未发生逃税、骗取出口退税、虚开增值税专用发票或农产品收购发票、接受虚开增值税专用发票（善意取得虚开增值税专用发票除外）行为。

10）出口企业及其他单位具体认定办法及出口退（免）税具体管理办法，由国家税务总局另行制定。

11）本通知除第一条第（二）项关于国内航空供应公司生产销售给国内和国外航空公司国际航班的航空食品适用增值税退（免）税政策，第六条第（一）项关于国家批准设立的免税店销售的免税货物、出口企业或其他单位未按规定申报或未补齐增值税退（免）税凭证的出口货物劳务、第九条第（二）项关于国家批准的免税品经营企业销售给免税店的进口免税货物适用增值税免税政策的有关规定自2011年1月1日起执行外，其他规定均自2012年7月1日起实施。《废止的文件和条款目录》所列的相应文件同时废止。

出口货物增值税和消费税有哪些管理制度？

根据《出口货物劳务增值税和消费税管理办法》（国家税务总局公告 2012 年第 24 号）的规定：

1）根据《税收征收管理法》《增值税暂行条例》《消费税暂行条例》及其实施细则，以及财政部、国家税务总局关于出口货物劳务增值税和消费税政策的规定，制定本办法。

2）出口企业和其他单位办理出口货物、视同出口货物、对外提供加工修理修配劳务（以下统称出口货物劳务）增值税、消费税的退（免）税、免税，适用本办法。出口企业和出口货物劳务的范围，退（免）税和免税的适用范围和计算办法，按《财政部 国家税务总局关于出口货物增值税和消费税政策的通知》（财税〔2012〕39 号）执行。

3）出口退（免）税资格的认定

第一，出口企业应在办理对外贸易经营者备案登记或签订首份委托出口协议之日起 30 日内，填报《出口退（免）税资格认定申请表》，提供下列资料到主管税务机关办理出口退（免）税资格认定。

（1）加盖备案登记专用章的《对外贸易经营者备案登记表》或《中华人民共和国外商投资企业批准证书》。

（2）中华人民共和国海关进出口货物收发货人报关注册登记证书。

（3）银行开户许可证。

（4）未办理备案登记发生委托出口业务的生产企业提供委托代理出口协议，不需提供第 1、第 2 项资料；

（5）主管税务机关要求提供的其他资料。

第二，其他单位应在发生出口货物劳务业务之前，填报《出口退（免）税资格认定申请表》，提供银行开户许可证及主管税务机关要求的其他资料，到主管税务机关办理出口退（免）税资格认定。

第三，出口企业和其他单位在出口退（免）税资格认定之前发生的出口货物劳务，在办理出口退（免）税资格认定后，可以在规定的退（免）税申报期内按规定申报增值税退（免）税或免税，以及消费税退（免）税或免税。

第四，出口企业和其他单位出口退（免）税资格认定的内容发生变更的，须自变更之日起 30 日内，填报《出口退（免）税资格认定变更申请表》，提供相关资料向主管税务机关申请变更出口退（免）税资格认定。

第五，需要注销税务登记的出口企业和其他单位，应填报《出口退（免）税资格认定注销申请表》，向主管税务机关申请注销出口退（免）税资格，然后再按规定办理税务登记的注销。出口企业和其他单位在申请注销认定前，应先结清出口退（免）税款。注销认定后，出口企业和其他单位不得再申报办理出口退（免）税。

4）生产企业出口货物免抵退税的申报。

第一，申报程序和期限。

（1）企业当月出口的货物须在次月的增值税纳税申报期内，向主管税务机关办理增值税纳税申报、免抵退税相关申报及消费税免税申报。

（2）企业应在货物报关出口之日（以出口货物报关单〈出口退税专用〉上的出口日期为准，下同）次月起至次年4月30日前的各增值税纳税申报期内收齐有关凭证，向主管税务机关申报办理出口货物增值税免抵退税及消费税退税。逾期的，企业不得申报免抵退税。

第二，申报资料。

（1）企业向主管税务机关办理增值税纳税申报时，除按纳税申报的规定提供有关资料外，还应提供下列资料：主管税务机关确认的上期《免抵退税申报汇总表》；主管税务机关要求提供的其他资料。

（2）企业向主管税务机关办理增值税免抵退税申报，应提供下列凭证资料：《免抵退税申报汇总表》及其附表；《免抵退税申报资料情况表》；《生产企业出口货物免抵退税申报明细表》；出口货物退（免）税正式申报电子数据；下列原始凭证：出口货物报关单（出口退税专用，以下未作特别说明的均为此联）（保税区内的出口企业可提供中华人民共和国海关保税区出境货物备案清单，简称出境货物备案清单，下同）；出口收汇核销单（出口退税联，以下未作特别说明的均为此联）（远期结汇的提供远期收汇备案证明，保税区内的出口企业提供结汇水单。跨境贸易人民币结算业务、试行出口退税免予提供纸质出口收汇核销单地区和货物贸易外汇管理制度改革试点地区的企业免予提供，下同）；出口发票；委托出口的货物，还应提供受托方主管税务机关签发的代理出口货物证明，以及代理出口协议复印件；主管税务机关要求提供的其他资料。

（3）生产企业出口的视同自产货物以及列名生产企业出口的非自产货物，属于消费税应税消费品（以下简称应税消费品）的，还应提供下列资料：《生产企业出口非自产货物消费税退税申报表》；消费税专用缴款书或分割单，海关进口消费税专用缴款书、委托加工收回应税消费品的代扣代收税款凭证原件或复印件。

第三，从事进料加工业务的企业，还须按下列规定办理手册登记、进口料件申报和手册核销：

（1）企业在办理进料加工贸易手（账）册后，应于料件实际进口之日起至次月（采用实耗法扣除的，在料件实际耗用之日起至次月）的增值税纳税申报期内，填报《生产企业进料加工登记申报表》，提供正式申报的电子数据及下列资料，向主管税务机关申请办理进料加工登记手续。采用纸质手册的企业应提供进料加工手册原件及复印件；采用电子化手册的企业应提供海关签章的加工贸易电子化纸质单证；采用电子账册的企业应提供海关核发的《加工贸易联网监管企业电子账册备案证明》。主管税务机关要求提供的其他资料。以双委托方式（生产企业进、出口均委托出口企业办理，下同）从事进料加工业务的企业，由委托方凭代理进、出口协议及受托方的上述资料的复印件，到主管税务机关办理进料加工登记手续。已办理进料加工登记手续的纸质手册、电子化手册或电子账册，如发生加工单位、登记进口料件总额、登记出口货物总额、手册有效期等项目变更的，企业应在变更事项发生之日起至次月的增值税纳税申报期内，填报《生产企业进料加工登记变更申请表》，提供正式申报电子数据及海关核发的变更后的相关资料向主管税务机关申报办理手（账）册变更手续。

（2）从事进料加工业务的企业应于料件实际进口之日起至次月（采用实耗法计算的，在料件实际耗用之日起至次月）的增值税纳税申报期内，持进口货物报关单、代理进口货物证明及代理进口协议等资料向主管税务机关申报《生产企业进料加工进口料件申报明细表》《生产企业进料加工出口货物扣除保税进口料件申请表》。

（3）采用纸质手册或电子化手册的企业，应在海关签发核销结案通知书（以结案日期为准，下同）之日起至次月的增值税纳税申报期内填报《生产企业进料加工手册登记核销申请表》，提供正式申报电子数据及纸质手册或电子化手册，向主管税务机关申请办理进料加工的核销手续；采用电子账册的企业，应在海关办结一个周期核销手续后，在海关签发核销结案通知书之日起至次月的增值税纳税申报期内填报《生产企业进料加工手册登记核销申请表》，提供正式申报电子数据，向主管税务机关申请办理进料加工的核销手续。企业应根据核销后的免税进口料件金额，计算调整当期的增值税纳税申报和免抵退税申报。

第四，购进不计提进项税额的国内免税原材料用于加工出口货物的，企业应单独核算用于加工出口货物的免税原材料，并在免税原材料购进之日起至次月的增值税纳税申报期内，填报《生产企业出口货物扣除国内免税原材料申请表》，提供正式申报电子数据，向主管税务机关办理申报手续。

第五，免抵退税申报数据的调整

（1）对前期申报错误的，在当期进行调整。在当期用负数将前期错误申报数据全额冲减，再重新全额申报。

（2）发生本年度退运的，在当期用负数冲减原免抵退税申报数据；发生跨年度退运的，应全额补缴原免抵退税款，并按现行会计制度的有关规定进行相应调整。

（3）本年度已申报免抵退税的，如须实行免税办法或征税办法，在当期用负数冲减原免抵退税申报数据；跨年度已申报免抵退税的，如须实行免税或征税办法，不用负数冲减，应全额补缴原免抵退税款，并按现行会计制度的有关规定进行相应调整。

5）外贸企业出口货物免退税的申报。

第一，申报程序和期限

（1）企业当月出口的货物须在次月的增值税纳税申报期内，向主管税务机关办理增值税纳税申报，将适用退（免）税政策的出口货物销售额填报在增值税纳税申报表的"免税货物销售额"栏。

（2）企业应在货物报关出口之日次月起至次年4月30日前的各增值税纳税申报期内，收齐有关凭证，向主管税务机关办理出口货物增值税、消费税免退税申报。经主管税务机关批准的，企业在增值税纳税申报期以外的其他时间也可办理免退税申报。逾期的，企业不得申报免退税。

第二，申报资料

（1）《外贸企业出口退税汇总申报表》。

（2）《外贸企业出口退税进货明细申报表》。

（3）《外贸企业出口退税出口明细申报表》。

（4）出口货物退（免）税正式申报电子数据。

（5）下列原始凭证：出口货物报关单；增值税专用发票（抵扣联）、出口退税进货分批申报单、海关进口增值税专用缴款书（提供海关进口增值税专用缴款书的，还需同时提供进口货物报关单，下同）；出口收汇核销单；委托出口的货物，还应提供受托方主管税务机关签发的代理出口货物证明，以及代理出口协议副本；属应税消费品的，还应提供消费税专用缴款书或分割单、海关进口消费税专用缴款书（提供海关进口消费税专用缴款书的，还需同时提供进口货物报关单，下同）；主管税务机关要求提供的其他资料。

6）出口企业和其他单位出口的视同出口货物及对外提供加工修理修配劳务的退（免）税申报。

第一，报关进入特殊区域并销售给特殊区域内单位或境外单位、个人的货物，特殊区域外的生产企业或外贸企业的退（免）税申报分别按本办法第四、五条的规定办理。

第二，其他视同出口货物和对外提供加工修理修配劳务，属于报关出口的，为报关出口之日起，属于非报关出口销售的，为出口发票或普通发票开具之日起，出口企业或其他单位应在次月至次年 4 月 30 日前的各增值税纳税申报期内申报退（免）税。逾期的，出口企业或其他单位不得申报退（免）税。申报退（免）税时，生产企业除按本办法第四条，外贸企业和没有生产能力的其他单位除按本办法第五条的规定申报［不提供出口收汇核销单；非报关出口销售的不提供出口货物报关单和出口发票，属于生产企业销售的提供普通发票］外，下列货物劳务，出口企业和其他单位还须提供下列对应的补充资料：

（1）对外援助的出口货物，应提供商务部批准使用援外优惠贷款的批文（援外任务书）复印件或商务部批准使用援外合资合作项目基金的批文（援外任务书）复印件。

（2）用于对外承包工程项目的出口货物，应提供对外承包工程合同；属于分包的，由承接分包的出口企业或其他单位申请退（免）税，申请退（免）税时除提供对外承包合同外，还须提供分包合同（协议）。

（3）用于境外投资的出口货物，应提供商务部及其授权单位批准其在境外投资的文件副本。

（4）向海关报关运入海关监管仓库供海关隔离区内免税店销售的货物，提供的出口货物报关单应加盖有免税品经营企业报关专用章；上海虹桥、浦东机场海关国际隔离区内的免税店销售的货物，提供的出口货物报关单应加盖免税店报关专用章，并提供海关对免税店销售货物的核销证明。

（5）销售的中标机电产品，应提供下列资料：招标单位所在地主管税务机关签发的《中标证明通知书》；由中国招标公司或其他国内招标组织签发的中标证明（正本）；中标人与中国招标公司或其他招标组织签订的供货合同（协议）；中标人按照标书规定及供货合同向用户发货的发货单；中标机电产品用户收货清单；外国企业中标再分包给国内企业供应的机电产品，还应提供与中标企业签署的分包合同（协议）。

（6）销售给海上石油天然气开采企业的自产的海洋工程结构物，应提供销售合同。

（7）销售给外轮、远洋国轮的货物，应提供列明销售货物名称、数量、销售金额并经外轮、远洋国轮船长签名的出口发票。

（8）生产并销售给国内和国外航空公司国际航班的航空食品，应提供下列资料：与航空公司签订的配餐合同；航空公司提供的配餐计划表（须注明航班号、起降城市等内容）；国际航班乘务长签字的送货清单（须注明航空公司名称、航班号等内容）。

（9）对外提供加工修理修配劳务，应提供下列资料：修理修配船舶以外其他物品的提供贸易方式为"修理物品"的出口货物报关单；与境外单位、个人签署的修理修配合同；维修工作单（对外修理修配飞机业务提供）。

7）出口货物劳务退（免）税其他申报要求。

第一，输入特殊区域的水电气，由购买水电气的特殊区域内的生产企业申报退税。企业应在购进货物增值税专用发票的开具之日次月起至次年4月30日前的各增值税纳税申报期内向主管税务机关申报退税。逾期的，企业不得申报退税。申报退税时，应填报《购进自用货物退税申报表》，提供正式电子申报数据及下列资料：

（1）增值税专用发票（抵扣联）。

（2）支付水、电、气费用的银行结算凭证（加盖银行印章的复印件）。

第二，运入保税区的货物，如果属于出口企业销售给境外单位、个人，境外单位、个人将其存放在保税区内的仓储企业，离境时由仓储企业办理报关手续，海关在其全部离境后，签发进入保税区的出口货物报关单的，保税区外的生产企业和外贸企业申报退（免）税时，除分别提供本办法第四、五条规定的资料外，还须提供仓储企业的出境货物备案清单。确定申报退（免）税期限的出口日期以最后一批出境货物备案清单上的出口日期为准。

第三，出口企业和其他单位出口的在2008年12月31日以前购进的设备、2009年1月1日以后购进但按照有关规定不得抵扣进项税额的设备、非增值税纳税人购进的设备，以及营业税改征增值税试点地区的出口企业和其他单位出口在本企业试点以前购进的设备，如果属于未计算抵扣进项税额的已使用过的设备，均实行增值税免退税办法。

第四，出口企业和其他单位应在货物报关出口之日次月起至次年4月30日前的各增值税纳税申报期内，向主管税务机关单独申报退税。逾期的，出口企业和其他单位不得申报退税。申报退税时应填报《出口已使用过的设备退税申报表》，提供正式申报电子数据及下列资料：

（1）出口货物报关单。

（2）委托出口的货物，还应提供受托方主管税务机关签发的代理出口货物证明，以及代理出口协议。

（3）增值税专用发票（抵扣联）或海关进口增值税专用缴款书。

（4）出口收汇核销单。

（5）《出口已使用过的设备折旧情况确认表》。

（6）主管税务机关要求提供的其他资料。

第五，边境地区一般贸易或边境小额贸易项下以人民币结算的从所在省（自治区）的边境口岸出口到接壤毗邻国家，并采取银行转账人民币结算方式的出口货物，生产企业、外贸企业申报退（免）税时，除分别提供本办法第四、第五条规定的资料外，还应提供人民币结算的银行入账单，银行入账单应与外汇管理部门出具的出口收汇核销单相匹配。确有困难不能提供银行入账单的，可提供签注"人民币核销"的出口收汇核销单。

第六，跨境贸易人民币结算方式出口的货物，出口企业申报退（免）税不必提供出口收汇核销单。

第七，出口企业和其他单位申报附件21（略）所列货物的退（免）税，应在申报报表中的明细表"退（免）税业务类型"栏内填写附件21所列货物对应的标识。

8）退（免）税原始凭证的有关规定。

第一，增值税专用发票（抵扣联）。

（1）出口企业和其他单位购进出口货物劳务取得的增值税专用发票，应按规定办理增值税专用发票的认证手续。进项税额已计算抵扣的增值税专用发票，不得在申报退（免）税时提供。

（2）出口企业和其他单位丢失增值税专用发票的发票联和抵扣联的，经认证相符后，可凭增值税专用发票记账联复印件及销售方所在地主管税务机关出具的丢失增值税专用发票已报税证明单，向主管税务机关申报退（免）税。

（3）出口企业和其他单位丢失增值税专用发票抵扣联的，在增值税专用发票认证相符后，可凭增值税专用发票的发票联复印件向主管出口退税的税务机关申报退（免）税。

第二，出口货物报关单。

（1）出口企业应在货物报关出口后及时在"中国电子口岸出口退税子系统"中进行报关单确认操作。及时查询出口货物报关单电子信息，对于无出口货物报关单电子信息的，应及时向中国电子口岸或主管税务机关反映。

（2）受托方将代理出口的货物与其他货物一笔报关出口的，委托方申报退（免）税时可提供出口货物报关单的复印件。

第三，出口收汇核销单。

出口企业有下列情形之一的，自发生之日起2年内，申报出口退（免）税时，必须提供出口收汇核销单：①纳税信用等级评定为C级或D级的；②未在规定期限内办理出口退（免）税资格认定的；③财务会计制度不健全、日常申报出口退（免）税时多次出现错误的；④首次申报办理出口退（免）税的；⑤有偷税、逃避追缴欠税、骗取出口退税、抗税、虚开增值税专用发票或农产品收购发票、接受虚开增值税专用发票（善意取得虚开增值税专用发票除外）等涉税违法行为的。

出口企业不存在上述5种情形的，包括因改制、改组以及合并、分立等原因新设立并重新办理出口退（免）税资格认定且原出口企业不存在上述所列情形，并经省级税务机关批准的，在申报出口退（免）税时，可暂不提供出口收汇核销单。但须在出口退（免）税申报截止之日前，收齐并提供按月依申报明细表顺序装订成册的出口收汇核销单。

第四，有关备案单证。

出口企业应在申报出口退（免）税后 15 日内，将所申报退（免）税货物的下列单证，按申报退（免）税的出口货物顺序，填写《出口货物备案单证目录》，注明备案单证存放地点，以备主管税务机关核查。

（1）外贸企业购货合同、生产企业收购非自产货物出口的购货合同，包括一笔购销合同下签订的补充合同等。

（2）出口货物装货单。

（3）出口货物运输单据（包括：海运提单、航空运单、铁路运单、货物承运单据、邮政收据等承运人出具的货物单据，以及出口企业承付运费的国内运输单证）。

若有无法取得上述原始单证情况的，出口企业可用具有相似内容或作用的其他单证进行单证备案。除另有规定外，备案单证由出口企业存放和保管，不得擅自损毁，保存期为 5 年。

视同出口货物及对外提供修理修配劳务不实行备案单证管理。

9）出口企业和其他单位适用免税政策出口货物劳务的申报。

第一，特殊区域内的企业出口的特殊区域内的货物、出口企业或其他单位视同出口的适用免税政策的货物劳务，应在出口或销售次月的增值税纳税申报内，向主管税务机关办理增值税、消费税免税申报。

第二，其他的适用免税政策的出口货物劳务，出口企业和其他单位应在货物劳务免税业务发生的次月（按季度进行增值税纳税申报的为次季度），填报《免税出口货物劳务明细表》，提供正式申报电子数据，向主管税务机关办理免税申报手续。出口货物报关单（委托出口的为代理出口货物证明）等资料留存企业备查。非出口企业委托出口的货物，委托方应在货物劳务免税业务发生的次月（按季度进行增值税纳税申报的为次季度）的增值税纳税申报期内，凭受托方主管税务机关签发的代理出口货物证明以及代理出口协议副本等资料，向主管税务机关办理增值税、消费税免税申报。出口企业和其他单位未在规定期限内申报出口退（免）税或申报开具《代理出口货物证明》，以及已申报增值税退（免）税，却未在规定期限内向税务机关补齐增值税退（免）税凭证的，如果在申报退（免）税截止期限前已确定要实行增值税免税政策的，出口企业和其他单位可在确定免税的次月的增值税纳税申报期，按前款规定的手续向主管税务机关申报免税。已经申报免税的，不得再申报出口退（免）税或申报开具代理出口货物证明。

第三,本条第(二)项第三款出口货物若已办理退(免)税的,在申报免税前,外贸企业及没有生产能力的其他单位须补缴已退税款;生产企业按本办法第四条第(五)项规定,调整申报数据或全额补缴原免抵退税款。

第四,相关免税证明及免税核销办理。

(1)国家计划内出口的卷烟相关证明及免税核销办理

卷烟出口企业向卷烟生产企业购进卷烟时,应先在免税出口卷烟计划内向主管税务机关申请开具《准予免税购进出口卷烟证明申请表》,然后将《准予免税购进出口卷烟证明》转交卷烟生产企业,卷烟生产企业据此向主管税务机关申报办理免税手续。

已准予免税购进的卷烟,卷烟生产企业须以不含消费税、增值税的价格销售给出口企业,并向主管税务机关报送《出口卷烟已免税证明申请表》。卷烟生产企业的主管税务机关核准免税后,出具《出口卷烟已免税证明》,并直接寄送卷烟出口企业主管税务机关。

卷烟出口企业(包括购进免税卷烟出口的企业、直接出口自产卷烟的生产企业、委托出口自产卷烟的生产企业)应在卷烟报关出口之日次月起至次年4月30日前的各增值税纳税申报期内,向主管税务机关办理出口卷烟的免税核销手续。逾期的,出口企业不得申报核销,应按规定缴纳增值税、消费税。申报核销时,应填报《出口卷烟免税核销申报表》,提供正式申报电子数据及下列资料:出口货物报关单;出口收汇核销单;出口发票;出口合同;《出口卷烟已免税证明》(购进免税卷烟出口的企业提供);代理出口货物证明,以及代理出口协议副本(委托出口自产卷烟的生产企业提供);主管税务机关要求提供的其他资料。

(2)来料加工委托加工出口的货物免税证明及核销办理。

从事来料加工委托加工业务的出口企业,在取得加工企业开具的加工费的普通发票后,应在加工费的普通发票开具之日起至次月的增值税纳税申报期内,填报《来料加工免税证明申请表》,提供正式申报电子数据,及下列资料向主管税务机关办理《来料加工免税证明》:进口货物报关单原件及复印件;加工企业开具的加工费的普通发票原件及复印件;主管税务机关要求提供的其他资料。出口企业应将《来料加工免税证明》转交加工企业,加工企业持此证明向主管税务机关申报办理加工费的增值税、消费税免税手续。

出口企业以"来料加工"贸易方式出口货物并办理海关核销手续后,持海关签发的核销结案通知书、《来料加工出口货物免税证明核销申请表》和下列资料及正式申报电子数据,向主管税务机关办理来料加工出口货物免税核销手续:出口货物报关单原件及复印件;来料加工免税证明;加工企业开具的加工费的普通发票原件及复印件；主管税务机关要求提供的其他资料。

10）有关单证证明的办理。

第一，代理出口货物证明。

委托出口的货物，受托方须自货物报关出口之日起至次年4月15日前，向主管税务机关申请开具《代理出口货物证明》，并将其及时转交委托方，逾期的，受托方不得申报开具《代理出口货物证明》。申请开具代理出口货物证明时应填报《代理出口货物证明申请表》，提供正式申报电子数据及下列资料：代理出口协议原件及复印件；出口货物报关单；委托方税务登记证副本复印件；主管税务机关要求报送的其他资料。受托方被停止退（免）税资格的，不得申请开具代理出口货物证明。

第二，代理进口货物证明。

委托进口加工贸易料件，受托方应及时向主管税务机关申请开具代理进口货物证明，并及时转交委托方。受托方申请开具代理进口货物证明时，应填报《代理进口货物证明申请表》，提供正式申报电子数据及下列资料：

（1）加工贸易手册及复印件。

（2）进口货物报关单（加工贸易专用）。

（3）代理进口协议原件及复印件。

（4）主管税务机关要求报送的其他资料。

第三，出口货物退运已补税（未退税）证明。

出口货物发生退运的，出口企业应先向主管税务机关申请开具《出口货物退运已补税（未退税）证明》，并携其到海关申请办理出口货物退运手续。委托出口的货物发生退运的，由委托方申请开具出口货物退运已补税（未退税）证明并转交受托方。申请开具《出口货物退运已补税（未退税）证明》时应填报《退运已补税（未退税）证明申请表》，提供正式申报电子数据及下列资料：

（1）出口货物报关单（退运发生时已申报退税的，不需提供）。

（2）出口发票（外贸企业不需提供）。

（3）税收通用缴款书原件及复印件（退运发生时未申报退税的、以及生产企业本年度发生退运的、不需提供）。

（4）主管税务机关要求报送的其他资料。

第四，补办出口报关单证明及补办出口收汇核销单证明。

丢失出口货物报关单或出口收汇核销单的，出口企业应向主管税务机关申请开具补办出口报关单证明或补办出口收汇核销单证明。

（1）申请开具补办出口报关单证明的，应填报《补办出口货物报关单申请表》，提供正式申报电子数据及下列资料：出口货物报关单（其他联次或通过口岸电子执法系统打印的报关单信息页面）；主管税务机关要求报送的其他资料。

（2）申请开具补办出口收汇核销单证明的，应填报《补办出口收汇核销单证明申请表》，提供正式申报电子数据及下列资料：出口货物报关单（出口退税专用或其他联次或通过口岸电子执法系统打印的报关单信息页面）；主管税务机关要求报送的其他资料。

第五，出口退税进货分批申报单。

外贸企业购进货物需分批申报退（免）税的及生产企业购进非自产应税消费品需分批申报消费税退税的，出口企业应凭下列资料填报并向主管税务机关申请出具《出口退税进货分批申报单》：

（1）增值税专用发票（抵扣联）、消费税专用缴款书、已开具过的进货分批申报单。

（2）增值税专用发票清单复印件。

（3）主管税务机关要求提供的其他资料及正式申报电子数据。

第六，出口货物转内销证明。

外贸企业发生原记入出口库存账的出口货物转内销或视同内销货物征税的，以及已申报退（免）税的出口货物发生退运并转内销的，外贸企业应于发生内销或视同内销货物的当月向主管税务机关申请开具出口货物转内销证明。申请开具出口货物转内销证明时，应填报《出口货物转内销证明申报表》，提供正式申报电子数据及下列资料：

（1）增值税专用发票（抵扣联）、海关进口增值税专用缴款书、进货分批申报单、出口货物退运已补税（未退税）证明原件及复印件。

（2）内销货物发票（记账联）原件及复印件。

（3）主管税务机关要求报送的其他资料。

外贸企业应在取得出口货物转内销证明的下一个增值税纳税申报期内申报纳税时，以此作为进项税额的抵扣凭证使用。

第七，中标证明通知书。

利用外国政府贷款或国际金融组织贷款建设的项目，招标机构须在招标完毕并待中标企业签订的供货合同生效后，向其所在地主管税务机关申请办理《中标证明通知书》。招标机构应向主管税务机关报送《中标证明通知书》及中标设备清单表，并提供下列资料和信息：

（1）国家评标委员会《评标结果通知》。

（2）中标项目不退税货物清单。

（3）中标企业所在地主管税务机关的名称、地址、邮政编码。

（4）贷款项目中，属于外国企业中标再分包给国内企业供应的机电产品，还应提供招标机构对分包合同出具的验证证明。

（5）贷款项目中属于联合体中标的，还应提供招标机构对联合体协议出具的验证证明。

（6）税务机关要求提供的其他资料。

第八，丢失有关证明的补办。

出口企业或其他单位丢失出口退税有关证明的，应向原出具证明的税务机关填报《关于补办出口退税有关证明的申请》，提供正式申报电子数据。原出具证明的税务机关在核实确曾出具过相关证明后，重新出具有关证明，但需注明"补办"字样。

11）其他规定。

第一，出口货物劳务除输入特殊区域的水电气外，出口企业和其他单位不得开具增值税专用发票。

第二，增值税退税率有调整的，其执行时间如下：

（1）属于向海关报关出口的货物，以出口货物报关单上注明的出口日期为准；属于非报关出口销售的货物，以出口发票或普通发票的开具时间为准。

（2）保税区内出口企业或其他单位出口的货物以及经保税区出口的货物，以货物离境时海关出具的出境货物备案清单上注明的出口日期为准。

第三，需要认定为可按收购视同自产货物申报免抵退税的集团公司，集团公司总部必须将书面认定申请及成员企业的证明材料报送主管税务机关，并由集团公司总部所在地的地级以上（含本级）税务机关认定。集团公司总部及其成员企业不在同一地区的，或不在同一省（自治区、直辖市、计划单列市）的，由集团公司总部所在地的省级国家税务局认定；总部及其成员不在同一个省的，总部所在地的省级国家税务局应将认定文件抄送成员企业所在地的省级国家税务局。

第四，境外单位、个人推迟支付货款或不能支付货款的出口货物劳务，及出口企业以差额结汇方式进行结汇的进料加工出口货物，凡外汇管理部门出具出口收汇核销单的（免予提供纸质出口收汇核销单的试点地区的税务机关收到外汇管理部门传输的收汇核销电子数据），出口企业和其他单位可按现行有关规定申报退（免）税。

第五，属于远期收汇且未超过在外汇管理部门远期收汇备案的预计收汇日期的出口货物劳务，提供远期收汇备案证明申请退（免）税的，出口企业和其他单位应在预计收汇日期起30天内向主管税务机关提供出口收汇核销单（出口退税联）。逾期未提供的，或免予提供纸质出口收汇核销单的试点地区的税务机关收到外汇管理部门传输的收汇核销电子数据的"核销日期"超过预计收汇日期起 30 天的，主管税务机关不再办理相关出口退（免）税，已办理出口退（免）税的，由税务机关按有关规定追回已退（免）税款。

第六，输入特殊区域的水电气，区内生产企业未在规定期限内申报退（免）税的，进项税额须转入成本。

第七，适用增值税免税政策的出口货物劳务，除特殊区域内的企业出口的特殊区域内的货物、出口企业或其他单位视同出口的货物劳务外，出口企业或其他单位如果未在规定的纳税申报期内按规定申报免税的，应视同内销货物和加工修理修配劳务征免增值税、消费税，属于内销免税的，除按规定补报免税外，还应接受主管税务机关按《税收征收管理法》作出的处罚；属于内销征税的，应在免税申报期次月的增值税纳税申报期内申报缴纳增值税、消费税。出口企业或其他单位对本年度的出口货物劳务，剔除已申报增值税退（免）税、免税，已按内销征收增值税、消费税，以及已开具代理出口证明的出口货物劳务后的余额，除内销免税货物按前款规定执行外，须在次年 6 月份的增值税纳税申报期内申报缴纳增值税、消费税。

第八，适用增值税免税政策的出口货物劳务，出口企业或其他单位如果放弃免税，实行按内销货物征税的，应向主管税务机关提出书面报告，一旦放弃免税，36 个月内不得更改。

第九，除经国家税务总局批准销售给免税店的卷烟外，免税出口的卷烟须从指定口岸直接报关出口。

第十，出口企业和其他单位出口财税〔2012〕39 号文件第九条第（二）项第 6 点所列的货物，出口企业和其他单位应按财税〔2012〕39 号文件附件 9 所列原料对应海关税则号在出口货物劳务退税率文库中对应的退税率申报纳税或免税或退（免）税。出口企业和其他单位如果未按上述规定申报纳税或免税或退（免）税的，一经主管税务机关发现，除执行本项规定外，还应接受主管税务机关按《税收征收管理法》做出的处罚。

12）适用增值税征税政策的出口货物劳务，出口企业或其他单位申报缴纳增值税，按内销货物缴纳增值税的统一规定执行。

13）违章处理。

第一，出口企业和其他单位有下列行为之一的，主管税务机关应按照《税收征收管理法》第六十条规定予以处罚：

（1）未按规定设置、使用和保管有关出口货物退（免）税账簿、凭证、资料的；

（2）未按规定装订、存放和保管备案单证的。

第二，出口企业和其他单位拒绝税务机关检查或拒绝提供有关出口货物退（免）税账簿、凭证、资料的，税务机关应按照《税收征收管理法》第七十条规定予以处罚。

第三，出口企业提供虚假备案单证的，主管税务机关应按照《税收征收管理法》第七十条的规定处罚。

第四，从事进料加工业务的生产企业，未按规定期限办理进料加工登记、申报、核销手续的，主管税务机关在按照《税收征收管理法》第62条有关规定进行处理后再办理相关手续。

第五，出口企业和其他单位有违反发票管理规定行为的，主管税务机关应按照《发票管理办法》有关规定予以处罚。

第六，出口企业和其他单位以假报出口或者其他欺骗手段，骗取国家出口退税款，由主管税务机关追缴其骗取的退税款，并处骗取税款1倍以上5倍以下的罚款；构成犯罪的，依法追究刑事责任。对骗取国家出口退税款的，由省级以上（含本级）税务机关批准，按下列规定停止其出口退（免）税资格：

（1）骗取国家出口退税款不满5万元的，可以停止为其办理出口退税半年以上一年以下。

（2）骗取国家出口退税款5万元以上不满50万元的，可以停止为其办理出口退税一年以上一年半以下。

（3）骗取国家出口退税款50万元以上不满250万元，或因骗取出口退税行为受过行政处罚、两年内又骗取国家出口退税款数额在30万元以上不满150万元的，停止为其办理出口退税一年半以上两年以下。

（4）骗取国家出口退税款250万元以上，或因骗取出口退税行为受过行政处罚、两年内又骗取国家出口退税款数额在150万元以上的，停止为其办理出口退税两年以上三年以下。

（5）停止办理出口退税的时间以省级以上（含本级）税务机关批准后作出的《税务行政处罚决定书》的决定之日为起始日。

14）本办法第四、第五、第六、第七条中关于退（免）税申报期限的规定，第九条第（二）项第三款的出口货物的免税申报期限的规定，以及第十条第（一）项中关于申请开具代理出口货物证明期限的规定，自2011年1月1日起开始执行。2011年的出口货物劳务，退（免）税申报期限、第九条第（二）项第三款的出口货物的免税申报期限、第十条第（一）项申请开具代理出口货物证明的期限，第十一条第（七）项第二款规定的期限延长3个月。本办法其他规定自2012年7月1日开始执行。起始日期：属于向海关报关出口的货物劳务，以出口货物报关单上注明的出口日期为准；属于非报关出口销售的货物，以出口发票（外销发票）或普通发票的开具时间为准；属于保税区内出口企业或其他单位出口的货物以及经保税区出口的货物，以货物离境时海关出具的出境货物备案清单上注明的出口日期为准。《废止文件目录》所列文件及条款同时废止。本办法未纳入的出口货物增值税、消费税其他管理规定，仍按原规定执行。

 ### 国家对出口退免税企业有哪些管理制度？

根据《出口退（免）税企业分类管理办法》（国家税务总局公告 2016 年第 46 号）的规定：

1）为进一步优化出口退（免）税管理，提高纳税人税法遵从度，推进社会信用体系建设，充分发挥出口退税支持外贸发展的职能作用，根据《税收征收管理法》及其实施细则、相关出口税收规定，制定本办法。

2）国税机关应按照风险可控、放管服结合、利于遵从、便于办税的原则，对出口退（免）税企业（以下简称出口企业）进行分类管理。

3）出口企业管理类别分为一类、二类、三类、四类。

4）各省、自治区、直辖市、计划单列市国家税务局（以下简称省国家税务局）负责组织实施本地区出口企业的分类管理工作。具有出口退（免）税审批权限的国家税务局负责评定所辖出口企业的管理类别。

5）一类出口企业的评定标准。

第一，生产企业应同时符合下列条件：

（1）企业的生产能力与上一年度申报出口退（免）税规模相匹配。

（2）近 3 年（含评定当年，下同）未发生过虚开增值税专用发票或者其他增值税扣税凭证、骗取出口退税行为。

（3）上一年度的年末净资产大于上一年度该企业已办理的出口退税额（不含免抵税额）。

（4）评定时纳税信用级别为 A 级或 B 级。

（5）企业内部建立了较为完善的出口退（免）税风险控制体系。

第二，外贸企业应同时符合下列条件：

（1）近 3 年未发生过虚开增值税专用发票或者其他增值税扣税凭证、骗取出口退税行为。

（2）上一年度的年末净资产大于上一年度该企业已办理出口退税额的 60%。

（3）持续经营 5 年以上（因合并、分立、改制重组等原因新设立企业的情况除外）。

（4）评定时纳税信用级别为 A 级或 B 级。

（5）评定时海关企业信用管理类别为高级认证企业或一般认证企业。

（6）评定时外汇管理的分类管理等级为 A 级。

（7）企业内部建立了较为完善的出口退（免）税风险控制体系。

第三，外贸综合服务企业应同时符合下列条件：

（1）近 3 年未发生过虚开增值税专用发票或者其他增值税扣税凭证、骗取出口退税行为。

（2）上一年度的年末净资产大于上一年度该企业已办理出口退税额的 30%。

（3）上一年度申报从事外贸综合服务业务的出口退税额，大于该企业全部出口退税额的 80%。

（4）评定时纳税信用级别为 A 级或 B 级。

（5）评定时海关企业信用管理类别为高级认证企业或一般认证企业。

（6）评定时外汇管理的分类管理等级为 A 级。

（7）企业内部建立了较为完善的出口退（免）税风险控制体系。

6）具有下列情形之一的出口企业，其出口企业管理类别应评定为三类：

（1）自首笔申报出口退（免）税之日起至评定时未满 12 个月。

（2）评定时纳税信用级别为 C 级，或尚未评价纳税信用级别。

（3）上一年度累计 6 个月以上未申报出口退（免）税（从事对外援助、对外承包、境外投资业务的，以及出口季节性商品或出口生产周期较长的大型设备的出口企业除外）。

（4）上一年度发生过违反出口退（免）税有关规定的情形，但尚未达到税务机关行政处罚标准或司法机关处理标准的。

（5）存在省国家税务局规定的其他失信或风险情形。

7）具有下列情形之一的出口企业，其出口企业管理类别应评定为四类：

（1）评定时纳税信用级别为 D 级。

（2）上一年度发生过拒绝向国税机关提供有关出口退（免）税账簿、原始凭证、申报资料、备案单证等情形。

（3）上一年度因违反出口退（免）税有关规定，被税务机关行政处罚或被司法机关处理过的。

（4）评定时企业因骗取出口退税被停止出口退税权，或者停止出口退税权届满后未满 2 年。

（5）四类出口企业的法定代表人新成立的出口企业。

（6）列入国家联合惩戒对象的失信企业。

（7）海关企业信用管理类别认定为失信企业。

（8）外汇管理的分类管理等级为 C 级。

（9）存在省国家税务局规定的其他严重失信或风险情形。

8）一类、三类、四类出口企业以外的出口企业，其出口企业管理类别应评定为二类。

9）出口企业管理类别评定工作每年进行1次，应于企业纳税信用级别评价结果确定后1个月内完成。评定工作完成的次月起，国税机关对出口企业实施对应的分类管理措施。

10）申请出口企业管理类别评定为一类的出口企业，应于企业纳税信用级别评价结果确定的当月向主管国税机关报送《生产型出口企业生产能力情况报告》（仅生产企业填报）、《出口退（免）税企业内部风险控制体系建设情况报告》。

11）县（区）国家税务局负责评定出口企业管理类别的，应于评定工作完成后10个工作日内将评定结果报地（市）国家税务局备案；地（市）国家税务局负责评定的，县（区）国家税务局须进行初评并填报《出口退（免）税企业管理类别评定表》（附件3），报地（市）国家税务局审定。

12）负责评定出口企业管理类别的国税机关，应在评定工作完成后的15个工作日内将评定结果告知出口企业，并主动公开一类、四类的出口企业名单。

13）主管国税机关发现出口企业存在下列情形的，应自发现之日起20个工作日内，调整其出口企业管理类别：

（1）一类、二类、三类出口企业的纳税信用级别发生降级的，可相应调整出口企业管理类别。

（2）一类、二类、三类出口企业发生以下情形之一的，出口企业管理类别应调整为四类：拒绝提供有关出口退（免）税账簿、原始凭证、申报资料、备案单证的；因违反出口退（免）税有关规定，被税务机关行政处罚或被司法机关处理；被列为国家联合惩戒对象的失信企业。

（3）一类、二类出口企业不配合国税机关实施出口退（免）税管理，以及未按规定收集、装订、存放出口退（免）税凭证及备案单证的，出口企业管理类别应调整为三类。

（4）一类、二类出口企业因涉嫌骗取出口退税被立案查处尚未结案的，暂按三类出口企业管理，待案件查结后，依据查处情况相应调整出口企业管理类别；三类、四类出口企业因涉嫌骗取出口退税被立案查处尚未结案的，暂按原类别管理，待案件查结后，依据查处情况调整出口企业管理类别。

（5）在国税机关完成年度管理类别评定后新增办理出口退（免）税备案的出口企业，其出口企业管理类别应确定为三类。

14）负责评定出口企业管理类别的国税机关在评定出口企业的管理类别时，应根据出口企业上一年度的管理类别，按照四类、三类、二类、一类的顺序逐级晋级，原则上不得越级评定。四类出口企业自评定之日起，12个月内不得评定为其他管理类别。

15）国税机关应提高税源管理部门、纳税服务部门、稽查部门、进出口税收管理部门之间信息共享的质量和效率，建立相应的信息通报制度，及时传递出口企业的纳税信用级别评定结果、纳税评估情况、税务稽查立案及处理情况等信息。

16）主管国税机关可为一类出口企业提供绿色办税通道（特约服务区），优先办理出口退税，并建立重点联系制度，及时解决企业有关出口退（免）税问题。对一类出口企业中纳税信用级别为 A 级的纳税人，按照《关于对纳税信用 A 级纳税人实施联合激励措施的合作备忘录》的规定，实施联合激励措施。

17）对一类出口企业申报的出口退（免）税，国税机关经审核，同时符合下列条件的，应自受理企业申报之日起，5 个工作日内办结出口退（免）税手续：

（1）申报的电子数据与海关出口货物报关单结关信息、增值税专用发票信息比对无误。

（2）出口退（免）税额计算准确无误。

（3）不涉及税务总局和省国家税务局确定的预警风险信息。

（4）属于外贸企业的，出口的货物是从纳税信用级别为 A 级或 B 级的供货企业购进。

（5）属于外贸综合服务企业的，接受其提供服务的中小生产企业的纳税信用级别为 A 级或 B 级。

18）对二类出口企业申报的出口退（免）税，国税机关经审核，同时符合下列条件的，应自受理企业申报之日起，10 个工作日内办结出口退（免）税手续：

（1）符合出口退（免）税相关规定。

（2）申报的电子数据与海关出口货物报关单结关信息、增值税专用发票信息比对无误。

（3）未发现审核疑点或者审核疑点已排除完毕。

19）对三类出口企业申报的出口退（免）税，国税机关经审核，同时符合下列条件的，应自受理企业申报之日起，15 个工作日内办结出口退（免）税手续：

（1）符合出口退（免）税相关规定。

（2）申报的电子数据与海关出口货物报关单结关信息、增值税专用发票信息比对无误。

（3）未发现审核疑点或者审核疑点已排除完毕。

20）对四类出口企业申报的出口退（免）税，国税机关应按下列规定进行审核：

（1）申报的纸质凭证、资料应与电子数据相互匹配且逻辑相符。

（2）申报的电子数据应与海关出口货物报关单结关信息、增值税专用发票信息比对无误。

（3）对该类企业申报出口退（免）税的外购出口货物或视同自产产品，国税机关应对每户供货企业的发票，都要抽取一定的比例发函调查。

（2）属于生产企业的，对其申报出口退（免）税的自产产品，国税机关应对其生产能力、纳税情况进行评估。国税机关按上述要求完成审核，并排除所有审核疑点后，应自受理企业申报之日起，20个工作日内办结出口退（免）税手续。

21）出口企业申报的出口退（免）税，国税机关发现存在下列情形之一的，应按规定予以核实，排除相关疑点后，方可办理出口退（免）税，不受本办法有关办结出口退（免）税手续时限的限制：

（1）不符合本办法第十七条、第十八条、第十九条、第二十条规定的。

（2）涉及海关、外汇管理局等出口监管部门提供的风险信息。

22）各省国家税务局应定期组织对已办理的出口退（免）税情况开展风险分析工作，发现出口企业申报的退（免）税存在骗取出口退税疑点的，应按规定进行评估、核查，发现问题的，应按规定予以处理。

23）本办法用语的含义：

"出口退（免）税企业"，指适用出口退（免）税政策的企业和其他单位，以及适用增值税零税率政策的应税服务提供者。按照出口企业适用的出口退（免）税办法和经营业态，分为生产企业、外贸企业、外贸综合服务企业。

"生产企业"，指适用免抵退税办法的出口企业。

"外贸企业"，指适用免退税办法的出口企业。

"一类出口企业""二类出口企业""三类出口企业""四类出口企业"，指出口退（免）税企业分类管理类别分别为一类、二类、三类、四类的出口企业。

"上一年度"，指评定出口退（免）税企业管理类别的上一个自然年度。

"外贸综合服务业务"，应同时符合以下条件：

（1）出口货物为国内生产企业自产的货物。

（2）国内生产企业已将出口货物销售给外贸综合服务企业。

（3）国内生产企业与境外单位或个人已经签订出口合同，并约定货物由外贸综合服务企业出口至境外单位或个人，货款由境外单位或个人支付给外贸综合服务企业。

（4）外贸综合服务企业以自营方式出口。

（5）外贸综合服务企业申报出口退（免）税时，在《外贸企业出口退税进货明细申报表》第15栏（业务类型）、《外贸企业出口退税出口明细申报表》第19栏［退（免）税业务类型］填写"WMZHFW"。

"办结出口退（免）税手续"，指国税机关对出口企业申报的符合规定的退（免）税，开具税收收入退还书并传递至国库。

24）各省国家税务局可以根据本办法制定和细化具体实施办法。

25）本办法自2016年9月1日起施行，以出口企业申报退（免）税时间为准。

第四部分　营改增税收优惠政策

> 　　您知道营改增有哪些优惠政策吗？您知道营改增起征点与小微企业免税优惠吗？您知道营改增免征增值税项目有哪些吗？您知道金融业、交通运输业、服务业享受哪些税收优惠政策吗？您知道个人销售住房享受哪些税收优惠政策吗？您知道退役士兵和重点群体创业就业享受哪些税收优惠政策吗？本部分将为您回答上述问题。

一、营改增税收优惠的选择与放弃

 营改增的税收优惠政策是否允许选择与放弃？

关于营改增税收优惠政策的选择与放弃，执行以下规定：

（1）纳税人发生应税行为适用免税、减税规定的，可以放弃免税、减税，依照《营业税改征增值税试点实施办法》的规定缴纳增值税。放弃免税、减税后，36个月内不得再申请免税、减税。

（2）纳税人发生应税行为同时适用免税和零税率规定的，纳税人可以选择适用免税或者零税率。

（3）放弃减免税权的增值税一般纳税人发生应税行为，可以按规定开具增值税专用发票。

（4）纳税人一经放弃减免税权，其发生的全部应税行为均应按照适用税率或征收率征税，不得选择某一减免税项目放弃减免税权，也不得根据不同的对象选择部分应税行为放弃减免税权。

（5）纳税人购进专用于免税项目的货物、加工修理修配劳务、应税服务、无形资产或者不动产取得的增值税扣税凭证，一律不得抵扣。

友情提示

对于税务机关、财政监察专员办事机构、审计机关等执法机关根据税法有关规定查补的增值税等各项税款，必须全部收缴入库，均不得执行由财政和税务机关给予返还的优惠政策。

 营改增中选择简易计税方法的优惠？

一般纳税人发生下列应税行为可以选择适用简易计税方法计税：

（1）公共交通运输服务。公共交通运输服务，包括轮客渡、公交客运、地铁、城市轻轨、出租车、长途客运、班车。班车，是指按固定路线、固定时间运营并在固定站点停靠的运送旅客的陆路运输服务。

（2）经认定的动漫企业为开发动漫产品提供的动漫脚本编撰、形象设计、背景设计、动画设计、分镜、动画制作、摄制、描线、上色、画面合成、配音、配乐、音效合成、剪辑、字幕制作、压缩转码（面向网络动漫、手机动漫格式适配）服务，以及在境内转让动漫版权（包括动漫品牌、形象或者内容的授权及再授权）。动漫企业和自主开发、生产动漫产品的认定标准和认定程序，按照《文化部 财政部 国家税务总局关于印发〈动漫企业认定管理办法（试行）〉的通知》（文市发〔2008〕51号）的规定执行。

（3）电影放映服务、仓储服务、装卸搬运服务、收派服务和文化体育服务。

（4）以纳入营改增试点之日前取得的有形动产为标的物提供的经营租赁服务。

（5）在纳入营改增试点之日前签订的尚未执行完毕的有形动产租赁合同。

 营改增中建筑服务是否可以选择简易计税方法？

建筑服务相关营改增政策如下：

（1）一般纳税人以清包工方式提供的建筑服务，可以选择适用简易计税方法计税。以清包工方式提供建筑服务，是指施工方不采购建筑工程所需的材料或只采购辅助材料，并收取人工费、管理费或者其他费用的建筑服务。

（2）一般纳税人为甲供工程提供的建筑服务，可以选择适用简易计税方法计税。甲供工程，是指全部或部分设备、材料、动力由工程发包方自行采购的建筑工程。

（3）一般纳税人为建筑工程老项目提供的建筑服务，可以选择适用简易计税方法计税。

（4）建筑工程老项目，是指：①《建筑工程施工许可证》注明的合同开工日期在 2016 年 4 月 30 日前的建筑工程项目；②未取得《建筑工程施工许可证》的，建筑工程承包合同注明的开工日期在 2016 年 4 月 30 日前的建筑工程项目。

（5）一般纳税人跨县（市）提供建筑服务，适用一般计税方法计税的，应以取得的全部价款和价外费用为销售额计算应纳税额。纳税人应以取得的全部价款和价外费用扣除支付的分包款后的余额，按照 2% 的预征率在建筑服务发生地预缴税款后，向机构所在地主管税务机关进行纳税申报。

（6）一般纳税人跨县（市）提供建筑服务,选择适用简易计税方法计税的，应以取得的全部价款和价外费用扣除支付的分包款后的余额为销售额，按照 3% 的征收率计算应纳税额。纳税人应按照上述计税方法在建筑服务发生地预缴税款后，向机构所在地主管税务机关进行纳税申报。

（7）试点纳税人中的小规模纳税人（以下称小规模纳税人）跨县（市）提供建筑服务，应以取得的全部价款和价外费用扣除支付的分包款后的余额为销售额，按照 3% 的征收率计算应纳税额。纳税人应按照上述计税方法在建筑服务发生地预缴税款后，向机构所在地主管税务机关进行纳税申报。

 营改增中销售不动产是否可以选择简易计税方法？

销售不动产相关营改增政策如下：

（1）一般纳税人销售其 2016 年 4 月 30 日前取得（不含自建）的不动产，可以选择适用简易计税方法，以取得的全部价款和价外费用减去该项不动产购置原价或者取得不动产时的作价后的余额为销售额，按照 5% 的征收率计算应纳税额。纳税人应按照上述计税方法在不动产所在地预缴税款后，向机构所在地主管税务机关进行纳税申报。

（2）一般纳税人销售其 2016 年 4 月 30 日前自建的不动产，可以选择适用简易计税方法，以取得的全部价款和价外费用为销售额，按照 5% 的征收率计算应纳税额。纳税人应按照上述计税方法在不动产所在地预缴税款后，向机构所在地主管税务机关进行纳税申报。

（3）一般纳税人销售其 2016 年 5 月 1 日后取得（不含自建）的不动产，应适用一般计税方法，以取得的全部价款和价外费用为销售额计算应纳税额。纳税人应以取得的全部价款和价外费用减去该项不动产购置原价或者取得不动产时的作价后的余额，按照 5% 的预征率在不动产所在地预缴税款后，向机构所在地主管税务机关进行纳税申报。

（4）一般纳税人销售其 2016 年 5 月 1 日后自建的不动产，应适用一般计税方法，以取得的全部价款和价外费用为销售额计算应纳税额。纳税人应以取得的全部价款和价外费用，按照 5% 的预征率在不动产所在地预缴税款后，向机构所在地主管税务机关进行纳税申报。

（5）小规模纳税人销售其取得（不含自建）的不动产（不含个体工商户销售购买的住房和其他个人销售不动产），应以取得的全部价款和价外费用减去该项不动产购置原价或者取得不动产时的作价后的余额为销售额，按照 5% 的征收率计算应纳税额。纳税人应按照上述计税方法在不动产所在地预缴税款后，向机构所在地主管税务机关进行纳税申报。

（6）小规模纳税人销售其自建的不动产，应以取得的全部价款和价外费用为销售额，按照 5% 的征收率计算应纳税额。纳税人应按照上述计税方法在不动产所在地预缴税款后，向机构所在地主管税务机关进行纳税申报。

（7）房地产开发企业中的一般纳税人，销售自行开发的房地产老项目，可以选择适用简易计税方法按照 5% 的征收率计税。

（8）房地产开发企业中的小规模纳税人，销售自行开发的房地产项目，按照 5% 的征收率计税。

（9）房地产开发企业采取预收款方式销售所开发的房地产项目，在收到预收款时按照 3% 的预征率预缴增值税。

（10）个体工商户销售购买的住房，应按照附件 3《营业税改征增值税试点过渡政策的规定》第五条的规定征免增值税。纳税人应按照上述计税方法在不动产所在地预缴税款后，向机构所在地主管税务机关进行纳税申报。

（11）其他个人销售其取得（不含自建）的不动产（不含其购买的住房），应以取得的全部价款和价外费用减去该项不动产购置原价或者取得不动产时的作价后的余额为销售额，按照 5% 的征收率计算应纳税额。

 营改增中不动产经营租赁服务是否可以选择简易计税方法？

不动产经营租赁服务相关营改增政策如下：

（1）一般纳税人出租其 2016 年 4 月 30 日前取得的不动产，可以选择适用简易计税方法，按照 5% 的征收率计算应纳税额。纳税人出租其 2016 年 4 月 30 日前取得的与机构所在地不在同一县（市）的不动产，应按照上述计税方法在不动产所在地预缴税款后，向机构所在地主管税务机关进行纳税申报。

（2）公路经营企业中的一般纳税人收取试点前开工的高速公路的车辆通行费，可以选择适用简易计税方法，减按 3% 的征收率计算应纳税额。试点前开工的高速公路，是指相关施工许可证明上注明的合同开工日期在 2016 年 4 月 30 日前的高速公路。

（3）一般纳税人出租其 2016 年 5 月 1 日后取得的、与机构所在地不在同一县（市）的不动产，应按照 3% 的预征率在不动产所在地预缴税款后，向机构所在地主管税务机关进行纳税申报。

（4）小规模纳税人出租其取得的不动产（不含个人出租住房），应按照5%的征收率计算应纳税额。纳税人出租与机构所在地不在同一县（市）的不动产，应按照上述计税方法在不动产所在地预缴税款后，向机构所在地主管税务机关进行纳税申报。

（5）其他个人出租其取得的不动产（不含住房），应按照5%的征收率计算应纳税额。

（6）个人出租住房，应按照5%的征收率减按1.5%计算应纳税额。

二、起征点与小微企业免税优惠

 营改增的起征点是如何设计的？

营改增的起征点制度如下：

（1）个人发生应税行为的销售额未达到增值税起征点的，免征增值税；达到起征点的，全额计算缴纳增值税。增值税起征点不适用于登记为一般纳税人的个体工商户。

（2）增值税起征点幅度如下：①按期纳税的，为月销售额5 000~20 000元（含本数）。②按次纳税的，为每次（日）销售额300~500元（含本数）。

（3）起征点的调整由财政部和国家税务总局规定。省、自治区、直辖市财政厅（局）和国家税务局应当在规定的幅度内，根据实际情况确定本地区适用的起征点，并报财政部和国家税务总局备案。

（4）增值税起征点所称的销售额是指纳税人销售服务、无形资产或者不动产的销售额（不包括销售货物和提供加工修理修配劳务的销售额），销售额不包括其应纳税额，采用销售额和应纳税额合并定价方法的，按照下列公式计算销售额：销售额 = 含税销售额 ÷（1+ 征收率）。

 友情提示

> 增值税起征点仅适用于《营业税改征增值税试点实施办法》规定的个人，包括：个体工商户和其他个人，但不适用于认定为一般纳税人的个体工商户。即：增值税起征点仅适用于按照小规模纳税人纳税的个体工商户和其他个人。纳税人达到增值税起征点的，应全额计算缴纳增值税，不应仅就超过增值税起征点的部分计算缴纳增值税。

营改增中针对小微企业有哪些税收优惠？

营改增中针对小微企业的税收优惠政策如下：

（1）对增值税小规模纳税人中月销售额未达到2万元的企业或非企业性单位，免征增值税。

（2）2017年12月31日前，对月销售额2万元（含本数）至3万元的增值税小规模纳税人，免征增值税。

（3）其他个人采取一次性收取租金的形式出租不动产，取得的租金收入可在租金对应的租赁期内平均分摊，分摊后的月租金收入不超过3万元的，可享受小微企业免征增值税优惠政策。

三、营改增免征增值税项目

 营改增征税范围的优惠有哪些？

营改增征税范围的优惠如下：

（1）下列非经营活动不征收增值税：①行政单位收取的同时满足以下条件的政府性基金或者行政事业性收费：由国务院或者财政部批准设立的政府性基金，由国务院或者省级人民政府及其财政、价格主管部门批准设立的行政事业性收费；收取时开具省级以上（含省级）财政部门监（印）制的财政票据；所收款项全额上缴财政。②单位或者个体工商户聘用的员工为本单位或者雇主提供取得工资的服务。③单位或者个体工商户为聘用的员工提供服务。④财政部和国家税务总局规定的其他情形。

（2）下列情形不属于在境内销售服务或者无形资产：①境外单位或者个人向境内单位或者个人销售完全在境外发生的服务；②境外单位或者个人向境内单位或者个人销售完全在境外使用的无形资产；③境外单位或者个人向境内单位或者个人出租完全在境外使用的有形动产；④财政部和国家税务总局规定的其他情形。

（3）境外单位或者个人发生的下列行为不属于在境内销售服务或者无形资产：①为出境的函件、包裹在境外提供的邮政服务、收派服务；②向境内单位或者个人提供的工程施工地点在境外的建筑服务、工程监理服务；③向境内单位或者个人提供的工程、矿产资源在境外的工程勘察勘探服务；④向境内单位或者个人提供的会议展览地点在境外的会议展览服务。

（4）不征收增值税项目：①根据国家指令无偿提供的铁路运输服务、航空运输服务，属于《营业税改征增值税试点实施办法》第十四条规定的用于公益事业的服务；②存款利息；③被保险人获得的保险赔付；④房地产主管部门或者其指定机构、公积金管理中心、开发企业以及物业管理单位代收的住宅专项维修资金；⑤在资产重组过程中，通过合并、分立、出售、置换等方式，将全部或者部分实物资产以及与其相关联的债权、负债和劳动力一并转让给其他单位和个人，其中涉及的不动产、土地使用权转让行为。

 营改增免征增值税项目有哪些？

营改增免征增值税项目如下：

（1）托儿所、幼儿园提供的保育和教育服务。托儿所、幼儿园，是指经县级以上教育部门审批成立、取得办园许可证的实施0~6岁学前教育的机构，包括公办和民办的托儿所、幼儿园、学前班、幼儿班、保育院、幼儿院。公办托儿所、幼儿园免征增值税的收入，是指在省级财政部门和价格主管部门审核报省级人民政府批准的收费标准以内收取的教育费、保育费。民办托儿所、幼儿园免征增值税的收入，是指在报经当地有关部门备案并公示的收费标准范围内收取的教育费、保育费。

 友情提示

　　超过规定收费标准的收费，以开办实验班、特色班和兴趣班等为由另外收取的费用以及与幼儿入园挂钩的赞助费、支教费等超过规定范围的收入，不属于免征增值税的收入。

（2）养老机构提供的养老服务。养老机构，是指依照民政部《养老机构设立许可办法》（民政部令第48号）设立并依法办理登记的为老年人提供集中居住和照料服务的各类养老机构；养老服务，是指上述养老机构按照民政部《养老机构管理办法》（民政部令第49号）的规定，为收住的老年人提供的生活照料、康复护理、精神慰藉、文化娱乐等服务。

（3）残疾人福利机构提供的育养服务。

（4）婚姻介绍服务。

（5）殡葬服务。殡葬服务，是指收费标准由各地价格主管部门会同有关部门核定，或者实行政府指导价管理的遗体接运（含抬尸、消毒）、遗体整容、遗体防腐、存放（含冷藏）、火化、骨灰寄存、吊唁设施设备租赁、墓穴租赁及管理等服务。

（6）残疾人员本人为社会提供的服务。

（7）医疗机构提供的医疗服务。医疗机构，是指依据国务院《医疗机构管理条例》（国务院令第149号）及卫生部《医疗机构管理条例实施细则》（卫生部令第35号）的规定，经登记取得《医疗机构执业许可证》的机构，以及军队、武警部队各级各类医疗机构。具体包括：各级各类医院、门诊部（所）、社区卫生服务中心（站）、急救中心（站）、城乡卫生院、护理院（所）、疗养院、临床检验中心，各级政府及有关部门举办的卫生防疫站（疾病控制中心）、各种专科疾病防治站（所），各级政府举办的妇幼保健所（站）、母婴保健机构、儿童保健机构，各级政府举办的血站（血液中心）等医疗机构。

（8）从事学历教育的学校提供的教育服务。学历教育是指受教育者经过国家教育考试或者国家规定的其他入学方式，进入国家有关部门批准的学校或者其他教育机构学习，获得国家承认的学历证书的教育形式。具体包括：①初等教育：普通小学、成人小学；②初级中等教育：普通初中、职业初中、成人初中；③高级中等教育：普通高中、成人高中和中等职业学校（包括普通中专、成人中专、职业高中、技工学校）；④高等教育：普通本专科、成人本专科、网络本专科、研究生（博士、硕士）、高等教育自学考试、高等教育学历文凭考试。从事学历教育的学校的种类包括：①普通学校；②经地（市）级以上人民政府或者同级政府的教育行政部门批准成立、国家承认其学员学历的各类学校；③经省级及以上人力资源社会保障行政部门批准成立的技工学校、高级技工学校；④经省级人民政府批准成立的技师学院。上述学校均包括符合规定的从事学历教育的民办学校，但不包括职业培训机构等国家不承认学历的教育机构。提供教育服务免征增值税的收入是指对列入规定招生计划的在籍学生提供学历教育服务取得的收入，具体包括：经有关部门审核批准并按规定标准收取的学费、住宿费、课本费、作业本费、考试报名费收入，以及学校食堂提供餐饮服务取得的伙食费收入。除此之外的收入，包括学校以各种名义收取的赞助费、择校费等，不属于免征增值税的范围。学校食堂是指依照《学校食堂与学生集体用餐卫生管理规定》（教育部令第14号）管理的学校食堂。

（9）学生勤工俭学提供的服务。

（10）农业机耕、排灌、病虫害防治、植物保护、农牧保险以及相关技术培训业务，家禽、牲畜、水生动物的配种和疾病防治。

（11）纪念馆、博物馆、文化馆、文物保护单位管理机构、美术馆、展览馆、书画院、图书馆在自己的场所提供文化体育服务取得的第一道门票收入。

（12）寺院、宫观、清真寺和教堂举办文化、宗教活动的门票收入。

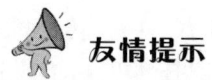

友情提示

> 农业机耕，是指在农业、林业、牧业中使用农业机械进行耕作（包括耕耘、种植、收割、脱粒、植物保护等）的业务；排灌，是指对农田进行灌溉或者排涝的业务；病虫害防治，是指从事农业、林业、牧业、渔业的病虫害测报和防治的业务；农牧保险，是指为种植业、养殖业、牧业种植和饲养的动植物提供保险的业务；相关技术培训，是指与农业机耕、排灌、病虫害防治、植物保护业务相关以及为使农民获得农牧保险知识的技术培训业务；家禽、牲畜、水生动物的配种和疾病防治业务的免税范围，包括与该项服务有关的提供药品和医疗用具的业务。

（13）行政单位之外的其他单位收取的符合《营业税改征增值税试点实施办法》第十条规定条件的政府性基金和行政事业性收费。

（14）个人转让著作权。

（15）个人销售自建自用住房。

（16）2018 年 12 月 31 日前，公共租赁住房经营管理单位出租公共租赁住房。公共租赁住房，是指纳入省、自治区、直辖市、计划单列市人民政府及新疆生产建设兵团批准的公共租赁住房发展规划和年度计划，并按照《关于加快发展公共租赁住房的指导意见》（建保〔2010〕87 号）和市、县人民政府制定的具体管理办法进行管理的公共租赁住房。

（17）国家商品储备管理单位及其直属企业承担商品储备任务，从中央或者地方财政取得的利息补贴收入和价差补贴收入。国家商品储备管理单位及其直属企业，是指接受中央、省、市、县四级政府有关部门（或者政府指定管理单位）的委托，承担粮（含大豆）、食用油、棉、糖、肉、盐（限于中央储备）等 6 种商品储备任务，并按有关政策收储、销售上述 6 种储备商品，取得财政储备经费或者补贴的商品储备企业。利息补贴收入，是指国家商品储备管理单位及其直属企业因承担上述商品储备任务从金融机构贷款，并从中央或者地方财政取得的用于偿还贷款利息的贴息收入。价差补贴收入包括销售价差补贴收入和轮换价差补贴收入。销售价差补贴收入，是指按照中央或者地方政府指令销售上述储备商品时，由于销售收入小于库存成本而从中央或者地方财政获得的全额价差补贴收入。轮换价差补贴收入，是指根据要求定期组织政策性储备商品轮换而从中央或者地方财政取得的商品新陈品质价差补贴收入。

（18）纳税人提供技术转让、技术开发和与之相关的技术咨询、技术服务。

技术转让、技术开发，是指《销售服务、无形资产、不动产注释》中"转让技术"、"研发服务"范围内的业务活动。技术咨询，是指就特定技术项目提供可行性论证、技术预测、专题技术调查、分析评价报告等业务活动。与技术转让、技术开发相关的技术咨询、技术服务，是指转让方（或者受托方）根据技术转让或者开发合同的规定，为帮助受让方（或者委托方）掌握所转让（或者委托开发）的技术而提供的技术咨询、技术服务业务，且这部分技术咨询、技术服务的价款与技术转让或者技术开发的价款应当在同一张发票上开具。

 **友情提示**

> 试点纳税人申请免征增值税时，须持技术转让、开发的书面合同，到纳税人所在地省级科技主管部门进行认定，并持有关的书面合同和科技主管部门审核意见证明文件报主管税务机关备查。

（19）2017年12月31日前，科普单位的门票收入，以及县级及以上党政部门和科协开展科普活动的门票收入。科普单位，是指科技馆、自然博物馆，对公众开放的天文馆（站、台）、气象台（站）、地震台（站），以及高等院校、科研机构对公众开放的科普基地。科普活动，是指利用各种传媒以浅显的、让公众易于理解、接受和参与的方式，向普通大众介绍自然科学和社会科学知识，推广科学技术的应用，倡导科学方法，传播科学思想，弘扬科学精神的活动。

（20）政府举办的从事学历教育的高等、中等和初等学校（不含下属单位），举办进修班、培训班取得的全部归该学校所有的收入。全部归该学校所有，是指举办进修班、培训班取得的全部收入进入该学校统一账户，并纳入预算全额上缴财政专户管理，同时由该学校对有关票据进行统一管理和开具。举办进修班、培训班取得的收入进入该学校下属部门自行开设账户的，不予免征增值税。

（21）政府举办的职业学校设立的主要为在校学生提供实习场所、并由学校出资自办、由学校负责经营管理、经营收入归学校所有的企业，从事《销售服务、无形资产或者不动产注释》中"现代服务"（不含融资租赁服务、广告服务和其他现代服务）、"生活服务"（不含文化体育服务、其他生活服务和桑拿、氧吧）业务活动取得的收入。

（22）福利彩票、体育彩票的发行收入。

（23）军队空余房产租赁收入。

（24）为了配合国家住房制度改革，企业、行政事业单位按房改成本价、标准价出售住房取得的收入。

（25）将土地使用权转让给农业生产者用于农业生产。

（26）涉及家庭财产分割的个人无偿转让不动产、土地使用权。家庭财产分割，包括下列情形：离婚财产分割；无偿赠与配偶、父母、子女、祖父母、外祖父母、孙子女、外孙子女、兄弟姐妹；无偿赠与对其承担直接抚养或者赡养义务的抚养人或者赡养人；房屋产权所有人死亡，法定继承人、遗嘱继承人或者受遗赠人依法取得房屋产权。

（27）土地所有者出让土地使用权和土地使用者将土地使用权归还给土地所有者。

（28）县级以上地方人民政府或自然资源行政主管部门出让、转让或收回自然资源使用权（不含土地使用权）。

（29）随军家属就业。为安置随军家属就业而新开办的企业，自领取税务登记证之日起，其提供的应税服务3年内免征增值税。享受税收优惠政策的企业，随军家属必须占企业总人数的60%（含）以上，并有军（含）以上政治和后勤机关出具的证明。从事个体经营的随军家属，自办理税务登记事项之日起，其提供的应税服务3年内免征增值税。随军家属必须有师以上政治机关出具的可以表明其身份的证明。按照上述规定，每一名随军家属可以享受一次免税政策。

（30）军队转业干部就业。从事个体经营的军队转业干部，自领取税务登记证之日起，其提供的应税服务3年内免征增值税。为安置自主择业的军队转业干部就业而新开办的企业，凡安置自主择业的军队转业干部占企业总人数60%（含）以上的，自领取税务登记证之日起，其提供的应税服务3年内免征增值税。享受上述优惠政策的自主择业的军队转业干部必须持有师以上部队颁发的转业证件。

 友情提示

上述增值税优惠政策除已规定期限的项目外，其他均在营改增试点期间执行。如果试点纳税人在纳入营改增试点之日前已经按照有关政策规定享受了营业税税收优惠，在剩余税收优惠政策期限内，按照上述规定享受有关增值税优惠。

四、金融业营改增税收优惠政策

 金融业营改增中哪些利息收入免税?

以下利息收入免税:

(1) 2016 年 12 月 31 日前, 金融机构农户小额贷款。

 友情提示

小额贷款, 是指单笔且该农户贷款余额总额在 10 万元(含本数)以下的贷款。所称农户, 是指长期(1 年以上)居住在乡镇(不包括城关镇)行政管理区域内的住户, 还包括长期居住在城关镇所辖行政村范围内的住户和户口不在本地而在本地居住 1 年以上的住户, 国有农场的职工和农村个体工商户。位于乡镇(不包括城关镇)行政管理区域内和在城关镇所辖行政村范围内的国有经济的机关、团体、学校、企事业单位的集体户; 有本地户口, 但举家外出谋生 1 年以上的住户, 无论是否保留承包耕地均不属于农户。农户以户为统计单位, 既可以从事农业生产经营, 也可以从事非农业生产经营。农户贷款的判定应以贷款发放时的承贷主体是否属于农户为准。

(2) 国家助学贷款。

(3) 国债、地方政府债。

(4) 人民银行对金融机构的贷款。

(5) 住房公积金管理中心用住房公积金在指定的委托银行发放的个人住房贷款。

(6) 外汇管理部门在从事国家外汇储备经营过程中, 委托金融机构发放的外汇贷款。

(7) 统借统还业务。统借统还业务中, 企业集团或企业集团中的核心企业以及集团所属财务公司按不高于支付给金融机构的借款利率水平或者支付的债券票面利率水平, 向企业集团或者集团内下属单位收取的利息。统借方向资金使用单位收取的利息, 高于支付给金融机构借款利率水平或者支付的债券票面利率水平的, 应全额缴纳增值税。

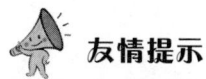 **友情提示**

　　统借统还业务，是指：①企业集团或者企业集团中的核心企业向金融机构借款或对外发行债券取得资金后，将所借资金分拨给下属单位（包括独立核算单位和非独立核算单位，下同），并向下属单位收取用于归还金融机构或债券购买方本息的业务。②企业集团向金融机构借款或对外发行债券取得资金后，由集团所属财务公司与企业集团或者集团内下属单位签订统借统还贷款合同并分拨资金，并向企业集团或者集团内下属单位收取本息，再转付企业集团，由企业集团统一归还金融机构或债券购买方的业务。

 哪些金融同业往来利息收入可以免税？

以下金融同业往来利息收入免税：

（1）金融机构与人民银行所发生的资金往来业务。包括人民银行对一般金融机构贷款，以及人民银行对商业银行的再贴现等。

（2）银行联行往来业务。同一银行系统内部不同行、处之间所发生的资金账务往来业务。

（3）金融机构间的资金往来业务。是指经人民银行批准，进入全国银行间同业拆借市场的金融机构之间通过全国统一的同业拆借网络进行的短期（1年以下含1年）无担保资金融通行为。

（4）金融机构之间开展的转贴现业务。

 友情提示

　　金融机构是指：①银行：包括人民银行、商业银行、政策性银行；②信用合作社；③证券公司；④金融租赁公司、证券基金管理公司、财务公司、信托投资公司、证券投资基金；⑤保险公司；⑥其他经人民银行、银监会、证监会、保监会批准成立且经营金融保险业务的机构等。金融机构开展下列业务取得的利息收入，属于上述金融同业往来利息收入：①质押式买入返售金融商品。质押式买入返售金融商品，是指交易双方进行的以债券等金融商品为权利质押的一种短期资金融通业务。②持有政策性金融债券。政策性金融债券，是指开发性、政策性金融机构发行的债券。

哪些金融商品转让可以享受免税待遇？

下列金融商品转让收入免税：

（1）合格境外投资者（QFII）委托境内公司在我国从事证券买卖业务。

（2）香港市场投资者（包括单位和个人）通过沪港通买卖上海证券交易所上市 A 股。

（3）对香港市场投资者（包括单位和个人）通过基金互认买卖内地基金份额。

（4）证券投资基金（封闭式证券投资基金，开放式证券投资基金）管理人运用基金买卖股票、债券。

（5）个人从事金融商品转让业务。

 营改增中涉及金融业的其他税收优惠还有哪些？

营改增中涉及金融业的其他税收优惠还包括：

（1）金融企业发放贷款后，自结息日起 90 天内发生的应收未收利息按现行规定缴纳增值税，自结息日起 90 天后发生的应收未收利息暂不缴纳增值税，待实际收到利息时按规定缴纳增值税。上述所称金融企业，是指银行（包括国有、集体、股份制、合资、外资银行以及其他所有制形式的银行）、城市信用社、农村信用社、信托投资公司、财务公司。

（2）保险公司开办的 1 年期以上人身保险产品取得的保费收入免税围。1 年期以上人身保险，是指保险期间为 1 年期及以上返还本利的人寿保险、养老年金保险，以及保险期间为 1 年期及以上的健康保险。享受免征增值税的 1 年期及以上返还本利的人身保险包括其他年金保险，其他年金保险是指养老年金以外的年金保险。

 友情提示

　　人寿保险，是指以人的寿命为保险标的的人身保险。养老年金保险，是指以养老保障为目的，以被保险人生存为给付保险金条件，并按约定的时间间隔分期给付生存保险金的人身保险。养老年金保险应当同时符合下列条件：第一，保险合同约定给付被保险人生存保险金的年龄不得小于国家规定的退休年龄。第二，相邻两次给付的时间间隔不得超过 1 年。健康保险，是指以因健康原因导致损失为给付保险金条件的人身保险。

（3）经人民银行、银监会或者商务部批准从事融资租赁业务的试点纳税人中的一般纳税人，提供有形动产融资租赁服务和有形动产融资性售后回租服务，对其增值税实际税负超过 3% 的部分实行增值税即征即退政策。商务部授权的省级商务主管部门和国家经济技术开发区批准的从事融资租赁业务和融资性售后回租业务的试点纳税人中的一般纳税人，2016 年 5 月 1 日后实收资本达到 1.7 亿元的，从达到标准的当月起按照上述规定执行；2016 年 5 月 1 日后实收资本未达到 1.7 亿元但注册资本达到 1.7 亿元的，在 2016 年 7 月 31 日前仍可按照上述规定执行，2016 年 8 月 1 日后开展的有形动产融资租赁业务和有形动产融资性售后回租业务不得按照上述规定执行。增值税实际税负，是指纳税人当期提供应税服务实际缴纳的增值税额占纳税人当期提供应税服务取得的全部价款和价外费用的比例。

（4）被撤销金融机构以货物、不动产、无形资产、有价证券、票据等财产清偿债务免征增值税。被撤销金融机构，是指经人民银行、银监会依法决定撤销的金融机构及其分设于各地的分支机构，包括被依法撤销的商业银行、信托投资公司、财务公司、金融租赁公司、城市信用社和农村信用社。除另有规定外，被撤销金融机构所属、附属企业，不享受被撤销金融机构增值税免税政策。

（5）同时符合下列条件的担保机构从事中小企业信用担保或者再担保业务取得的收入（不含信用评级、咨询、培训等收入）3 年内免征增值税：①已取得监管部门颁发的融资性担保机构经营许可证，依法登记注册为企（事）业法人，实收资本超过 2 000 万元。②平均年担保费率不超过银行同期贷款基准利率的 50%。平均年担保费率 = 本期担保费收入 ÷（期初担保余额 + 本期增加担保金额）× 100%。③连续合规经营 2 年以上，资金主要用于担保业务，具备健全的内部管理制度和为中小企业提供担保的能力，经营业绩突出，对受保项目具有完善的事前评估、事中监控、事后追偿与处置机制。④为中小企业提供的累计担保贷款额占其 2 年累计担保业务总额的 80% 以上，单笔 800 万元以下的累计担保贷款额占其累计担保业务总额的 50% 以上。⑤对单个受保企业提供的担保余额不超过担保机构实收资本总额的 10%，且平均单笔担保责任金额最多不超过 3 000 万元人民币。⑥担保责任余额不低于其净资产的 3 倍，且代偿率不超过 2%。

（6）农村金融机构可选择 3% 的简易计税方法。农村信用社、村镇银行、农村资金互助社、由银行业机构全资发起设立的贷款公司、法人机构在县（县级市、区、旗）及县以下地区的农村合作银行和农村商业银行提供金融服务收入，可以选择适用简易计税方法按照 3% 的征收率计算缴纳增值税。村镇银行，是指经中国银行业监督管理委员会依据有关法律、法规批准，由境内

友情提示

　　担保机构免征增值税政策采取备案管理方式。符合条件的担保机构应到所在地县（市）主管税务机关和同级中小企业管理部门履行规定的备案手续，自完成备案手续之日起，享受3年免征增值税政策。3年免税期满后，符合条件的担保机构可按规定程序办理备案手续后继续享受该项政策。具体备案管理办法按照《国家税务总局关于中小企业信用担保机构免征营业税审批事项取消后有关管理问题的公告》（国家税务总局公告2015年第69号）规定执行，其中税务机关的备案管理部门统一调整为县（市）级国家税务局。

外金融机构、境内非金融机构企业法人、境内自然人出资，在农村地区设立的主要为当地农民、农业和农村经济发展提供金融服务的银行业金融机构。农村资金互助社，是指经银行业监督管理机构批准，由乡（镇）、行政村农民和农村小企业自愿入股组成，为社员提供存款、贷款、结算等业务的社区互助性银行业金融机构。由银行业机构全资发起设立的贷款公司，是指经中国银行业监督管理委员会依据有关法律、法规批准，由境内商业银行或农村合作银行在农村地区设立的专门为县域农民、农业和农村经济发展提供贷款服务的非银行业金融机构。县（县级市、区、旗），不包括直辖市和地级市所辖城区。

　　（7）农行涉农贷款可选择3%的简易计税方法。对中国农业银行纳入"三农金融事业部"改革试点的各省、自治区、直辖市、计划单列市分行下辖的县域支行和新疆生产建设兵团分行下辖的县域支行（也称县事业部），提供农户贷款、农村企业和农村各类组织贷款取得的利息收入，可以选择适用简易计税方法按照3%的征收率计算缴纳增值税。农户贷款，是指金融机构发放给农户的贷款，但不包括免征增值税的农户小额贷款。农村企业和农村各类组织贷款，是指金融机构发放给注册在农村地区的企业及各类组织的贷款。

友情提示

　　享受增值税优惠的涉农贷款业务清单包括：①法人农业贷款；②法人林业贷款；③法人畜牧业贷款；④法人渔业贷款；⑤法人农林牧渔服务业贷款；⑥法人其他涉农贷款（煤炭、烟草、采矿业、房地产业、城市基础设施建设和其他类的法人涉农贷款除外）；⑦小型农田水利设施贷款；⑧大型灌区改造；⑨中低产田改造；⑩防涝抗旱减灾体系建设、农产品加工贷款、农业生产资料制造贷款、农业物资流通贷款、农副产品流通贷款、农产品出口贷款、农业科技贷款、农业综合生产能力建设、农田水利设施建设、农产品流通设施建设、其他农业生产性基础设施建设、农村饮水安全工程、农村公路建设、农村能源建设、农村沼气建设、其他农村生活基础设施建设、农村教育设施建设、农村卫生设施建设、农村文化体育设施建设、林业和生态环境建设、个人农业贷款、个人林业贷款、个人畜牧业贷款、个人渔业贷款、个人农林牧渔服务业贷款、农户其他生产经营贷款、农户助学贷款、农户医疗贷款、农户住房贷款、农户其他消费贷款。

五、交通运输业与服务业营改增优惠政策

 交通运输业营改增税收优惠政策有哪些？

交通运输业营改增税收优惠政策如下：

（1）中国台湾航运公司、航空公司从事海峡两岸海上直航、空中直航业务在大陆取得的运输收入免税。中国台湾航运公司，是指取得交通运输部颁发的"台湾海峡两岸间水路运输许可证"且该许可证上注明的公司登记地址在中国台湾的航运公司。中国台湾航空公司，是指取得中国民用航空局颁发的"经营许可"或者依据《海峡两岸空运协议》和《海峡两岸空运补充协议》规定，批准经营两岸旅客、货物和邮件不定期（包机）运输业务，且公司登记地址在中国台湾的航空公司。

（2）纳税人提供的直接或者间接国际货物运输代理服务免税。纳税人提供直接或者间接国际货物运输代理服务，向委托方收取的全部国际货物运输代理服务收入，以及向国际运输承运人支付的国际运输费用，必须通过金融机构进行结算。

 友情提示

纳税人为大陆与中国香港、中国澳门、中国台湾地区之间的货物运输提供的货物运输代理服务参照国际货物运输代理服务有关规定执行。委托方索取发票的，纳税人应当就国际货物运输代理服务收入向委托方全额开具增值税普通发票。

（3）管道运输服务超 3% 即征即退。一般纳税人提供管道运输服务，对其增值税实际税负超过 3% 的部分实行增值税即征即退政策。增值税实际税负，是指纳税人当期提供应税服务实际缴纳的增值税额占纳税人当期提供应税服务取得的全部价款和价外费用的比例。

 服务业营改增税收优惠政策有哪些?

服务业营改增税收优惠政策如下：

（1）同时符合下列条件的合同能源管理服务免税：①节能服务公司实施合同能源管理项目相关技术，应当符合国家质量监督检验检疫总局和国家标准化管理委员会发布的《合同能源管理技术通则》（GB/T24915—2010）规定的技术要求；②节能服务公司与用能企业签订节能效益分享型合同，其合同格式和内容，符合《中华人民共和国合同法》和《合同能源管理技术通则》（GB/T24915—2010）等规定。

（2）家政服务企业由员工制家政服务员提供家政服务取得的收入免税。家政服务企业，是指在企业营业执照的规定经营范围中包括家政服务内容的企业。

 友情提示

员工制家政服务员，是指同时符合下列 3 个条件的家政服务员：①依法与家政服务企业签订半年及半年以上的劳动合同或者服务协议，且在该企业实际上岗工作。②家政服务企业为其按月足额缴纳了企业所在地人民政府根据国家政策规定的基本养老保险、基本医疗保险、工伤保险、失业保险等社会保险。对已享受新型农村养老保险和新型农村合作医疗等社会保险或者下岗职工原单位继续为其缴纳社会保险的家政服务员，如果本人书面提出不再缴纳企业所在地人民政府根据国家政策规定的相应的社会保险，并出具其所在乡镇或者原单位开具的已缴纳相关保险的证明，可视同家政服务企业已为其按月足额缴纳了相应的社会保险。③家政服务企业通过金融机构向其实际支付不低于企业所在地适用的经省级人民政府批准的最低工资标准的工资。

（3）对按照国家规定的收费标准向学生收取的高校学生公寓住宿费收入，自 2016 年 1 月 1 日至 2016 年 4 月 30 日，免征营业税；自 2016 年 5 月 1 日起，在营改增试点期间免征增值税。"高校学生公寓"，是指为高校学生提供住宿服务，按照国家规定的收费标准收取住宿费的学生公寓。

（4）对高校学生食堂为高校师生提供餐饮服务取得的收入，自2016年1月1日至2016年4月30日，免征营业税；自2016年5月1日起，在营改增试点期间免征增值税。"高校学生食堂"，是指依照《学校食堂与学生集体用餐卫生管理规定》（教育部令第14号）管理的高校学生食堂。

（5）自2016年1月1日至2016年4月30日，对其向孵化企业出租场地、房屋以及提供孵化服务的收入，免征营业税；在营业税改征增值税试点期间，对其向孵化企业出租场地、房屋以及提供孵化服务的收入，免征增值税。享受营业税、增值税优惠政策的孵化器，应同时符合以下条件：①孵化器需符合国家级科技企业孵化器条件。国务院科技行政主管部门负责发布国家级科技企业孵化器名单。②孵化器应将面向孵化企业出租场地、房屋以及提供孵化服务的业务收入在财务上单独核算。③孵化器提供给孵化企业使用的场地面积（含公共服务场地）应占孵化器可自主支配场地面积的75%以上（含75%）。孵化企业数量应占孵化器内企业总数量的75%以上（含75%）。公共服务场地是指孵化器提供给孵化企业共享的活动场所，包括公共餐厅、接待室、会议室、展示室、活动室、技术检测室和图书馆等非盈利性配套服务场地。"孵化企业"应当同时符合以下条件：①企业注册地和主要研发、办公场所必须在孵化器的孵化场地内。②新注册企业或申请进入孵化器前企业成立时间不超过2年。③企业在孵化器内孵化的时间不超过48个月。纳入"创新人才推进计划"及"海外高层次人才引进计划"的人才或从事生物医药、集成电路设计、现代农业等特殊领域的创业企业，孵化时间不超过60个月。④符合《中小企业划型标准规定》所规定的小型、微型企业划型标准。⑤单一在孵企业入驻时使用的孵化场地面积不大于1 000平方米。从事航空航天等特殊领域的在孵企业，不大于3 000平方米。⑥企业产品（服务）属于科学技术部、财政部、国家税务总局印发的《国家重点支持的高新技术领域》规定的范围。"孵化服务"是指为孵化企业提供的属于营业税"服务业"税目中"代理业""租赁业"和"其他服务业"中的咨询和技术服务范围内的服务，改征增值税后是指为孵化企业提供的"经纪代理""经营租赁""研发和技术""信息技术"和"鉴证咨询"等服务。省级科技行政主管部门负责定期核实孵化器是否符合规定的各项条件，并报国务院科技行政主管部门审核确认。国务院科技行政主管部门审核确认后向纳税人出具证明材料，列明用于孵化的房产和土地的地址、范围、面积等具体信息，并发送给国务院税务主管部门。纳税人持相应证明材料向主管税务机关备案，主管税务机关按照《税收减免管理办法》等有关规定，以及国务院科技行政主管部门发布的符合规定条件的孵化器名单信息，办理税收减免。

六、个人销售住房营改增税收优惠政策

 北上广深个人销售住房可以享受哪些优惠政策？

北京市、上海市、广州市和深圳市个人销售住房享受下列税收优惠政策：

（1）个人将购买不足2年的住房对外销售的，按照5%的征收率全额缴纳增值税。

（2）个人将购买2年以上（含2年）的非普通住房对外销售的，以销售收入减去购买住房价款后的差额按照5%的征收率缴纳增值税。

（3）个人将购买2年以上（含2年）的普通住房对外销售的，免征增值税。

 其他地区个人销售住房可以享受哪些优惠政策？

其他地区个人销售住房享受下列税收优惠政策：

（1）个人将购买不足2年的住房对外销售的，按照5%的征收率全额缴纳增值税。

（2）个人将购买2年以上（含2年）的住房对外销售的，免征增值税。

 友情提示

　　办理免税的具体程序、购买房屋的时间、开具发票、非购买形式取得住房行为及其他相关税收管理规定，按照《国务院办公厅转发建设部等部门关于做好稳定住房价格工作意见的通知》（国办发〔2005〕26号）、《国家税务总局、财政部、建设部关于加强房地产税收管理的通知》（国税发〔2005〕89号）和《国家税务总局关于房地产税收政策执行中几个具体问题的通知》（国税发〔2005〕172号）的有关规定执行。

七、退役士兵创业就业营改增税收优惠政策

 退役士兵创业就业可以享受哪些税收优惠政策？

退役士兵创业就业可以享受下列税收优惠政策：

（1）对自主就业退役士兵从事个体经营的，在 3 年内按每户每年 8 000 元为限额依次扣减其当年实际应缴纳的增值税、城市维护建设税、教育费附加、地方教育附加和个人所得税。限额标准最高可上浮 20%，各省、自治区、直辖市人民政府可根据本地区实际情况在此幅度内确定具体限额标准，并报财政部和国家税务总局备案。

 友情提示

> 纳税人年度应缴纳税款小于上述扣减限额的，以其实际缴纳的税款为限；大于上述扣减限额的，应以上述扣减限额为限。纳税人的实际经营期不足 1 年的，应当以实际月份换算其减免税限额。换算公式为：减免税限额 = 年度减免税限额 ÷12× 实际经营月数。纳税人在享受税收优惠政策的当月，持《中国人民解放军义务兵退出现役证》或《中国人民解放军士官退出现役证》以及税务机关要求的相关材料向主管税务机关备案。

（2）对商贸企业、服务型企业、劳动就业服务企业中的加工型企业和街道社区具有加工性质的小型企业实体，在新增加的岗位中，当年新招用自主就业退役士兵，与其签订 1 年以上期限劳动合同并依法缴纳社会保险费的，在 3 年内按实际招用人数予以定额依次扣减增值税、城市维护建设税、教育费附加、地方教育附加和企业所得税优惠。定额标准为每人每年 4 000 元，最高可上浮 50%，各省、自治区、直辖市人民政府可根据本地区实际情况在此幅度内确定具体定额标准，并报财政部和国家税务总局备案。上述所称服务型企业是指从事《销售服务、无形资产、不动产注释》中"不动产租赁服务""商务辅助服务"（不含货物运输代理和代理报关服务）"生活服务"（不含文化体育服务）范围内业务活动的企业以及按照《民办非企业单位登记管理暂行条例》（国务院令第 251 号）登记成立的民办非企业单位。

 友情提示

> 纳税人按企业招用人数和签订的劳动合同时间核定企业减免税总额，在核定减免税总额内每月依次扣减增值税、城市维护建设税、教育费附加和地方教育附加。纳税人实际应缴纳的增值税、城市维护建设税、教育费附加和地方教育附加小于核定减免税总额的，以实际应缴纳的增值税、城市维护建设税、教育费附加和地方教育附加为限；实际应缴纳的增值税、城市维护建设税、教育费附加和地方教育附加大于核定减免税总额的，以

核定减免税总额为限。纳税年度终了，如果企业实际减免的增值税、城市维护建设税、教育费附加和地方教育附加小于核定的减免税总额，企业在企业所得税汇算清缴时扣减企业所得税。当年扣减不足的，不再结转以后年度扣减。计算公式为：企业减免税总额＝∑每名自主就业退役士兵本年度在本企业工作月份÷12×定额标准。企业自招用自主就业退役士兵的次月起享受税收优惠政策，并于享受税收优惠政策的当月，持下列材料向主管税务机关备案：①新招用自主就业退役士兵的《中国人民解放军义务兵退出现役证》或《中国人民解放军士官退出现役证》；②企业与新招用自主就业退役士兵签订的劳动合同（副本），企业为职工缴纳的社会保险费记录；③自主就业退役士兵本年度在企业工作时间表；④主管税务机关要求的其他相关材料。

（3）上述所称自主就业退役士兵是指依照《退役士兵安置条例》（国务院、中央军委令第608号）的规定退出现役并按自主就业方式安置的退役士兵。

（4）上述税收优惠政策的执行期限为2016年5月1日至2016年12月31日，纳税人在2016年12月31日未享受满3年的，可继续享受至3年期满为止。

（5）按照《财政部、国家税务总局、民政部关于调整完善扶持自主就业退役士兵创业就业有关税收政策的通知》（财税〔2014〕42号）的规定享受营业税优惠政策的纳税人，自2016年5月1日起按照上述规定享受增值税优惠政策，在2016年12月31日未享受满3年的，可继续享受至3年期满为止。

（6）《财政部、国家税务总局关于将铁路运输和邮政业纳入营业税改征增值税试点的通知》（财税〔2013〕106号）附件3第一条第（十二）项城镇退役士兵就业免征增值税政策，自2014年7月1日起停止执行。在2014年6月30日未享受满3年的，可继续享受至3年期满为止。

八、重点群体创业就业营改增税收优惠政策

 重点群体创业就业可以享受哪些税收优惠政策？

重点群体创业就业可以享受以下税收优惠政策：

（1）对持《就业创业证》（注明"自主创业税收政策"或"毕业年度内自主创业税收政策"）或《就业失业登记证》（注明"自主创业税收政策"或附着《高校毕业生自主创业证》）的人员从事个体经营的，在3年内按每户每年

8 000 元为限额依次扣减其当年实际应缴纳的增值税、城市维护建设税、教育费附加、地方教育附加和个人所得税。限额标准最高可上浮 20%，各省、自治区、直辖市人民政府可根据本地区实际情况在此幅度内确定具体限额标准，并报财政部和税务总局备案。

 友情提示

> 纳税人年度应缴纳税款小于上述扣减限额的，以其实际缴纳的税款为限；大于上述扣减限额的，应以上述扣减限额为限。上述人员是指：①在人力资源社会保障部门公共就业服务机构登记失业半年以上的人员。②零就业家庭、享受城市居民最低生活保障家庭劳动年龄内的登记失业人员。③毕业年度内高校毕业生。高校毕业生是指实施高等学历教育的普通高等学校、成人高等学校毕业的学生；毕业年度是指毕业所在自然年，即 1 月 1 日至 12 月 31 日。

（2）对商贸企业、服务型企业、劳动就业服务企业中的加工型企业和街道社区具有加工性质的小型企业实体，在新增加的岗位中，当年新招用在人力资源社会保障部门公共就业服务机构登记失业半年以上且持《就业创业证》或《就业失业登记证》（注明"企业吸纳税收政策"）人员，与其签订 1 年以上期限劳动合同并依法缴纳社会保险费的，在 3 年内按实际招用人数予以定额依次扣减增值税、城市维护建设税、教育费附加、地方教育附加和企业所得税优惠。定额标准为每人每年 4 000 元，最高可上浮 30%，各省、自治区、直辖市人民政府可根据本地区实际情况在此幅度内确定具体定额标准，并报财政部和税务总局备案。

 友情提示

> 按上述标准计算的税收扣减额应在企业当年实际应缴纳的增值税、城市维护建设税、教育费附加、地方教育附加和企业所得税税额中扣减，当年扣减不足的，不得结转下年使用。服务型企业，是指从事《销售服务、无形资产、不动产注释》（《财政部 国家税务总局关于全面推开营业税改征增值税试点的通知》财税〔2016〕36 号附件）中"不动产租赁服务"、"商务辅助服务"（不含货物运输代理和代理报关服务）、"生活服务"（不含文化体育服务）范围内业务活动的企业以及按照《民办非企业单位登记管理暂行条例》（国务院令第 251 号）登记成立的民办非企业单位。

（3）享受上述优惠政策的人员按以下规定申领《就业创业证》：①按照《就业服务与就业管理规定》（人力资源社会保障部令第24号）第六十三条的规定，在法定劳动年龄内，有劳动能力，有就业要求，处于无业状态的城镇常住人员，在公共就业服务机构进行失业登记，申领《就业创业证》。对其中的零就业家庭、城市低保家庭的登记失业人员，公共就业服务机构应在其《就业创业证》上予以注明。②毕业年度内高校毕业生在校期间凭学生证向公共就业服务机构按规定申领《就业创业证》，或委托所在高校就业指导中心向公共就业服务机构按规定代为其申领《就业创业证》；毕业年度内高校毕业生离校后直接向公共就业服务机构按规定申领《就业创业证》。③上述人员申领相关凭证后，由就业和创业地人力资源社会保障部门对人员范围、就业失业状态、已享受政策情况进行核实，在《就业创业证》上注明"自主创业税收政策""毕业年度内自主创业税收政策"或"企业吸纳税收政策"字样，同时符合自主创业和企业吸纳税收政策条件的，可同时加注；主管税务机关在《就业创业证》上加盖戳记，注明减免税所属时间。

（4）上述税收优惠政策的执行期限为2017年1月1日至2019年12月31日。本通知规定的税收优惠政策按照备案减免税管理，纳税人应向主管税务机关备案。税收优惠政策在2019年12月31日未享受满3年的，可继续享受至3年期满为止。

（5）对《财政部 国家税务总局关于全面推开营业税改征增值税试点的通知》（财税〔2016〕36号）文件附件3第三条第（二）项政策，纳税人在2016年12月31日未享受满3年的，可按现行政策继续享受至3年期满为止。

（6）上述人员不得重复享受税收优惠政策，以前年度已享受扶持就业的专项税收优惠政策的人员不得再享受本通知规定的税收优惠政策。如果企业的就业人员既适用本通知规定的税收优惠政策，又适用其他扶持就业的专项税收优惠政策，企业可选择适用最优惠的政策，但不能重复享受。

（7）上述税收政策的具体实施办法由税务总局会同财政部、人力资源社会保障部、教育部、民政部另行制定。各地财政、税务、人力资源社会保障部门要加强领导、周密部署，把大力支持和促进重点群体创业就业工作作为一项重要任务，主动做好政策宣传和解释工作，加强部门间的协调配合，确保政策落实到位。同时，要密切关注税收政策的执行情况，对发现的问题及时逐级向财政部、税务总局、人力资源社会保障部反映。

第五部分　消费税与城市维护建设税优惠政策

您知道消费税有哪些优惠政策吗？您知道哪些消费品可以免征消费税吗？您知道哪些消费品可以减征消费税吗？您知道消费税在征税范围方面有哪些优惠政策吗？本部分将为您回答上述问题。

一、免征消费税优惠政策

 哪些消费品可以享受免税待遇?

下列消费品可以享受免税待遇：

（1）对纳税人出口应税消费品，免征消费税；国务院另有规定的除外。

（2）自2001年12月20日起，对既有自产卷烟，同时又委托联营企业加工与自产卷烟牌号、规格相同卷烟的工业企业（以下简称卷烟回购企业），从联营企业购进后再直接销售的卷烟，对外销售时不论是否加价，凡是符合下述条件的，不再征收消费税；不符合下述条件的，则征收消费税：①回购企业在委托联营企业加工卷烟时，除提供给联营企业所需加工卷烟牌号外，还须同时提供税务机关已公示的消费税计税价格。联营企业必须按照已公示的调拨价格申报缴纳消费税；②回购企业将联营企业加工卷烟回购后再销售的卷烟，其销售收入应与自产卷烟的销售收入分开核算，以备税务机关检查；如不分开核算，则一并计入自产卷烟销售收入征收消费税。

（3）对第29届奥运会组委会委托加工生产的化妆品、护肤护发品免征应缴纳的消费税。

（4）债转股原企业将应税消费品作为投资提供给债转股新公司的，免征消费税。

（5）自2006年4月1日起，取消护肤护发品税目，将原属于护肤护发品征税范围的高档护肤类化妆品列入化妆品税目。

（6）自2006年4月1日起，航空煤油暂缓征收消费税。

（7）自2006年4月1日起，子午线轮胎免征消费税。

（8）自2008年1月1日起至2010年12月31日止，进口石脑油和国产的用作乙烯、芳烃类产品原料的石脑油免征消费税。生产企业直接对外销售的石脑油应按规定征收消费税。

（9）自2011年10月1日起，生产企业自产石脑油、燃料油用于生产乙烯、芳烃类化工产品的，按实际耗用数量暂免征消费税。用石脑油、燃料油生产乙烯、芳烃类化工产品的产量占本企业用石脑油、燃料油生产产品总量的50%以上（含50%）的企业，享受上述消费税免税政策。

（10）自2014年12月1日起，取消气缸容量250毫升（不含）以下的小排量摩托车消费税。气缸容量250毫升和250毫升（不含）以上的摩托车继续分别按3%和10%的税率征收消费税。

（11）自2014年12月1日起，取消汽车轮胎税目。

（12）自2014年12月1日起，取消车用含铅汽油消费税，汽油税目不再划分二级子目，统一按照无铅汽油税率征收消费税。

（13）自2014年12月1日起，取消酒精消费税。取消酒精消费税后，"酒及酒精"品目相应改为"酒"，并继续按现行消费税政策执行。

（14）自2015年1月13日起，将柴油、航空煤油和燃料油的消费税单位税额由1.1元/升提高到1.2元/升。航空煤油继续暂缓征收。

（15）自2015年2月1日起，对电池、涂料征收消费税。对无汞原电池、金属氢化物镍蓄电池（又称"氢镍蓄电池"或"镍氢蓄电池"）、锂原电池、锂离子蓄电池、太阳能电池、燃料电池和全钒液流电池免征消费税。2015年12月31日前对铅蓄电池缓征消费税；自2016年1月1日起，对铅蓄电池按4%税率征收消费税。

（16）自2016年10月1日起，取消对普通美容、修饰类化妆品征收消费税，将"化妆品"税目名称更名为"高档化妆品"。

消费税有哪些抵扣和退还消费税的优惠政策？

抵扣和退还消费税的优惠政策如下：

（1）自1994年1月1日起，下列应税消费品可以销售额扣除外购已税消费品买价后的余额作为计税价格计征消费税：①外购已税烟丝生产的卷烟；②外购已税酒和酒精生产的酒（包括以外购已税白酒加浆降度，用外购已税的不同品种的白酒勾兑的白酒，用曲香、香精对外购已税白酒进行调香、调味以及外购散装白酒装瓶出售等等）；③外购已税化妆品生产的化妆品；④外购已税护肤护发品生产的护肤护发品；⑤外购已税珠宝玉石生产的贵重首饰及珠宝玉石；⑥外购已税鞭炮、焰火生产的鞭炮、焰火。外购已税消费品的买价是指购货发票上注明的销售额（不包括增值税税款）。

（2）自1994年1月1日起，下列应税消费品准予从应纳消费税税额中扣除原料已纳消费税税款：①以委托加工收回的已税烟丝为原料生产的卷烟；②以委托加工收回的已税酒和酒精为原料生产的酒；③以委托加工收回的已税化妆品为原料生产的化妆品；④以委托加工收回的已税护肤护发品为原料生产的护肤护发品；⑤以委托加工收回已税珠宝玉石为原料生产的贵重首饰及珠宝玉石；⑥以委托加工收回已税鞭炮、焰火为原料生产的鞭炮、焰火。已纳消费税税款是指委托加工的应税消费品由受托方代收代缴的消费税。

（3）自1995年6月1日起，对于用外购的已税烟丝、已税酒及酒精等8种应税消费品连续生产的应税消费品，在计税时准予扣除外购的应税消费品已纳的消费税税款，停止实行以销售额扣除外购应税消费品买价后的余额为计税依据计征消费税的办法。当期准予扣除的外购或委托加工收回的应税消费品的已纳消费税税款，应按当期生产领用数量计算。计算公式如下：①当期准予扣除的外购应税消费品已纳税款 = 当期准予扣除的外购应税消费品买价 × 外购应税消费品适用税率；当期准予扣除的外购应税消费品买价 = 期初库存的外购应税消费品的买价 + 当期购进的应税消费品的买价 – 期末库存的外购应税消费品的买价；②当期准予扣除的委托加工应税消费品已纳税款 = 期初库存的委托加工应税消费品已纳税款 + 当期收回的委托加工应税消费品已纳税款 – 期末库存的委托加工应税消费品已纳税款。

（4）对既有自产应税消费品，同时又购进与自产应税消费品同样的应税消费品进行销售的工业企业，对其销售的外购应税消费品应当征收消费税，同时可以扣除外购应税消费品的已纳税款。上述允许扣除已纳税款的外购应税消费品仅限于烟丝、酒、酒精、化妆品、护肤护发品、珠宝玉石、鞭炮焰火、汽车轮胎和摩托车。

（5）对自己不生产应税消费品，而只是购进后再销售应税消费品的工业企业，其销售的粮食白酒、薯类白酒、酒精、化妆品、护肤护发品、鞭炮焰火和珠宝玉石，凡不能构成最终消费品直接进入消费品市场，而需进一步生产加工的（如需进一步加浆降度的白酒及食用酒精，需进行调香、调味和勾兑的白酒，需进行深加工、包装、贴标、组合的珠宝玉石、化妆品、酒、鞭炮焰火等），应当征收消费税，同时允许扣除上述外购应税消费品的已纳税款。允许扣除已纳税款的应税消费品只限于从工业企业购进的应税消费品，对从商业企业购进应税消费品的已纳税款一律不得扣除。

（6）自2006年4月1日起，下列应税消费品准予从消费税应纳税额中扣除原料已纳的消费税税款：①以外购或委托加工收回的已税杆头、杆身和握把为原料生产的高尔夫球杆；②以外购或委托加工收回的已税木制一次性筷子为原料生产的木制一次性筷子；③以外购或委托加工收回的已税实木地板为原料生产的实木地板；④以外购或委托加工收回的已税石脑油为原料生产的应税消费品；⑤以外购或委托加工收回的已税润滑油为原料生产的润滑油。

（7）单位和个人外购润滑油大包装经简单加工改成小包装或者外购润滑油不经加工只贴商标的行为，视同应税消费税品的生产行为。单位和个人发生的以上行为应当申报缴纳消费税。准予扣除外购润滑油已纳的消费税税款。

（8）自2009年1月1日起，对油（气）田企业在开采原油过程中耗用的内购成品油，暂按实际缴纳成品油消费税的税额，全额返还所含消费税。享受税收返还政策的成品油必须同时符合以下三个条件：①由油（气）田企业所隶属的集团公司（总厂）内部的成品油生产企业生产；②从集团公司（总厂）内部购买；③油（气）田企业在地质勘探、钻井作业和开采作业过程中，作为燃料、动力（不含运输）耗用。

（9）自2011年10月1日起，对使用石脑油、燃料油生产乙烯、芳烃的企业（以下简称使用企业）购进并用于生产乙烯、芳烃类化工产品的石脑油、燃料油，按实际耗用数量暂退还所含消费税。退还石脑油、燃料油所含消费税计算公式为：应退还消费税税额＝石脑油、燃料油实际耗用数量×石脑油、燃料油消费税单位税额。用石脑油、燃料油生产乙烯、芳烃类化工产品的产量占本企业用石脑油、燃料油生产产品总量的50%以上（含50%）的企业，享受上述消费税退税政策。

（10）自2012年9月1日起，委托方将收回的应税消费品，以不高于受托方的计税价格出售的，为直接出售，不再缴纳消费税；委托方以高于受托方的计税价格出售的，不属于直接出售，需按照规定申报缴纳消费税，在计税时准予扣除受托方已代收代缴的消费税。

（11）自2014年1月1日起，以外购或委托加工收回的已税汽油、柴油为原料连续生产汽油、柴油，准予从汽、柴油消费税应纳税额中扣除原料已纳的消费税税款。

 疑难问题解答

用购进已税烟丝生产的出口卷烟，能否扣除外购已税烟丝的已纳税款？

解答： 按照现行税收法规规定，国家对卷烟出口一律实行在生产环节免税的办法，即免征卷烟加工环节的增值税和消费税，而对出口卷烟所耗用的原辅材料已缴纳的增值税和消费税则不予退、免税。据此，为生产出口卷烟而购进的已税烟丝的已纳税款不能给予扣除。

二、减征消费税优惠政策

 哪些消费品可以享受减征消费税的优惠政策?

下列消费品可以享受减征消费税的优惠政策:

（1）从 1994 年 1 月 1 日起，对香皂暂时减按 5% 的税率征收消费税。

（2）从 1994 年 1 月 1 日起，对甲类卷烟暂减按 40% 的税率征收消费税。

（3）从 1994 年 1 月 1 日起，金银首饰消费税由 10% 的税率减按 5% 的税率征收。减按 5% 征收消费税的范围仅限于金、银和金基、银基合金首饰，以及金、银和金基、银基合金的镶嵌首饰。不在上述范围内的应税首饰仍按 10% 的税率征收消费税。

（4）自 1999 年 1 月 1 日起，除对香皂仍按现行政策规定依 5% 的税率征收消费税以外，其他护肤护发品的消费税税率统一由 17% 降为 8%。

（5）自 2000 年 1 月 1 日起，对生产销售达到低污染排放限值的小轿车、越野车和小客车减征 30% 的消费税。

计算公式为:

$$减征税额 = 按法定税率计算的消费税额 \times 30\%$$
$$应征税额 = 按法定税率计算的消费税额 - 减征税额$$

低污染排放限值是指相当于欧盟指令 94/12/ec、96/69/ec 排放标准（简称"欧洲 ii 号标准"）。自 2004 年 1 月 1 日起，对企业生产销售的达到 GB18352—2001 排放标准（相当于欧洲 II 标准）的小汽车，停止减征消费税，一律恢复按规定税率征税。

（6）自 2001 年 1 月 1 日起，对"护肤护发品"税目中的香皂停止征收消费税。

（7）自 2001 年 1 月 1 日起，对"汽车轮胎"税目中的子午线轮胎免征消费税，对翻新轮胎停止征收消费税。其余轮胎继续按 10% 税率征收消费税。子午线轮胎，是指在轮胎结构中，胎体帘线按子午线方向排列，并有钢丝帘线排列几乎接近圆周方向的带束层束紧胎体的轮胎。

（8）自 2003 年 5 月 1 日起，铂金首饰消费税的征收环节由现行在生产环节和进口环节征收改为在零售环节征收，消费税税率调整为 5%。

（9）自 2004 年 7 月 1 日起，对企业生产销售达到相当于欧洲 III 号排放标准的小汽车减征 30% 的消费税。

（10）自 2006 年 4 月 1 日起，将汽车轮胎 10% 的税率下调到 3%。

（11）自 2008 年 1 月 1 日起，对石脑油、溶剂油、润滑油按每升 0.2 元征收消费税，燃料油按每升 0.1 元征收消费税。

（12）自 2008 年 9 月 1 日起，气缸容量（排气量，下同）在 1.0 升以下（含 1.0 升）的乘用车，税率由 3% 下调至 1%；将气缸容量（排气量，下同）1.0 升以下（含 1.0 升）的乘用车进口环节消费税税率由 3% 下调至 1%。

（13）自 2011 年 10 月 1 日起，以蒸馏酒或食用酒精为酒基，同时符合以下条件的配制酒，按消费税税目税率表"其他酒"10% 适用税率征收消费税：①具有国家相关部门批准的国食健字或卫食健字文号。②酒精度低于 38 度（含）。以发酵酒为酒基，酒精度低于 20 度（含）的配制酒，按消费税税目税率表"其他酒"10% 适用税率征收消费税。其他配制酒，按消费税税目税率表"白酒"适用税率征收消费税。上述蒸馏酒或食用酒精为酒基是指酒基中蒸馏酒或食用酒精的比重超过 80%（含）；发酵酒为酒基是指酒基中发酵酒的比重超过 80%（含）。配制酒（露酒）是指以发酵酒、蒸馏酒或食用酒精为酒基，加入可食用或药食两用的辅料或食品添加剂，进行调配、混合或再加工制成的、并改变了其原酒基风格的饮料酒。

（14）自 2016 年 10 月 1 日起，将"化妆品"税目名称更名为"高档化妆品"。征收范围包括高档美容、修饰类化妆品、高档护肤类化妆品和成套化妆品。税率调整为 15%。高档美容、修饰类化妆品和高档护肤类化妆品是指生产（进口）环节销售（完税）价格（不含增值税）在 10 元 / 毫升（克）或 15 元 / 片（张）及以上的美容、修饰类化妆品和护肤类化妆品。

三、消费税征税范围的优惠

 哪些与应税消费品类似的产品不需要缴纳消费税？

下列产品与应税消费品类似，但不需要缴纳消费税：

（1）汽车轮胎是指用于各种汽车、挂车、专用车和其他机动车上的内、外胎，不包括农用拖拉机、收割机、手扶拖拉机的专用轮胎。自 2010 年 12 月 1 日起，农用拖拉机、收割机和手扶拖拉机专用轮胎不属于《消费税暂行条例》规定的应征消费税的"汽车轮胎"范围，不征收消费税。

（2）对最大设计车速不超过 50km/h，发动机气缸总工作容量不超过 50ml 的三轮摩托车不征收消费税。

（3）车身长度大于 7 米（含），并且座位在 10 至 23 座（含）以下的商用客车，不属于中轻型商用客车征税范围，不征收消费税。

（4）以动植物油为原料，经提纯、精炼、合成等工艺生产的生物柴油，不属于消费税征税范围。

（5）沙滩车、雪地车、卡丁车、高尔夫车不属于消费税征收范围，不征收消费税。

（6）对于企业购进货车或厢式货车改装生产的商务车、卫星通讯车等专用汽车不属于消费税征收范围，不征收消费税。

（7）电动汽车不属于"小汽车"税目征收范围。

（8）舞台、戏剧、影视演员化妆用的上妆油、卸装油、油彩、不属于"化妆品"税目的征收范围。

 疑难问题解答

"啤酒源"是否征收消费税？

解答：啤酒源是以大麦或其他粮食为原料，加入啤酒花，经糖化、发酵酿制而成的含二氧化碳的酒。在产品特性、使用原料和生产工艺流程上，啤酒源与啤酒一致，只缺少过滤过程。因此，对啤酒源应按啤酒征收消费税。

 疑难问题解答

菠萝啤酒是否征收消费税？

解答：经向主管部门了解，菠萝啤酒是以大麦或其他粮食为原料，加入啤酒花，经糖化、发酵，并在过滤时加入菠萝精（汁）、糖酿制的含有二氧化碳的酒。其在产品特性、使用原料和生产工艺流程上与啤酒相同，只是在过滤时加上适量的菠萝精（汁）和糖，因此，对菠萝啤酒应按啤酒征收消费税。

 疑难问题解答

"金刚石"是否征收消费税？

解答：金刚石又称钻石，属于贵重首饰及珠宝玉石的征收范围，应按规定征收消费税。

 疑难问题解答

"宝石坯"是否征收消费税？

解答：根据《消费税征收范围注释》规定,珠宝玉石的征税范围为经采掘、打磨、加工的各种珠宝玉石。宝石坯是经采掘、打磨、初级加工的珠宝玉石半成品，因此，对宝石坯应按规定征收消费税。

疑难问题解答

根据《消费税征收范围注释》规定，轻便摩托车的征税范围为最大设计车速不超过 50km/h，发动机气缸总工作容量不超过 50ml 的两轮摩托车。对最大设计车速不超过 50km/h，发动机汽缸总工作容量不超过 50ml 的三轮摩托车是否征收消费税？

解答： 对最大设计车速不超过 50km/h，发动机气缸总工作容量不超过 50ml 的三轮摩托车不征收消费税。

 消费税在税收优惠政策管理方面有哪些便利制度？

消费税在税收优惠政策管理方面的便利制度如下：

（1）自 2015 年 5 月 22 日，纳税人以外购、进口、委托加工收回的应税消费品（以下简称外购应税消费品）为原料连续生产应税消费品，准予按现行政策规定抵扣外购应税消费品已纳消费税税款。经主管税务机关核实上述外购应税消费品未缴纳消费税的，纳税人应将已抵扣的消费税税款，从核实当月允许抵扣的消费税中冲减。

（2）自 2015 年 5 月 22 日，纳税人生产《国家税务总局关于消费税有关政策问题的公告》（国家税务总局公告 2012 年第 47 号）第一条第（二）项符合国家标准、石化行业标准的产品和第二条沥青产品的，在取得省级以上（含）质量技术监督部门出具的相关产品质量检验证明的当月起，不征收消费税。经主管税务机关核实纳税人在取得产品质量检验证明之前未申报缴纳消费税的，应按规定补缴消费税。

（3）自 2015 年 8 月 1 日起，符合《财政部 中国人民银行 国家税务总局关于延续执行部分石脑油、燃料油消费税政策的通知》（财税〔2011〕87 号）和《国家税务总局 海关总署关于石脑油 燃料油生产乙烯 芳烃类化工产品消费税退税问题的公告》（国家税务总局 海关总署公告 2013 年第 29 号）第一条规定，享受退（免）消费税优惠政策的纳税人应在申请退（免）消费税的首个纳税申报期内，将资格备案资料作为申报资料的一部分，一并提交主管税务机关；资格备案事项发生变化的，应按《用于生产乙烯、芳烃类化工产品的石脑油、燃料油退（免）消费税暂行办法》（国家税务总局公告 2012 年第 36 号发布）第十条的规定，办理资格备案事项变更手续；在此之前，纳税人已取得退（免）消费税资格的，不需重新办理资格备案手续。上述资格备案资料是指国家税务总局 海关总署公告 2013 年第 29 号第二条规定的资料。

消费税在退税和补税上有哪些优惠政策?

消费税在退税和补税上的优惠政策如下:

(1)自 2015 年 12 月 23 日,纳税人销售的应税消费品,因质量等原因发生退货的,其已缴纳的消费税税款可予以退还。纳税人办理退税手续时,应将开具的红字增值税发票、退税证明等资料报主管税务机关备案。主管税务机关核对无误后办理退税。

(2)自 2015 年 12 月 23 日,纳税人直接出口的应税消费品办理免税后,发生退关或者国外退货,复进口时已予以免税的,可暂不办理补税,待其转为国内销售的当月申报缴纳消费税。

四、城市维护建设税优惠政策

 城市维护建设税有哪些优惠政策?

城市维护建设税原则上不单独减免,但因城市维护建设税又具附加税性质,当主税发生减免时,城市维护建设税相应发生税收减免。城市维护建设税的税收优惠政策如下:

(1)城市维护建设税按减免后实际缴纳的增值税、消费税税额计征,即随增值税、消费税的减免而减免。

(2)对于因减免税而需进行增值税、消费税退库的,城市维护建设税也可同时退库。

(3)海关对进口产品代征的增值税、消费税,不征收城市维护建设税。

(4)对国家重大水利工程建设基金免征城市维护建设税。

(5)对增值税、消费税实行先征后返、先征后退、即征即退办法的,除另有规定外,对随增值税、消费税附征的城市维护建设税,一律不退(返)还。

(6)对出口产品退还增值税、消费税的,不退还已缴纳的城市维护建设税。

 疑难问题解答

撤县建市后,城市维护建设税如何确定具体适用税率?

解答:《城市维护建设税暂行条例》对市区、县城和镇等分别规定了不同的城市维护建设税税率。撤县建市后,纳税人所在地在市区的,城市维护建设税适用税率为 7%;纳税人所在地在市区以外其他镇的,城市维护建设税适用税率仍为 5%。

第六部分　关税优惠政策

您知道关税有哪些优惠政策吗？您知道哪些商品属于临时免税商品吗？您知道哪些商品属于不征关税商品吗？您知道哪些商品可以享受免征关税的优惠政策吗？本部分将为您回答上述问题。

一、临时免税商品

 哪些商品可以享受临时免征关税的政策？

经海关批准暂时进境或者暂时出境的下列货物，在进境或者出境时纳税义务人向海关缴纳相当于应纳税款的保证金或者提供其他担保的，可以暂不缴纳关税，并应当自进境或者出境之日起6个月内复运出境或者复运进境；经纳税义务人申请，海关可以根据海关总署的规定延长复运出境或者复运进境的期限：

（1）在展览会、交易会、会议及类似活动中展示或者使用的货物。

（2）文化、体育交流活动中使用的表演、比赛用品。

（3）进行新闻报道或者摄制电影、电视节目使用的仪器、设备及用品。

（4）开展科研、教学、医疗活动使用的仪器、设备及用品。

（5）在上述第（1）项至第（4）项所列活动中使用的交通工具及特种车辆。

（6）货样。

（7）供安装、调试、检测设备时使用的仪器、工具。

（8）盛装货物的容器。

（9）其他用于非商业目的的货物。

上述所列暂准进境货物在规定的期限内未复运出境的，或者暂准出境货物在规定的期限内未复运进境的，海关应当依法征收关税。

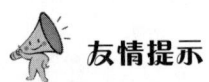 **友情提示**

上述所列可以暂时免征关税范围以外的其他暂准进境货物，应当按照该货物的完税价格和其在境内滞留时间与折旧时间的比例计算征收进口关税。

二、不征关税商品

 哪些商品不属于关税的征收范围，不征关税？

下列商品不属于关税的征收范围，不征关税：

（1）因品质或者规格原因，出口货物自出口之日起1年内原状复运进境的，不征收进口关税。

（2）因品质或者规格原因，进口货物自进口之日起1年内原状复运出境的，不征收出口关税。

（3）因残损、短少、品质不良或者规格不符原因，由进出口货物的发货人、承运人或者保险公司免费补偿或者更换的相同货物，进出口时不征收关税。被免费更换的原进口货物不退运出境或者原出口货物不退运进境的，海关应当对原进出口货物重新按照规定征收关税。

三、免征关税商品

 哪些商品可以享受免税待遇？

下列进出口货物，免征关税：

（1）关税税额在人民币50元以下的一票货物。

（2）无商业价值的广告品和货样。

（3）外国政府、国际组织无偿赠送的物资。

（4）在海关放行前损失的货物。

（5）进出境运输工具装载的途中必需的燃料、物料和饮食用品。

（6）在海关放行前遭受损坏的货物，可以根据海关认定的受损程度减征关税。

友情提示

　　纳税义务人进出口减免税货物的，除另有规定外，应当在进出口该货物之前，按照规定持有关文件向海关办理减免税审批手续。经海关审查符合规定的，予以减征或者免征关税。

　　（7）对外国政府和国际组织无偿捐赠用于第29届奥运会的进口物资，免征进口关税和进口环节增值税。

 友情提示

　　境外企业赞助、捐赠用于第29届奥运会的进口物资，应按规定照章征收进口关税和进口环节增值税。

　　（8）对以一般贸易方式进口，用于第29届奥运会的体育场馆建设所需设备中与体育场馆设施固定不可分离的设备以及直接用于奥运会比赛用的消耗品（如比赛用球等），免征应缴纳的关税和进口环节增值税。享受免税政策的奥运会体育场馆建设进口设备及比赛用消耗品的范围、数量清单由组委会汇总后报财政部商有关部门审核确定。

 友情提示

　　对组委会进口的其他特需物资，包括：国际奥委会或国际单项体育组织指定的，国内不能生产或性能不能满足需要的体育器材、医疗检测设备、安全保障设备、交通通讯设备、技术设备，在运动会期间按暂准进口货物规定办理，运动会结束后留用或做变卖处理的，按有关规定办理正式进口手续，并照章缴纳进口税收，其中进口汽车以不低于新车90%的价格估价征税。上述暂准进口的商品范围、数量清单由组委会汇总后报财政部商有关部门审核确定。

　　（9）对国际奥委会、国际单项体育组织和其他社会团体等从国外邮寄进口且不流入国内市场的、与第29届奥运会有关的非贸易性文件、书籍、音像、光盘，在合理数量范围内免征关税和进口环节增值税。合理数量的具体标准由海关总署确定。对奥运会场馆建设所需进口的模型、图纸、图板、电子文件光盘、设计说明及缩印本等非贸易性规划设计方案，免征关税和进口环节增值税。

（10）对西部地区内资鼓励类产业、外商投资鼓励类产业及优势产业的项目在投资总额内进口的自用设备，除《国内投资项目不予免税的进口商品目录（2000年修订）》和《外商投资项目不予免税的进口商品目录》所列商品外，免征关税和进口环节增值税。外资优势产业按《中西部地区外商投资优势产业目录（2004年修订）》（国家发改委、商务部令〔2004〕第13号）执行。

 友情提示

> 　　西部地区包括重庆市、四川省、贵州省、云南省、西藏自治区、陕西省、甘肃省、宁夏回族自治区、青海省、新疆维吾尔自治区、新疆生产建设兵团、内蒙古自治区和广西壮族自治区。湖南省湘西土家族苗族自治州、湖北省恩施土家族苗族自治州、吉林省延边朝鲜族自治州，可以比照西部地区的税收优惠政策执行。

（11）对境外捐赠人无偿捐赠的直接用于各类职业学校、高中、初中、小学、幼儿园教育的教学仪器、图书、资料和一般学习用品，免征进口关税和进口环节增值税。上述捐赠用品不包括国家明令不予减免进口税的20种商品。其他相关事宜按照国务院批准的《扶贫、慈善性捐赠物质免征进口税收暂行办法》办理。

（12）对教育部承认学历的大专以上全日制高等院校以及财政部会同国务院有关部门批准的其他学校，不以营利为目的，在合理数量范围内的进口国内不能生产的科学研究和教学用品，直接用于科学研究或教学的，免征进口关税和进口环节增值税、消费税（不包括国家明令不予减免进口税的20种商品）。科学研究和教学用品的范围等有关具体规定，按照国务院批准的《科学研究和教学用品免征进口税收暂行规定》执行。

（13）从2004年1月1日至2008年12月31日，对生产重点文化产品进口所需要的自用设备及配套件、备件等，按现行税收政策的有关规定，免征进口关税和进口环节增值税。

（14）自2008年1月1日（以进口申报时间为准）起,对国内企业为开发、制造大型非公路矿用自卸车而进口部分关键零部件、原材料所缴纳的进口关税和进口环节增值税实行先征后退，所退税款作为国家投资处理，转为国家资本金，主要用于企业新产品的研制生产以及自主创新能力建设。自2008年

4月1日起，对新批准的内、外资投资项目（以项目审批、核准或备案日期为准，以下同），进口额定装载质量不大于328吨的非公路电动轮自卸车、额定装载质量不大于40吨的非公路铰接式自卸车和所有规格的机械传动非公路刚性自卸车，一律停止执行进口免税政策。

（15）自2016年2月1日起，为进一步促进海南省旅游业发展，海关总署对《海南离岛旅客免税购物监管暂行办法》（海关总署2015年第7号公告）有关内容进行相应调整。对非岛内居民旅客取消年度免税购物次数限制，每人每年累计免税购物金额不超过人民币16 000元（含16 000元）。离岛旅客通过网上离岛免税销售窗口进行免税购物的，须凭本人身份证件和登机牌在机场隔离区提货点提货并携运离岛。通过网上销售窗口进行免税购物要严格执行离岛免税政策的相关规定。除以上调整外，离岛免税购物监管继续执行《海关总署对海南离岛旅客免税购物监管暂行办法》（海关总署2015年第7号公告）的有关规定。

（16）自2016年2月18日，为满足国内消费需求，丰富国内消费者购物选择，方便国内消费者在境内购买国外产品，决定增设和恢复口岸进境免税店，合理扩大免税品种，增加一定数量的免税购物额。口岸进境免税店是设立在对外开放的机场、陆路和水运口岸隔离区域，按规定对进境旅客免进口税购物的经营场所。国家对口岸进境免税店实行特许经营。

口岸进境免税店的适用对象是尚未办理海关进境手续的旅客。在口岸进境免税店购物必须同时符合以下条件：①进境旅客持进出境有效证件和搭乘公共运输交通工具的凭证购买；未搭乘公共运输交通工具的，进境旅客持进出境有效证件购买。②进出境有效证件指护照、往来港澳通行证或往来台湾通行证。③购物应按规定取得购物凭证。免税税种包括关税、进口环节增值税和消费税。免税商品以便于携带的个人消费品为主，具体商品品类和限购数量见附表。免税购物金额在维持居民旅客进境物品5 000元人民币免税限额不变基础上，允许其在口岸进境免税店增加一定数量的免税购物额，连同境外免税购物额总计不超过8 000元人民币。进境旅客在口岸进境免税店购物后，由本人随身携带入境。在同一口岸既有出境免税店又有进境免税店，进境旅客在出境免税店预订寄存后，在进境时付款提取的，视为在口岸进境免税店购物。

（17）自2016年4月1日起，对境外捐赠人无偿向受赠人捐赠的直接用于慈善事业的物资，免征进口关税和进口环节增值税。慈善事业是指非营利的慈善救助等社会慈善和福利事业，包括以捐赠财产方式自愿开展的下列慈善活动：①扶贫济困，扶助老幼病残等困难群体；②促进教育、科学、文化、卫生、体育等事业的发展；③防治污染和其他公害，保护和改善环境；④符合社会公共利益的其他慈善活动。境外捐赠人是指中华人民共和国关境外的自然人、法人或者其他组织。

受赠人是指：①国务院有关部门和各省、自治区、直辖市人民政府。②中国红十字会总会、中华全国妇女联合会、中国残疾人联合会、中华慈善总会、中国初级卫生保健基金会、中国宋庆龄基金会和中国癌症基金会。③经民政部或省级民政部门登记注册且被评定为5A级的以人道救助和发展慈善事业为宗旨的社会团体或基金会。民政部或省级民政部门负责出具证明有关社会团体或基金会符合本办法规定的受赠人条件的文件。

用于慈善事业的物资是指：①衣服、被褥、鞋帽、帐篷、手套、睡袋、毛毯及其他生活必需用品等。②食品类及饮用水（调味品、水产品、水果、饮料、烟酒等除外）。③医疗类包括医疗药品、医疗器械、医疗书籍和资料。其中，对于医疗药品及医疗器械捐赠进口，按照相关部门有关规定执行。④直接用于公共图书馆、公共博物馆、各类职业学校、高中、初中、小学、幼儿园教育的教学仪器、教材、图书、资料和一般学习用品。其中，教学仪器是指专用于教学的检验、观察、计量、演示用的仪器和器具；一般学习用品是指用于各类职业学校、高中、初中、小学、幼儿园教学和学生专用的文具、教具、体育用品、婴幼儿玩具、标本、模型、切片、各类学习软件、实验室用器皿和试剂、学生校服（含鞋帽）和书包等。⑤直接用于环境保护的专用仪器。包括环保系统专用的空气质量与污染源废气监测仪器及治理设备、环境水质与污水监测仪器及治理设备、环境污染事故应急监测仪器、固体废物监测仪器及处置设备、辐射防护与电磁辐射监测仪器及设备、生态保护监测仪器及设备、噪声及振动监测仪器和实验室通用分析仪器及设备。⑥经国务院批准的其他直接用于慈善事业的物资。用于慈善事业的物资不包括国家明令停止减免进口税收的特定商品以及汽车、生产性设备、生产性原材料及半成品等。捐赠物资应为未经使用的物品（其中，食品类及饮用水、医疗药品应在保质期内），在捐赠物资内不得夹带危害环境、公共卫生和社会道德及进行政治渗透等违禁物品。国际和外国医疗机构在我国从事慈善和人道医疗救助活动，供免费使用的医疗药品和器械及在治疗过程中使用的消耗性的医用卫生材料比照上述规定执行。符合规定的进口捐赠物资，由受赠人向海关申请办理减免税手续，海关按规定进行审核确认。经审核同意免税进口的捐赠物资，由海关按规定进行监管。进口的捐赠物资按国家规定属于配额、特定登记和进口许可证管理的商品的，受赠人应当向有关部门申请配额、登记证明和进口许可证，海关凭证验放。经审核同意免税进口的捐赠物资，依照《中华人民共和国公益事业捐赠法》第三章有关条款进行使用和管理。免税进口的捐赠物资，未经海关审核同意，不得擅自转让、抵押、质押、移作他用或者进行其他处置。如有违反，按国家有关法律、法规和海关相关管理规定处理。

（18）自 2016 年 7 月 13 日，明确反倾销税、反补贴税、保障措施关税、报复性关税的起征点均为每票货物 50 元。

（19）自 2017 年 1 月 1 日起实施《2017 年关税调整方案》。对《中华人民共和国加入世界贸易组织关税减让表修正案》附表所列信息技术产品最惠国税率自 2017 年 1 月 1 日至 2017 年 6 月 30 日继续实施首次降税，自 2017 年 7 月 1 日起实施第二次降税。自 2017 年 1 月 1 日起对 822 项进口商品实施暂定税率，自 2017 年 7 月 1 日起，实施进口商品暂定税率的商品范围调减至 805 项。继续对小麦等 8 类商品实施关税配额管理，税率不变。其中，对尿素、复合肥、磷酸氢铵 3 种化肥的配额内税率继续实施 1% 的暂定税率。继续对配额外进口的一定数量棉花实施滑准税。根据我国与有关国家或地区签署的贸易或关税优惠协定，对有关国家或地区继续实施协定税率：①根据我国与有关国家或地区签署的贸易或关税优惠协定，对有关国家或地区继续实施协定税率。②中国与东盟、智利、新加坡的自贸协定、亚太贸易协定以及海峡两岸经济合作框架协议（ECFA）项下的商品继续实施协定税率，商品范围和税率水平均维持不变。对有关最不发达国家继续实施特惠税率，商品范围和税率水平维持不变。对铬铁等 213 项出口商品征收出口关税，其中有 50 项暂定税率为零。2017 年，我国进出口税则税目与《商品名称及编码协调制度》同步转版。根据国内需要对部分税则税目进行调整。经转版和调整后，2017 年税则税目共计 8547 个。

（20）自 2017 年 1 月 15 日起，年满 16 周岁的铁路离岛旅客凭个人离岛车票及有效身份证件，可在海南离岛免税店（开设在机场隔离区的除外）及其网上销售窗口购买免税商品。离岛时凭本人火车票、购物凭证、身份证件等在海口火车站提货点提取所购免税商品并携带离岛。同一旅客在同一年度内乘飞机和乘火车免税购物合并计算，且不得超过离岛免税政策的额度限制规定。除以上调整内容外，离岛免税购物监管继续执行海关总署 2015 年第 7 号公告和海关总署 2016 年第 7 号公告的有关规定。

（21）自 2017 年 2 月 3 日，外商投资企业申请办理进出口货物收发货人注册登记，应当提交《中华人民共和国海关报关单位注册登记管理规定》（海关总署令第 221 号）第二十四条第一款第（一）、第（二）、第（四）项规定的文件材料以及下列任一文件材料，并交验原件：①对外贸易经营者备案登记表复印件；②外商投资企业批准证书复印件；③外商投资企业设立备案回执或外商投资企业变更备案回执复印件。香港特别行政区、澳门特别行政区、台湾地区投资企业，向海关办理注册登记有关业务的，参照上述规定办理。

（22）自 2017 年 3 月 20 日（含当日）起，对属于《中西部地区外商投资优势产业目录（2017 年修订）》范围的外商投资项目（包括增资项目），在投资总额内进口的自用设备以及按照合同随上述设备进口的技术和配套件、备件，按照《国务院关于调整进口设备税收政策的通知》（国发〔1997〕37 号）和海关总署公告 2008 年第 103 号及其他有关规定，除《外商投资项目不予免税的进口商品目录》和《进口不予免税的重大技术装备和产品目录》所列商品外，免征进口关税，进口环节增值税照章征收。《中西部地区外商投资优势产业目录（2017 年修订）》实施后，投资主管部门按照该目录出具的《国家鼓励发展的内外资项目确认书》、外商投资企业设立（增资）批复或备案回执等相关文件中的"项目产业政策条目"编码为"R"。例如，山西省第 8 项应填写为："煤层气和煤炭伴生资源综合开发利用（R1408）"，项目性质仍为"I. 外资中西部优势产业、项目"；有关项目单位持上述相关文件及其他有关材料，按规定向海关申请办理减免税相关手续。为保持政策的连续性，对于 2017 年 3 月 20 日以前（不含当日）核准或备案（以项目核准或完成备案日期为准，下同）的外商投资项目（包括增资项目），属于《中西部地区外商投资优势产业目录（2013 年修订）》范围的，在投资总额内进口的自用设备以及按照合同随上述设备进口的技术和配套件、备件，可继续按照相关规定办理免征进口关税、照章征收进口环节增值税手续。但有关项目单位须于 2018 年 3 月 31 日以前（含当日），持投资主管部门出具的《国家鼓励发展的内外资项目确认书》、外商投资企业设立（增资）批复或备案回执等相关文件（上述文件中"项目产业政策条目"仍按适用《中西部地区外商投资优势产业目录（2013 年修订）》的条目及编码填写）及其他有关材料，按规定向海关申请办理减免税备案手续。逾期，海关不再受理。对于 2017 年 3 月 20 日以前（不含当日）核准或备案的外商投资项目（包括增资项目），同时属于《中西部地区外商投资优势产业目录（2017 年修订）》范围的，有关项目单位持投资主管部门按照《中西部地区外商投资优势产业目录（2017 年修订）》出具的《国家鼓励发展的内外资项目确认书》、企业设立（增资）批复或备案回执等相关文件及其他有关材料，按规定向海关申请办理减免税备案手续的，海关可予受理。对于不属于《中西部地区外商投资优势产业目录（2013 年修订）》范围的外商投资在建项目，凡属于《中西部地区外商投资优势产业目录（2017 年修订）》范围的，在有关项目单位按规定向海关申请办理减免税相关手续后，在建项目进口的自用设备以及按照合同随上述设备进口的技术和配套件、备件，可参照本公告第一条的规定享受进口税收优惠政策，但进口设备已经征税的，税款不予退还。

四、其他进口税收优惠政策

 跨境电子商务零售有哪些关税税收优惠政策？

根据《财政部 海关总署 国家税务总局关于租赁企业进口飞机有关税收政策的通知》（财关税〔2014〕16号）的规定：

（1）自2014年1月1日起，租赁企业一般贸易项下进口飞机并租给国内航空公司使用的，享受与国内航空公司进口飞机同等税收优惠政策，即进口空载重量在25吨以上的飞机减按5%征收进口环节增值税。自2014年1月1日以来，对已按17%税率征收进口环节增值税的上述飞机，超出5%税率的已征税款，尚未申报增值税进项税额抵扣的，可以退还。租赁企业申请退税时，应附送主管税务机关出具的进口飞机所缴纳增值税未抵扣证明。

（2）海关特殊监管区域内租赁企业从境外购买并租给国内航空公司使用的、空载重量在25吨以上、不能实际入区的飞机，不实施进口保税政策，减按5%征收进口环节增值税。

 跨境电子商务零售有哪些关税税收优惠政策？

自2016年4月8日起，跨境电子商务零售关税税收优惠政策如下：

（1）跨境电子商务零售（企业对消费者，即B2C）进口商品按照货物征收关税和进口环节增值税、消费税，购买跨境电子商务零售进口商品的个人作为纳税义务人，实际交易价格（包括货物零售价格、运费和保险费）作为完税价格，电子商务企业、电子商务交易平台企业或物流企业可作为代收代缴义务人。

（2）跨境电子商务零售进口税收政策适用于从其他国家或地区进口的《跨境电子商务零售进口商品清单》范围内的以下商品：①所有通过与海关联网的电子商务交易平台交易，能够实现交易、支付、物流电子信息"三单"比对的跨境电子商务零售进口商品；②未通过与海关联网的电子商务交易平台交易，但快递、邮政企业能够统一提供交易、支付、物流等电子信息，并承诺承担相应法律责任进境的跨境电子商务零售进口商品。不属于跨境电子商务零售进口的个人物品以及无法提供交易、支付、物流等电子信息的跨境电子商务零售进口商品，按现行规定执行。

（3）跨境电子商务零售进口商品的单次交易限值为人民币2 000元，个人年度交易限值为人民币20 000元。在限值以内进口的跨境电子商务零售进口商品，关税税率暂设为0%；进口环节增值税、消费税取消免征税额，暂按法定应纳税额的70%征收。超过单次限值、累加后超过个人年度限值的单次交易，以及完税价格超过2 000元限值的单个不可分割商品，均按照一般贸易方式全额征税。

（4）跨境电子商务零售进口商品自海关放行之日起30日内退货的，可申请退税，并相应调整个人年度交易总额。

（5）跨境电子商务零售进口商品购买人（订购人）的身份信息应进行认证；未进行认证的，购买人（订购人）身份信息应与付款人一致。

（6）《跨境电子商务零售进口商品清单》将由财政部商有关部门另行公布。

进口种子种源有哪些税收优惠政策？

自2016年1月1日至2020年12月31日，进口种子种源税收优惠政策如下：

（1）在"十三五"期间继续对进口种子（苗）、种畜（禽）、鱼种（苗）和种用野生动植物种源（以下统称"种子种源"）免征进口环节增值税（以下简称免税）。种子种源进口免税政策旨在支持引进和推广良种，加强物种资源保护，丰富我国动植物资源，发展优质、高产、高效农林业，降低农林产品生产成本。

（2）免税品种范围包括：①与农林业生产密切相关并直接用于或服务于农林业生产的进口种子（苗）、种畜（禽）和鱼种（苗），以及具备研究和培育繁殖条件的动植物科研院所、动物园、专业动植物保护单位、养殖场和种植园进口的用于科研、育种、繁殖的野生动植物种源。具体品种见所附的《进口种子种源免税货品清单》。②军队、武警、公安、安全部门（含缉私警察）进口的警用工作犬以及进口的繁育用的工作犬精液及胚胎。

（3）种子种苗进口免税应同时符合以下条件：①在免税货品清单内；②直接用于或服务于农林业生产。免税进口的种子种苗不得用于度假村、俱乐部、高尔夫球场、足球场等消费场所或运动场所的建设和服务。

（4）野生动植物种源进口免税应同时符合以下条件：①在免税货品清单内；②用于科研，或育种，或繁殖。进口单位应是具备研究和培育繁殖条件的动植物科研院所、动物园、专业动植物保护单位、养殖场和种植园。

（5）为加强对进口免税种子种源的管理，促进优质良种的引进，种子种源进口单位应向产业主管部门提出进口计划，产业主管部门汇总后向财政部提出免税进口建议，财政部会同海关总署和国家税务总局核定年度免税进口品种、数量范围。进口单位在核定的年度免税范围内，按有关规定向海关申请办理免税手续。

（6）未经核定或未列入年度免税范围的进口种子种源应照章征收进口环节增值税。

（7）免税进口的种子种源进入国内市场后的税收问题，按国内有关税收规定执行。

 进口动漫产品有哪些税收优惠政策？

自 2016 年 1 月 1 日至 2020 年 12 月 31 日，动漫企业进口动漫开发生产用品税收优惠政策如下：

（1）经国务院有关部门认定的动漫企业自主开发、生产动漫直接产品，确需进口的商品可享受免征进口关税及进口环节增值税的政策。

（2）经国务院有关部门认定的动漫企业应符合以下标准：①符合文化部等相关部门制定的动漫企业认定基本标准；②具备自主开发、生产动漫直接产品的资质和能力。

（3）动漫直接产品包括：①漫画：单幅和多格漫画、插画、漫画图书、动画抓帧图书、漫画报刊、漫画原画等；②动画：动画电影、动画电视剧、动画短片、动画音像制品，影视特效中的动画片段，科技、军事、气象、医疗等影视节目中的动画片段等；③网络动漫（含手机动漫）：以计算机互联网和移动通信网等信息网络为主要传播平台，以电脑、手机及各种手持电子设备为接收终端的动画、漫画作品，包括 FLASH 动画、网络表情、手机动漫等。

（4）符合规定标准的动漫企业于每年的 9 月底前向文化部提出申请，由文化部会同财政部、海关总署、国家税务总局对动漫企业的进口免税资格进行审核。审核合格的，由文化部、财政部、海关总署、国家税务总局于每年的 11 月底前联合公布下一年度享受进口税收政策的动漫企业名单。

（5）对已获得进口免税资格的动漫企业实行年审制度，由文化部负责。文化部、财政部、海关总署、国家税务总局在公布下一年度享受进口税收政策动漫企业名单时，同时公布年审合格和年审不合格的动漫企业名单。对年审不合格的动漫企业，自下一年度起取消其享受进口税收政策的资格。对于动漫企业存在以虚报情况获得进口免税资格的，经文化部查实后，将撤销有关动漫企业的进口免税资格。文化部及时将有关情况通报财政部、海关总署、国家税务总局。有关动漫企业应立即补缴在动漫企业进口税收政策项下已免税进口有关商品的相应税款。

（6）获得进口免税资格的动漫企业，进口《动漫企业免税进口动漫开发生产用品清单》范围内的商品免征进口关税和进口环节增值税。该清单由财政部会同相关部门根据国内配套产业发展状况及动漫企业的实际需求变化适时调整。海关审核进口商品是否符合免税范围时，以《动漫企业免税进口动漫开发生产用品清单》所列的商品名称和技术规格为准。凡国务院规定一律不得减免税的 20 种进口商品，不在上述免税范围之列。

（7）对用于自主开发、生产动漫直接产品免税进口的商品，未经海关审核同意，不得擅自转让、抵押、质押、移作他用或者进行其他处置。如有违反，按国家有关法律、法规和海关相关管理规定处理。

 煤层气勘探开发项目进口物资有哪些税收优惠政策？

自 2016 年 1 月 1 日至 2020 年 12 月 31 日，煤层气勘探开发项目进口物资税收优惠政策如下：

（1）中联煤层气有限责任公司及其国内外合作者（以下简称中联煤层气公司），在我国境内进行煤层气勘探开发项目，进口国内不能生产或性能不能满足要求，并直接用于勘探开发的设备、仪器、零附件、专用工具（详见《勘探开发煤层气免税进口物资清单》，以下简称《免税物资清单》），免征进口关税和进口环节增值税。

（2）国内其他从事煤层气勘探开发的单位，应在实际申报进口相关物资前按有关规定程序向财政部提出申请，经财政部商海关总署、国家税务总局等有关部门认定后，比照中联煤层气公司享受上述进口税收优惠政策。

（3）符合规定的勘探开发项目项下暂时进口《免税物资清单》所列的物资，准予免征进口关税和进口环节增值税。进口时海关按暂时进口货物办理手续。超出海关规定暂时进口时限仍需继续使用的，经海关审查确认可予延期，在暂时进口（包括延期）期限内准予按规定免征进口关税和进口环节增值税。

（4）符合规定的勘探开发项目项下租赁进口《免税物资清单》所列的物资准予免征进口关税和进口环节增值税，租赁进口《免税物资清单》以外的物资应按有关规定照章征税。

（5）进口免税物资是指在我国境内进行煤层气勘探开发项目所需进口的国内不能生产或性能不能满足要求，并直接用于勘探开发的设备、仪器、零附件、专用工具，具体物资清单附后。

（6）除中联煤层气有限责任公司及其国内外合作者外，国内其他从事煤层气勘探开发的单位，应在实际申报进口相关物资前的每年 3 月底前，向财政部提交免税资格的申请文件（其中地方单位应通过省级财政部门向财政部提交申请），同时抄报海关总署和国家税务总局。对逾期提交的申请文件，财政部将不予受理。申请文件应说明申请单位的基本情况以及其所承担的煤层气勘探开发项目情况（包括项目执行期限）、拟进口物资的应用范围，同时附上已取得的探矿证或采矿证以及煤层气勘探开发项目的批准文件。非项目业主单位的承包商需与项目业主单位共同出具关于煤层气勘探开发项目的承包证明文件。财政部商海关总署、国家税务总局每年在汇总申请文件后，审核申请单位的免税资格，并确认可享受免税的项目清单。

（7）中联煤层气有限责任公司应于每年11月底前将下一年度符合政策范围的勘探开发项目（包括合作项目）汇总报财政部，并对照上一年度，对项目的变化情况进行说明。财政部商海关总署、国家税务总局等有关部门确认享受免税项目清单，清单包括执行项目的进口单位。具有免税资格的进口单位向项目所在地海关申请办理项目所需物资进口减免税手续。

（8）进口单位在办理免税手续时，应向海关提交符合政策规定的进口物资清单，并填报对应的已经审核项目。其中，中联煤层气有限责任公司组织的煤层气勘探开发合作项目，需出具经中联煤层气有限责任公司审核确认的用于该项目的进口物资清单。具体操作办法由海关总署另行制定。

（9）在实际进口中，如有《免税物资清单》中未具体列名但确需进口用于我国煤层气的设备、仪器、零附件、专用工具，由海关总署会同财政部、国家税务总局审定。

（10）对用于勘探开发煤层气的免税进口物资，未经海关核准，不得抵押、质押、转让、移作他用或者进行其他处置。如有违反，按国家有关法律、法规及相关规定处理。经海关审核同意，依据本规定免税进口的物资可在经审核认定的不同煤层气勘探开发项目之间转移或转让，并可临时用于煤矿瓦斯治理和抢险救灾。具体操作办法由海关总署另行制定。

（11）中联煤层气有限责任公司及其他经认定的煤层气勘探开发单位，应于每年3月底前将上一年度本单位各项目实际进口的免税物资清单、进口金额、免税额、物资使用等情况汇总报财政部备案，并抄报海关总署、国家税务总局。财政部会同海关总署、国家税务总局等有关部门对各有关单位的免税执行情况进行核查，对擅自超出确定的项目范围使用免税进口物资的单位，按有关规定处理，严重违反本规定的，将取消免税资格。

 天然气进口项目有哪些税收优惠政策？

根据《财政部 海关总署 国家税务总局关于调整享受税收优惠政策的天然

气进口项目的通知》（财关税〔2016〕50号）的规定：

根据《财政部 海关总署 国家税务总局关于对2011—2020年期间进口天然气及2010年底前"中亚气"项目进口天然气按比例返还进口环节增值税有关问题的通知》（财关税〔2011〕39号）和《财政部 海关总署 国家税务总局关于调整进口天然气税收优惠政策有关问题的通知》（财关税〔2013〕74号）中的有关规定，新增加广西液化天然气项目享受优惠政策。该项目进口规模为300万吨/年，进口企业为中国石油化工股份有限公司天然气分公司广西天然气销售营业部，享受政策起始时间为2016年3月25日。

第七部分　车船税优惠政策

您知道车船税有哪些优惠政策吗？您知道车辆购置税有哪些法定减免税项目吗？您知道车辆购置税有哪些政策性免税项目吗？您知道车船税有哪些法定减免税项目吗？您知道车辆购置税的最低计税价格吗？本部分将为您回答上述问题。

一、车辆购置税法定减免税项目

 车辆购置税的法定减免税项目有哪些？

车辆购置税的免税、减税，按照下列规定执行：

（1）外国驻华使馆、领事馆和国际组织驻华机构及其外交人员自用的车辆，免税。

（2）中国人民解放军和中国人民武装警察部队列入军队武器装备订货计划的车辆，免税。

（3）设有固定装置的非运输车辆，免税；设有固定装置的非运输车辆是指，挖掘机、平地机、叉车、装载车（铲车）、起重机（吊车）、推土机等工程机械。

（4）有国务院规定予以免税或者减税的其他情形的，按照规定免税或者减税。

二、车辆购置税政策性免税项目

 车辆购置税政策性免税项目有哪些？

对下列车辆免征车辆购置税：

（1）防汛部门和森林消防部门用于指挥、检查、调度、报汛（警）、联络的由指定厂家生产的设有固定装置的指定型号的车辆（以下简称防汛专用车和森林消防专用车）；防汛专用车和森林消防专用车的型号和配置数量、流向，每年由财政部和国家税务总局共同下达。车辆注册登记地车辆购置税征收部门据此办理免征车辆购置税手续。

（2）回国服务的在外留学人员用现汇购买1辆个人自用国产小汽车。

（3）长期来华定居专家进口1辆自用小汽车。

（4）列入《军队移交的保障性企业使用军车号牌车辆改挂地方车辆号牌汇总表》的车辆。

（5）对第29届奥运会组委会应缴纳的车船使用税和新购车辆应缴纳的车辆购置税。

（6）对卫生部申请的450辆采血车免征车辆购置税，免税指标的最后使用期限为2003年12月31日，过期作废。

（7）对中国移动通信集团公司申请的33辆设有固定装置的应急通信车辆免征车辆购置税，免税指标的使用期限为2004年6月30日，过期作废。

（8）自2004年10月1日起对农用三轮车免征车辆购置税。农用三轮车是指：柴油发动机，功率不大于7.4kw，载重量不大于500kg，最高车速不大于40km/h的三个车轮的机动车。

（9）对利用国债资金购置的1 771辆农村巡回医疗车免征车辆购置税。

（10）对中国妇女发展基金会申请的2007年145辆用于"母亲健康快车"公益项目使用的流动医疗车免征车辆购置税，免税指标的使用截止期限为2008年5月31日，过期作废。

（11）对城市公交企业自2012年1月1日起至2015年12月31日止购置的公共汽电车辆免征车辆购置税。城市公交企业为新购置的公共汽电车辆办理免税手续后，因车辆转让、改变用途等原因导致免税条件消失的，应当到税务机关重新办理申报缴税手续。未按规定办理的，依据征管法的规定处理。城市公交企业到车辆购置税征收管理机关办理车辆购置税免税手续，应当提供《车辆购置税征收管理办法》规定的相关资料，以及所在地县级以上（含县级）交通运输主管部门出具的城市公交企业和公共汽电车辆认定证明、公共汽电车辆购置计划、采购合同或税务机关要求提供的其他证明材料的原件与复印件，原件经税务机关核对后退还，复印件由税务机关留存。车辆购置税征收管理机关依据上述材料为城市公交企业办理车辆购置税免税手续。

（12）自2014年9月1日至2017年12月31日，对购置的新能源汽车免征车辆购置税。对免征车辆购置税的新能源汽车，由工业和信息化部、国家税务总局通过发布《免征车辆购置税的新能源汽车车型目录》（以下简称《目录》）实施管理。列入《目录》的新能源汽车须同时符合以下条件：①获得许可在中国境内销售的纯电动汽车、插电式（含增程式）混合动力汽车、燃料电池汽车。②使用的动力电池不包括铅酸电池。③纯电动续驶里程须符合要求。④插电式混合动力乘用车综合燃料消耗量（不含电能转化的燃料消耗量）与现行的常规燃料消耗量国家标准中对应目标值相比小于60%；插电式混合动力商用车综合燃料消耗量（不含电能转化的燃料消耗量）与现行的常规燃料消耗量国家标准中对应限值相比小于60%。⑤通过新能源汽车专项检测，符合新能源汽车标准要求。汽车生产企业或进口汽车经销商（以下简称企业）向工业和信息化部提交《目录》申请报告。提出申请的企业须同时符合以下条件：①生产或进口符合列入《目录》条件的新能源汽车。②对新能源汽车动力电池、电机、电控等关键零部件提供不低于5年或10万公里（以先到者为准）质保。③有较强的售后服务保障能力。工业和信息化部会同国家税务总局等部门，对企业提交的申请材料进行审查；通过审查的车型列入《目录》，由工业和信息化部、国家税务总局发布。自《目录》发布之日起，购置列入《目录》的新能源汽车免征车辆购置税；购置时间为机动车销售统一发票（或有效凭证）上注明的日期。财政部、国家税务总局、工业和信息化部等部门将适时组织开展《目录》车型专项检查。企业对申报材料的真实性和产品质量负责。对产品与申报材料不符，产品性能指标未达到要求，或者提供其他虚假信息骗取列入《目录》车型资格的企业，取消该申报车型享受免征车辆购置税政策资格，并依照相关规定予以处理。财政部、国家税务总局、工业和信息化部将根据我国新能源汽车标准体系发展、技术进步和车型变化，适时修订、调整列入《目录》车型的条件。

（13）自2015年10月1日起至2016年12月31日止，对购置1.6升及以下排量乘用车减按5%的税率征收车辆购置税。乘用车，是指在设计和技术特性上主要用于载运乘客及其随身行李和（或）临时物品、含驾驶员座位在内最多不超过9个座位的汽车。

（14）自2016年1月1日起至2020年12月31日止，对城市公交企业购置的公共汽电车辆免征车辆购置税。上述城市公交企业是指，由县级以上（含县级）人民政府交通运输主管部门认定的，依法取得城市公交经营资格，为公众提供公交出行服务的企业。上述公共汽电车辆是指，由县级以上（含县级）人民政府交通运输主管部门按照车辆实际经营范围和用途等界定的，在城市中按规定的线路、站点、票价和时刻表营运，供公众乘坐的经营性客运汽车和无轨电车。免税车辆因转让、改变用途等原因不再属于免税范围的，应按照《车辆购置税暂行条例》第十五条的规定补缴车辆购置税。城市公交企业在办理车辆购置税纳税申报时，需向所在地主管税务机关提供所在地县级以上（含县级）交通运输主管部门出具的城市公交企业和公共汽电车辆认定证明，主管税务机关依据证明文件为企业办理免税手续。城市公交企业办理免税手续的截止日期为 2021 年 3 月 31 日，逾期不办理的，不予免税。

（15）自 2016 年 8 月 1 日起，设有固定装置非运输车辆免征车辆购置税。设有固定装置的非运输车辆是指用于特种用途的专用作业车辆，须设有为实现该用途并采用焊接、铆接或者螺栓连接等方式固定安装在车体上的专用设备或装置，不包括载运人员和物品的专用运输车辆。生产（改装）或进口的车辆符合上述规定的，按《国家税务总局 工业和信息化部关于设有固定装置非运输车辆信息采集的公告》（国家税务总局 工业和信息化部公告 2015 年第 96 号）规定提交信息、照片及资料扫描件。国家税务总局定期对生产企业或纳税人提交的信息及资料进行汇总，符合上述规定的，编列免税图册。生产企业和纳税人可通过国家税务总局官方网站查询免税图册。挖掘机、平地机、叉车、铲车（装载机）、推土机、起重机（吊车）六类工程机械和《国家税务总局关于设有固定装置非运输车辆免征车辆购置税有关问题的公告》（国家税务总局公告 2013 年第 45 号）中列示的混凝土泵车，钻机车，洗井液、清蜡车，修井（机）车，混砂车，压缩机车，采油车，井架立放、安装车，锅炉车，地锚车，连续抽油杆作业车，氮气车，稀浆封层车，生产（改装）或进口上述车辆时，需按上述规定上传资料，统一在免税图册中列示图片。纳税人办理设有固定装置非运输车辆免税申报时，主管税务机关依据免税图册和有关规定，对纳税人提供的车辆照片及有关资料核实无误后办理免税手续。纳税人对提供资料的真实性和合法性承担责任。

（16）自 2017 年 1 月 1 日起至 12 月 31 日止，对购置 1.6 升及以下排量的乘用车减按 7.5% 的税率征收车辆购置税。自 2018 年 1 月 1 日起，恢复按 10% 的法定税率征收车辆购置税。乘用车，是指在设计和技术特性上主要用于载运乘客及其随身行李和（或）临时物品、含驾驶员座位在内最多不超过 9 个座位的汽车。具体包括：①国产轿车："中华人民共和国机动车整车出厂合格证"（以下简称合格证）中"车辆型号"项的车辆类型代号（车辆型号的第一位数字，下同）为"7"，"排量和功率（ml/kw）"项中排量不超过 1 600ml，"额定载客（人）"项不超过 9 人。②国产专用乘用车：合格证中"车辆型号"项的车辆类型代号为"5"，"排量和功率（ml/kw）"项中排量不超过 1 600ml，"额定载客（人）"项不超过 9 人，"额定载质量（kg）"项小于额定载客人数和 65kg 的乘积。③其他国产乘用车：合格证中"车辆型号"项的车辆类型代号为"6"，"排量和功率（ml/kw）"项中排量不超过 1 600ml，"额定载客（人）"项不超过 9 人。④进口乘用车。参照国产同类车型技术参数认定。乘用车购置日期按照《机动车销售统一发票》或《海关关税专用缴款书》等有效凭证的开具日期确定。

疑难问题解答

自卸式垃圾车是否免征车辆购置税？

解答： 自卸式垃圾车不属于设有固定装置非运输车辆，纳税人购买自卸式垃圾车应按照规定申报缴纳车辆购置税。自 2014 年 8 月 28 日，自卸式垃圾车不再列入《设有固定装置非运输车辆免税图册》，主管税务机关不再办理自卸式垃圾车申请列入《设有固定装置非运输车辆免税图册》手续。

 ### 回国留学生购买国产小汽车如何办理免税手续？

回国留学生购买国产小汽车，凭下列证明文件办理免征车购税手续：

（1）中华人民共和国驻留学生学习所在国的大使馆、领事馆出具的留学证明。

（2）国内用人单位的聘用证明。

（3）国内公安部门出具的境内居住证明、有效的入境申报单证。

（4）主管征收机关需要提供的其他证明。

 ### 购置减免税车辆的纳税人如何办理纳税申报？

购置以上免税或减税车辆的纳税人也应办理车辆购置税纳税申报。纳税人在办理纳税申报时应如实填写纳税申报表，同时提供以下资料的原件和复印件，原件经车购办审核后退还纳税人，复印件和《机动车销售统一发票》的报税联由车购办留存。

第一，车主身份证明和免税证明。

（1）外国驻华使馆、领事馆和国际组织驻华机构，提供机构证明。

（2）外交人员，提供外交部门出具的身份证明。

（3）设有固定装置的非运输车辆，内地居民，提供内地《居民身份证》（含居住、暂住证明）或《居民户口簿》或军人（含武警）身份证明；香港、澳门特别行政区居民、台湾地区居民及外国人，提供其入境的身份证明和居留证明；组织机构，提供《组织机构代码证书》。

（4）来华专家提供国家外国专家局或其授权单位核发的专家证和公安部门出具的境内居住证明。

（5）留学人员提供中华人民共和国驻留学生学习所在国的大使馆或领事馆出具的留学证明和公安部门出具的境内居住证明、个人护照。

（6）列入中国人民解放军和中国人民武装警察部队军队武器装备订货计划的，提供订货计划的证明。

（7）其他车辆，提供国务院或国家税务总局的批准文件。

第二，车辆价格证明。

（1）境内购置的车辆，提供《机动车销售统一发票》(发票联和报税联)或有效凭证。

（2）进口自用的车辆，提供《海关关税专用缴款书》《海关代征消费税专用缴款书》或海关《征免税证明》。

第三，车辆合格证明。

（1）国产车辆，提供整车出厂合格证明。

（2）进口车辆，提供《中华人民共和国出入境检验检疫进口机动车辆随车检验单》。

（3）设有固定装置的非运输车辆提供车辆内、外观彩色5寸照片2套。

 疑难问题解答

汽车因质量问题退回厂家，而已纳的车辆购置税是否可以退税？

解答： 根据现行车辆购置税政策，因质量原因，车辆被退回生产企业或经销商的，已缴车购税的车辆，准予纳税人申请退税。因质量原因，车辆被退回生产企业或经销商的，纳税人申请退税时，主管税务机关依据自纳税人办理纳税申报之日起，按已缴税款每满1年扣减10%计算退税额；未满1年的，按已缴税款全额退税。

 疑难问题解答

购置的车辆底盘发生更换的，是否需重新办理纳税申报？

解答： 根据现行车辆购置税政策，已经办理纳税申报的车辆底盘发生更换的，纳税人应按《车辆购置税征收管理办法》规定重新办理纳税申报。底盘发生更换的车辆，计税依据为最新核发的同类型车辆最低计税价格的70%。同类型车辆是指同国别、同排量、同车长、同吨位、配置近似等。

 疑难问题解答

留学人员回国在享受车辆购置税方面是否有新政策？

解答： 根据现行车辆购置税政策，在外留学人员（含香港、澳门地区）回国服务的，购买1辆国产小汽车免税。《车辆购置税征收管理办法》明确规定在香港、澳门地区学习的人员也享受免税政策。

疑难问题解答

缴纳车辆购置税有没有期限，过期是否加收滞纳金？

解答：根据现行车辆购置税政策，纳税人购买自用应税车辆的，应当自购买之日起 60 日内申报纳税；进口自用应税车辆的，应当自进口之日起 60 日内申报纳税；自产、受赠、获奖或者以其他方式取得并用自用应税车辆的，应当自取得之日起 60 日内申报纳税。车辆购置税应当一次缴清。纳税人未按照规定期限缴纳税款的，税务机关除责令限期缴纳外，从滞纳税款之日起，按日加收滞纳税款 5‰ 的滞纳金。

 疑难问题解答

新买车辆的车辆购置税是如何计算的？

解答：根据现行车辆购置税政策，车辆购置税应纳税额 = 计税价格 × 10%。计税价格根据不同情况，按照下列情况确定：

（1）纳税人购买自用应税车辆的计税价格，为纳税人购买应税车辆而支付给销售者的全部价款和价外费用，不包括增值税税款。也就是说按取得的《机动车销售统一发票》上开具的价费合计金额除以（1+17%）作为计税依据，乘以 10% 即为应缴纳的车购税。

（2）纳税人进口自用车辆的应税车辆的计税价格计算公式为：

$$计税价格 = 关税完税价格 + 关税 + 消费税$$

（3）纳税人自产、受赠、获奖或者以其他方式取得并自用车辆，计税依据由车购办参照国家税务总局核定的应税车辆最低计税价格核定。购买自用或者进口自用车辆，纳税人申报的计税价格低于同类型应税车辆的最低计税价格，又无正当理由的，计税依据为国家税务总局核定的应税车辆最低计税价格。最低计税价格是指国家税务总局依据车辆生产企业提供的车辆价格信息并参照市场平均交易价格核定的车辆购置税计税价格。申报的计税价格低于同类型应税车辆的最低计税价格，又无正当理由的，是指纳税人申报的车辆计税价格低于出厂价格或进口自用车辆的计税价格。

（4）按特殊情况确定的计税依据：对于进口旧车、因不可抗力因素导致受损的车辆、库存超过 3 年的车辆、行驶 8 万公里以上的试验车辆、国家税务总局规定的其他车辆，主管税务机关根据纳税人提供的《机动车销售统一发票》或有效凭证注明的价格确定计税价格。

 疑难问题解答

免征车辆购置税农用三轮车的标准是什么？

解答：根据现行车辆购置税政策，农用三轮车征收范围为：柴油发动机，功率不大于 7.4kw，载重量不大于 500kg，最高车速不大于 40km/h 的三个车轮的机动车。享受免征车辆购置税政策的农用三轮车即为此标准的车辆。

 疑难问题解答

请问车辆购置税可以退还吗？

解答：根据现行车辆购置税政策，已缴车购税的车辆，发生下列情形之一的，准予纳税人申请退税：

（1）因质量原因，车辆被退回生产企业或者经销商的。

（2）应当办理车辆登记注册的车辆，公安机关车辆管理机构不予办理车辆登记注册的。

三、车船税法定减免税项目

 车船税的法定减免税项目有哪些？

下列车船免征车船税：

（1）捕捞、养殖渔船。捕捞、养殖渔船，是指在渔业船舶登记管理部门登记为捕捞船或者养殖船的船舶。

（2）军队、武装警察部队专用的车船。军队、武装警察部队专用的车船，是指按照规定在军队、武装警察部队车船登记管理部门登记，并领取军队、武警牌照的车船。

（3）警用车船。警用车船，是指公安机关、国家安全机关、监狱、劳动教养管理机关和人民法院、人民检察院领取警用牌照的车辆和执行警务的专用船舶。

（4）依照法律规定应当予以免税的外国驻华使领馆、国际组织驻华代表机构及其有关人员的车船。

（5）对节约能源、使用新能源的车船可以减征或者免征车船税；对受严重自然灾害影响纳税困难以及有其他特殊原因确需减税、免税的，可以减征或者免征车船税。具体办法由国务院规定，并报全国人民代表大会常务委员会备案。节约能源、使用新能源的车船可以免征或者减半征收车船税。免征或者减半征收车船税的车船的范围，由国务院财政、税务主管部门商国务院有关部门制订，报国务院批准。对受地震、洪涝等严重自然灾害影响纳税困难以及其他特殊原因确需减免税的车船，可以在一定期限内减征或者免征车船税。具体减免期限和数额由省、自治区、直辖市人民政府确定，报国务院备案。

（6）省、自治区、直辖市人民政府根据当地实际情况，可以对公共交通车船，农村居民拥有并主要在农村地区使用的摩托车、三轮汽车和低速载货汽车定期减征或者免征车船税。

（7）自2004年1月1日至2008年12月31日，由财政部门拨付事业经费的文化单位转制为企业，对其自用房产、土地和车船免征房产税、城镇土地使用税和车船税。

（8）自2015年5月7日起，对节约能源车船，减半征收车船税。减半征收车船税的节约能源乘用车应同时符合以下标准：①获得许可在中国境内销售的排量为1.6升以下（含1.6升）的燃用汽油、柴油的乘用车（含非插电式混合动力乘用车和双燃料乘用车）；②综合工况燃料消耗量应符合标准；③污染物排放符合《轻型汽车污染物排放限值及测量方法（中国第五阶段）》（GB18352.5—2013）标准中I型试验的限值标准。减半征收车船税的节约能源商用车应同时符合下列标准：①获得许可在中国境内销售的燃用天然气、汽油、柴油的重型商用车（含非插电式混合动力和双燃料重型商用车）；②燃用汽油、柴油的重型商用车综合工况燃料消耗量应符合标准；③污染物排放符合《车用压燃式、气体燃料点燃式发动机与汽车排气污染物排放限值及测量方法（中国III，IV，V阶段）》（GB17691—2005）标准中第V阶段的标准。减半征收车船税的节约能源船舶和其他车辆等的标准另行制定。

（9）自2015年5月7日起，对使用新能源车船，免征车船税。免征车船税的使用新能源汽车是指纯电动商用车、插电式（含增程式）混合动力汽车、燃料电池商用车。纯电动乘用车和燃料电池乘用车不属于车船税征税范围，对其不征车船税。免征车船税的使用新能源汽车（不含纯电动乘用车和燃料电池乘用车，下同），应同时符合下列标准：①获得许可在中国境内销售的纯电动商用车、插电式（含增程式）混合动力汽车、燃料电池商用车；②纯电动续驶里程符合规定标准；③使用除铅酸电池以外的动力电池；④插电式混合动力乘用车综合燃料消耗量（不计电能消耗）与现行的常规燃料消耗量国家标准中对应目标值相比小于60%；插电式混合动力商用车（含轻型、重型商用车）燃料消耗量（不含电能转化的燃料消耗量）与现行的常规燃料消耗量国家标准中对应限值相比小于60%；⑤通过新能源汽车专项检测，符合新能源汽车标准。免征车船税的使用新能源船舶的标准另行制定。

车船税的减免税退税管理制度有哪些？

自 2016 年 1 月 1 日起，车船税减免税、退税管理制度如下：

（1）税务机关应当依法减免车船税。保险机构、代征单位对已经办理减免税手续的车船不再代收代征车船税。税务机关、保险机构、代征单位应当严格执行财政部、国家税务总局、工业和信息化部公布的节约能源、使用新能源车船减免税政策。对不属于车船税征税范围的纯电动乘用车和燃料电池乘用车，应当积极获取车辆的相关信息予以判断，对其征收了车船税的应当及时予以退税。

（2）税务机关应当将本地区车船税减免涉及的具体车船明细信息和相关减免税额存档备查。

（3）车船税退税管理应当按照税款缴库退库有关规定执行。

（4）已经缴纳车船税的车船，因质量原因，车船被退回生产企业或者经销商的，纳税人可以向纳税所在地的主管税务机关申请退还自退货月份起至该纳税年度终了期间的税款，退货月份以退货发票所载日期的当月为准。地方税务机关与国家税务机关应当积极协作，落实国地税合作规范，在纳税人因质量原因发生车辆退货时，国家税务机关应当向地方税务机关提供车辆退货发票信息，减轻纳税人办税负担。

（5）已完税车辆被盗抢、报废、灭失而申请车船税退税的，由纳税人纳税所在地的主管税务机关按照有关规定办理。

（6）纳税人在车辆登记地之外购买机动车第三者责任强制保险，由保险机构代收代缴车船税的，凭注明已收税款信息的机动车第三者责任强制保险单或保费发票，车辆登记地的主管税务机关不再征收该纳税年度的车船税，已经征收的应予退还。

 疑难问题解答

企业内部行驶的车辆是否应缴纳车船税？

解答：根据现行车船税政策，企业内部行驶的车辆，不领取行驶执照，也不上公路行驶的，可免缴车船税。

 疑难问题解答

机动车辆丢失后可否退还已缴的车船税税款？应如何办理？

解答：根据现行车船税政策，在一个纳税年度内，已完税的车船被盗抢、报废、灭失的，纳税人可以凭有关管理机关出具的证明和完税证明，向纳税所在地的主管地方税务机关申请退还自被盗抢、报废、灭失月份起至该纳税年度终了期间的税款。已办理退税的被盗抢车船，失而复得的，纳税人应当从公安机关出具相关证明的当月起计算缴纳车船税。

疑难问题解答

车船因质量问题发生退货时是否可以办理退税？

解答：自 2013 年 9 月 1 日起，已经缴纳车船税的车船，因质量原因，车船被退回生产企业或者经销商的，纳税人可以向纳税所在地的主管税务机关申请退还自退货月份起至该纳税年度终了期间的税款。退货月份以退货发票所载日期的当月为准。

四、船舶吨税税收优惠政策

船舶吨税有哪些税收优惠政策？

船舶吨税税收优惠政策如下：

下列船舶免征船舶吨税：

（1）应纳税额在人民币 50 元以下的船舶。

（2）自境外以购买、受赠、继承等方式取得船舶所有权的初次进口到港的空载船舶。

（3）船舶吨税执照期满后 24 小时内不上下客货的船舶。

（4）非机动船舶（不包括非机动驳船）。

（5）捕捞、养殖渔船。

（6）避难、防疫隔离、修理、终止运营或者拆解，并不上下客货的船舶。

（7）军队、武装警察部队专用或者征用的船舶。

（8）依照法律规定应当予以免税的外国驻华使领馆、国际组织驻华代表机构及其有关人员的船舶。

（9）国务院规定的其他船舶。

（10）船舶吨税设置优惠税率和普通税率。中华人民共和国籍的应税船舶，船籍国（地区）与中华人民共和国签订含有相互给予船舶税费最惠国待遇条款的条约或者协定的应税船舶，适用优惠税率。

（11）根据《船舶吨税暂行条例》和《中华人民共和国政府和利比里亚共和国政府海运协定》的相关规定，自 2016 年 2 月 14 日起，对利比里亚共和国籍的应税船舶适用船舶吨税优惠税率，实施期限为 3 年。

第八部分　土地税与资源税优惠政策

您知道土地税有哪些优惠政策吗？您知道土地增值税有哪些优惠政策吗？您知道耕地占用税有哪些优惠政策吗？您知道城镇土地使用税有哪些优惠政策吗？本部分将为您回答上述问题。

一、土地增值税优惠政策

 土地增值税有哪些法定免税项目？

有下列情形之一的，免征土地增值税：

（1）纳税人建造普通标准住宅出售，增值额未超过扣除项目金额20%的。普通标准住宅，是指按所在地一般民用住宅标准建造的居住用住宅。高级公寓、别墅、度假村等不属于普通标准住宅。普通标准住宅与其他住宅的具体划分界限由各省、自治区、直辖市人民政府规定。纳税人建造普通标准住宅出售，增值额未超过法定扣除项目金额之和20%的，免征土地增值税；增值额超过扣除项目金额之和20%的，应就其全部增值额按规定计税。

（2）因国家建设需要依法征用、收回的房地产。因国家建设需要依法征用、收回的房地产，是指因城市实施规划、国家建设的需要而被政府批准征用的房产或收回的土地使用权。因城市实施规划、国家建设的需要而搬迁，由纳税人自行转让原房地产的，比照上述规定免征土地增值税。

（3）个人因工作调动或改善居住条件而转让原自用住房，经向税务机关申报核准，凡居住满5年或5年以上的，免予征收土地增值税；居住满3年未满5年的，减半征收土地增值税。居住未满3年的，按规定计征土地增值税。

 友情提示

符合上述免税规定的单位和个人，须向房地产所在地税务机关提出免税申请，经税务机关审核后，免予征收土地增值税。

土地增值税有哪些政策性免税项目？

土地增值税的政策性免税项目包括：

（1）对于以房地产进行投资、联营的，投资、联营的一方以土地（房地产）作价入股进行投资或作为联营条件，将房地产转让到所投资、联营的企业中时，暂免征收土地增值税。对投资、联营企业将上述房地产再转让的，应征收土地增值税。

（2）对于一方出地，一方出资金，双方合作建房，建成后按比例分房自用的，暂免征收土地增值税；建成后转让的，应征收土地增值税。

（3）在企业兼并中，对被兼并企业将房地产转让到兼并企业中的，暂免征收土地增值税。

（4）房产所有人、土地使用权所有人将房屋产权、土地使用权赠与直系亲属或承担直接赡养义务人的。

（5）房产所有人、土地使用权所有人通过中国境内非营利的社会团体、国家机关将房屋产权、土地使用权赠与教育、民政和其他社会福利、公益事业的。

 友情提示

上述社会团体是指中国青少年发展基金会、希望工程基金会、宋庆龄基金会、减灾委员会、中国红十字会、中国残疾人联合会、全国老年基金会、老区促进会以及经民政部门批准成立的其他非营利的公益性组织。

（6）对个人之间互换自有居住用房地产的，经当地税务机关核实，可以免征土地增值税。

（7）自1999年8月1日起，对居民个人拥有的普通住宅，在其转让时暂免征收土地增值税。

（8）自2008年11月1日起，对个人销售住房暂免征收土地增值税。

（9）大连证券破产财产被清算组用来清偿债务时，免征大连证券销售转让货物、不动产、无形资产、有价证券、票据等应缴纳的增值税、营业税、城市维护建设税、教育费附加和土地增值税。

（10）对被撤销金融机构财产用来清偿债务时，免征被撤销金融机构转让货物、不动产、无形资产、有价证券、票据等应缴纳的增值税、营业税、城市维护建设税、教育费附加和土地增值税。

（11）对东方资产管理公司在接收港澳国际（集团）有限公司的资产包括

货物、不动产、有价证券等，免征东方资产管理公司销售转让该货物、不动产、有价证券等资产以及利用该货物、不动产从事融资租赁业务应缴纳的增值税、营业税、城市维护建设税、教育费附加和土地增值税。

（12）对港澳国际（集团）内地公司的资产，包括货物、不动产、有价证券、股权、债权等，在清理和被处置时，免征港澳国际（集团）内地公司销售转让该货物、不动产、有价证券、股权、债权等资产应缴纳的增值税、营业税、城市维护建设税、教育费附加和土地增值税。

（13）对港澳国际（集团）香港公司在中国境内的资产，包括货物、不动产、有价证券、股权、债权等，在清理和被处置时，免征港澳国际（集团）香港公司销售转让该货物、不动产、有价证券、股权、债权等资产应缴纳的增值税、营业税、预提所得税和土地增值税。

（14）企事业单位、社会团体以及其他组织转让旧房作为廉租住房、经济适用住房房源且增值额未超过扣除项目金额 20% 的，免征土地增值税。

（15）2015 年 1 月 1 日至 2017 年 12 月 31 日，按照我国《公司法》的规定，非公司制企业整体改建为有限责任公司或者股份有限公司，有限责任公司（股份有限公司）整体改建为股份有限公司（有限责任公司）。对改建前的企业将国有土地、房屋权属转移、变更到改建后的企业，暂不征土地增值税。整体改建是指不改变原企业的投资主体，并承继原企业权利、义务的行为。上述改制重组有关土地增值税政策不适用于房地产开发企业。

（16）2015 年 1 月 1 日至 2017 年 12 月 31 日，按照法律规定或者合同约定，两个或两个以上企业合并为一个企业，且原企业投资主体存续的，对原企业将国有土地、房屋权属转移、变更到合并后的企业，暂不征土地增值税。上述改制重组有关土地增值税政策不适用于房地产开发企业。

（17）2015 年 1 月 1 日至 2017 年 12 月 31 日，按照法律规定或者合同约定，企业分设为两个或两个以上与原企业投资主体相同的企业，对原企业将国有土地、房屋权属转移、变更到分立后的企业，暂不征土地增值税。上述改制重组有关土地增值税政策不适用于房地产开发企业。

（18）2015 年 1 月 1 日至 2017 年 12 月 31 日，单位、个人在改制重组时以国有土地、房屋进行投资，对其将国有土地、房屋权属转移、变更到被投资的企业，暂不征土地增值税。上述改制重组有关土地增值税政策不适用于房地产开发企业。企业改制重组后再转让国有土地使用权并申报缴纳土地增值税时，应以改制前取得该宗国有土地使用权所支付的地价款和按国家统一规定缴纳的有关费用，作为该企业"取得土地使用权所支付的金额"扣除。企业在重组改制过程中经省级以上（含省级）国土管理部门批准，国家以国有土地使用权作价出资入股的，再转让该宗国有土地使用权并申报缴纳土地增值税时，应以该宗土地作价入股时省级以上（含省级）国土管理部门批准的评估价格，作为该企业"取得土地使用权所支付的金额"扣除。办理纳税申报时，企业应提供该宗土地作价入股时省级以上（含省级）国土管理部门的批准文件和批准的评估价格，不能提供批准文件和批准的评估价格的，不得扣除。

（19）2016年1月1日至2018年12月31日，对企事业单位、社会团体以及其他组织转让旧房作为公共租赁住房房源，且增值额未超过扣除项目金额20%的，免征土地增值税。

（20）自2016年5月1日起，《土地增值税暂行条例》等规定的土地增值税扣除项目涉及的增值税进项税额，允许在销项税额中计算抵扣的，不计入扣除项目，不允许在销项税额中计算抵扣的，可以计入扣除项目。免征增值税的，确定计税依据时，成交价格、租金收入、转让房地产取得的收入不扣减增值税额。

 疑难问题解答

土地增值税的征税范围包括哪些？

解答： 根据现行土地增值税政策，转让国有土地使用权、地上的建筑物及其附着物并取得收入均属土地增值税的征税范围。不包括以继承、赠与方式无偿转让房地产的行为。国有土地，是指按国家法律规定属于国家所有的土地。地上的建筑物，是指建于土地上的一切建筑物，包括地上地下的各种附属设施。附着物，是指附着于土地上的不能移动，一经移动即遭损坏的物品。转让房地产所取得的收入包括转让房地产的全部价款及有关的经济收益，应包括货币收入、实物收入和其他收入。

 疑难问题解答

房产"赠与"的免税范围有哪些？

解答： 根据现行土地增值税政策，房产赠与的免税范围包括：

（1）房产所有人、土地使用权所有人将房屋产权、土地使用权赠与直系亲属或承担直接赡养义务人的。

（2）房产所有人、土地使用权所有人通过中国境内非营利的社会团体、国家机关将房屋产权、土地使用权赠与教育、民政和其他社会福利、公益事业的。

上述社会团体是指中国青少年发展基金会、希望工程基金会、宋庆龄基金会、减灾委员会、中国红十字会、中国残疾人联合会、全国老年基金会、老区促进会以及经民政部门批准成立的其他非营利的公益性组织。

 疑难问题解答

企业以房产投资入股是否应缴纳土地增值税?

解答： 根据现行土地增值税政策，以房地产进行投资、联营的一方以土地（房地产）作价入股进行投资或作为联营条件，将房地产转让到所投资、联营的企业中时，暂免缴纳土地增值税。对投资、联营企业将上述房地产再转让的，应按规定缴纳土地增值税。

自 2006 年 3 月 2 日起，对于以土地（房地产）作价投资入股进行投资或联营的，凡所投资、联营的企业从事房地产开发的，或者房地产开发企业以其建造的商品房进行投资和联营的，均不适用《财政部 国家税务总局关于土地增值税一些具体问题规定的通知》（财税字〔1995〕048 号）第一条暂免征收土地增值税的规定，应按规定缴纳土地增值税。

 疑难问题解答

企业兼并过程中转让房地产的是否应缴纳土地增值税?

解答： 根据现行土地增值税政策，在企业兼并中，对被兼并企业将房地产转让到兼并企业中的，暂免缴纳土地增值税。

 疑难问题解答

合作建房应否缴纳土地增值税?

解答： 根据现行土地增值税政策，对于一方出地，一方出资金，双方合作建房，建成后按比例分房自用的，暂免缴土地增值税。建成后转让的，应缴纳土地增值税。

 疑难问题解答

一次性获取土地使用权，但分期分批开发，如何确定扣除项目中获取土地使用权所支付的金额?

解答： 根据现行土地增值税政策，纳税人成片受让土地使用权后，分期分批开发、转让房地产的，其扣除项目金额的确定，可按转让土地使用权的面积占总面积的比例计算分摊，或按建筑面积计算分摊，也可按税务机关确认的其他方式计算分摊。

疑难问题解答

房地产开发费用包括哪些？

解答：根据现行土地增值税政策，房地产开发费用是指与房地产开发项目有关的销售费用、管理费用、财务费用。财务费用中的利息支出，凡能够按转让房地产项目计算分摊并提供金融机构证明的，允许据实扣除，但最高不能超过按商业银行同类同期贷款利率计算的金额。其他房地产开发费用，按取得土地使用权所支付的金额与房地产开发成本金额之和的 5% 以内计算扣除。凡不能按转让房地产项目计算分摊利息支出或不能提供金融机构证明的，房地产开发费用按取得土地使用权所支付的金额与房地产开发成本金额之和的 10% 以内计算扣除。

 疑难问题解答

房地产开发企业有哪些金额可以作为加计扣除的基数？

解答：根据现行土地增值税政策，对从事房地产开发的纳税人可按取得土地使用权所支付的金额加上房地产开发成本金额之和，加计 20% 的扣除。即：

$$加计扣除金额 = （取得土地使用权所支付的金额 + 房地产开发成本）\times 20\%$$

 疑难问题解答

计算房地产转让的增值额时是否可扣除已缴纳的印花税？

解答：根据现行土地增值税政策，允许扣除的印花税，是指在转让房地产时缴纳的印花税。房地产开发企业按照《施工、房地产开发企业财务制度》的有关规定，其缴纳的印花税列入管理费用，已相应予以扣除。其他的土地增值税纳税义务人在计算土地增值税时允许扣除在转让时缴纳的印花税。

 疑难问题解答

销售房地产时代收的费用可否在计税前扣除？

解答：根据现行土地增值税政策，对于县级及县级以上人民政府要求房地产开发企业在售房时代收的各项费用，如果代收费用是计入房价中向购买方一并收取的，可作为转让房地产所取得的收入计税；如果代收费用未计入房价中，而是在房价之外单独收取的，可以不作为转让房地产的收入。对于代收费用作为转让收入计税的，在计算扣除项目金额时，可予以扣除，但不允许作为加计 20% 扣除的基数；对于代收费用未作为转让房地产的收入计税的，在计算增值额时不允许扣除代收费用。

 疑难问题解答

旧房转让时采取评估价确认原值的方法，期间发生的评估费用，能否在计税时扣除？

解答： 根据现行土地增值税政策，纳税人转让旧房及建筑物时因计算纳税的需要而对房地产进行评估，其支付的评估费用允许在计算增值额时扣除。对《土地增值税暂行条例》第九条规定的纳税人隐瞒、虚报房地产成交价格等情形而按房地产评估价格计算缴纳土地增值税所发生的评估费用，不允许在计算土地增值税时扣除。

 疑难问题解答

如何确定旧房转让的扣除额？

解答： 根据现行土地增值税政策，纳税人转让旧房及建筑物，凡不能取得评估价格，但能提供购房发票的，经当地税务部门确认，《土地增值税暂行条例》第六条第（一）、第（三）项规定的扣除项目的金额，可按发票所载金额并从购买年度起至转让年度止每年加计 5% 计算。对纳税人购房时缴纳的契税，凡能提供契税完税凭证的，准予作为"与转让房地产有关的税金"予以扣除，但不作为加计 5% 的基数。对于转让旧房及建筑物，既没有评估价格，又不能提供购房发票的，地方税务机关可以根据《税收征收管理法》第 35 条的规定，实行核定征收。

 疑难问题解答

对个人互换住房的是否免纳土地增值税？

解答： 根据现行土地增值税政策，对个人之间互换自有居住用房地产的，经当地税务机关核实，可以免纳土地增值税。

二、耕地占用税优惠政策

 耕地占用税有哪些税收优惠政策？

下列情形免征耕地占用税：

（1）军事设施占用耕地。

（2）学校、幼儿园、养老院、医院占用耕地。免税的学校，具体范围包括县级以上人民政府教育行政部门批准成立的大学、中学、小学、学历性职业教育学校以及特殊教育学校。学校内经营性场所和教职工住房占用耕地的，按照当地适用税额缴纳耕地占用税。免税的幼儿园，具体范围限于县级以上人民政府教育行政部门登记注册或者备案的幼儿园内专门用于幼儿保育、教育的场所。免税的养老院，具体范围限于经批准设立的养老院内专门为老年人提供生活照顾的场所。免税的医院，具体范围限于县级以上人民政府卫生行政部门批准设立的医院内专门用于提供医护服务的场所及其配套设施。医院内职工住房占用耕地的，按照当地适用税额缴纳耕地占用税。

（3）铁路线路、公路线路、飞机场跑道、停机坪、港口、航道占用耕地，减按每平方米2元的税额征收耕地占用税。根据实际需要，国务院财政、税务主管部门商国务院有关部门并报国务院批准后，可以对前款规定的情形免征或者减征耕地占用税。减税的铁路线路，具体范围限于铁路路基、桥梁、涵洞、隧道及其按照规定两侧留地。专用铁路和铁路专用线占用耕地的，按照当地适用税额缴纳耕地占用税。减税的公路线路，具体范围限于经批准建设的国道、省道、县道、乡道和属于农村公路的村道的主体工程以及两侧边沟或者截水沟。专用公路和城区内机动车道占用耕地的，按照当地适用税额缴纳耕地占用税。减税的飞机场跑道、停机坪，具体范围限于经批准建设的民用机场专门用于民用航空器起降、滑行、停放的场所。减税的港口，具体范围限于经批准建设的港口内供船舶进出、停靠以及旅客上下、货物装卸的场所。减税的航道，具体范围限于在江、河、湖泊、港湾等水域内供船舶安全航行的通道。

（4）农村居民占用耕地新建住宅，按照当地适用税额减半征收耕地占用税。农村烈士家属、残疾军人、鳏寡孤独以及革命老根据地、少数民族聚居区和边远贫困山区生活困难的农村居民，在规定用地标准以内新建住宅缴纳耕地占用税确有困难的，经所在乡（镇）人民政府审核，报经县级人民政府批准后，可以免征或者减征耕地占用税。减税的农村居民占用耕地新建住宅，是指农村居民经批准在户口所在地按照规定标准占用耕地建设自用住宅。农村居民经批准搬迁，原宅基地恢复耕种，凡新建住宅占用耕地不超过原宅基地面积的，不征收耕地占用税；超过原宅基地面积的，对超过部分按照当地适用税额减半征收耕地占用税。农村烈士家属，包括农村烈士的父母、配偶和子女。革命老根据地、少数民族聚居地区和边远贫困山区生活困难的农村居民，其标准按照各省、自治区、直辖市人民政府有关规定执行。

 **友情提示**

> 依照上述规定免征或者减征耕地占用税后，纳税人改变原占地用途，不再属于免征或者减征耕地占用税情形的，应当按照当地适用税额补缴耕地占用税。纳税人改变占地用途，不再属于免税或减税情形的，应自改变用途之日起 30 日内按改变用途的实际占用耕地面积和当地适用税额补缴税款。

（5）对学校、幼儿园经批准征用的耕地，免征耕地占用税。享受免税的学校用地的具体范围是：全日制大、中、小学校（包括部门、企业办的学校）的教学用房、实验室、操场、图书馆、办公室及师生员工食堂宿舍用地。学校从事非农业生产经营占用的耕地，不予免税。职工夜校、学习班、培训中心、函授学校等不在免税之列。

（6）以下占用土地行为不征收耕地占用税：农田水利占用耕地的；建设直接为农业生产服务的生产设施占用林地、牧草地、农田水利用地、养殖水面以及渔业水域滩涂等其他农用地的；农村居民经批准搬迁，原宅基地恢复耕种，凡新建住宅占用耕地不超过原宅基地面积的。

（7）占用林地、牧草地、农田水利用地、养殖水面以及渔业水域滩涂等其他农用地建房或者从事非农业建设的，适用税额可以适当低于当地占用耕地的适用税额，具体适用税额按照各省、自治区、直辖市人民政府的规定执行。

（8）符合以下情形，纳税人可以申请退还已缴纳的耕地占用税：纳税人在批准临时占地的期限内恢复所占用土地原状的；损毁土地的单位或者个人，在 2 年内恢复土地原状的；依照税收法律、法规规定的其他情形。恢复土地原状需按照《土地复垦条例》（国务院令第 592 号公布）的规定，由土地管理部门会同有关行业管理部门认定并出具验收合格确认书。耕地占用税退税的有关程序性要求按照退税管理的相关规定执行。

（9）纳税人因有特殊困难，不能按期缴纳耕地占用税税款的，按照《税收征收管理法》及其实施细则的规定，经省地税机关批准，可以延期缴纳税款，但是最长不得超过 3 个月。特殊困难是指以下情形之一：因不可抗力，导致纳税人发生较大损失，正常生产经营活动受到较大影响的；当期货币资金在扣除应付职工工资、社会保险费后，不足以缴纳税款的。

友情提示

纳税人确有困难，不能按期办理耕地占用税纳税申报的，依法应当在规定的期限内提出书面延期申请，经主管地税机关核准，可以在核准的期限内延期申报。经核准延期办理申报的，应当在纳税期内按照主管地税机关核定的税额预缴耕地占用税税款，并在核准的延期内办理税款结算。纳税人因不可抗力，不能按期办理耕地占用税纳税申报的，依法可以延期办理；但是，应当在不可抗力情形消除后立即向主管地税机关报告。主管地税机关应当查明事实，予以核准。

 免税的军事设施的具体范围包括哪些？

免税的军事设施，具体范围包括：

（1）地上、地下的军事指挥、作战工程。

（2）军用机场、港口、码头。

（3）营区、训练场、试验场。

（4）军用洞库、仓库。

（5）军用通信、侦察、导航、观测台站和测量、导航、助航标志。

（6）军用公路、铁路专用线，军用通讯、输电线路，军用输油、输水管道。

（7）其他直接用于军事用途的设施。

 享受耕地占用税优惠需要报送哪些材料？

符合耕地占用税减免条件的纳税人根据不同情况报送《纳税人减免税备案登记表》及下列材料之一：

（1）军事设施占用应税土地的证明材料。

（2）学校、幼儿园、养老院、医院占用应税土地的证明材料。

（3）铁路线路、公路线路、飞机场跑道、停机坪、港口、航道占用应税土地的证明材料。

（4）农村居民占用应税土地新建住宅的证明材料。

（5）县级人民政府批准的农村居民困难减免批复文件原件及复印件，申请人身份证明原件及复印件。

（6）财政部、国家税务总局规定的其他减免耕地占用税情形的证明材料。

疑难问题解答

属于耕地占用税具体征税范围的土地有哪些？

解答： 属于耕地占用税征税范围的土地（以下简称应税土地）包括：

（1）耕地。即指用于种植农作物的土地。

（2）园地。即指果园、茶园、其他园地。

（3）林地、牧草地、农田水利用地、养殖水面以及渔业水域滩涂等其他农用地。林地，包括有林地、灌木林地、疏林地、未成林地、迹地、苗圃等，不包括居民点内部的绿化林木用地，铁路、公路征地范围内的林木用地，以及河流、沟渠的护堤林用地。牧草地，包括天然牧草地、人工牧草地。农田水利用地，包括农田排灌沟渠及相应附属设施用地。养殖水面，包括人工开挖或者天然形成的用于水产养殖的河流水面、湖泊水面、水库水面、坑塘水面及相应附属设施用地。渔业水域滩涂，包括专门用于种植或者养殖水生动植物的海水潮浸地带和滩地。

（4）草地、苇田。草地，是指用于农业生产并已由相关行政主管部门发放使用权证的草地。苇田，是指用于种植芦苇并定期进行人工养护管理的苇田。

三、城镇土地使用税优惠政策

 城镇土地使用税有哪些税收优惠政策？

下列土地免缴土地使用税：

（1）国家机关、人民团体、军队自用的土地。

（2）由国家财政部门拨付事业经费的单位自用的土地。

（3）宗教寺庙、公园、名胜古迹自用的土地。公园、名胜古迹内的索道公司经营用地，应按规定缴纳城镇土地使用税。

（4）市政街道、广场、绿化地带等公共用地。

（5）直接用于农、林、牧、渔业的生产用地。在城镇土地使用税征收范围内经营采摘、观光农业的单位和个人，其直接用于采摘、观光的种植、养殖、饲养的土地，根据《城镇土地使用税暂行条例》第六条中"直接用于农、林、牧、渔业的生产用地"的规定，免征城镇土地使用税。在城镇土地使用税征收范围内，利用林场土地兴建度假村等休闲娱乐场所的，其经营、办公和生活用地，应按规定征收城镇土地使用税。

（6）经批准开山填海整治的土地和改造的废弃土地，从使用的月份起免缴土地使用税 5 年至 10 年。

（7）由财政部另行规定免税的能源、交通、水利设施用地和其他用地。

 友情提示

> 纳税人缴纳土地使用税确有困难需要定期减免的，由省、自治区、直辖市税务机关审核后，报国家税务局批准。

 城镇土地使用税有哪些政策性减免税项目？

城镇土地使用税有下列政策性减免税项目：

（1）鉴于血站是采集和提供临床用血，不以营利为目的的公益性组织，又属于财政拨补事业费的单位，因此，对血站自用的房产和土地免征房产税和城镇土地使用税。

（2）对非营利性医疗机构自用的房产、土地、车船，免征房产税、城镇土地使用税和车船使用税。

（3）对政府部门和企事业单位、社会团体以及个人等社会力量投资兴办的福利性、非营利性的老年服务机构，暂免征收企业所得税，以及老年服务机构自用房产、土地、车船的房产税、城镇土地使用税、车船使用税。

（4）非营利性科研机构自用的房产、土地，免征房产税、城镇土地使用税。

（5）对行使国家行政管理职能的中国人民银行总行（含国家外汇管理局）所属分支机构自用的房产、土地，免征房产税、城镇土地使用税。

（6）对被撤销金融机构清算期间自有的或从债务方接收的房地产、车辆，免征房产税、城镇土地使用税和车船使用税。

（7）对于经国务院批准的原国家经贸委管理的 10 个国家局所属 242 个科研机构和建设部等 11 个部门（单位）所属 134 个科研机构中转为企业的科研机构和进入企业的科研机构，从转制注册之日起，5 年内免征科研开发自用土地的城镇土地使用税、房产税和企业所得税。

（8）铁道部所属铁路运输企业自用的房产、土地继续免征房产税和城镇土地使用税。继续免征房产税和城镇土地使用税的铁道部所属铁路运输企业的范围包括：铁路局、铁路分局（包括客货站、编组站、车务、机务、工务、电务、水电、车辆、供电、列车、客运段）、中铁集装箱运输有限责任公司、中铁特货运输有限责任公司、中铁行包快递有限责任公司、中铁快运有限公司。地方铁路运输企业自用的房产、土地应缴纳的房产税、城镇土地使用税比照铁道部所属铁路运输企业的政策执行。

（9）对股改铁路运输企业及合资铁路运输公司自用的房产、土地暂免征收房产税和城镇土地使用税。其中股改铁路运输企业是指铁路运输企业经国务院批准进行股份制改革成立的企业；合资铁路运输公司是指由铁道部及其所属铁路运输企业与地方政府、企业或其他投资者共同出资成立的铁路运输企业。

（10）对国家拨付事业经费和企业办的各类学校、托儿所、幼儿园自用的房产、土地，免征房产税、城镇土地使用税。

（11）对由于国家实行天然林资源保护工程造成森工企业的房产、土地闲置1年以上不用的，暂免征收房产税和城镇土地使用税；闲置房产和土地用于出租或企业重新用于天然林资源保护工程之外的其他生产经营的，应依照规定征收房产税和城镇土地使用税。

（12）自2004年8月1日起，对军队空余房产租赁收入暂免征收营业税、房产税。

（13）对青藏铁路公司及其所属单位自用的房产、土地免征房产税、城镇土地使用税；对非自用的房产、土地照章征收房产税、城镇土地使用税。

（14）对盐场、盐矿的生产厂房、办公、生活区用地，应照章征收土地使用税。对盐场的盐滩、盐矿的矿井用地，暂免征收土地使用税。对盐场、盐矿的其他用地，由省、自治区、直辖市税务局根据实际情况，确定征收土地使用税或给予定期减征、免征的照顾。

（15）对林区的有林地、运材道、防火道、防火设施用地，免征土地使用税。林业系统的森林公园、自然保护区，可比照公园免征土地使用税。

（16）对邮政部门坐落在城市、县城、建制镇、工矿区范围内的房产、土地，应当依法征收房产税和土地使用税；对坐落在上述范围以外尚在县邮政局内核算的房产、土地，必须在单位财务账中划分清楚，从2001年1月1日起不再征收房产税和土地使用税。

（17）对廉租住房、经济适用住房建设用地以及廉租住房经营管理单位按照政府规定价格、向规定保障对象出租的廉租住房用地，免征城镇土地使用税。

 友情提示

开发商在经济适用住房、商品住房项目中配套建造廉租住房，在商品住房项目中配套建造经济适用住房，如能提供政府部门出具的相关材料，可按廉租住房、经济适用住房建筑面积占总建筑面积的比例免征开发商应缴纳的城镇土地使用税。

（18）对核电站的核岛、常规岛、辅助厂房和通讯设施用地（不包括地下线路用地），生活、办公用地按规定征收城镇土地使用税，其他用地免征城镇土地使用税。对核电站应税土地在基建期内减半征收城镇土地使用税。

（19）自 2008 年 3 月 1 日起，对个人出租住房，不区分用途，免征城镇土地使用税。

（20）自 2015 年 1 月 1 日至 2018 年 12 月 31 日，对在中国境内从事大型客机、大型客机发动机整机设计制造的企业及其全资子公司自用的科研、生产、办公房产及土地，免征城镇土地使用税。大型客机，是指空载重量大于 45 吨的民用客机；大型客机发动机，是指起飞推力大于 14000 公斤的民用客机发动机。

（21）自 2015 年 7 月 1 日起，下列石油天然气生产建设用地暂免征收城镇土地使用税：地质勘探、钻井、井下作业、油气田地面工程等施工临时用地；企业厂区以外的铁路专用线、公路及输油（气、水）管道用地；油气长输管线用地。在城市、县城、建制镇以外工矿区内的消防、防洪排涝、防风、防沙设施用地，暂免征收城镇土地使用税。享受上述税收优惠的用地，用于非税收优惠用途的，不得享受上述税收优惠。除上述列举免税的土地外，其他油气生产及办公、生活区用地，依照规定征收城镇土地使用税。地方人民政府应按照城镇土地使用税有关规定，确定工矿区范围。对在工矿区范围内的油气生产、办公、生活用地，其税额标准不得高于相邻的县城、建制镇的适用税额标准。石油天然气生产企业应按照有关税收减免管理规定向主管税务机关备案免税土地情况。

（22）自 2016 年 1 月 1 日至 2018 年 12 月 31 日，对公共租赁住房建设期间用地及公共租赁住房建成后占地免征城镇土地使用税。在其他住房项目中配套建设公共租赁住房，依据政府部门出具的相关材料，按公共租赁住房建筑面积占总建筑面积的比例免征建设、管理公共租赁住房涉及的城镇土地使用税。享受上述税收优惠政策的公共租赁住房是指纳入省、自治区、直辖市、计划单列市人民政府及新疆生产建设兵团批准的公共租赁住房发展规划和年度计划，并按照《关于加快发展公共租赁住房的指导意见》（建保〔2010〕87号）和市、县人民政府制定的具体管理办法进行管理的公共租赁住房。

（23）自 2016 年 1 月 1 日至 2018 年 12 月 31 日，对饮水工程运营管理单位自用的生产、办公用土地，免征城镇土地使用税。饮水工程，是指为农村居民提供生活用水而建设的供水工程设施。饮水工程运营管理单位，是指负责饮水工程运营管理的自来水公司、供水公司、供水（总）站（厂、中心）、村集体、农民用水合作组织等单位。对于既向城镇居民供水，又向农村居民供水的饮水工程运营管理单位，依据向农村居民供水量占总供水量的比例免征城镇土地使用税。无法提供具体比例或所提供数据不实的，不得享受上述税收优惠政策。符合上述减免税条件的饮水工程运营管理单位需持相关材料向主管税务机关办理备案手续。

（24）自 2016 年 1 月 1 日至 2018 年 12 月 31 日，对符合条件的孵化器自用以及无偿或通过出租等方式提供给孵化企业使用的土地，免征城镇土地使用税。享受城镇土地使用税优惠政策的孵化器，应同时符合以下条件：①孵化器需符合国家级科技企业孵化器条件。国务院科技行政主管部门负责发布国家级科技企业孵化器名单。②孵化器应将面向孵化企业出租场地、房屋以及提供孵化服务的业务收入在财务上单独核算。③孵化器提供给孵化企业使用的场地面积（含公共服务场地）应占孵化器可自主支配场地面积的 75% 以上（含 75%）。孵化企业数量应占孵化器内企业总数量的 75% 以上（含75%）。公共服务场地是指孵化器提供给孵化企业共享的活动场所，包括公共餐厅、接待室、会议室、展示室、活动室、技术检测室和图书馆等非盈利性配套服务场地。"孵化企业"应当同时符合以下条件：①企业注册地和主要研发、办公场所必须在孵化器的孵化场地内。②新注册企业或申请进入孵化器前企业成立时间不超过 2 年。③企业在孵化器内孵化的时间不超过 48 个月。纳入"创新人才推进计划"及"海外高层次人才引进计划"的人才或从事生物医药、集成电路设计、现代农业等特殊领域的创业企业，孵化时间不超过 60 个月。④符合《中小企业划型标准规定》所规定的小型、微型企业划型标准。⑤单一在孵企业入驻时使用的孵化场地面积不大于 1 000 平方米。从事航空航天等特殊领域的在孵企业，不大于 3 000 平方米。⑥企业产品（服务）属于科学技术部、财政部、国家税务总局印发的《国家重点支持的高新技术领域》规定的范围。省级科技行政主管部门负责定期核实孵化器是否符合规定的各项条件，并报国务院科技行政主管部门审核确认。国务院科技行政主管部门审核确认后向纳税人出具证明材料，列明用于孵化的土地的地址、范围、面积等具体信息，并发送给国务院税务主管部门。纳税人持相应证明材料向主管税务机关备案，主管税务机关按照《税收减免管理办法》等有关规定，以及国务院科技行政主管部门发布的符合规定条件的孵化器名单信息，办理税收减免。

（25）自 2016 年 1 月 1 日至 2018 年 12 月 31 日，对向居民供热而收取采暖费的"三北"地区供热企业，为居民供热所使用的土地免征城镇土地使用税；对供热企业其他土地，应当按规定征收城镇土地使用税。对专业供热企业，按其向居民供热取得的采暖费收入占全部采暖费收入的比例计算免征的城镇土地使用税。对兼营供热企业，视其供热所使用的厂房及土地与其他生产经营活动所使用的土地是否可以区分，按照不同方法计算免征的城镇土地使用税。可以区分的，对其供热所使用土地，按向居民供热取得的采暖费收入占全部采暖费收入的比例计算减免税。难以区分的，对其全部土地，按向居民供热取得的采暖费收入占其营业收入的比例计算减免税。对自供热单位，按向居民供热建筑面积占总供热建筑面积的比例计算免征供热所使用的土地的城镇土地使用税。供热企业，是指热力产品生产企业和热力产品经营企业。热力产品生产企业包括专业供热企业、兼营供热企业和自供热单位。"三北"地区，是指北京市、天津市、河北省、山西省、内蒙古自治区、辽宁省、大连市、吉林省、黑龙江省、山东省、青岛市、河南省、陕西省、甘肃省、青海省、宁夏回族自治区和新疆维吾尔自治区。

（26）自 2016 年 1 月 1 日至 2018 年 12 月 31 日，对符合条件的科技园自用以及无偿或通过出租等方式提供给孵化企业使用的土地，免征城镇土地使用税。享受房产税优惠政策的科技园，应当同时符合以下条件：①科技园符合国家大学科技园条件。国务院科技和教育行政主管部门负责发布国家大学科技园名单。②科技园将面向孵化企业出租场地、房屋以及提供孵化服务的业务收入在财务上单独核算。③科技园提供给孵化企业使用的场地面积（含公共服务场地）占科技园可自主支配场地面积的 60% 以上（含 60%），孵化企业数量占科技园内企业总数量的 75% 以上（含 75%）。公共服务场地是指科技园提供给孵化企业共享的活动场所，包括公共餐厅、接待室、会议室、展示室、活动室、技术检测室和图书馆等非营利性配套服务场所。"孵化企业"应当同时符合以下条件：①企业注册地及主要研发、办公场所在科技园的工作场地内。②新注册企业或申请进入科技园前企业成立时间不超过 3 年。③企业在科技园内孵化的时间不超过 48 个月。海外高层次创业人才或从事生物医药、集成电路设计等特殊领域的创业企业，孵化时间不超过 60 个月。④符合《中小企业划型标准规定》所规定的小型、微型企业划型标准。⑤单一在孵企业使用的孵化场地面积不超过 1 000 平方米。从事航空航天、现代农业等特殊领域的单一在孵企业，不超过 3 000 平方米。⑥企业产品（服务）属于科学技术部、财政部、国家税务总局印发的《国家重点支持的高新技术领域》规定的范围。国务院科技和教育行政主管部门负责组织对科技园是否符合规定的各项条件定期进行审核确认，并向纳税人出具证明材料，列明纳税人用于孵化的房产和土地的地址、范围、面积等具体信息，并发送给国务院税务主管部门。纳税人持相应证明材料向主管税务机关备案，主管税务机关按照《税收减免管理办法》等有关规定，以及国务院科技和教育行政主管部门发布的符合规定条件的科技园名单信息，办理税收减免。

 城镇土地使用税有哪些政策性减免税项目？

根据《财政部 税务总局关于继续实施物流企业大宗商品仓储设施用地城

镇土地使用税优惠政策的通知》（财税〔2017〕33号）的规定，为进一步促进物流业健康发展，现就物流企业大宗商品仓储设施用地城镇土地使用税政策通知如下：

（1）自2017年1月1日起至2019年12月31日止，对物流企业自有的（包括自用和出租）大宗商品仓储设施用地，减按所属土地等级适用税额标准的50%计征城镇土地使用税。

（2）本通知所称物流企业，是指至少从事仓储或运输一种经营业务，为工农业生产、流通、进出口和居民生活提供仓储、配送等第三方物流服务，实行独立核算、独立承担民事责任，并在工商部门注册登记为物流、仓储或运输的专业物流企业。

（3）本通知所称大宗商品仓储设施，是指同一仓储设施占地面积在6 000平方米及以上，且主要储存粮食、棉花、油料、糖料、蔬菜、水果、肉类、水产品、化肥、农药、种子、饲料等农产品和农业生产资料，煤炭、焦炭、矿砂、非金属矿产品、原油、成品油、化工原料、木材、橡胶、纸浆及纸制品、钢材、水泥、有色金属、建材、塑料、纺织原料等矿产品和工业原材料的仓储设施。仓储设施用地，包括仓库库区内的各类仓房（含配送中心）、油罐（池）、货场、晒场（堆场）、罩棚等储存设施和铁路专用线、码头、道路、装卸搬运区域等物流作业配套设施的用地。

（4）物流企业的办公、生活区用地及其他非直接从事大宗商品仓储的用地，不属于本通知规定的优惠范围，应按规定征收城镇土地使用税。

（5）非物流企业的内部仓库，不属于本通知规定的优惠范围，应按规定征收城镇土地使用税。

（6）本通知印发之日前已征的应予减免的税款，在纳税人以后应缴税款中抵减或者予以退还。

（7）符合上述减税条件的物流企业需持相关材料向主管税务机关办理备案手续。

 疑难问题解答

民营医院是否应缴纳城镇土地使用税？

解答： 根据现行城镇土地使用税政策，对非营利性医疗机构自用的土地，免征城镇土地使用税；对营利性医疗机构自用的土地，自其取得执业登记之日起，免征3年的城镇土地使用税。

 疑难问题解答

房地产开发企业已取得土地但尚未开发，能否免缴城镇土地使用税？

解答：根据现行城镇土地使用税政策，从 2005 年 1 月 1 日起，除经批准开发建设经济适用房的用地外，对各类房地产开发用地一律不得减免城镇土地使用税。因此，房地产开发企业用于开发商品房的用地应按规定缴纳城镇土地使用税。

 疑难问题解答

地下建筑用地，如何缴纳城镇土地使用税？

解答：自 2009 年 12 月 1 日起，对在城镇土地使用税征税范围内单独建造的地下建筑用地，按规定征收城镇土地使用税。其中，已取得地下土地使用权证的，按土地使用权证确认的土地面积计算应征税款；未取得地下土地使用权证或地下土地使用权证上未标明土地面积的，按地下建筑垂直投影面积计算应征税款。对上述地下建筑用地暂按应征税款的 50% 征收城镇土地使用税。

四、资源税优惠政策

 资源税有哪些税收优惠政策？

资源税的优惠政策包括以下几个方面：

（1）对符合条件的采用充填开采方式采出的矿产资源，资源税减征 50%；对符合条件的衰竭期矿山开采的矿产资源，资源税减征 30%。具体认定条件由财政部、国家税务总局规定。

（2）对依法在建筑物下、铁路下、水体下通过充填开采方式采出的矿产资源，资源税减征 50%。充填开采是指随着回采工作面的推进，向采空区或离层带等空间充填废石、尾矿、废渣、建筑废料以及专用充填合格材料等采出矿产品的开采方法。

（3）对实际开采年限在 15 年以上的衰竭期矿山开采的矿产资源，资源税减征 30%。衰竭期矿山是指剩余可采储量下降到原设计可采储量的 20%（含）以下或剩余服务年限不超过 5 年的矿山，以开采企业下属的单个矿山为单位确定。

（4）对鼓励利用的低品位矿、废石、尾矿、废渣、废水、废气等提取的矿产品，由省级人民政府根据实际情况确定是否减税或免税，并制定具体办法。

（5）为促进共伴生矿的综合利用，纳税人开采销售共伴生矿，共伴生矿与主矿产品销售额分开核算的，对共伴生矿暂不计征资源税；没有分开核算的，共伴生矿按主矿产品的税目和适用税率计征资源税。财政部、国家税务总局另有规定的，从其规定。

 ### 资源税税收优惠政策在征管方面有哪些要求？

自 2017 年 1 月 24 日起，资源税税收优惠政策在征管方面的要求如下：

（1）对符合条件的充填开采和衰竭期矿山减征资源税，实行备案管理制度。充填开采是指随着回采工作面的推进，向采空区或离层带等空间充填废石、尾矿、废渣、建筑废料以及专用充填合格材料等采出矿产品的开采方法。

（2）对依法在建筑物下、铁路下、水体下（以下简称"三下"）通过充填开采方式采出的矿产资源，资源税减征 50%。"三下"的具体范围由省税务机关商同级国土资源主管部门确定。减征资源税的充填开采，应当同时满足以下三个条件：一是采用先进适用的胶结或膏体等充填方式；二是对采空区实行全覆盖充填；三是对地下含水层和地表生态进行必要的保护。

（3）对实际开采年限在 15 年（含）以上的衰竭期矿山开采的矿产资源，资源税减征 30%。衰竭期矿山是指剩余可采储量下降到原设计可采储量的 20%（含）以下或剩余服务年限不超过 5 年的矿山。原设计可采储量不明确的，衰竭期以剩余服务年限为准。衰竭期矿山以开采企业下属的单个矿山为单位确定。

（4）纳税人初次申报充填开采减税，向主管税务机关备案以下资料：①纳税人减免税备案登记表；②资源税减免备案说明（包括矿区概况、开采方式、开采"三下"矿产的批件、"三下"压覆的矿产储量及其占全部储量的比例等）；③采矿许可证复印件；④矿产资源开发利用方案相关内容复印件；⑤井上井下工程对照图；⑥主管税务机关要求备案的其他资料。

（5）纳税人初次申报衰竭期矿山减税，向主管税务机关备案以下资料：①纳税人减免税备案登记表；②资源税减免备案说明（包括矿区概况、开采年限、剩余可采储量或剩余服务年限等）；③采矿许可证复印件；④经国土资源主管部门备案的《矿产资源储量核实报告》评审意见书及相关备案证明；⑤主管税务机关要求备案的其他资料。

（6）纳税人备案资料齐全、符合法定形式的，主管税务机关应当受理；备案资料不齐全或不符合法定形式的，主管税务机关应当当场一次性书面告知纳税人。主管税务机关应当将享受资源税减税的纳税人名单向社会公示，公示内容包括享受减税的企业名称、减税项目等。

（7）经主管税务机关核实后，对于不符合资源税减税条件的纳税人，主管税务机关应当责令其停止享受减税优惠；已享受减税优惠的，由主管税务机关责令纳税人补缴已减征的资源税税款并加收滞纳金；提供虚假资料的，按照《税收征收管理法》及其实施细则有关规定予以处理。

（8）享受衰竭期矿山减税政策的纳税人，矿产资源可采储量增加的，纳税人应当在纳税申报时向主管税务机关报告；不再符合衰竭期矿山减税条件的，应当依法履行纳税义务；未依法纳税的，主管税务机关应当予以追缴。

（9）纳税人应当单独核算不同减税项目的销售额或销售量，未单独核算的，不享受减税优惠。纳税人每月充填开采采出矿产资源的减税销售额或销售量，按其"三下"压覆的矿产储量占全部储量的比例进行计算和申报。

（10）纳税人开采销售的应税矿产资源（同一笔销售业务）同时符合两项（含）以上资源税备案类减免税政策的，纳税人可选择享受其中一项优惠政策，不得叠加适用。

（11）上述管理制度不适用于原油、天然气、煤炭、稀土、钨、钼，上述资源税税目的有关优惠政策仍按原政策执行。

 正在试点的水资源税有哪些税收优惠政策？

水资源税的优惠政策包括以下几个方面：

（1）对超过规定限额的农业生产取用水，以及主要供农村人口生活用水的集中式饮水工程取用水，从低制定税额标准。农业生产取用水包括种植业、畜牧业、水产养殖业、林业取用水。

（2）对企业回收利用的采矿排水（疏干排水）和地温空调回用水，从低制定税额标准。

（3）对下列取用水减免征收水资源税：①对规定限额内的农业生产取用水，免征水资源税；②对取用污水处理回用水、再生水等非常规水源，免征水资源税；③财政部、国家税务总局规定的其他减税和免税情形。

第九部分　房产税优惠政策

您知道房产税有哪些优惠政策吗？您知道房产税有哪些法定减免税项目吗？您知道房产税有哪些政策性减免税项目吗？您知道房产税在征税范围方面有哪些优惠政策吗？本部分将为您回答上述问题。

一、法定减免税项目

 房产税有哪些法定减免税项目？

下列房产免纳房产税：

（1）国家机关、人民团体、军队自用的房产；国家机关、人民团体、军队自用的房产。上述房产是指这些单位本身的办公用房和公务用房。

（2）由国家财政部门拨付事业经费的单位自用的房产。事业单位自用的房产，是指这些单位本身的业务用房。

（3）宗教寺庙、公园、名胜古迹自用的房产。宗教寺庙自用的房产，是指举行宗教仪式等的房屋和宗教人员使用的生活用房屋。公园、名胜古迹自用的房产，是指供公共参观游览的房屋及其管理单位的办公用房屋。

（4）个人所有非营业用的房产；

（5）经财政部批准免税的其他房产。

 友情提示

除上述规定者外，纳税人纳税确有困难的，可由省、自治区、直辖市人民政府确定，定期减征或者免征房产税。上述免税单位出租的房产以及非本身业务用的生产、营业用房产不属于免税范围，应征收房产税。

疑难问题解答

公园、名胜古迹中附设的营业单位使用或出租的房产，是否应缴纳房产税？

解答： 根据现行房产税政策，公园、名胜古迹中附设的营业单位，如影剧院、饮食部、茶社、照相馆等所使用的房产及出租的房产，应按规定缴纳房产税。

 疑难问题解答

个人自有的房屋作营业用，如何缴纳房产税？

解答： 根据现行房产税政策，个人自有的居住房屋暂不缴纳房产税；若将个人自有的房屋作为本人营业使用，应按房产余值计算缴纳房产税。

 疑难问题解答

出租房产免收租金期间如何缴纳房产税？

对出租房产，租赁双方签订的租赁合同约定有免收租金期限的，免收租金期间由产权所有人按照房产原值缴纳房产税。

 疑难问题解答

融资租赁房产如何缴纳房产税？

融资租赁的房产，由承租人自融资租赁合同约定开始日的次月起依照房产余值缴纳房产税。合同未约定开始日的，由承租人自合同签订的次月起依照房产余值缴纳房产税。

 疑难问题解答

出典房产如何缴纳房产税？

产权出典的房产，由承典人依照房产余值缴纳房产税。

二、政策性免税项目

 房产税有哪些政策性减免税项目？

房产税的政策性减免税项目包括：

（1）企业办的各类学校、医院、托儿所、幼儿园自用的房产，可以比照由国家财政部门拨付事业经费的单位自用的房产，免征房产税。

（2）为鼓励利用地下人防设施，暂不征收房产税。

（3）对个人所有的居住用房，不分面积多少，均免征房产税。

（4）凡是在基建工地为基建工地服务的各种工棚、材料棚、休息棚和办公室、食堂、茶炉房、汽车房等临时性房屋，不论是施工企业自行建造还是由基建单位出资建造交施工企业使用的，在施工期间，一律免征房产税。但是，如果在基建工程结束以后，施工企业将这种临时性房屋交还或者估价转让给基建单位的，应当从基建单位接收的次月起，依照规定征收房产税。

（5）房屋大修停用在半年以上的，经纳税人申请，税务机关审核，在大修期间可免征房产税。

（6）对防排水抢救站使用的房产和车辆，凡产权属于煤炭工业部所有并专门用于抢险救灾工作的，免征房产税和车船使用税。

（7）对少年犯管教所的房产，免征房产税。

（8）对劳改工厂、劳改农场等单位，凡作为管教或生活用房产，例如：办公室、警卫室、职工宿舍、犯人宿舍、储藏室、食堂、礼堂、图书室、阅览室、浴室、理发室、医务室等，均免征房产税；凡作为生产经营用房产，例如：厂房、仓库、门市部等，应征收房产税。

（9）对监狱的房产，若主要用于关押犯人，只有极少部分用于生产经营的，可从宽掌握，免征房产税。但对设在监狱外部的门市部、营业部等生产经营用房产，应征收房产税。

（10）铁道部所属的国营运输、工业、供销以及多种经营企业，凡是铁路实行经济承包责任制以前在地方缴纳所得税的，均按规定征收房产税和车船使用税；对铁路实行经济承包责任制以前汇总上缴利润，不在地方缴纳所得税的，可免征房产税和车船使用税。

（11）铁道部所属的国营建筑施工企业（不包括中国土木工程公司），免征房产税和车船使用税。

（12）由国家财政拨付事业经费的劳教单位，免征房产税。

（13）对高等学校用于教学及科研等本身业务用房产和土地免征房产税和土地使用税。对高等学校举办的校办工厂、商店、招待所等的房产及土地以及出租的房产及用地，均不属于自用房产和土地的范围，应按规定征收房产税、土地使用税。

（14）对由主管工会拨付或差额补贴工会经费的全额预算或差额预算单位，可以比照财政部门拨付事业经费的单位办理，即：对这些单位自用的房产、车船、土地，免征房产税、车船使用税和土地使用税；从事生产、经营活动等非自用的房产、车船、土地，则应按税法有关规定照章纳税。

（15）鉴于血站是采集和提供临床用血，不以营利为目的的公益性组织，又属于财政拨补事业费的单位，因此，对血站自用的房产和土地免征房产税和城镇土地使用税。

（16）对非营利性医疗机构自用的房产、土地、车船，免征房产税、城镇土地使用税和车船使用税。

（17）对政府部门和企事业单位、社会团体以及个人等社会力量投资兴办的福利性、非营利性的老年服务机构，暂免征收企业所得税，以及老年服务机构自用房产、土地、车船的房产税、城镇土地使用税、车船使用税。

（18）非营利性科研机构自用的房产、土地，免征房产税、城镇土地使用税。

（19）对行使国家行政管理职能的中国人民银行总行（含国家外汇管理局）所属分支机构自用的房产、土地，免征房产税、城镇土地使用税。

（20）对被撤销金融机构清算期间自有的或从债务方接收的房地产、车辆，免征房产税、城镇土地使用税和车船使用税。

（21）铁道部所属铁路运输企业自用的房产、土地继续免征房产税和城镇土地使用税。继续免征房产税和城镇土地使用税的铁道部所属铁路运输企业的范围包括：铁路局、铁路分局（包括客货站、编组站、车务、机务、工务、电务、水电、车辆、供电、列车、客运段）、中铁集装箱运输有限责任公司、中铁特货运输有限责任公司、中铁行包快递有限责任公司、中铁快运有限公司。

（22）对国家拨付事业经费和企业办的各类学校、托儿所、幼儿园自用的房产、土地，免征房产税。

（23）对由于国家实行天然林资源保护工程造成森工企业的房产、土地闲置一年以上不用的，暂免征收房产税；闲置房产和土地用于出租或企业重新用于天然林资源保护工程之外的其他生产经营的，应依照规定征收房产税。

（24）对青藏铁路公司及其所属单位自用的房产、土地免征房产税；对非自用的房产、土地照章征收房产税。

（25）对廉租住房经营管理单位按照政府规定价格、向规定保障对象出租廉租住房的租金收入，免征房产税。

（26）自 2004 年 8 月 1 日起，对军队空余房产租赁收入暂免征收房产税。

（27）自 2008 年 3 月 1 日起，对个人出租住房，不区分用途，按 4% 的税率征收房产税。

（28）自 2008 年 3 月 1 日起，对企事业单位、社会团体以及其他组织按市场价格向个人出租用于居住的住房，减按 4% 的税率征收房产税。

（29）自 2011 年 1 月 1 日至 2020 年 12 月 31 日，对长江上游、黄河中上游地区，东北、内蒙古等国有林区天然林二期工程实施企业和单位专门用于天然林保护工程的房产免征房产税。对上述企业和单位用于其他生产经营活动的房产按规定征收房产税。对由于实施天然林二期工程造成森工企业房产、土地闲置 1 年以上不用的，暂免征收房产税；闲置房产用于出租或重新用于天然林二期工程之外其他生产经营的，按规定征收房产税。用于天然林二期工程的免税房产应单独划分，与其他应税房产划分不清的，按规定征收房产税。

（30）自 2015 年 1 月 1 日至 2018 年 12 月 31 日，对在中国境内从事大型客机、大型客机发动机整机设计制造的企业及其全资子公司自用的科研、生产、办公房产及土地，免征房产税。大型客机，是指空载重量大于 45 吨的民用客机；大型客机发动机，是指起飞推力大于 14 000 千克的民用客机发动机。

（31）自 2016 年 1 月 1 日起，国家机关、军队、人民团体、财政补助事业单位、居民委员会、村民委员会拥有的体育场馆，用于体育活动的房产，免征房产税。经费自理事业单位、体育社会团体、体育基金会、体育类民办非企业单位拥有并运营管理的体育场馆，同时符合下列条件的，其用于体育活动的房产、土地，免征房产税和城镇土地使用税：①向社会开放，用于满足公众体育活动需要；②体育场馆取得的收入主要用于场馆的维护、管理和事业发展；③拥有体育场馆的体育社会团体、体育基金会及体育类民办非企业单位，除当年新设立或登记的以外，前一年度登记管理机关的检查结论为"合格"。企业拥有并运营管理的大型体育场馆，其用于体育活动的房产，减半征收房产税。体育场馆，是指用于运动训练、运动竞赛及身体锻炼的专业性场所。大型体育场馆，是指由各级人民政府或社会力量投资建设、向公众开放、达到《体育建筑设计规范》（JGJ31-2003）有关规模规定的体育场（观众座位数 20 000座及以上），体育馆（观众座位数 3 000 座及以上），游泳馆、跳水馆（观众座位数 1 500 座及以上）等体育建筑。用于体育活动的房产、土地，是指运动场地，看台、辅助用房（包括观众用房、运动员用房、竞赛管理用房、新闻媒介用房、广播电视用房、技术设备用房和场馆运营用房等）及占地，以及场馆配套设施（包括通道、道路、广场、绿化等）。享受上述税收优惠体育场馆的运动场地用于体育活动的天数不得低于全年自然天数的 70%。体育场馆辅助用房及配套设施用于非体育活动的部分，不得享受上述税收优惠。高尔夫球、马术、汽车、卡丁车、摩托车的比赛场、训练场、练习场，除另有规定外，不得享受房产税优惠政策。各省、自治区、直辖市财政、税务部门可根据本地区情况适时增加不得享受优惠体育场馆的类型。符合上述减免税条件的纳税人，应当按照税收减免管理规定，持相关材料向主管税务机关办理减免税备案手续。

（32）自 2016 年 1 月 1 日至 2018 年 12 月 31 日，对公共租赁住房免征房产税。享受上述税收优惠政策的公共租赁住房是指纳入省、自治区、直辖市、计划单列市人民政府及新疆生产建设兵团批准的公共租赁住房发展规划和年度计划,并按照《关于加快发展公共租赁住房的指导意见》(建保〔2010〕87号)和市、县人民政府制定的具体管理办法进行管理的公共租赁住房。

(33)自2016年1月1日至2018年12月31日,对饮水工程运营管理单位自用的生产、办公用房产,免征房产税。饮水工程,是指为农村居民提供生活用水而建设的供水工程设施。本文所称饮水工程运营管理单位,是指负责饮水工程运营管理的自来水公司、供水公司、供水(总)站(厂、中心)、村集体、农民用水合作组织等单位。对于既向城镇居民供水,又向农村居民供水的饮水工程运营管理单位,依据向农村居民供水量占总供水量的比例免征房产税。无法提供具体比例或所提供数据不实的,不得享受上述税收优惠政策。符合上述减免税条件的饮水工程运营管理单位需持相关材料向主管税务机关办理备案手续。

(34)自2016年1月1日至2018年12月31日,对符合条件的孵化器自用以及无偿或通过出租等方式提供给孵化企业使用的房产,免征房产税。享受房产税优惠政策的孵化器,应同时符合以下条件:①孵化器需符合国家级科技企业孵化器条件。国务院科技行政主管部门负责发布国家级科技企业孵化器名单。②孵化器应将面向孵化企业出租场地、房屋以及提供孵化服务的业务收入在财务上单独核算。③孵化器提供给孵化企业使用的场地面积(含公共服务场地)应占孵化器可自主支配场地面积的75%以上(含75%)。孵化企业数量应占孵化器内企业总数量的75%以上(含75%)。公共服务场地是指孵化器提供给孵化企业共享的活动场所,包括公共餐厅、接待室、会议室、展示室、活动室、技术检测室和图书馆等非盈利性配套服务场地。"孵化企业"应当同时符合以下条件:①企业注册地和主要研发、办公场所必须在孵化器的孵化场地内。②新注册企业或申请进入孵化器前企业成立时间不超过2年。③企业在孵化器内孵化的时间不超过48个月。纳入"创新人才推进计划"及"海外高层次人才引进计划"的人才或从事生物医药、集成电路设计、现代农业等特殊领域的创业企业,孵化时间不超过60个月。④符合《中小企业划型标准规定》所规定的小型、微型企业划型标准。⑤单一在孵企业入驻时使用的孵化场地面积不大于1 000平方米。从事航空航天等特殊领域的在孵企业,不大于3 000平方米。⑥企业产品(服务)属于科学技术部、财政部、国家税务总局印发的《国家重点支持的高新技术领域》规定的范围。省级科技行政主管部门负责定期核实孵化器是否符合上述规定的各项条件,并报国务院科技行政主管部门审核确认。国务院科技行政主管部门审核确认后向纳税人出具证明材料,列明用于孵化的房产和土地的地址、范围、面积等具体信息,并发送给国务院税务主管部门。纳税人持相应证明材料向主管税务机关备案，主管税务机关按照《税收减免管理办法》等有关规定，以及国务院科技行政主管部门发布的符合上述规定条件的孵化器名单信息，办理税收减免。

（35）自 2016 年 1 月 1 日至 2018 年 12 月 31 日，对向居民供热而收取采暖费的"三北"地区供热企业，为居民供热所使用的厂房免征房产税；对供热企业其他厂房，应当按规定征收房产税。对专业供热企业，按其向居民供热取得的采暖费收入占全部采暖费收入的比例计算免征的房产税。对兼营供热企业，视其供热所使用的厂房与其他生产经营活动所使用的厂房是否可以区分，按照不同方法计算免征的房产税。可以区分的，对其供热所使用厂房，按向居民供热取得的采暖费收入占全部采暖费收入的比例计算减免税。难以区分的，对其全部厂房，按向居民供热取得的采暖费收入占其营业收入的比例计算减免税。对自供热单位，按向居民供热建筑面积占总供热建筑面积的比例计算免征供热所使用的厂房的房产税。供热企业，是指热力产品生产企业和热力产品经营企业。热力产品生产企业包括专业供热企业、兼营供热企业和自供热单位。"三北"地区，是指北京市、天津市、河北省、山西省、内蒙古自治区、辽宁省、大连市、吉林省、黑龙江省、山东省、青岛市、河南省、陕西省、甘肃省、青海省、宁夏回族自治区和新疆维吾尔自治区。

（36）自 2016 年 1 月 1 日至 2018 年 12 月 31 日，对符合条件的科技园自用以及无偿或通过出租等方式提供给孵化企业使用的房产，免征房产税。享受房产税优惠政策的科技园，应当同时符合以下条件：①科技园符合国家大学科技园条件。国务院科技和教育行政主管部门负责发布国家大学科技园名单。②科技园将面向孵化企业出租场地、房屋以及提供孵化服务的业务收入在财务上单独核算。③科技园提供给孵化企业使用的场地面积（含公共服务场地）占科技园可自主支配场地面积的 60% 以上（含 60%），孵化企业数量占科技园内企业总数量的 75% 以上（含 75%）。公共服务场地是指科技园提供给孵化企业共享的活动场所，包括公共餐厅、接待室、会议室、展示室、活动室、技术检测室和图书馆等非营利性配套服务场地。"孵化企业"应当同时符合以下条件：①企业注册地及主要研发、办公场所在科技园的工作场地内。②新注册企业或申请进入科技园前企业成立时间不超过 3 年。③企业在科技园内孵化的时间不超过 48 个月。海外高层次创业人才或从事生物医药、集成电路设计等特殊领域的创业企业，孵化时间不超过 60 个月。④符合《中小企业划型标准规定》所规定的小型、微型企业划型标准。⑤单一在孵企业使用的孵化场地面积不超过 1 000 平方米。从事航空航天、现代农业等特殊领域的单一在孵企业，不超过 3 000 平方米。⑥企业产品（服务）属于科学技术部、财政部、国家税务总局印发的《国家重点支持的高新技术领域》规定的范围。

国务院科技和教育行政主管部门负责组织对科技园是否符合规定的各项条件定期进行审核确认,并向纳税人出具证明材料,列明纳税人用于孵化的房产和土地的地址、范围、面积等具体信息,并发送给国务院税务主管部门。纳税人持相应证明材料向主管税务机关备案,主管税务机关按照《税收减免管理办法》等有关规定,以及国务院科技和教育行政主管部门发布的符合规定条件的科技园名单信息,办理税收减免。

 疑难问题解答

基建工地的临时性房屋是否应缴纳房产税?

解答:根据现行房产税政策,凡是在基建工地为基建工地服务的各种工棚、材料棚、休息棚和办公室、食堂、茶炉房、汽车房等临时性房屋,在施工期间,一律免缴房产税。但是,如果在基建工程结束以后,施工企业将这种临时性房屋交还或者估价转让给基建单位的,应当从基建单位接收的次月起,依照规定缴纳房产税。

 疑难问题解答

公司改制后剥离资产是否应缴纳房产税?

解答:根据现行房产税政策,房产税由产权所有人缴纳。公司改制后,部分房产从原企业中剥离,如果剥离出来的房产产权也随之转移到新企业,就由新企业缴纳房产税;如果剥离出来的房产产权仍属原企业所有,只是由改制后企业代为管理,则应由原企业缴纳房产税。

 疑难问题解答

房屋大修停用期间能否免纳房产税?

解答:根据现行房产税政策,纳税人因房屋大修导致连续停用半年以上的,在房屋大修期间免缴房产税,免缴税额由纳税人在申报缴纳房产税时自行计算扣除,并在申报表附表或备注栏中作相应说明。纳税人房屋大修停用半年以上需要免缴房产税的,应在房屋大修前向主管税务机关报送相关的证明材料,包括大修房屋的名称、坐落地点、产权证编号、房产原值、用途、房屋大修的原因、大修合同及大修的起止时间等信息和资料,以备税务机关查验。

 疑难问题解答

企业自有房产已缴纳全年房产税,年中又把部分房产出租,如何处理?

解答：根据现行房产税政策，房产税按年计征，其计税依据是房产余值或是房屋租金。若企业已按房产余值缴纳了全年房产税，年中又将房屋出租并按租金再次缴纳房产税，其出租部分的房产按房产余值计缴的房产税可以办理退税。

三、征税范围优惠

房产税有哪些征税范围方面的优惠政策？

房产税征税范围方面的优惠政策包括：

（1）不在开征地区范围之内的工厂、仓库，不应征收房产税。

（2）"房产"是以房屋形态表现的财产。房屋是指有屋面和围护结构（有墙或两边有柱），能够遮风避雨，可供人们在其中生产、工作、学习、娱乐、居住或储藏物资的场所。独立于房屋之外的建筑物，如围墙、烟囱、水塔、变电塔、油池油柜、酒窖菜窖、酒精池、糖蜜池、室外游泳池、玻璃暖房、砖瓦石灰窑以及各种油气罐等，不属于房产。

（3）加油站罩棚不属于房产，不征收房产税。

疑难问题解答

租房办公由谁缴纳房产税？

解答：根据现行房产税政策，房产税由产权所有人缴纳。产权属于全民所有的，由经营管理单位缴纳。产权出典的，由承典人缴纳。产权所有人、承典人不在房产所在地的，或者产权未确定及租典纠纷未解决的，由房产代管人或使用人缴纳。依据上述规定，承租房屋者不是产权所有人，因而不用缴纳房产税，但如产权所有人不在房产所在地，则应由租房办公的单位缴纳。

疑难问题解答

纳税人把自有的房产无偿提供给其他单位使用由谁缴纳房产税？

解答：根据现行房产税政策，纳税单位和个人无租使用房产管理部门、免税单位及纳税单位的房产，应由使用人代缴房产税。

疑难问题解答

企业在异地拥有房产，但没有设立公司或办事处，房产税应在何地申报缴纳？

解答：根据现行房产税政策，房产税应在房产所在地申报缴纳。因此，尽管企业没有在异地设立公司或办事处，但当地的房产，不论用于营业、出租、出借的，均应在房产所在地申报缴纳房产税。

 疑难问题解答

旧房安装的中央空调是否应计入房产原值计缴房产税？

解答：根据现行房产税政策，自 2006 年 1 月 1 日起，为了维持和增加房屋的使用功能或使房屋满足设计要求，凡以房屋为载体，不可随意移动的附属设备和配套设施，如给排水、采暖、消防、中央空调、电气及智能化楼宇设备等，无论在会计核算中是否单独记账与核算，都应计入房产原值，计缴房产税。因此，旧房安装的中央空调应该计入房产原值缴纳房产税。

 疑难问题解答

电梯是否应纳入房产原值计缴房产税？

解答：根据现行房产税政策，房产原值包括与房屋不可分割的各种附属设施或一般不单独计算价值的配套设施。主要有：暖气、卫生、通风、照明、煤气等设备；各种管线，如蒸气、压缩空气、石油、给水排水等管道及电力、电讯、电缆导线；电梯、升降机、过道、晒台等。因此，电梯的价值应纳入房产原值计缴房产税。

 疑难问题解答

烟囱、水塔是否应缴纳房产税？

解答：根据现行房产税政策，房产税只对构成"房产"的建筑物缴税。"房产"是以房屋形态表现的财产。房屋是指有屋面和围护结构（有墙或两边有柱），能够遮风避雨，可供人们在其中生产、工作、学习、娱乐、居住或储藏物资的场所。独立于房屋之外的建筑物，如围墙、烟囱、水塔、变电塔、油池油柜、酒窖菜窖、酒精池、糖蜜池、室外游泳池、玻璃暖房、砖瓦石灰窑以及各种油气罐等，不属于房产，不用缴纳房产税。

 疑难问题解答

自用的地下建筑是否应缴纳房产税？如何计缴？

解答：根据现行房产税政策，凡在房产税缴纳范围内的具备房屋功能的地下建筑，包括与地上房屋相连的地下建筑以及完全建在地面以下的建筑、地下人防设施等，均应当依照有关规定缴纳房产税。上述具备房屋功能的地下建筑是指有屋面和维护结构，能够遮风避雨，可供人们在其中生产、经营、工作、学习、娱乐、居住或储藏物资的场所。

 疑难问题解答

未取得房产证的房产是否应缴纳房产税？

解答： 根据现行房产税政策，房产税由产权所有人缴纳。产权属于全民所有的，由经营管理的单位缴纳。产权出典的，由承典人缴纳。产权所有人、承典人不在房产所在地的，或者产权未确定及租典纠纷未解决的，由房产代管人或者使用人缴纳。不论是否取得房产证，若属于房产税的纳税义务人，则应按规定缴纳房产税。由此可知，是否办理房产证并不是应否缴纳房产税的必要前提，房产用于生产经营，应按有关规定缴纳房产税。

第十部分　契税优惠政策

> 您知道契税有哪些优惠政策吗？您知道契税有哪些法定减免税项目吗？您知道契税有哪些政策性减免税项目吗？您知道契税在征税范围方面有哪些优惠政策吗？您知道有哪些退还契税的优惠政策吗？本部分将为您回答上述问题。

一、法定减免税项目

契税有哪些法定减免税项目？

有下列情形之一的，减征或者免征契税：

（1）国家机关、事业单位、社会团体、军事单位承受土地、房屋用于办公、教学、医疗、科研和军事设施的，免征契税。对县级以上人民政府教育行政主管部门或劳动行政主管部门审批并颁发办学许可证，由企业事业组织、社会团体及其他社会和公民个人利用非国家财政性教育经费面向社会举办的学校及教育机构，其承受的土地、房屋权属用于教学的，免征契税。

（2）城镇职工按规定第一次购买公有住房的，免征契税。第一次购买公有住房的，是指经县以上人民政府批准，在国家规定标准面积以内购买的公有住房。城镇职工享受免征契税，仅限于第一次购买的公有住房。超过国家规定标准面积的部分，仍应按照规定缴纳契税。

（3）因不可抗力灭失住房而重新购买住房的，酌情准予减征或者免征；不可抗力，是指自然灾害、战争等不能预见、不能避免、并不能克服的客观情况。

（4）对三峡库区移民买房，是否减征或者免征应纳契税，由各省、自治区、直辖市人民政府确定。

（5）财政部规定的其他减征、免征契税的项目。

免税的机关单位用房的具体范围是什么?

免税的机关单位用房的具体范围如下:

（1）用于办公的,是指办公室（楼）以及其他直接用于办公的土地、房屋。

（2）用于教学的,是指教室（教学楼）以及其他直接用于教学的土地、房屋。

（3）用于医疗的,是指门诊部以及其他直接用于医疗的土地、房屋。

（4）用于科研的,是指科学试验的场所以及其他直接用于科研的土地、房屋。

（5）其他直接用于办公、教学、医疗、科研的以及其他直接用于军事设施的土地、房屋的具体范围,由省、自治区、直辖市人民政府确定。

（6）对监狱管理部门承受土地、房屋直接用于监狱建设,视同国家机关的办公用房建设,免征契税。

 用于军事设施的具体范围是什么?

用于军事设施的,是指:

（1）地上和地下的军事指挥作战工程。

（2）军用的机场、港口、码头。

（3）军用的库房、营区、训练场、试验场。

（4）军用的通信、导航、观测台站。

（5）其他直接用于军事设施的土地、房屋。

 友情提示

　　按《契税暂行条例》规定享受减税、免税的纳税人,可向当地征收机关书面提出减税、免税申请,并提供有关证明材料。征收机关应在严格审核后办理减税、免税手续。代征单位不得办理减税、免税手续。减税、免税的审批程序和办法,由省、自治区、直辖市征收机关具体规定。

 疑难问题解答

契税计税依据如何确定?

解答: 根据现行的契税政策,契税的计税依据为:

（1）国有土地使用权出让、土地使用权出售、房屋买卖,为成交价格。房屋买卖的契税计税价格为房屋买卖合同的总价款,买卖装修的房屋,装修费用应包括在内。土地使用者将土地使用权及所附建筑物、构筑物等（包括在建的房屋、其他建筑物、构筑物和其他附着物）转让给他人的，应按照转让的总价款计征契税。出让国有土地使用权，契税计税价格为承受人为取得该土地使用权而支付的全部经济利益。对通过"招、拍、挂"程序承受国有土地使用权的，应按照土地成交总价款计征契税，其中的土地前期开发成本不得扣除。

（2）土地使用权赠与、房屋赠与，由征收机关参照土地使用权出售、房屋买卖的市场价格确定。

（3）土地使用权交换、房屋交换，为所交换的土地使用权、房屋的价格的差额。

（4）企业承受土地使用权用于房地产开发，并在该土地上代政府建设保障性住房的，计税价格为取得全部土地使用权的成交价格。

成交价格明显低于市场价格并且无正当理由的，或者所交换土地使用权、房屋的价格的差额明显不合理并且无正当理由的，由征管机关参照市场价格核定。

 疑难问题解答

离婚后房屋权属变化是否应缴纳契税？

解答：根据现行的契税政策，根据我国《婚姻法》的规定，夫妻共有房屋属共同共有财产。因夫妻财产分割而将原共有房屋产权归属一方，是房产共有权的变动而不是现行契税政策规定征税的房屋产权转移行为。因此，离婚后原共有房屋产权的归属人不缴纳契税。

在婚姻关系存续期间，房屋、土地权属原归夫妻一方所有，变更为夫妻双方共有或另一方所有的，或者房屋、土地权属原归夫妻双方共有，变更为其中一方所有的，或者房屋、土地权属原归夫妻双方共有，双方约定、变更共有份额的，免征契税。

 疑难问题解答

由于各种原因最终未能完成交易，购房者在办理退房手续后，是否可以退还已纳的契税款？

解答：根据现行的契税政策，按照现行契税政策规定，购房者应在签订房屋买卖合同后、办理房屋所有权变更登记之前缴纳契税。对交易双方已签订房屋买卖合同，但由于各种原因最终未能完成交易的，如购房者已按规定缴纳契税，在办理期房退房手续后，对其已纳契税款应予以退还。

对已缴纳契税的购房单位和个人，在未办理房屋权属变更登记前退房的，退还已纳契税；在办理房屋权属变更登记后退房的，不予退还已纳契税。

对经法院判决的无效产权转移行为不征收契税。法院判决撤销房屋所有权证后，已纳契税款应予退还。

二、政策性免税项目

 财政部规定了哪些减免契税的优惠政策？

下列项目减征、免征契税：

（1）土地、房屋被县级以上人民政府征用、占用后，重新承受土地、房屋权属的，是否减征或者免征契税，由省、自治区、直辖市人民政府确定。

（2）纳税人承受荒山、荒沟、荒丘、荒滩土地使用权，用于农、林、牧、渔业生产的，免征契税。

（3）依照我国有关法律规定以及我国缔结或参加的双边和多边条约或协定的规定应当予以免税的外国驻华使馆、领事馆、联合国驻华机构及其外交代表、领事官员和其他外交人员承受土地、房屋权属的，经外交部确认，可以免征契税。

 友情提示

> 纳税人符合减征或者免征契税规定的，应当在签订土地、房屋权属转移合同后 10 日内，向土地、房屋所在地的契税征收机关办理减征或者免征契税手续。

（4）免征军建离退休干部住房及附属用房移交地方政府管理所涉及的契税。

（5）对军队、武警部队和政法机关所办企业脱钩移交过程中涉及的契税予以免征。

（6）对各类公有制单位为解决职工住房而采取集资建房方式建成的普通住房或由单位购买的普通商品住房，经当地县以上人民政府房改部门批准，按照国家房改政策出售给本单位职工的，如属职工首次购买住房，均比照《契税暂行条例》第六条第二款"城镇职工按规定第一次购买公有住房的，免征"的规定，免征契税。

（7）对县级以上人民政府教育行政主管部门或劳动行政主管部门批准并核发《社会力量办学许可证》，由企业事业组织、社会团体及其他社会组织和公民个人利用非国家财政性教育经费面向社会举办的教育机构，其承受的土地、房屋权属用于教学的，比照《契税暂行条例》第六条第一款的规定，免征契税。

（8）自 2012 年 12 月 6 日起，对金融租赁公司开展售后回租业务，承受承租人房屋、土地权属的，照章征税。对售后回租合同期满，承租人回购原房屋、土地权属的，免征契税。

（9）自 2012 年 12 月 6 日起，市、县级人民政府根据《国有土地上房屋征收与补偿条例》有关规定征收居民房屋，居民因个人房屋被征收而选择货币补偿用以重新购置房屋，并且购房成交价格不超过货币补偿的，对新购房屋免征契税；购房成交价格超过货币补偿的，对差价部分按规定征收契税。居民因个人房屋被征收而选择房屋产权调换，并且不缴纳房屋产权调换差价的，对新换房屋免征契税；缴纳房屋产权调换差价的，对差价部分按规定征收契税。

（10）自 2012 年 12 月 6 日起，个体工商户的经营者将其个人名下的房屋、土地权属转移至个体工商户名下，或个体工商户将其名下的房屋、土地权属转回原经营者个人名下，免征契税。合伙企业的合伙人将其名下的房屋、土地权属转移至合伙企业名下，或合伙企业将其名下的房屋、土地权属转回原合伙人名下，免征契税。

（11）自 2013 年 7 月 4 日起，对经营管理单位回购已分配的改造安置住房继续作为改造安置房源的，免征契税。个人首次购买 90 平方米以下改造安置住房，按 1% 的税率计征契税；购买超过 90 平方米，但符合普通住房标准的改造安置住房，按法定税率减半计征契税。个人因房屋被征收而取得货币补偿并用于购买改造安置住房，或因房屋被征收而进行房屋产权调换并取得改造安置住房，按有关规定减免契税。

（12）自 2015 年 1 月 1 日起至 2017 年 12 月 31 日，企业按照《公司法》有关规定整体改制，包括非公司制企业改制为有限责任公司或股份有限公司，有限责任公司变更为股份有限公司，股份有限公司变更为有限责任公司，原企业投资主体存续并在改制（变更）后的公司中所持股权（股份）比例超过75%，且改制（变更）后公司承继原企业权利、义务的，对改制（变更）后公司承受原企业土地、房屋权属，免征契税。企业、公司，是指依照我国有关法律、法规设立并在中国境内注册的企业、公司。投资主体存续，是指原企业、事业单位的出资人必须存在于改制重组后的企业，出资人的出资比例可以发生变动；投资主体相同，是指公司分立前后出资人不发生变动，出资人的出资比例可以发生变动。

（13）自 2015 年 1 月 1 日起至 2017 年 12 月 31 日，事业单位按照国家有关规定改制为企业，原投资主体存续并在改制后企业中出资（股权、股份）比例超过 50% 的，对改制后企业承受原事业单位土地、房屋权属，免征契税。

（14）自 2015 年 1 月 1 日起至 2017 年 12 月 31 日，两个或两个以上的公司，依照法律规定、合同约定，合并为一个公司，且原投资主体存续的，对合并后公司承受原合并各方土地、房屋权属，免征契税。

（15）自 2015 年 1 月 1 日起至 2017 年 12 月 31 日，公司依照法律规定、合同约定分立为两个或两个以上与原公司投资主体相同的公司，对分立后公司承受原公司土地、房屋权属，免征契税。

（16）自 2015 年 1 月 1 日起至 2017 年 12 月 31 日，企业依照有关法律法规规定实施破产，债权人（包括破产企业职工）承受破产企业抵偿债务的土地、房屋权属，免征契税；对非债权人承受破产企业土地、房屋权属，凡按照《中华人民共和国劳动法》等国家有关法律、法规政策妥善安置原企业全部职工，与原企业全部职工签订服务年限不少于 3 年的劳动用工合同的，对其承受所购企业土地、房屋权属，免征契税；与原企业超过 30% 的职工签订服务年限不少于 3 年的劳动用工合同的，减半征收契税。

（17）自 2015 年 1 月 1 日起至 2017 年 12 月 31 日，对承受县级以上人民政府或国有资产管理部门按规定进行行政性调整、划转国有土地、房屋权属的单位，免征契税。同一投资主体内部所属企业之间土地、房屋权属的划转，包括母公司与其全资子公司之间，同一公司所属全资子公司之间，同一自然人与其设立的个人独资企业、一人有限公司之间土地、房屋权属的划转，免征契税。

（18）自 2015 年 1 月 1 日起至 2017 年 12 月 31 日，经国务院批准实施债权转股权的企业，对债权转股权后新设立的公司承受原企业的土地、房屋权属，免征契税。

（19）自 2015 年 1 月 1 日起至 2017 年 12 月 31 日，以出让方式或国家作价出资（入股）方式承受原改制重组企业、事业单位划拨用地的，不属上述规定的免税范围，对承受方应按规定征收契税。

（20）自 2015 年 1 月 1 日起至 2017 年 12 月 31 日，在股权（股份）转让中，单位、个人承受公司股权（股份），公司土地、房屋权属不发生转移，不征收契税。

（21）自 2016 年 1 月 1 日至 2018 年 12 月 31 日，对公共租赁住房经营管理单位购买住房作为公共租赁住房，免征契税。享受上述税收优惠政策的公共租赁住房是指纳入省、自治区、直辖市、计划单列市人民政府及新疆生产建设兵团批准的公共租赁住房发展规划和年度计划，并按照《关于加快发展公共租赁住房的指导意见》（建保〔2010〕87号）和市、县人民政府制定的具体管理办法进行管理的公共租赁住房。

（22）自2016年1月1日至2018年12月31日，对饮水工程运营管理单位为建设饮水工程而承受土地使用权，免征契税。饮水工程，是指为农村居民提供生活用水而建设的供水工程设施。饮水工程运营管理单位，是指负责饮水工程运营管理的自来水公司、供水公司、供水（总）站（厂、中心）、村集体、农民用水合作组织等单位。对于既向城镇居民供水，又向农村居民供水的饮水工程运营管理单位，依据向农村居民供水量占总供水量的比例免征契税。无法提供具体比例或所提供数据不实的，不得享受上述税收优惠政策。符合上述减免税条件的饮水工程运营管理单位需持相关材料向主管税务机关办理备案手续。

（23）自2016年2月22日起，对个人购买家庭唯一住房（家庭成员范围包括购房人、配偶以及未成年子女，下同），面积为90平方米及以下的，减按1%的税率征收契税；面积为90平方米以上的，减按1.5%的税率征收契税。北京市、上海市、广州市、深圳市以外的地区，对个人购买家庭第2套改善性住房，面积为90平方米及以下的，减按1%的税率征收契税；面积为90平方米以上的，减按2%的税率征收契税。家庭第2套改善性住房是指已拥有1套住房的家庭，购买的家庭第2套住房。纳税人申请享受税收优惠的，根据纳税人的申请或授权，由购房所在地的房地产主管部门出具纳税人家庭住房情况书面查询结果，并将查询结果和相关住房信息及时传递给税务机关。暂不具备查询条件而不能提供家庭住房查询结果的，纳税人应向税务机关提交家庭住房实有套数书面诚信保证，诚信保证不实的，属于虚假纳税申报，按照《税收征收管理法》的有关规定处理，并将不诚信记录纳入个人征信系统。按照便民、高效原则，房地产主管部门应按规定及时出具纳税人家庭住房情况书面查询结果，税务机关应对纳税人提出的税收优惠申请限时办结。

（24）自2017年1月1日起，对进行股份合作制改革后的农村集体经济组织承受原集体经济组织的土地、房屋权属，免征契税。

（25）自2017年1月1日起，对农村集体经济组织以及代行集体经济组织职能的村民委员会、村民小组进行清产核资收回集体资产而承受土地、房屋权属，免征契税。

 疑难问题解答

以土地、房屋权属作价投资、入股及抵债是否应缴纳契税？

解答： 根据现行的契税政策，以土地、房屋权属作价投资、入股及抵债，应缴纳契税。土地、房屋权属以下列方式转移的，视同土地使用权转让、房屋买卖或者房屋赠与征税：

（1）以土地、房屋权属作价投资、入股。

（2）以土地、房屋权属抵债。

（3）以获奖方式承受土地、房屋权属。

（4）以预购方式或者预付集资建房款方式承受土地、房屋权属。

 疑难问题解答

军建离退休干部购买经济适用房是否应缴纳契税？

解答： 根据现行的契税政策，依据现行契税政策规定，军队离退休人员购买经济适用住房，亦应依法缴纳契税。

 疑难问题解答

以划拨方式取得土地使用权，经批准后改为出让方式取得该土地使用权是否应缴纳契税？

解答： 根据现行的契税政策，先以划拨方式取得土地使用权，后经批准改为出让方式取得该土地使用权的，应依法缴纳契税，其计税依据为应补缴的土地出让金和其他出让费用。

 疑难问题解答

拆迁居民因拆迁取得的拆迁补偿款重新购置住房是否应缴纳契税？

解答： 根据现行的契税政策，对拆迁居民因拆迁重新购置住房的，对购房成交价格中相当于拆迁补偿款的部分免征契税，成交价格超过拆迁补偿款的，对超过部分缴纳契税。

三、征税范围的优惠

 哪些房地产交易不属于契税的征税范围？

下列项目不属于契税的征税范围：

（1）根据我国《婚姻法》的规定，夫妻共有房屋属共同共有财产。因夫妻财产分割而将原共有房屋产权归属一方，是房产共有权的变动而不是现行契税政策规定征税的房屋产权转移行为。因此，对离婚后原共有房屋产权的归属人不征收契税。

（2）房屋使用权与房屋所有权是两种不同性质的权属。根据现行契税法规的规定，房屋使用权的转移行为不属于契税征收范围，不应征收契税。

（3）在股权转让中，单位、个人承受企业股权，企业的土地、房屋权属不发生转移，不征契税；在增资扩股中，对以土地、房屋权属作价入股或作为出资投入企业的，征收契税。

 友情提示

> 股权重组是指企业股东持有的股份或出资发生变更的行为。股权重组主要包括股权转让和增资扩股两种形式。股权转让是指企业的股东将其持有的股份或出资部分或全部转让给他人；增资扩股是指公司向社会公众或特定单位、个人募集出资、发行股票。

（4）综合性保险公司及其子公司需将其所拥有的不动产划转到新设立的财产保险公司和人寿保险公司。由于上述这种不动产所有权转移过户过程中，并未发生有偿销售不动产行为，也不具备其他形式的交易性质，因此，对保险分业经营改革过程中，综合性保险公司及其子公司将其所拥有的不动产所有权划转过户到因分业而新设立的财产保险公司和人寿保险公司的行为，不征收契税。

（5）对于《继承法》规定的法定继承人（包括配偶、子女、父母、兄弟姐妹、祖父母、外祖父母）继承土地、房屋权属，不征契税。按照《继承法》规定，非法定继承人根据遗嘱承受死者生前的土地、房屋权属，属于赠与行为，应征收契税。

（6）单位、个人以房屋、土地以外的资产增资，相应扩大其在被投资公司的股权持有比例，无论被投资公司是否变更工商登记，其房屋、土地权属不发生转移，不征收契税。

（7）自2017年1月1日起，对农村集体土地所有权、宅基地和集体建设用地使用权及地上房屋确权登记，不征收契税。

 疑难问题解答

以外币作为记账本位币的外资企业，以外币支付购房款，在计算缴纳契税时如何折算应纳税额？

解答： 根据现行的契税政策，契税的应纳税额以人民币计算。转移土地、房屋权属以外汇结算的，按照纳税义务发生之日中国人民银行公布的人民币市场汇率中间价折合成人民币计算。

疑难问题解答

购房人以按揭、抵押贷款方式购买房屋的，契税的纳税义务发生时间应如何确定？

解答： 根据现行的契税政策，购房人以按揭、抵押贷款方式购买房屋，当其从银行取得抵押凭证时，购房人与原产权人之间的房屋产权转移已经完成，契税纳税义务已经发生，必须依法缴纳契税。

疑难问题解答

土地使用权交换、房屋交换，如何计缴契税？

解答： 根据现行的契税政策，土地使用权交换、房屋交换、土地使用权与房屋所有权之间相互交换，交换价格不相等的，由多交付货币、实物、无形资产或者其他经济利益的一方缴纳税款。交换价格相等的，免征契税。

疑难问题解答

土地使用权出让、土地使用权转让、房屋买卖的成交价格中所包含的行政事业性收费，是否可剔除按余额计缴契税？

解答： 根据现行的契税政策，土地使用权出让、土地使用权出售、房屋买卖的计税依据是成交价格，即土地、房屋权属转移合同确定的价格，包括承受者应交付的货币、实物、无形资产或者其他经济利益。因此，合同确定的成交价格中包含的所有价款都属于计税依据范围。土地使用权出让、土地使用权转让、房屋买卖的成交价格中所包含的行政事业性收费，属于成交价格的组成部分，不应从中剔除，纳税人应按合同确定的成交价格全额计算缴纳契税。

疑难问题解答

承受停车位、汽车库、自行车库、顶层阁楼以及储藏室所有权或土地使用权的行为是否应缴纳契税？

解答： 根据现行的契税政策，对于承受与房屋相关的附属设施（包括停车位、汽车库、自行车库、顶层阁楼以及储藏室）所有权或土地使用权的行为，按照契税法律、法规的规定，应缴纳契税；对于不涉及土地使用权和房屋所有权转移变动的，不缴纳契税。

 疑难问题解答

采取分期付款方式购买停车位、汽车库、自行车库、顶层阁楼以及储藏室所有权或土地使用权，应如何计算缴纳契税？

解答： 根据现行的契税政策，采取分期付款方式购买房屋附属设施（包括停车位、汽车库、自行车库、顶层阁楼以及储藏室）土地使用权、房屋所有权的，应按合同规定的总价款计算缴纳契税。

 疑难问题解答

国有土地使用权出让的计税价格是否包括土地出让金、土地补偿费、安置补助费及拆迁补偿费？

解答： 根据现行的契税政策，出让国有土地使用权的，其契税计税价格为承受人为取得该土地使用权而支付的全部经济利益。

（1）以协议方式出让的，其契税计税价格为成交价格。成交价格包括土地出让金、土地补偿费、安置补助费、地上附着物和青苗补偿费、拆迁补偿费、市政建设配套费等承受者应支付的货币、实物、无形资产及其他经济利益。没有成交价格或者成交价格明显偏低的，征收机关可依次按下列两种方式确定：①评估价格：由政府批准设立的房地产评估机构根据相同地段、同类房地产进行综合评定，并经当地税务机关确认的价格；②土地基准地价：由县以上人民政府公示的土地基准地价。

（2）以竞价方式出让的，其契税计税价格，一般应确定为竞价的成交价格，土地出让金、市政建设配套费以及各种补偿费用应包括在内。

 疑难问题解答

以划拨方式取得土地使用权再转让，应如何计缴契税？

解答： 根据现行的契税政策，以划拨方式取得的国有土地使用权，经批准再转让，需由取得划拨土地使用权者补缴土地出让费用或土地收益，并缴纳契税。其计税依据为土地使用权出让费用或者土地收益。取得转让土地使用权的承受人，应按成交价格缴纳契税。

疑难问题解答

房屋使用权的转移行为是否应缴纳契税?

解答: 根据现行的契税政策,房屋使用权与房屋所有权是两种不同性质的权属。根据现行契税法规的规定,房屋使用权的转移行为不属于契税征收范围,不缴纳契税。

土地使用者转让、抵押或置换土地,无论其是否取得了该土地的使用权属证书,无论其在转让、抵押或置换土地过程中是否与对方当事人办理了土地使用权属证书变更登记手续,只要土地使用者享有占有、使用、收益或处分该土地的权利,且有合同等证据表明其实质转让、抵押或置换了土地并取得了相应的经济利益,土地使用者及其对方当事人应当依照税法规定缴纳营业税、土地增值税和契税等相关税收。

 疑难问题解答

继承土地、房屋权属是否应缴纳契税?

解答: 根据现行的契税政策,对于《继承法》规定的法定继承人(包括配偶、子女、父母、兄弟姐妹、祖父母、外祖父母)继承土地、房屋权属,不征契税。按照《继承法》的规定,非法定继承人根据遗嘱承受死者生前的土地、房屋权属,属于赠与行为,应按规定缴纳契税。

四、退还契税优惠政策

 关于契税退还有哪些优惠政策?

关于契税退还的优惠政策如下:

根据《国家税务总局关于办理期房退房手续后应退还已征契税的批复》(国税函〔2002〕622号)规定,按照现行契税政策规定,购房者应在签订房屋买卖合同后、办理房屋所有权变更登记之前缴纳契税。对交易双方已签订房屋买卖合同,但由于各种原因最终未能完成交易的,如购房者已按规定缴纳契税,在办理期房退房手续后,对其已纳契税款应予以退还。

根据《国家税务总局关于无效产权转移征收契税的批复》(国税函〔2008〕438号)规定,按照现行契税政策规定,对经法院判决的无效产权转移行为不征收契税。法院判决撤销房屋所有权证后,已纳契税款应予退还。

　　根据《财政部 国家税务总局关于购房人办理退房有关契税问题的通知》（财税〔2011〕32号）规定，对已缴纳契税的购房单位和个人，在未办理房屋权属变更登记前退房的，退还已纳契税；在办理房屋权属变更登记后退房的，不予退还已纳契税。

第十一部分　印花税与环境保护税优惠政策

您知道印花税有哪些优惠政策吗？您知道印花税有哪些法定减免税项目吗？您知道印花税有哪些政策性减免税项目吗？本部分将为您回答上述问题。

一、印花税法定减免税项目

 印花税有哪些法定免税项目？

印花税法定免税项目包括：

（1）已缴纳印花税的凭证的副本或者抄本。已缴纳印花税的凭证的副本或者抄本免纳印花税，是指凭证的正式签署本已按规定缴纳了印花税，其副本或者抄本对外不发生权利义务关系，仅备存查的免贴印花。以副本或者抄本视同正本使用的，应另贴印花。

（2）财产所有人将财产赠给政府、社会福利单位、学校所立的书据。社会福利单位，是指抚养孤老伤残的社会福利单位。

（3）经财政部批准免税的其他凭证。

电网与用户之间签订的供用电合同不属于印花税列举征税的凭证，不征收印花税。

 目前财政部批准免税的其他凭证有哪些？

目前财政部批准免税的其他凭证包括：

（1）国家指定的收购部门与村民委员会、农民个人书立的农副产品收购合同。

（2）无息、贴息贷款合同。

（3）外国政府或者国际金融组织向我国政府及国家金融机构提供优惠贷款所书立的合同。

疑难问题解答

多贴的印花税税票可否申请退税?

解答: 根据现行的印花税政策,凡多贴印花税票者,不得申请退税或者抵用。因此,纳税人多贴了印花税票多缴了税款,税务机关不予退税。

 疑难问题解答

企业签订的应税合同如没有履行是否可免缴印花税?如合同所载金额与实际结算金额不同又应如何处理?

解答: 根据现行的印花税政策,应纳税凭证应当于合同签订时、书据的书立时、账簿的启用时和证照的领受时贴花。因此,不论合同是否兑现或能否按期兑现,都一律按规定贴花。对已履行并贴花的合同,发现实际结算金额与合同所载金额不一致的,一般不再补贴印花。凡修改合同增加金额的,应就增加部分补贴印花。

 疑难问题解答

融资租赁合同是按借款合同还是按租赁合同缴印花税?

解答: 根据现行的印花税政策,银行及其金融机构经营的融资租赁业务,是一种以融物方式达到融资目的的业务,实际上是分期偿还的固定资金借款。因此,对融资租赁合同可据合同所载的租金总额暂按"借款合同"计算缴纳印花税。

 疑难问题解答

专利申请权转让和专利权转让是否应按同一种税目贴花?

解答: 根据现行的印花税政策,技术转让包括:专利权转让、专利申请权转让、专利实施许可和非专利技术转让。为这些不同类型技术转让所书立的凭证,按照印花税税目税率表的规定,分别适用不同的税目、税率。其中,专利申请权转让、非专利技术转让所书立的合同,适用"技术合同"的税目;专利权转让、专利实施许可所书立的合同、书据,适用"产权转移书据"税目。

 疑难问题解答

我们是一家陕西施工企业,在天津进行从事建筑安装工程,合同签订地为天津市,我们从西安地税开《外管证》时,西安地税要我们必须交建筑安装工程承包合同的印花税，否则不给我们开，但我们在天津市"天津市施工队伍管理站"（外地施工企业在天津施工建筑营业税由此机构收缴）备案又要我们缴建筑安装工程承包合同的印花税，但税法中这部分印花税没有明确规定,造成各地争税源,增加了我们企业负担。请问我们应当在哪里缴纳印花税?

　　解答： 根据现行的印花税政策，印花税实行的是"三自"缴纳方式，《印花税暂行条例》中仅对纳税时间作了规定，并没有对纳税地点进行明确，这说明印花税注重的是合同是否贴花，而不强调在哪里贴花。《印花税暂行条例》第 14 条规定的"合同在签订时贴花"的"签订时"不是一个点的概念，而是一个时间段的意思。例如，北京的某企业上午在上海签订了一份应税合同，下午将此合同带回北京贴花，这也应理解为"签订时贴花"。因此，贵公司在天津签订的合同只要贴花了，就已经达到"三自"纳税的目的了，而不用再追究其是否应在行为发生地还是应在机构所在地贴花。

二、印花税政策性免税项目

 印花税有哪些政策性免税项目?

　　印花税政策性免税项目包括：

　　（1）对财产所有人将财产赠给学校所立的书据，免征印花税。

　　（2）对青藏铁路公司及其所属单位营业账簿免征印花税；对青藏铁路公司签订的货物运输合同免征印花税，对合同其他各方当事人应缴纳的印花税照章征收。

　　（3）对与高校学生签订的学生公寓租赁合同，免征印花税。享受上述优惠政策的纳税人，应对享受优惠政策的经营活动进行单独核算，分别进行纳税申报。不进行单独核算和纳税申报的，不得享受上述政策。

　　（4）对经国务院和省级人民政府决定或批准进行政企脱钩、对企业（集团）进行改组和改变管理体制、变更企业隶属关系，以及国有企业改制、盘活国有企业资产，而发生的国有股权无偿划转行为,暂不征收证券交易印花税。对不属于上述情况的国有股权无偿转让行为，仍应征收证券交易印花税。计税依据为转让股份的面值。

　　（5）从 2003 年 1 月 1 日起，继续对投资者（包括个人和机构）买卖封闭式证券投资基金免征印花税。

　　（6）自 2004 年 7 月 1 日起，对经国务院和省级人民政府决定或批准进行的国有(含国有控股)企业改组改制而发生的上市公司国有股权无偿转让行为，暂不征收证券（股票）交易印花税。对不属于上述情况的上市公司国有股权无偿转让行为，仍应征收证券（股票）交易印花税。

（7）对于农村信用社在清理整顿过程中，接收农村合作基金会的房屋、土地使用权等财产所发生的权属转移免征契税，所办理的产权转移书据免征印花税。

（8）实行公司制改造的企业在改制过程中成立的新企业（重新办理法人登记的），其新启用的资金账簿记载的资金或因企业建立资本纽带关系而增加的资金，凡原已贴花的部分可不再贴花，未贴花的部分和以后新增加的资金按规定贴花。公司制改造包括国有企业依《公司法》整体改造成国有独资有限责任公司；企业通过增资扩股或者转让部分产权，实现他人对企业的参股，将企业改造成有限责任公司或股份有限公司；企业以其部分财产和相应债务与他人组建新公司；企业将债务留在原企业，而以其优质财产与他人组建的新公司。

（9）以合并或分立方式成立的新企业，其新启用的资金账簿记载的资金，凡原已贴花的部分可不再贴花，未贴花的部分和以后新增加的资金按规定贴花。合并包括吸收合并和新设合并。分立包括存续分立和新设分立。

 友情提示

企业债权转股权新增加的资金按规定贴花。企业改制中经评估增加的资金按规定贴花。企业其他会计科目记载的资金转为实收资本或资本公积的资金按规定贴花。

（10）企业改制前签订但尚未履行完的各类应税合同，改制后需要变更执行主体的，对仅改变执行主体、其余条款未作变动且改制前已贴花的，不再贴花。

（11）企业因改制签订的产权转移书据免予贴花。

（12）对廉租住房、经济适用住房经营管理单位与廉租住房、经济适用住房相关的印花税以及廉租住房承租人、经济适用住房购买人涉及的印花税予以免征。

 友情提示

开发商在经济适用住房、商品住房项目中配套建造廉租住房，在商品住房项目中配套建造经济适用住房，如能提供政府部门出具的相关材料，可按廉租住房、经济适用住房建筑面积占总建筑面积的比例免征开发商应缴纳的印花税。

（13）对个人出租、承租住房签订的租赁合同，免征印花税。

（14）自 2008 年 11 月 1 日起，对个人销售或购买住房暂免征收印花税。

（15）自 2013 年 7 月 4 日起，对改造安置住房经营管理单位、开发商与改造安置住房相关的印花税以及购买安置住房的个人涉及的印花税予以免征。在商品住房等开发项目中配套建造安置住房的，依据政府部门出具的相关材料、房屋征收（拆迁）补偿协议或棚户区改造合同（协议），按改造安置住房建筑面积占总建筑面积的比例免征印花税。

（16）自 2014 年 1 月 1 日起至 2018 年 12 月 31 日止，暂免征收飞机租赁企业购机环节购销合同印花税。

（17）对中国华融资产管理股份有限公司改制过程中资产评估增值转增资本金涉及的印花税予以免征。对改制后再增加的资本金涉及的印花税照章征收。

（18）对证券投资者保护基金有限责任公司（以下简称保护基金公司）新设立的资金账簿免征印花税。对保护基金公司与中国人民银行签订的再贷款合同、与证券公司行政清算机构签订的借款合同，免征印花税。对保护基金公司接收被处置证券公司财产签订的产权转移书据，免征印花税。对保护基金公司以保护基金自有财产和接收的受偿资产与保险公司签订的财产保险合同，免征印花税。对与保护基金公司签订上述应税合同或产权转移书据的其他当事人照章征收印花税。

（19）自 2015 年 12 月 24 日起，在融资性售后回租业务中，对承租人、出租人因出售租赁资产及购回租赁资产所签订的合同，不征收印花税。

（20）自 2016 年 1 月 1 日至 2018 年 12 月 31 日，对公共租赁住房经营管理单位免征建设、管理公共租赁住房涉及的印花税。在其他住房项目中配套建设公共租赁住房，依据政府部门出具的相关材料，按公共租赁住房建筑面积占总建筑面积的比例免征建设、管理公共租赁住房涉及的印花税。对公共租赁住房经营管理单位购买住房作为公共租赁住房，免征印花税；对公共租赁住房租赁双方免征签订租赁协议涉及的印花税。享受上述税收优惠政策的公共租赁住房是指纳入省、自治区、直辖市、计划单列市人民政府及新疆生产建设兵团批准的公共租赁住房发展规划和年度计划，并按照《关于加快发展公共租赁住房的指导意见》（建保〔2010〕87 号）和市、县人民政府制定的具体管理办法进行管理的公共租赁住房。

（21）自 2016 年 1 月 1 日至 2018 年 12 月 31 日，对饮水工程运营管理单位为建设饮水工程取得土地使用权而签订的产权转移书据，以及与施工单位签订的建设工程承包合同免征印花税。饮水工程，是指为农村居民提供生活用水而建设的供水工程设施。饮水工程运营管理单位，是指负责饮水工程运营管理的自来水公司、供水公司、供水（总）站（厂、中心）、村集体、农民用水合作组织等单位。对于既向城镇居民供水，又向农村居民供水的饮水工程运营管理单位，依据向农村居民供水量占总供水量的比例免征印花税。无法提供具体比例或所提供数据不实的，不得享受上述税收优惠政策。符合上述减免税条件的饮水工程运营管理单位需持相关材料向主管税务机关办理备案手续。

（22）自 2016 年 1 月 1 日至 2018 年 12 月 31 日，对与高校学生签订的高校学生公寓租赁合同，免征印花税。"高校学生公寓"，是指为高校学生提供住宿服务，按照国家规定的收费标准收取住宿费的学生公寓。

（23）自 2017 年 1 月 1 日起，对因农村集体经济组织以及代行集体经济组织职能的村民委员会、村民小组进行清产核资收回集体资产而签订的产权转移书据，免征印花税。

 疑难问题解答

应纳税凭证所载金额为外国货币的应如何缴纳印花税？

解答：根据现行的印花税政策，应纳税凭证所载金额为外国货币的，纳税人应按照凭证书立当日的中国国家外汇管理局公布的外汇牌价折合人民币，计算应纳税额。

 疑难问题解答

多个当事人共同签订应税合同的，如何计算？

解答：根据现行的印花税政策，同一凭证，由两方或者两方以上当事人签订并各执一份的，应当由各方就所执的一份各自全额贴花。

 疑难问题解答

同一凭证上记载不同的经济事项应如何计税贴花？

解答：根据现行的印花税政策，同一凭证，因载有两个或者两个以上经济事项而适用不同税目税率，如分别记载金额的，应分别计算应纳税额，相加后按合计税额贴花；如未分别记载金额的，按税率高的计税贴花。

 疑难问题解答

只明确单位价格，没有明确数量和总金额的应税合同如何计缴印花税？

解答：根据现行的印花税政策，有些合同在签订时无法确定计税金额的，可在签订时先按定额 5 元贴花，以后结算时再按实际金额计税，补贴印花。

疑难问题解答

对既书立合同又开立单据的，怎样贴花？

解答： 根据现行的印花税政策，对货物运输、仓储保管、财产保险、银行借款等，办理一项业务既书立合同，又开立单据的，只就合同贴花；凡不书立合同，只开立单据，以单据作为合同使用的，也应按照规定贴花。

 疑难问题解答

税务机关对哪些情形可以进行核定征收印花税？

解答： 根据现行的印花税政策，为加强印花税征收管理，纳税人有下列情形的，地方税务机关可以核定纳税人印花税计税依据：

（1）未按规定建立印花税应税凭证登记簿，或未如实登记和完整保存应税凭证的。

（2）拒不提供应税凭证或不如实提供应税凭证致使计税依据明显偏低的。

（3）采用按期汇总缴纳办法的，未按地方税务机关规定的期限报送汇总缴纳印花税情况报告，经地方税务机关责令限期报告，逾期仍不报告的或者地方税务机关在检查中发现纳税人有未按规定汇总缴纳印花税情况的。

地方税务机关核定征收印花税，应向纳税人发放核定征收印花税通知书，注明核定征收的计税依据和规定的税款缴纳期限。地方税务机关核定征收印花税，应根据纳税人的实际生产经营收入，参考纳税人各期印花税纳税情况及同行业合同签订情况，确定科学合理的数额或比例作为纳税人印花税计税依据。各级地方税务机关应逐步建立印花税基础资料库，包括：分行业印花税纳税情况、分户纳税资料等，确定科学合理的评估模型，保证核定征收的及时、准确、公平、合理。

 疑难问题解答

对纳税人未按规定注销或者画销已粘贴的印花税票，税务机关将会对其进行何种处罚？

解答： 根据现行的印花税政策，在应纳税凭证上未贴或者少贴印花税票的或者已粘贴在应税凭证上的印花税票未注销或者未画销的，适用《税收征收管理法》第六十四条的处罚规定，即纳税人、扣缴义务人编造虚假计税依据的，由税务机关责令限期改正，并处 5 万元以下的罚款。纳税人不进行纳税申报，不缴或者少缴应纳税款的，由税务机关追缴其不缴或者少缴的税款、滞纳金，并处不缴或者少缴的税款 50% 以上 5 倍以下的罚款。

疑难问题解答

实行自收自支或差额预算管理的事业单位记载资金的账簿,其印花税的计税标的如何确定?

解答: 根据现行的印花税政策,对有经营收入的事业单位,凡属由国家财政部门拨付事业经费,实行差额预算管理的单位,其记载经营业务的账簿,按其他账簿定额贴花,不记载经营业务的账簿不贴花;凡属经费来源实行自收自支的单位,其营业账簿应对记载资金的账簿和其他账簿分别按规定贴花。

 疑难问题解答

委托加工业务中由受托方提供原材料的加工定作合同如何贴花?

根据现行的印花税政策,对委托加工业务中,由受托方提供原材料的加工、定作合同,凡在合同中分别记载加工费金额与原材料金额的,应分别按"加工承揽合同"、"购销合同"计税,两项税额相加数,即为合同应贴印花;合同中不划分加工费金额与原材料金额的,应按全部金额,依照"加工承揽合同"计税贴花。

 疑难问题解答

流动资金周转性借款合同如何贴花?

解答: 根据现行的印花税政策,借款双方签订的流动资金周转性借款合同,一般按年(期)签订,规定最高限额,借款人在规定期限和最高限额内随借随还。为此,在签订流动资金周转性借款合同时,应按合同规定的最高借款限额计税贴花。以后,只要在限额内随借随还,不再签订新合同的,就不另贴花。

 疑难问题解答

企业改制应如何贴花?

解答: 根据现行的印花税政策,对经县级以上人民政府及企业主管部门批准改制的企业,在改制过程中涉及的印花税政策规定如下:实行公司制改造的企业在改制过程中成立的新企业(重新办理法人登记的),其新启用的资金账簿记载的资金或因企业建立资本纽带关系而增加的资金,凡原已贴花的部分可不再贴花,未贴花的部分和以后新增加的资金按规定贴花。以合并或分立方式成立的新企业,其新启用的资金账簿记载的资金,凡原已贴花的部分可不再贴花,未贴花的部分和以后新增加的资金按规定贴花。企业债权转股权新增加的资金按规定贴花。企业改制中经评估增加的资金按规定贴花。企业其他会计科目记载的资金转为实收资本或资本公积的资金按规定贴花。企业改制前签订但尚未履行完的各类合同，改制后需要变更执行主体的，对仅改变执行主体、其余条款未作变动且改制前已贴花的，不再贴花。企业因改制签订的产权转移书据免予贴花。

 疑难问题解答

典当业开具的当票是否作为借款合同缴纳印花税？

解答：根据现行的印花税政策，典当行不属于金融企业，其开具的当票若在规定期限内赎回典当物品的，不作为借款合同缴纳印花税。

 疑难问题解答

上市公司国有股权无偿转让是否应缴纳证券交易印花税？

解答：根据现行的印花税政策，经国务院和省级人民政府决定或批准进行的国有股权无偿转让行为，暂不缴纳证券交易印花税。不属于上述情况的国有股权无偿转让行为，仍应缴纳证券交易印花税。自 2008 年 9 月 19 日起，对买卖、继承、赠与所书立的 A 股、B 股股权转让书据，由出让方按 1‰的税率缴纳股票交易印花税，受让方不再征收。自 2014 年 6 月 1 日起，在全国中小企业股份转让系统买卖、继承、赠与股票所书立的股权转让书据，依书立时实际成交金额，由出让方按 1‰的税率计算缴纳证券（股票）交易印花税。自 2014 年 6 月 1 日起，在上海证券交易所、深圳证券交易所、全国中小企业股份转让系统买卖、继承、赠与优先股所书立的股权转让书据，均依书立时实际成交金额，由出让方按 1‰的税率计算缴纳证券（股票）交易印花税。

 疑难问题解答

出租土地的合同是否缴纳印花税？

解答：根据现行的印花税政策，印花税只对税目税率表中列举的凭证和经财政部确定征税的其他凭证征税。而印花税税目税率表中的财产租赁合同的征收范围不包括土地租赁合同，因此，出租土地的合同不需要缴纳印花税。

 疑难问题解答

外国银行营运资金如何缴纳印花税？

解答：根据现行的印花税政策，外国银行在我国境内设立的分行，其境外总行需拨付规定数额的"营运资金",分行在账户设置上不设"实收资本"和"资本公积"账户。上述外国银行分行由其境外总行拨付的"营运资金"缴纳印花税应根据《中华人民共和国印花税暂行条例》的规定,外国银行分行记载由其境外总行拨付的"营运资金"账簿,应按核拨的账面资金数额计税贴花。

 疑难问题解答

股权分置改革中的股权转让是否应缴纳印花税?

解答: 根据现行的印花税政策,股权分置改革过程中因非流通股股东向流通股股东支付对价而发生的股权转让,暂免缴纳印花税。

 疑难问题解答

银行承兑汇票是否视同借款合同缴纳印花税?

解答: 根据现行的印花税政策,银行承兑汇票不是借款合同,两者性质不同,不应视同借款合同缴纳印花税。

 疑难问题解答

总公司与子公司签订的借款合同是否应缴纳印花税?

解答: 根据现行的印花税政策,"借款合同"是指银行或其他金融机构与借款人之间签订的借款合同(不包括银行同业拆借合同)。因此,该借款合同不需缴纳印花税。

三、环境保护税优惠政策

 环境保护税有哪些法定免税项目?

下列情形,暂予免征环境保护税:

(1)农业生产(不包括规模化养殖)排放应税污染物的。

(2)机动车、铁路机车、非道路移动机械、船舶和航空器等流动污染源排放应税污染物的。

(3)依法设立的城乡污水集中处理、生活垃圾集中处理场所排放相应应税污染物,不超过国家和地方规定的排放标准的。

（4）纳税人综合利用的固体废物，符合国家和地方环境保护标准的。

（5）国务院批准免税的其他情形，该免税规定，由国务院报全国人民代表大会常务委员会备案。

纳税人排放应税大气污染物或者水污染物的浓度值低于国家和地方规定的污染物排放标准30%的，减按75%征收环境保护税。纳税人排放应税大气污染物或者水污染物的浓度值低于国家和地方规定的污染物排放标准50%的，减按50%征收环境保护税。

第十二部分 企业税收优惠管理制度

> 您知道税收减免的管理制度有哪些吗？您知道企业所得税优惠事项的办理制度吗？您知道压缩纳税人办理财税优惠政策时间改革的内容吗？您知道在大众创业、万众创新中有哪些税收优惠政策吗？本部分将为您回答上述问题。

一、税收减免管理制度

 税收减免管理包括哪些具体制度？

自 2015 年 8 月 1 日起，税收减免管理制度如下：

（1）减免税是指国家对特定纳税人或征税对象，给予减轻或者免除税收负担的一种税收优惠措施，包括税基式减免、税率式减免和税额式减免三类。不包括出口退税和财政部门办理的减免税。

（2）各级税务机关应当遵循依法、公开、公正、高效、便利的原则，规范减免税管理，及时受理和核准纳税人申请的减免税事项。

（3）减免税分为核准类减免税和备案类减免税。核准类减免税是指法律、法规规定应由税务机关核准的减免税项目；备案类减免税是指不需要税务机关核准的减免税项目。

（4）纳税人享受核准类减免税，应当提交核准材料，提出申请，经依法具有批准权限的税务机关按本办法规定核准确认后执行。未按规定申请或虽申请但未经有批准权限的税务机关核准确认的，纳税人不得享受减免税。纳税人享受备案类减免税，应当具备相应的减免税资质，并履行规定的备案手续。

（5）纳税人依法可以享受减免税待遇，但是未享受而多缴税款的，纳税人可以在《税收征收管理法》规定的期限内申请减免税，要求退还多缴的税款。

（6）纳税人实际经营情况不符合减免税规定条件的或者采用欺骗手段获取减免税的、享受减免税条件发生变化未及时向税务机关报告的，以及未按照规定履行相关程序自行减免税的，税务机关依照税收征管法律有关规定予以处理。

（7）纳税人申请核准类减免税的，应当在政策规定的减免税期限内，向税务机关提出书面申请，并按要求报送相应的材料。纳税人对报送材料的真实性和合法性承担责任。

（8）税务机关对纳税人提出的减免税申请，应当根据以下情况分别作出处理：①申请的减免税项目，依法不需要由税务机关核准后执行的，应当即时告知纳税人不受理；②申请的减免税材料存在错误的，应当告知并允许纳税人更正；③申请的减免税材料不齐全或者不符合法定形式的，应当场一次性书面告知纳税人；④申请的减免税材料齐全、符合法定形式的，或者纳税人按照税务机关的要求提交全部补正减免税材料的，应当受理纳税人的申请。

（9）税务机关受理或者不予受理减免税申请，应当出具加盖本机关专用印章和注明日期的书面凭证。

（10）减免税的审核是对纳税人提供材料与减免税法定条件的相关性进行审核，不改变纳税人真实申报责任。

（11）减免税申请符合法定条件、标准的，税务机关应当在规定的期限内作出准予减免税的书面决定。依法不予减免税的，应当说明理由，并告知纳税人享有依法申请行政复议以及提起行政诉讼的权利。

（12）纳税人在减免税书面核准决定未下达之前应按规定进行纳税申报。纳税人在减免税书面核准决定下达之后，所享受的减免税应当进行申报。纳税人享受减免税的情形发生变化时，应当及时向税务机关报告，税务机关对纳税人的减免税资质进行重新审核。

（13）备案类减免税的实施可以按照减轻纳税人负担、方便税收征管的原则，要求纳税人在首次享受减免税的申报阶段在纳税申报表中附列或附送材料进行备案，也可以要求纳税人在申报征期后的其他规定期限内提交报备资料进行备案。

（14）纳税人随纳税申报表提交附送材料或报备材料进行备案的，应当在税务机关规定的减免税期限内，报送以下资料：①列明减免税的项目、依据、范围、期限等；②减免税依据的相关法律、法规规定要求报送的材料。纳税人对报送材料的真实性和合法性承担责任。

（15）税务机关对纳税人提请的减免税备案，应当根据以下情况分别作出处理：①备案的减免税材料存在错误的，应当告知并允许纳税人更正；②备案的减免税材料不齐全或者不符合法定形式的，应当场一次性书面告知纳税人；③备案的减免税材料齐全、符合法定形式的，或者纳税人按照税务机关的要求提交全部补正减免税材料的，应当受理纳税人的备案。

（16）税务机关受理或者不予受理减免税备案，应当出具加盖本机关专用印章和注明日期的书面凭证。

（17）备案类减免税的审核是对纳税人提供资料完整性的审核，不改变纳税人真实申报责任。

（18）税务机关对备案材料进行收集、录入，纳税人在符合减免税资质条件期间，备案材料一次性报备，在政策存续期可一直享受。

（19）纳税人享受备案类减免税的，应当按规定进行纳税申报。纳税人享受减免税到期的，应当停止享受减免税，按照规定进行纳税申报。纳税人享受减免税的情形发生变化时，应当及时向税务机关报告。

（20）税务机关应当结合税收风险管理，将享受减免税的纳税人履行纳税义务情况纳入风险管理，加强监督检查，主要内容包括：①纳税人是否符合减免税的资格条件，是否以隐瞒有关情况或者提供虚假材料等手段骗取减免税；②纳税人享受核准类减免税的条件发生变化时，是否根据变化情况经税务机关重新审查后办理减免税；③纳税人是否存在编造虚假计税依据骗取减免税的行为；④减免税税款有规定用途的，纳税人是否按照规定用途使用减免税款；⑤减免税有规定减免期限的，是否到期停止享受税收减免；⑥是否存在纳税人应经而未经税务机关批准自行享受减免税的情况；⑦已享受减免税是否按时申报。

（21）纳税人享受核准类或备案类减免税的，对符合政策规定条件的材料有留存备查的义务。纳税人在税务机关后续管理中不能提供相关印证材料的，不得继续享受税收减免，追缴已享受的减免税款，并依照《税收征收管理法》的有关规定处理。税务机关在纳税人首次减免税备案或者变更减免税备案后，应及时开展后续管理工作，对纳税人减免税政策适用的准确性进行审核。对政策适用错误的告知纳税人变更备案，对不应当享受减免税的，追缴已享受的减免税款，并依照《税收征收管理法》的有关规定处理。

（22）税务机关应当将减免税核准和备案工作纳入岗位责任制考核体系中，建立税收行政执法责任追究制度：①建立健全减免税跟踪反馈制度。各级税务机关应当定期对减免税核准和备案工作情况进行跟踪与反馈，适时完善减免税工作机制；②建立减免税案卷评查制度。各级税务机关应当建立各类减免税资料案卷，妥善保管各类案卷资料，上级税务机关应定期对案卷资料进行评查；③建立层级监督制度。上级税务机关应建立经常性的监督制度，加强对下级税务机关减免税管理工作的监督，包括是否按规定的权限、条件、时限等实施减免税核准和备案工作。

（23）税务机关需要对纳税人提交的减免税材料内容进行实地核实的，应当指派2名以上工作人员按照规定程序进行实地核查，并将核查情况记录在案。

上级税务机关对减免税实地核查工作量大、耗时长的，可委托企业所在地的区县税务机关具体组织实施。因税务机关的责任批准或者核实错误，造成企业未缴或少缴税款，依照《税收征收管理法》的有关规定处理。税务机关越权减免税的，除依照《税收征收管理法》规定撤销其擅自作出的决定外，补征应征未征税款，并由上级机关追究直接负责的主管人员和其他直接责任人员的行政责任；构成犯罪的，依法追究刑事责任。

（24）税务机关应对享受减免税企业的实际经营情况进行事后监督检查。检查中，发现有关专业技术或经济鉴证部门认定失误的，应及时与有关认定部门协调沟通，提请纠正后，及时取消有关纳税人的优惠资格，督促追究有关责任人的法律责任。有关部门非法提供证明，导致未缴、少缴税款的，依照税收征管法的有关规定处理。

（25）单个税种的减免税核准备案管理制度，另行制定。

（26）各省、自治区、直辖市和计划单列市国家税务局、地方税务局可制定具体实施办法。

二、企业所得税优惠政策事项办理制度

 企业所得税优惠政策事项办理有哪些具体制度？

自 2015 纳税年度起，企业所得税优惠政策事项办理制度如下：

（1）税收优惠，是指企业所得税法规定的优惠事项，以及税法授权国务院和民族自治地方制定的优惠事项。税收优惠包括免税收入、减计收入、加计扣除、加速折旧、所得减免、抵扣应纳税所得额、减低税率、税额抵免、民族自治地方分享部分减免等。企业，是指《企业所得税法》规定的居民企业。

（2）企业应当自行判断其是否符合税收优惠政策规定的条件。凡享受企业所得税优惠的，应当按照规定向税务机关履行备案手续，妥善保管留存备查资料。留存备查资料参见《企业所得税优惠事项备案管理目录》（以下简称《目录》）。税务总局编制并根据需要适时更新《目录》。

（3）备案，是指企业向税务机关报送《企业所得税优惠事项备案表》（以下简称《备案表》），并按照规定提交相关资料的行为。

（4）留存备查资料，是指与企业享受优惠事项有关的合同（协议）、证书、文件、会计账册等资料。具体按照《目录》列示优惠事项对应的留存备查资料执行。省、自治区、直辖市和计划单列市国家税务局、地方税务局（以下简称省税务机关）对《目录》列示的部分优惠事项，可以根据本地区的实际

情况，联合补充规定其他留存备查资料。

（5）企业对报送的备案资料、留存备查资料的真实性、合法性承担法律责任。

（6）企业应当不迟于年度汇算清缴纳税申报时备案。

（7）企业享受定期减免税，在享受优惠起始年度备案。在减免税起止时间内，企业享受优惠政策条件无变化的，不再履行备案手续。企业享受其他优惠事项，应当每年履行备案手续。企业同时享受多项税收优惠，或者某项税收优惠需要分不同项目核算的，应当分别备案。主要包括：研发费用加计扣除、所得减免项目，以及购置用于环境保护、节能节水、安全生产等专用设备投资抵免税额等优惠事项。定期减免税事项，按照《目录》优惠事项"政策概述"中列示的"定期减免税"执行。

（8）定期减免税优惠事项备案后有效年度内，企业减免税条件发生变化的，按照以下情况处理：①仍然符合优惠事项规定，但备案内容需要变更的，企业在变化之日起15日内，向税务机关办理变更备案手续；②不再符合税法有关规定的，企业应当主动停止享受税收优惠。

（9）企业应当真实、完整填报《备案表》，对需要附送相关纸质资料的，应当一并报送。税务机关对纸质资料进行形式审核后原件退还企业，复印件税务机关留存。企业享受小型微利企业所得税优惠政策、固定资产加速折旧（含一次性扣除）政策，通过填写纳税申报表相关栏次履行备案手续。

（10）企业可以到税务机关备案，也可以采取网络方式备案。按照规定需要附送相关纸质资料的企业，应当到税务机关备案。备案实施方式，由省税务机关确定。

（11）税务机关受理备案时，审核《备案表》内容填写是否完整，附送资料是否齐全。具体按照以下情况处理：①《备案表》符合规定形式，填报内容完整，附送资料齐全的，税务机关应当受理，在《备案表》中标注受理意见，注明日期，加盖专用印章。②《备案表》不符合规定形式，或者填报内容不完整，或者附送资料不齐全的，税务机关应当一次性告知企业补充更正。企业对《备案表》及附送资料补充更正后符合规定的，税务机关应及时受理备案。对于到税务机关备案的，税务机关应当场告知受理意见。对于网络方式备案的，税务机关收到电子备案信息起2个工作日内告知受理意见。

（12）对于不符合税收优惠政策条件的优惠事项，企业已经申报享受税收优惠的，应当予以调整。

（13）跨地区（省、自治区、直辖市和计划单列市）经营汇总纳税企业（以下简称汇总纳税企业）的优惠事项，按以下情况办理：①分支机构享受所得减免、研发费用加计扣除、安置残疾人员、促进就业、部分区域性税收优惠（西部大开发、经济特区、上海浦东新区、深圳前海、广东横琴、福建平潭），以及购置环境保护、节能节水、安全生产等专用设备投资抵免税额优惠，由二级分支机构向其主管税务机关备案。其他优惠事项由总机构统一备案。②总机构应当汇总所属二级分支机构已备案优惠事项，填写《汇总纳税企业分支机构已备案优惠事项清单》，随同企业所得税年度纳税申报表一并报送其主管税务机关。同一省、自治区、直辖市和计划单列市内跨地区经营的汇总纳税企业优惠事项的备案管理，由省税务机关确定。

（14）企业应当按照税务机关要求限期提供留存备查资料，以证明其符合税收优惠政策条件。企业不能提供留存备查资料，或者留存备查资料与实际生产经营情况、财务核算、相关技术领域、产业、目录、资格证书等不符，不能证明企业符合税收优惠政策条件的，税务机关追缴其已享受的减免税，并按照《税收征收管理法》规定处理。企业留存备查资料的保存期限为享受优惠事项后 10 年。税法规定与会计处理存在差异的优惠事项，保存期限为该优惠事项有效期结束后 10 年。

（15）企业已经享受税收优惠但未按照规定备案的，企业发现后，应当及时补办备案手续，同时提交《目录》列示优惠事项对应的留存备查资料。税务机关发现后，应当责令企业限期备案，并提交《目录》列示优惠事项对应的留存备查资料。

（16）税务机关应当严格按照规定管理优惠事项，严禁擅自改变税收优惠管理方式，不得以任何理由变相实施行政审批。同时，要全方位做好对企业税收优惠备案的服务工作。

（17）税务机关发现企业预缴申报享受某项税收优惠存在疑点的，应当进行风险提示。必要时，可以要求企业提前履行备案手续或者进行核查。

（18）税务机关应当采取税收风险管理、稽查、纳税评估等后续管理方式，对企业享受税收优惠情况进行核查。

（19）税务机关后续管理中，发现企业已享受的税收优惠不符合税法规定条件的，应当责令其停止享受优惠，追缴税款及滞纳金。属于弄虚作假的，按照税收征管法有关规定处理。

三、压缩纳税人办理财税优惠政策时间改革

 压缩纳税人办理财税优惠时间改革的内容有哪些？

根据《财政部 国家税务总局关于印发〈压缩财税优惠办理时间改革实施

方案〉的通知》（财法〔2017〕2号）的规定，为贯彻落实国务院关于推进简政放权、放管结合、优化服务的部署和要求，进一步优化营商环境，激发创业活力，财政部 国家税务总局研究制定了《压缩财税优惠办理时间改革实施方案》。

为贯彻落实全国推进简政放权放管结合优化服务改革电视电话会议精神，进一步优化营商环境，激发创业活力，按照《国务院办公厅关于印发进一步简化流程提高效率优化营商环境工作方案的通知》（国办函〔2016〕70号）有关"压缩财税优惠办理时间"的任务，结合工作实际，制定本方案。

第一，总体目标和要求。

全面贯彻落实党的十八大和十八届三中、四中、五中、六中全会精神，按照国务院关于简政放权、放管结合、优化服务的部署，结合财税体制改革要求，坚持问题导向，创新工作思路，多措并举，综合施策，简环节、优流程、压时限、降成本、转作风、提效能，简化优化财税优惠办理环节和流程，提升公共服务水平，不断释放创业创新活力。

（1）加大政策公开力度。依法公开财税优惠政策和办理流程，进一步增强政策透明度，切实保障社会公众的知情权和监督权，实行"阳光管理"。

（2）简化优化申报流程。在明确财税优惠事项办理标准和时限的基础上，进一步简化申报环节，优化服务流程，压缩办理时限，拓宽服务渠道，创新服务方式，使公众办事更方便、创业更顺畅。

（3）推动便民惠民服务。取消不必要的证明和手续，进一步精简财税优惠事项申报材料，充分利用公共信息平台及第三方信息，运用"政务服务＋互联网"，实现"公众少跑腿、信息多跑路"。

（4）提升整体工作效能。理顺管理过程中不同部门、层级、岗位、环节之间的职责权限，运用信息化手段实现各部门之间、上下级之间信息共享，提高行政效率。

第二，主要任务及具体措施。

（1）编制财税优惠事项清单，实行动态管理。结合权力清单、责任清单编制工作，全面梳理财税优惠政策，分别归类整理，编制财税优惠事项清单。除涉及国家秘密和安全的事项外，清单应向社会公开，并根据政策调整情况，及时动态更新。

（2）规范优化办理流程，压缩办理时限。逐项细化财税优惠办理的流程，明确各岗位、各环节职责权限，严格规范自由裁量权。加强国税、地税联合办税，实行"前台统一受理、后台分别办理、窗口统一出件"的办税模式。在国税、地税多个税种之间进行优惠备案，实现一套资料，完成全部备案流程。在对现有财税优惠事项实行办理时限承诺制基础上，进一步缩短办理时间。

（3）精简申报材料，减少中介服务事项。全面清理各类无谓的证明和手续，对现有规定设置的前置条件和要求的申报材料进行清理，严格论证，并作出明确规定。全面放宽企业备查资料范畴，建立行政机关内部征询机制，推动税务机关电子档案系统建设，减少申请人需重复提供的证明材料。对确实需要中介机构提供评估等服务的，实行清单管理，加强服务监管。

（4）创新服务方式，探索"告知＋承诺"模式。选取部分省以下税务机关探索开展财税优惠办理"告知＋承诺"模式，告知申请人应当符合的条件和虚假承诺应负的责任。申请人知晓要求条件并书面承诺保证符合相关条件和要求、承诺承担违约责任后，税务机关先予办理相关手续，除特殊情况外应进行公示，接受社会监督，事后加强相应事项的核查和监管。

（5）加强信息化建设，加快推进网上办理。对具备网上办理条件的税收优惠事项，积极推广实行网上办理，并实现办理进度和结果网上实时查询。逐步构建实体办税服务厅、网上办税服务厅、移动客户端、自助终端和12366纳税服务热线等多形式相结合的综合性服务平台。

（6）推动信息互通共享，打通"信息孤岛"。加快推动跨部门、跨区域、跨行业信息互通共享。在国税、地税多个税种之间进行优惠备案，实现一套资料，完成全部备案流程，减少纳税人重复、多头报送资料。依托互联网建立数据交换平台，促进各部门信息相互衔接，提高办理质效。

（7）加大宣传力度，确保优惠政策落实到位。通过发布文件、网站公布、官方媒体采访、领导署名文章等多种形式，对财税优惠政策进行全方位、多层次、多角度宣传和解释，让公众、企业知晓政策、用好政策，打通获取相关信息的"最后一公里"。

第三，保障措施。

（1）加强组织领导。各级财政、税务部门要充分认识压缩财税优惠办理时间、优化营商环境的重要意义，加强领导，周密部署。财政部、国家税务总局负责压缩财税优惠办理时间相关政策指导和统筹协调，加强监督检查和跟踪落实，认真研究和及时协调解决工作中的重大问题，重大事项及时报告国务院。地方各级财政、税务部门按照职责分工各司其职，建立健全工作机制，强化部门间信息互通，形成改革合力，切实把任务要求落到实处。

（2）严格落实责任。各级财政、税务部门要坚持问题导向，充分发挥职能作用，科学细化各项任务落实措施，明确具体工作要求、责任分工和完成时限，结合实际研究提出压缩财税优惠办理时间的工作计划，按步骤分阶段完成各项工作任务。

（3）加强宣传培训。各级财政、税务部门要从简政放权、规范行政行为、提升公共服务水平的角度，积极开展政策解读，加强宣传引导，畅通监督渠道，努力营造良好舆论氛围。要进一步加强人员培训，转变办税理念，探索创新服务，统一思想、凝聚共识，及时总结推广先进经验，确保政策执行到位。

四、"大众创业 万众创新"税收优惠政策指引

 大众创业，万众创新的税收优惠政策有哪些？

推进大众创业、万众创新，是发展的动力之源，也是富民之道、公平之计、强国之策，截至 2017 年 5 月 10 日，我国针对创业就业主要环节和关键领域陆续推出了 83 项税收优惠措施，尤其是 2013 年以来，新出台了 73 项税收优惠，覆盖企业整个生命周期。

一、企业初创期税收优惠

企业初创期，除了普惠式的税收优惠，重点行业的小微企业购置固定资产，特殊群体创业或者吸纳特殊群体就业（高校毕业生、失业人员、退役士兵、军转干部、随军家属、残疾人、回国服务的在外留学人员、长期来华定居专家等）还能享受特殊的税收优惠。同时，国家还对扶持企业成长的科技企业孵化器、国家大学科技园等创新创业平台、创投企业、金融机构、企业和个人等给予税收优惠，帮助企业聚集资金。

（一）小微企业税收优惠

（1）个人增值税起征点政策。

（2）企业或非企业性单位销售额未超限免征增值税。

（3）增值税小规模纳税人销售额未超限免征增值税。

（4）小型微利企业减免企业所得税。

（5）重点行业小型微利企业固定资产加速折旧。

（6）企业免征政府性基金。

（二）重点群体创业就业税收优惠

（7）重点群体创业税收扣减。

（8）吸纳重点群体就业税收扣减。

（9）退役士兵创业税收扣减。

（10）吸纳退役士兵就业企业税收扣减。

（11）随军家属创业免征增值税。

（12）随军家属创业免征个人所得税。

（13）安置随军家属就业的企业免征增值税。

（14）军队转业干部创业免征增值税。

（15）自主择业的军队转业干部免征个人所得税。

（16）安置军队转业干部就业的企业免征增值税。

（17）残疾人创业免征增值税。

（18）安置残疾人就业的单位和个体户增值税即征即退。

（19）特殊教育学校举办的企业安置残疾人就业增值税即征即退。

（20）残疾人就业减征个人所得税。

（21）安置残疾人就业的企业残疾人工资加计扣除。

（22）安置残疾人就业的单位减免城镇土地使用税。

（23）长期来华定居专家进口自用小汽车免征车辆购置税。

（24）回国服务的在外留学人员购买自用国产小汽车免征车辆购置税。

（三）创业就业平台税收优惠

（25）科技企业孵化器（含众创空间）免征增值税。

（26）符合非营利组织条件的孵化器的收入免征企业所得税。

（27）科技企业孵化器免征房产税。

（28）科技企业孵化器免征城镇土地使用税。

（29）国家大学科技园免征增值税。

（30）符合非营利组织条件的大学科技园的收入免征企业所得税。

（31）国家大学科技园免征房产税。

（32）国家大学科技园免征城镇土地使用税。

（四）对提供资金、非货币性资产投资助力的创投企业、金融机构等给予税收优惠

（33）创投企业投资未上市的中小高新技术企业按比例抵扣应纳税所得额。

（34）有限合伙制创业投资企业法人合伙人投资未上市的中小高新技术企业按比例抵扣应纳税所得额。

（35）公司制创投企业投资初创科技型企业按比例抵扣应纳税所得额。

（36）有限合伙制创业投资企业法人合伙人投资初创科技型企业按比例抵扣应纳税所得额。

（37）有限合伙制创业投资企业个人合伙人投资初创科技型企业按比例抵扣应纳税所得额。

（38）天使投资人投资初创科技型企业按比例抵扣应纳税所得额。

（39）以非货币性资产对外投资确认的非货币性资产转让所得分期缴纳企业所得税。

（40）以非货币性资产对外投资确认的非货币性资产转让所得分期缴纳个人所得税。

（41）金融企业发放涉农和中小企业贷款按比例计提的贷款扣失准备金企业所得税税前扣除。

（42）金融机构与小型微型企业签订借款合同免征印花税。

二、企业成长期税收优惠

为营造良好的科技创新税收环境，促进企业快速健康成长，国家出台了一系列税收优惠政策帮助企业不断增强转型升级的动力。对研发费用实施所得税加计扣除政策。对企业固定资产实行加速折旧，尤其是生物药品制造业、软件和信息技术服务业等6个行业、4个领域重点行业的企业用于研发活动的仪器设备不超过100万元的，可以一次性税前扣除。企业购买用于科学研究、科技开发和教学的设备享受进口环节增值税、消费税免税和国内增值税退税等税收优惠。帮助企业和科研机构留住创新人才，鼓励创新人才为企业提供充分的智力保障和支持。

（一）研发费用加计扣除政策

（1）研发费用加计扣除。
（2）提高科技型中小企业研发费用加计扣除比例

（二）固定资产加速折旧政策

（3）固定资产加速折旧或一次性扣除。
（4）重点行业固定资产加速折旧。

（三）购买符合条件设备税收优惠

（5）重大技术装备进口免征增值税。
（6）内资研发机构和外资研发中心采购国产设备增值税退税。
（7）科学研究机构、技术开发机构、学校等单位进口符合条件的商品享受免征进口环节增值税、消费税。

（四）科技成果转化税收优惠

（8）技术转让、技术开发和与之相关的技术咨询、技术服务免征增值税。
（9）技术转让所得减免企业所得税。

（五）科研机构创新人才税收优惠

（10）科研机构、高等学校股权奖励延期缴纳个人所得税。

（11）高新技术企业技术人员股权奖励分期缴纳个人所得税。

（12）中小高新技术企业个人股东分期缴纳个人所得税。

（13）获得非上市公司股票期权、股权期权、限制性股票和股权奖励递延缴纳个人所得税。

（14）获得上市公司股票期权、限制性股票和股权奖励适当延长纳税期限。

（15）企业以及个人以技术成果投资入股递延缴纳个人所得税。

（16）由国家级、省部级以及国际组织对科技人员颁发的科技奖金免征个人所得税。

三、企业成熟期税收优惠政策

发展壮大有成长性的企业，同样具有税收政策优势，国家充分补给"营养"，助力企业枝繁叶茂、独木成林。目前税收优惠政策覆盖科技创新活动的各个环节领域，帮助抢占科技制高点的创新型企业加快追赶的步伐。对高新技术企业减按15%的税率征收企业所得税，并不断扩大高新技术企业认定范围。对处于服务外包示范城市和国家服务贸易创新发展试点城市地区的技术先进型服务企业，减按15%的税率征收企业所得税。对软件和集成电路企业，可以享受"两免三减半"等企业所得税优惠，尤其是国家规划布局内的重点企业，可减按10%的税率征收企业所得税。对自行开发生产的计算机软件产品、集成电路重大项目企业还给予增值税期末留抵税额退税的优惠。

（一）高新技术企业税收优惠

（1）高新技术企业减按15%的税率征收企业所得税。

（2）高新技术企业职工教育经费税前扣除。

（3）技术先进型服务企业享受低税率企业所得税。

（4）技术先进型服务企业职工教育经费税前扣除。

（二）软件企业税收优惠

（5）软件产业增值税超税负即征即退。

（6）新办软件企业定期减免企业所得税。

（7）国家规划布局内重点软件企业减按10%的税率征收企业所得税。

（8）软件企业取得即征即退增值税款用于软件产品研发和扩大再生产的企业所得税优惠。

（9）软件企业职工培训费用应纳税所得额扣除。

（10）企业外购的软件缩短折旧或摊销年限。

（三）动漫企业税收优惠

（11）动漫企业增值税超税负即征即退。

（四）集成电路企业税收优惠

（12）集成电路重大项目增值税留抵税额退税。

（13）集成电路线宽小于0）8微米（含）的集成电路生产企业定期减免企业所得税。

（14）线宽小于0）25微米的集成电路生产企业减按15%税率征收企业所得税。

（15）投资额超过80亿元的集成电路生产企业减按15%税率征收企业所得税。

（16）线宽小于0）25微米的集成电路生产企业定期减免企业所得税。

（17）投资额超过80亿元的集成电路生产企业定期减免企业所得税。

（18）新办集成电路设计企业定期减免企业所得税。

（19）国家规划布局内的集成电路设计企业减按10%的税率征收企业所得税。

（20）集成电路设计企业计算应纳税所得额时扣除职工培训费用。

（21）集成电路生产企业生产设备缩短折旧年限。

（22）集成电路封装、测试企业定期减免企业所得税。

（23）集成电路关键专用材料生产企业、集成电路专用设备生产企业定期减免企业所得税。

（24）集成电路企业退还的增值税期末留抵税额在城市维护建设税、教育费附加和地方教育附加的计税依据中扣除。

（五）研制大型客机、大型客机发动机项目和生产销售新支线飞机企业

（25）研制大型客机、大型客机发动机项目和生产销售新支线飞机增值税期末留抵退税。

四、主要税收优惠政策文件

（1）《中华人民共和国企业所得税法》（中华人民共和国主席令第63号）。

（2）《中华人民共和国企业所得税法实施条例》（中华人民共和国国务院令第512号）。

（3）《中华人民共和国个人所得税法》（中华人民共和国主席令第48号）。

（4）《中华人民共和国个人所得税法实施条例》（中华人民共和国国务院

令第 519 号）。

（5）《中华人民共和国增值税暂行条例》（中华人民共和国国务院令第 538 号）。

（6）《中华人民共和国增值税暂行条例实施细则》（财政部 国家税务总局第 50 号令）。

（7）《财政部 国家税务总局关于促进科技成果转化有关税收政策的通知》（财税字〔1999〕45 号）。

（8）《财政部 国家税务总局关于随军家属就业有关税收政策的通知》（财税〔2000〕84 号）。

（9）《财政部 国家税务总局关于防汛专用等车辆免征车辆购置税的通知》（财税〔2001〕39 号）。

（10）《财政部 国家税务总局关于自主择业的军队转业干部有关税收政策问题的通知》（财税〔2003〕26 号）。

（11）《财政部 国家税务总局关于享受企业所得税优惠政策的新办企业认定标准的通知》（财税〔2006〕1 号）。

（12）《财政部 国家税务总局关于促进残疾人就业税收优惠政策的通知》（财税〔2007〕92 号）。

（13）《财政部 国家税务总局关于安置残疾人员就业有关企业所得税优惠政策问题的通知》（财税〔2009〕70 号）。

（14）《财政部 国家税务总局关于居民企业技术转让有关企业所得税政策问题的通知》（财税〔2010〕111 号）。

（15）《财政部 国家税务总局关于安置残疾人就业单位城镇土地使用税等政策的通知》（财税〔2010〕121 号）。

（16）《财政部 国家税务总局关于高新技术企业境外所得适用税率及税收抵免问题的通知》（财税〔2011〕47 号）。

（17）《财政部 国家税务总局关于软件产品增值税政策的通知》（财税〔2011〕100 号）。

（18）《财政部 国家税务总局关于退还集成电路企业采购设备增值税期末留抵税额的通知》（财税〔2011〕107 号）。

（19）《财政部 国家税务总局关于进一步鼓励软件产业和集成电路产业发展企业所得税政策的通知》（财税〔2012〕27 号）。

（20）《财政部 国家税务总局关于暂免征收部分小微企业增值税和营业税的通知》（财税〔2013〕52 号）。

（21）《财政部 国家税务总局关于动漫产业增值税和营业税政策的通知》（财税〔2013〕98 号）。

（22）《财政部 国家税务总局关于非营利组织免税资格认定管理有关问题的通知》（财税〔2014〕13 号）。

（23）《财政部 国家税务总局 人力资源社会保障部关于继续实施支持和促进重点群体创业就业有关税收政策的通知》（财税〔2014〕39 号）。

（24）《财政部 国家税务总局 商务部 科技部 国家发展改革委关于完善技术先进型服务企业有关企业所得税政策问题的通知》（财税〔2014〕59 号）。

（25）《财政部 国家税务总局关于进一步支持小微企业增值税和营业税政策的通知》（财税〔2014〕71 号）。

（26）《财政部 国家税务总局关于完善固定资产加速折旧企业所得税政策的通知》（财税〔2014〕75 号）。

（27）《财政部 国家税务总局关于金融机构与小型微型企业签订借款合同免征印花税的通知》（财税〔2014〕78 号）。

（28）《财政部 国家税务总局关于非货币性资产投资企业所得税政策问题的通知》（财税〔2014〕116 号）。

（29）《财政部 国家税务总局关于对小微企业免征有关政府性基金的通知》（财税〔2014〕122 号）。

（30）《财政部 国家税务总局关于金融企业涉农贷款和中小企业贷款损失准备金税前扣除有关问题的通知》（财税〔2015〕3 号）。

（31）《财政部 国家税务总局 发展改革委 工业和信息化部关于进一步鼓励集成电路产业发展企业所得税政策的通知》（财税〔2015〕6 号）。

（32）《财政部 税务总局 人力资源社会保障部 教育部关于支持和促进重点群体创业就业税收政策有关问题的补充通知》（财税〔2015〕18 号）。

（33）《财政部 国家税务总局关于小型微利企业所得税优惠政策的通知》（财税〔2015〕34 号）。

（34）《财政部 国家税务总局关于个人非货币性资产投资有关个人所得税政策的通知》（财税〔2015〕41 号）。

（35）《财政部 国家税务总局关于个人非货币性资产投资有关个人所得税政策的通知》（财税〔2015〕41 号）。

（36）《财政部 国家税务总局关于高新技术企业职工教育经费税前扣除政策的通知》（财税〔2015〕63 号）。

（37）《财政部 国家税务总局 人力资源社会保障部关于扩大企业吸纳就业税收优惠适用人员范围的通知》（财税〔2015〕77 号）。

（38）《财政部 国家税务总局关于继续执行小微企业增值税和营业税政策的通知》（财税〔2015〕96 号）。

（39）《财政部 国家税务总局关于进一步扩大小型微利企业所得税优惠政

策范围的通知》（财税〔2015〕99号）。

（40）《财政部 国家税务总局关于进一步完善固定资产加速折旧企业所得税政策的通知》（财税〔2015〕106号）。

（41）《财政部 国家税务总局关于将国家自主创新示范区有关税收试点政策推广到全国范围实施的通知》（财税〔2015〕116号）。

（42）《财政部 国家税务总局 科技部关于完善研究开发费用税前加计扣除政策的通知》（财税〔2015〕119号）。

（43）《财政部 国家税务总局关于扩大有关政府性基金免征范围的通知》（财税〔2016〕12号）。

（44）《财政部国家税务总局关于营业税改征增值税试点有关文化事业建设费政策及征收管理问题的通知》（财税〔2016〕25号）。

（45）《财政部 国家税务总局关于全面推开营业税改征增值税试点的通知》（财税〔2016〕36号）。

（46）《财政部 国家税务总局 发展改革委 工业和信息化部关于软件和集成电路产业企业所得税优惠政策有关问题的通知》（财税〔2016〕49号）。

（47）《财政部 国家税务总局关于促进残疾人就业增值税优惠政策的通知》（财税〔2016〕52号）。

（48）《财政部 国家税务总局关于营业税改征增值税试点有关文化事业建设费政策及征收管理问题的补充通知》（财税〔2016〕60号）。

（49）《财政部 国家税务总局关于科技企业孵化器税收政策的通知》（财税〔2016〕89号）。

（50）《财政部 国家税务总局关于国家大学科技园税收政策的通知》（财税〔2016〕98号）。

（51）《关于完善股权激励和技术入股有关所得税政策的通知》（财税〔2016〕101号）。

（52）《财政部 国家税务总局 商务部 科技部 国家发展改革委关于新增中国服务外包示范城市适用技术先进型服务企业所得税政策的通知》（财税〔2016〕108号）。

（53）《财政部 商务部 国家税务总局关于继续执行研发机构采购设备增值税政策的通知》（财税〔2016〕121号）。

（54）《财政部 国家税务总局 商务部 科技部 国家发展改革委关于在服务贸易创新发展试点地区推广技术先进型服务企业所得税优惠政策的通知》（财税〔2016〕122号）。

（55）《财政部 国家税务总局关于大型客机和新支线飞机增值税政策的通知》（财税〔2016〕141号）。

（56）《财政部 国家税务总局关于集成电路企业增值税期末留抵退税有关城市维护建设税 教育费附加和地方教育附加政策的通知》（财税〔2017〕17号）。

（57）《财政部 税务总局 科技部关于提高科技型中小企业研究开发费用税前加计扣除比例的通知》（财税〔2017〕34号）。

（58）《财政部 国家税务总局关于创业投资企业和天使投资个人有关税收试点政策的通知》（财税〔2017〕38号）。

（59）《关于调整重大技术装备进口税收政策的通知》（财关税〔2014〕2号）。

（60）《关于调整重大技术装备进口税收政策有关目录及规定的通知》（财关税〔2015〕51号）。

（61）《关于"十三五"期间支持科技创新进口税收政策的通知》（财关税〔2016〕70号）。

（62）《财政部 国家税务总局 海关总署关于公布进口科学研究、科技开发和教学用品免税清单的通知》（财关税〔2016〕72号）。

（63）《国家税务总局关于执行软件企业所得税优惠政策有关问题的公告》（国家税务总局公告2013年第43号）。

（64）《国家税务总局关于技术转让所得减免企业所得税有关问题的公告》（国家税务总局公告2013年第62号）。

（65）《国家税务总局 财政部 人力资源社会保障部 教育部民政部关于支持和促进重点群体创业就业有关税收政策具体实施问题的公告》（国家税务总局公告2014年第34号）。

（66）《国家税务总局关于小微企业免征增值税和营业税有关问题的公告》（国家税务总局公告2014年第57号）。

（67）《国家税务总局关于固定资产加速折旧税收政策有关问题的公告》（国家税务总局公告2014年第64号）。

（68）《国家税务总局关于车辆购置税征收管理有关问题的公告》（国家税务总局公告2015年第4号）。

（69）《国家税务总局 财政部 人力资源社会保障部 教育部 民政部公告关于支持和促进重点群体创业就业有关税收政策具体实施问题的补充公告》（国家税务总局 财政部 人力资源社会保障部 教育部 民政部公告2015年第12号）。

（70）《国家税务总局关于贯彻落实扩大小型微利企业减半征收企业所得税范围有关问题的公告》（国家税务总局公告2015年第17号）。

（71）《国家税务总局关于个人非货币性资产投资有关个人所得税征管问题的公告》（国家税务总局公告2015年第20号）。

（72）《国家税务总局 关于金融企业涉农贷款和中小企业贷款损失税前扣除问题的公告》（国家税务总局公告 2015 年第 25 号）。

（73）《国家税务总局关于非货币性资产投资企业所得税有关征管问题的公告》（国家税务总局公告 2015 年第 33 号）。

（74）《国家税务总局关于贯彻落实进一步扩大小型微利企业减半征收企业所得税范围有关问题的公告》（国家税务总局公告 2015 年第 61 号）。

（75）《国家税务总局关于进一步完善固定资产加速折旧企业所得税政策有关问题的公告》（国家税务总局公告 2015 年第 68 号）。

（76）《国家税务总局关于企业研究开发费用税前加计扣除政策有关问题的公告》（国家税务总局 2015 年第 97 号）。

（77）《国家税务总局关于股权奖励和转增股本个人所得税征管问题的公告》（国家税务总局公告 2015 年第 80 号）。

（78）《国家税务总局关于有限合伙制创业投资企业法人合伙人企业所得税有关问题的公告》（国家税务总局公告 2015 年第 81 号）。

（79）《国家税务总局关于许可使用权技术转让所得企业所得税有关问题的公告》（国家税务总局公告 2015 年第 82 号）。

（80）《国家税务总局关于企业研究开发费用税前加计扣除政策有关问题的公告》（国家税务总局公告 2015 年第 97 号）。

（81）《国家税务总局关于全面推开营业税改征增值税试点有关税收征收管理事项的公告》（国家税务总局公告 2016 年第 23 号）。

（82）《国家税务总局关于发布〈促进残疾人就业增值税优惠政策管理办法〉的公告》（国家税务总局公告 2016 年第 33 号）。

（83）《国家税务总局关于车辆购置税征收管理有关问题的补充公告》（国家税务总局公告 2016 年第 52 号）。

（84）《国家税务总局关于股权激励和技术入股所得税征管问题的公告》（国家税务总局公告 2016 年第 62 号）。

（85）《国家税务总局关于促进科技成果转化有关个人所得税问题的通知》（国税发〔1999〕125 号）。

（86）《国家税务总局关于实施创业投资企业所得税优惠问题的通知》（国税发〔2009〕87 号）。

（87）《国家税务总局关于技术转让所得减免企业所得税有关问题的通知》（国税函〔2009〕212 号）。

（88）《国家税务总局关于进一步做好企业研究开发费用税前加计扣除政策贯彻落实工作的通知》（税总函〔2016〕685 号）。

（89）《科技部 财政部 国家税务总局关于修订印发〈高新技术企业认定管

理办法〉的通知》(国科发火〔2016〕32号)。

（90）《科技部 财政部 国家税务总局关于修订印发〈高新技术企业认定管理工作指引〉的通知》(国科发火〔2016〕195号)。

（91）《工业和信息化部 国家统计局 国家发展和改革委员会 财政部关于印发中小企业划型标准规定的通知》(工信部联企业〔2011〕300号)。

（92）《工业和信息化部 国家发展和改革委员会 财政部 国家税务总局关于印发〈软件企业认定管理办法〉的通知》(工信部联软〔2013〕64号)。

（93）《文化部 财政部 国家税务总局关于印发〈动漫企业认定管理办法（试行）〉的通知》(文市发〔2008〕51号)。

（94）《国家税务总局关于发布〈企业所得税优惠政策事项办理办法〉的公告附件1》(国家税务总局公告2015年第76号)。

（95）《国家发展和改革委员会关于印发国家规划布局内重点软件和集成电路设计领域的通知》(发改高技〔2016〕1056号)。